"十三五"普通高等教育本科部委级规划教材

服装零售学（第3版）

CLOTHING RETAIL
(3rd EDITION)

王晓云 ｜ 主编

蒋 蕾 何 崟 龚雪燕 ｜ 副主编

中国纺织出版社

内 容 提 要

本书为"十三五"普通高等教育本科部委级规划教材。

本书从世界及中国服装零售业的发展概况及面临的挑战入手，全面介绍了服装零售企业的组织结构及运营管理中的各个环节，如人员管理、顾客管理、服务管理、财务管理等，结合当今的市场变化，新增服装 ERP 系统及在线零售部分。全书共十六章，主要包括了服装零售业的组织架构、消费者分析与市场调查、零售店的开发设计、店铺陈列与管理等内容。该书还从市场研究的角度对顾客购买服装的消费心理、服装店铺运作等方面进行了分析；从学习的目的和方法上体现了从现实出发、学以致用的原则；从整体构架上体现了新视角、新方法、理论与实践密切结合的思想。本书旨在对服装零售理论有所创建和概括，同时运用了现实中的典型案例进行问题的分析说明，深入浅出，此外还设置了一些图例图表及调查案例供读者参考和借鉴。

本书既可作为纺织服装类大专院校的教材，也可作为服装企业管理人员、销售人员的参考用书。

图书在版编目（CIP）数据

服装零售学 / 王晓云主编. --3 版. -- 北京：中国纺织出版社，2017.5

"十三五"普通高等教育本科部委级规划教材

ISBN 978-7-5180-3337-9

Ⅰ.①服…　Ⅱ.①王…　Ⅲ.①服装—零售业—销售管理—高等学校—教材　Ⅳ.① F717.5

中国版本图书馆 CIP 数据核字（2017）第 033319 号

策划编辑：魏　萌　　特约编辑：张　源　　责任校对：楼旭红
责任设计：何　建　　责任印制：王艳丽

中国纺织出版社出版发行
地址：北京市朝阳区百子湾东里 A407 号楼　邮政编码：100124
销售电话：010 — 67004422　传真：010 — 87155801
http://www.c-textilep.com
E-mail:faxing@c-textilep.com
中国纺织出版社天猫旗舰店
官方微博 http://weibo.com/2119887771
三河市宏盛印务有限公司印刷　各地新华书店经销
2006 年 1 月第 1 版　2010 年 3 月第 2 版
2017 年 4 月第 3 版第 4 次印刷
开本：787×1092　1/16　印张：23
字数：458 千字　定价：45.80 元

前 言

　　随着全球经济的发展和科技的进步，工业 4.0 时代即将到来，我国服装制造业也发生着巨大的变化。制造业作为中国经济的重要组成部分，对于社会的发展非常重要的作用。中国的服装企业在过去几十年的稳定发展下，已然形成了具有一定模式、独特品牌风格等一系列的特点。随着"中国制造"宏图规划的实施，服装业也紧跟时代的步伐。根据国内消费力量众多，市场环境各异的特点，从分析行业形势入手，探索行业发展转型的新出路，为加快实现我国从制造大国转向制造强国的目标奋进。

　　移动互联网的快速发展，O2O 模式的逐渐火热，使得国内服装行业出现了新的局面，具有柔性制造、小批量、多品种特点的企业逐渐兴起并迅速进入行业市场。天猫"双十一"、唯品会"周年庆"、京东"618"等各类网站购物的繁荣及具有强大吸引力的促销方式，给传统的服装制造业造成了巨大的冲击；零售作为制造业终端的表现，在这个过程中销售不景气甚至被淘汰的现象更是显而易见，因此如何做好零售环节的工作，吸引顾客并使其产生购买行为，如何进行良好的零售管理等都需要企业根据国内行业市场的大背景及时做出改变和提出应对策略。服装企业零售管理是一个系统工程，在当前日趋激烈的市场竞争中，企业必须在每个方面都要做得好，零售策略和市场策略要得当、目标要明确、运行制度要完善、组织计划要周密、执行起来要有效、遇到问题要调整及时，来不得半点失误。恰如其言："Retail is detail"（零售就是细节）。本书本着为服装专业学生学习及零售业管理人员参考的初衷而编写，涉及营销过程应掌握的全面系统的知识结构，通过作为中国服装零售管理大专院校教材的应用，希望院校学生可以在走上工作岗位之前就打下良好的理论基础和具备实践操作能力，通过课程设计的实践学习，将所学知识应用于实践，在实践中检验并提高专业技能。

《服装零售学（第 3 版）》共十六章，涉及服装企业所有的管理项目，内容包括：介绍世界及中国服装业发展概况、所面临的挑战以及未来发展趋势，服装企业、专卖店及商场百货店的组织管理结构，顾客消费心理、购买动机、家庭消费行为、顾客类型，介绍服装企业如何做店铺开发与市场调研，还有店铺设计、店铺运作管理、人员管理、货品管理、顾客管理、服务管理、财务管理等，为促进销售还介绍了零售推广促销活动，服饰品的陈列与展示以及定价与采购；另外，根据市场变化，新增服装 ERP 系统与服装在线零售部分。本书章前有学习重点和课前准备，章后有个案分析、问题讨论及课后练习题，以便读者及时通过实践消化所学知识，更好地获得相应的能力。

本书作者均在大型服装企业工作多年，通过总结自己多年的工作经验，在书中举出各色实际案例，可让学生学以致用。在各个环节中都有相应的理论与实践结合部分，为培养学生多样化的工作能力以便适应服装企业的工作做出更多的贡献与准备。

本书由天津工业大学王晓云担任主编，天津工业大学蒋蕾、龚雪燕、何釜任副主编，天津工业大学徐军参编，具体分工为：第一至第十四章由王晓云、蒋蕾、徐军编写，第十五章由龚雪燕编写，第十六章由何釜编写，张俊霞负责全书资料编辑、整理工作。

《服装零售学（第 3 版）》的编写得到了众多专家和出版社的大力支持，投入许多精力与宝贵的时间，在此深表感谢。由于作者水平所限，本书疏漏之处在所难免，恳请各位读者批评指正！

编著者
2016 年 3 月

前　言

　　在激烈的市场竞争中，中国服装企业的发展面临着越来越大的压力，因此，培养一批适应市场需求的现代服饰企业管理人才，显得十分迫切。

　　服饰企业零售管理是一个系统工程，在当前日趋激烈的市场竞争中，服饰企业必须在每一方面都要都表现出色，市场策略要明确、目标要得当、运行制度要完善、组织计划要周密，执行要有力度、应变措施要及时等，在任何细节不得有半点失误。正所谓 RETAIL IS DETAIL——零售就是细节！

　　本书稿共 14 章，涉及服饰企业与运营相关的几乎所有的管理项目，内容包括：世界及中国服饰零售业发展概况和面临的挑战以及未来发展趋势，服饰零售企业的组织结构，服饰消费心理及消费行为分析，服饰零售企业开店与市场调查，企业运营中的店铺设计、店铺运作管理、服饰的人员管理、货品管理、顾客管理、服务管理、财务管理等，以及为促进销售进行的零售推广促销活动，服饰品的陈列与展示，服饰品的定价与采购等。本书每章前都附有学习目的，每章后附有典型案例、练习题、讨论题和本章备忘录，以便读者及时消化所学的知识，更好地运用到工作实际中去。

　　本书理论与实践结合，作者总结了自己在大型服饰企业多年的工作经验，在书中举出大量实际案例。学生通过学习本书，可全面掌握服饰零售管理中的各个环节，以便在今后的工作中为服饰企业做出更多贡献。

　　本书由天津工业大学纺织与服装学院王晓云副教授、服装资深高级管理营销顾问李宽、中央民族大学经济学院王健副教授等人编写，具体写作分工如下：第一章至第四章、第六章、第八章、第十章至第十三章由王晓云编写；第七章、第九章、第十四章由李宽编写，第五章由王健编写。

　　本书在编写过程中得到了众多专家和中国纺织出版社相关人员的大力支持，在此深表感谢。因为时间仓促，本书尚有不足之处，敬请广大读者指正。

编著者

2005 年 5 月 28 日于北京

前　言

　　"中国制造"在当今世界是响当当的名词，可以说世界上任何国家都在穿着和使用"中国制造"的服装和日用品，"中国制造"在世界已占有一席之地。中国经济已成为世界经济的重要一部分。中国的服装品牌经过近些年的快速成长，已形成各自独有的品牌风格，从经营实力、营业额、设计水平、店铺数量以及人才素质方面都开始了与国外服装品牌的正面竞争和抗衡，中国正在向服装强国的目标有力迈进。

　　随着服装企业的快速扩张，企业需要扩大市场份额、丰富款式设计、快速而高质量地生产、管理越来越多的店铺、补充不断短缺的货品和策划一个接一个的促销活动，但企业更需要的是操作这些工作的人才。为企业创造有价值的人才已成为现代企业越来越珍贵的财富。因此，培养一批适应市场需求的现代服装企业零售管理人才，已成为各大纺织服装院校不可推卸的责任。

　　本书是为未来营销经理或业务经理的人而写的，它涉及所有营销经理应掌握的知识，希望院校学生在走上工作岗位之前打下良好的理论基础和实际操作基础，在服装零售店或服装企业实习时，将学到的知识应用到实践中去。另外，本书也适合非营销专业的学生学习，如服装设计、服装工程、装潢设计等专业，只有了解服装销售，才能更好地做好服装款式设计工作和服装生产工作。

　　服装零售企业管理是一个系统工程，在当前日趋激烈的市场竞争中，服装零售企业必须在每一方面都表现出色，市场策略要明确、目标要得当、运行制度要完善、组织计划要周密、执行要有力度、应变措施要及时等，任何环节不得有半点失误。正所谓"Retail is detail"——零售就是细节！

　　本书稿共 14 章，涉及服装零售业中与运营相关的几乎所有管理项目，内容包括：世界及中国服装零售业的发展概况和面临的挑战以及未来发展趋势，服装零售企业的组织结构，服装消费心理及消费行为分析，服装零售企业开店与市场调查，企业运营中的店铺设计、店铺运作管理、服装的人员管理、货品管理、顾客管理、服务管理、财务管理等，以及为促进销售进行的零售推广促销活动、服装的陈列与展示、服装的定价与采购等。本书每章前都附有学习目的，供读者学习前重点关注；每章后附有典型案例、练习题、讨论题和本章备忘录，以便读者及时消化所学的知识，更好地运用到工作实际中去。

本书理论与实践结合，作者总结了自己在大型服装企业多年的工作经验，在书中举出大量实际案例。学生通过学习本书，可全面掌握服装零售管理中的各个环节，以便在今后的工作中为服装企业做出更多贡献。

本书由天津工业大学纺织与服装学院王晓云教授、服装资深高级管理营销顾问李宽、中央民族大学经济学院王健教授等人编写，具体写作分工如下：第一章至第四章、第六章、第八章、第十章至第十三章由王晓云编写；第七章、第九章、第十四章由李宽编写；第五章由王健编写。

本书在编写过程中得到了众多专家的大力支持，在此深表感谢。因为时间仓促，本书尚有不足之处，敬请广大读者指正。

编著者

2009 年 12 月 12 日于北京

教学内容及课时安排

章/课时	课程性质/课时	节	课程内容
第一章 （2课时）	基本概念 （2课时）	●	**召唤者的洞悉：服装零售业概况**
		一	服装零售业的特征
		二	服装零售业的分类
		三	服装零售市场概况
		四	服装零售业未来的发展趋势
第二章 （4课时）	基础理论与基本方法 （11课时）	●	**组织者的脉络：服装零售企业组织架构**
		一	服装零售企业组织架构
		二	小型服装专卖店组织架构
		三	大型服装连锁店组织架构
		四	小型百货店组织架构
		五	大型百货店组织架构
第三章 （4课时）		●	**剖析者的诠释：服装消费者分析**
		一	服装消费者需求分析
		二	顾客购买动机
		三	购买过程分析
		四	自我意识理论
		五	家庭对服装消费行为的影响
		六	顾客的类型
第四章 （3课时）		●	**观测者的追踪：服装零售市场调查与预测**
		一	服装市场调查概述
		二	服装市场调查的步骤与方法
		三	开店市场调查
		四	经营中的市场调查
		五	服装零售市场预测
第五章 （3课时）	基本策略之原理 与方法 （6课时）	●	**思考者的策划：服装零售店铺开发与设计**
		一	店铺开发计划
		二	店铺周边环境分析与选址评估
		三	店名设计
		四	店面及招牌设计
第六章 （3课时）		●	**表现者的创意：服装零售货品陈列与展示**
		一	服装视觉展示简介
		二	服装橱窗设计与展示
		三	服装零售店内布局及货品展示
		四	服装零售店陈列设施

章 / 课时	课程性质 / 课时	节	课程内容
第七章 （3 课时）	管理策略与方法 （6 课时）	●	**能仁者的管理：服装企业人力资源管理**
		一	人员招募
		二	员工培训
		三	员工绩效考评
第八章 （3 课时）		●	**执行者的安排：服装零售店的货品管理**
		一	货品的验收
		二	服装检验技巧
		三	货品仓务管理
		四	店铺货品管理
		五	货品的盘点
		六	货品的保管
第九章 （3 课时）	运营策略与方法 （9 课时）	●	**运营者的操控：服装零售店铺运作及顾客管理**
		一	店铺运作管理
		二	店内货品的运作管理
		三	顾客管理
		四	服务水平调查
第十章 （3 课时）		●	**财会者的精算：财务管理及控制**
		一	财务管理基础知识
		二	销售收入取得流程
		三	财务管理系统
		四	存货核算
		五	存货控制
第十一章 （3 课时）		●	**行动者的举措：服装采购**
		一	服装采购流程
		二	服装采购计划
		三	采购部门的职责与权限
		四	服装采购原则与策略

章 / 课时	课程性质 / 课时	节	课程内容
第十二章 （3 课时）	营销策略与方法 （9 课时）	●	决策者的协定：服装定价
		一	影响服装定价的因素
		二	服装零售价的确定
		三	服装价格策略
		四	服装价格调整
第十三章 （3 课时）		●	传播者的谋略：服装零售推广与促销
		一	服装零售促销策略
		二	服装零售广告
		三	服装零售 POP 广告
		四	服装零售营业推广
第十四章 （3 课时）		●	服务者的回馈：服装零售业顾客服务
		一	顾客服务的概述
		二	服装零售服务流程
		三	顾客投诉处理技巧
		四	服装零售服务促销
		五	新店员的培训方法
第十五章 （3 课时）	信息技术与方法 （6 课时）	●	信息者的技术：服装 ERP 系统
		一	系统运行环境和系统工作平台
		二	档案管理
		三	采购管理
		四	调拨管理
		五	零售管理
		六	代理管理
		七	库存管理
		八	结算管理
		九	VIP 会员管理
第十六章 （3 课时）		●	求知者的渐进：服装在线零售
		一	在线零售概述
		二	服装在线零售模式
		三	服装在线零售成功要素
		四	服装在线零售案例

注　各院校可根据自身的教学特点和教学计划对课程时数进行调整。

目　录

召唤者的洞悉：服装零售业概况

课题内容：1. 服装零售业的特征

2. 服装零售业的分类

3. 服装零售市场概况

4. 服装零售业未来的发展趋势

课题时间：2 课时

教学目的：了解服装零售分类及未来发展趋势，理解服装市场主导思想，并通过市场调研及课堂讨论对各种服装零售业态的特点进行更加深入的了解与探讨。

教学要求：1. 了解服装零售业的发展及特点。

2. 知晓各种服装零售的种类及其特点。

3. 了解世界知名服装零售品牌及设计师品牌的发展。

4. 区分综合性百货商场与专业化百货商场的经营特点。

5. 讨论成为一名特约加盟商有哪些优势和劣势。

6. 清晰国内的服装零售业的发展现状。

7. 掌握服装零售业未来的发展趋势。

教学方式：理论讲授、图例示范、案例讨论与分析。

课前准备：阅读参考文献并重点了解以下概念：服装零售业的发展现状、零售方式、零售特点、零售系统、销售业态等；调研服装街、品牌专卖店；阅读有关专业杂志和学术期刊。本章建议参考书籍为：《零售的哲学》《零售 4.0 时代》《品牌与策略》。

第一章 ▶▶
召唤者的洞悉：服装零售业概况

> 中国是服装大国，但不是服装强国，未来要靠你们打天下！

第一节 服装零售业的特征

一、零售与零售业态

（一）零售

零售（Retail）是指将商品销售给最终消费者，以供个人、家庭或社会团体使用的商业活动。广义的零售既包括有形的物质商品销售，也包括向最终的消费者提供各种劳务或服务的商业活动。比如现今在我国有的城市出现了"人才专卖店"；又如中国台湾为社会提供人才的"人力银行"。

零售商（Retailer）是指以零售活动为基本职能的经济组织和个人。由于零售的服务对象具有广泛性和不确定性，从而增加了零售店满足顾客需求的难度。为了更好地吸引顾客，提高竞争力，加快流通，减少库存，是零售商们所追求的共同目标。与此同时，为了确保零售利润，不断扩大销售量、降低经营成本，以及如何运用先进的计算机和通信技术对变化中的消费需求迅速做出反应，则成为零售商面临的至关重要的问题。

零售业（Retail Industry）是指以向最终消费者（包括个人和社会集团）提供所需商品及其附带服务为主的行业。作为一个国家最古老和最重要的行业之一，零售业的每一次变革和进步，都带来了人们生活质量的提高，甚至引发了一种新的生活方式。一个国家和地区经济运行状况是否协调发展，社会与经济结构是否合理，首先在流通领域，特别是在消费品市场上表现出来。零售业还是一个国家和地区的主要就业渠道，由于零售业对劳动就业的突出贡献，很多国家甚至把扶持、发展零售业作为解决就业问题的一项经济政策。

（二）零售业态

业态是销售市场向确定的顾客提供确定的商品和服务的具体形态。自19世纪中叶以来，世界市场的业态革命此起彼伏。

零售业态（Retail Formats）是指零售企业为满足不同消费需求而形成的不同经营方式。零售业态是零售企业适应市场经济日趋激烈的竞争产物，是物竞其类、适者生存法则在商品流通领域的表现。

零售业态按零售店铺的结构特点，根据其经营方式、商品结构、服务功能以及选址、商圈、规模、店堂设施、目标顾客和有无固定营业场所进行分类。

零售业态从总体上可以分为有店铺零售业态和无店铺零售业态两类。

按照零售业态分类原则分为食杂店、便利店、折扣店、超市、大型超市、仓储会员店、百货店、专业店、专卖店、家居建材商店、购物中心、厂家直销中心、电视购物、邮购、网上商店、自动售货亭、直销、电话购物等 18 种零售业态。

（三）零售业态变迁

随着零售业的迅速发展，新型的零售业态不断出现，随之而来的是零售业态的一系列演变。

零售业态变迁是指对构成业态的商品、价格、环境、服务等要素组合所做的边际调整。

零售轮转理论（The Wheel of Retailing Theory）又称零售车轮理论、零售之轮理论，是美国哈佛商学院零售专家麦克奈尔（Malcolm McNale）提出的。他认为，零售组织变革有着一个周期性的像旋转的车轮似的发展趋势。新的零售组织最初都采取低成本、低毛利、低价格的经营政策。当它取得成功时，必然会引起他人效仿，结果，激烈的竞争促使其不得不采取价格以外的竞争策略，如增加服务、改善店内环境，这势必增加费用支出，使之转化为高费用、高价格、高毛利的零售组织。与此同时，又会有新的革新者以低成本、低毛利、低价格为特色的零售组织开始问世，于是轮子又重新转动。超级市场、折扣商店、仓储式商店都是沿着这一规律发展起来的。零售转轮理论的最大用处，就是有助于理解零售商可能为了追求低档、中档和高档目标而采取不同的策略。针对价格敏感型消费者，采用低价、有限的设施；针对价值和服务意识较强的消费者，给予中等价位、改善的设施和服务；针对上层消费者，则提供高价、一流的设施与服务。

零售手风琴理论（Retail Accordion Theory）又称综合—专业—综合循环理论、手风琴模式和伸缩模式，它是用拉手风琴时风囊的宽窄变化来形容零售组织变化的产品线特征。由 E. 布兰德（E. Brand）于 1963 年首先提出的，再经 S. C. 豪兰多尔（S. C. Hollander）于 1966 年加以发展并命名。在说明产品的宽度选择上，手风琴理论是代表性的理论。手风琴在演奏时不断地被张开和合起，零售组织的经营范围与此相似地发生变化，即从综合到专业，再从专业到综合，如此循环往复，一直继续下去。作为一种关于零售商演变的周期性理论，可以采用商品种类的深度和宽度来描述零售业的变革，即零售商的库存商品种类是从大深度 / 小宽度到小深度 / 大宽度，再到大深度 / 小宽度循环变化着的。该理论认为，零售企业经营范围是不断从综合化向专业化再向综合化方向循环发展的，每次循环不是过去的重复，而是赋予新的内涵，从而出现了不同的零售组织。例如，美国零售业态的发展历程：杂货店（综合化）——专业店（专业化）——百货商店（综合化）——便利店（专业化）——购物中心（综合化）。

零售生命周期理论（Retail Life Cycle Theory）是 1976 年由美国的威廉·戴韦森·W. R.（William Davidson W. R.）、伯茨·A. D.（Bates A. D.）和巴斯·S. J.（Bass S. J.）三人共同提出的。该假说认为，如同产品生命周期一样，零售机构也有生命周期，包括导入期、成长期、竞争期、成熟期和衰退期。零售业态的生命周期理论说明零售业态也会经历创新、发展、成熟、衰退的不同阶段，并且具有循环性的规律，呈现周期性交叉循环。一种零售组织由于所处生命周期的阶段不同，其市场特点以及属于该种零售组织的企业应该采取的行动策略有别。该理论将变化的动力归之于许多不同的因素，如价格周期、市场环境、宏观经济波动等，使零售生命周期理论对于零售形态变化的方向和速度具有更强的解释能力。同时，该假说以美国的零售业为研究对象，指出各种新型业态从导入期到成熟期的过程正在逐渐缩短，如综合化与专业化循环就反映了这个规律。

二、服装零售的发展

（一）世界服装零售业的发展

服装零售产生于 19 世纪中期的工业革命。在此之前，没有专门的服装零售，消费者只能从普通商店的货架上寻找到自己喜欢的面料，再用这些面料向服装设计师、裁缝店定做所需要的服装。服装消费只限于基本的、功能性的消费，品种单一，远远不像今天这样琳琅满目。

到 19 世纪末，普通商店让位于专业商店，专业商店只经营单一商品，经营者把他们的产品限制在某一个类别，使得顾客能够更加有针对性地购买商品，促使经营者在其他地区去扩展业务，这就是连锁经营的开始。零售商考虑到：如果能够在同一个商店里找到多种商品，在为顾客提供方便的同时也可为自己赚取更大利润，于是就产生了百货商店，以经营大量不同种类的商品为特色。这些商店大部分集中在服装及相关配件上，如帽子、围巾、手套、手包、首饰及鞋等。

到 20 世纪，很多消费者已经不仅仅满足于服装的功能性，而是更加注重于服装款式的流行性，尤其是现在，即使是收入不很高的消费者也希望购买流行的服装。于是，越来越多的零售商把他们的注意力转向流行服装。

如今 21 世纪的服装零售业已达到了前所未有的稳定和繁荣状态，服装变成越来越大的产业。现今，消费者能够充分利用各种新型零售经营方式来选择服装，如高级时装店、平价店、跳蚤市场、服装厂自营店、网上购物、电视购物、特许经营店、产品目录零售甚至超市等都加入服装零售行业中。不仅如此，消费者不但能够到多个地方进行购物，而且可以采用多种方式进行订购，如可以在家中通过产品目录或网上选择自己喜欢的服装等。不管怎样，消费者所需要的各种零售方式应有尽有，服装零售业的竞争也越来越激烈。

（二）我国服装零售业的发展

改革开放以前，我国的服装零售业几乎处于停滞状态，大部分的人只能从百货店买到凭票供应的服装面料，到裁缝店或在家中做衣服，百货店里能够找到的服装实在少得可怜。在大城市中，服装零售以百货店的形式存在，而农村及中小城市几乎没有服装成衣销售，更根本谈不上什么服装品牌。

改革开放后，服装零售业开始起步发展，20 世纪 80 年代初，许多中国香港和国外服装公司在内地设厂，进行国内贸易或出口贸易，出口主要以来样加工或来料加工为主，到了 80 年代末 90 年代初期，我国零售行业对外开放以后，服装零售业得到了迅速的发展，服装生产加工曾经一度占我国外贸出口额的第一位，许多世界知名的服装品牌都纷纷加入了我国服装零售业的行列，与此同时，国内的一些服装品牌也迅速发展壮大，经过十年的成长逐渐成为国内知名品牌，在我国的服装零售业中占有相当重要的位置，有一些品牌已在国外开设专卖店。

随着世界服装加工业的转移，我国已经成为世界服装加工中心——"世界工厂"，许多世界著名的品牌如耐克、阿迪达斯等也在我国加工。我国加入 WTO 后，服装工业和零售业得到进一步的迅猛发展。

中国现已是世界服装生产大国，但还不是世界服装强国。在未来，我们的责任是让中国多出几个世界名牌！

三、服装零售的特点

（一）服务对象的广泛性

服装零售的服务对象为世界上所有穿衣服的人，不管是大人还是小孩、男人还是女人、时髦的还是不时髦的、普通老百姓还是总统，包括个人、家庭或社会团体等。由于直接与最终消费者接触，必须对广大消费者的需求特征具有深入地了解。因此，服装零售业的经营取胜之道在于服装品牌的提升、设计、时尚元素的应用、个性化的体现、产品和服务的质量以及吸引顾客的促销推广活动等。

（二）销售的时间性和季节性

由于服装属于时尚类消费品，因此其销售的时间性和季节性非常强，而每季的销售周期较短，需要强有力的公司组织管理结构、行之有效的营销体系、快速的市场信息反馈系统，方可在激烈的市场竞争中才能立于不败之地。

（三）营业时间

服装消费者的购物时间通常是不均匀的，每天需营业 10 ～ 12 小时，遇到节假日或促销活动会更长。一般零售的黄金时间正好与其他行业的休闲时间相吻合，"黄金周"（十一、春节）、"假日经济"（双休日），都是销售服装品的大好时机。

（四）服装销售市场的多样性

服装零售形式有很多，每种都定位于一个特定的细分市场。有些顾客想要好的服务并愿意付出较高的报酬，而有些顾客愿意放弃服务而以低价购买相同品质的产品。越来越多的服务公司开始重视这些不同的零售模式，并以此对产品进行细致的划分。

第二节　服装零售业的分类

消费者不断变化的生活方式和需求暗示着单一的服装零售模式不再是解决一切问题的可行方法，各种类型商店的产生已是必然。服装零售商的主要种类有百货商店、专卖店、专营店、精品店、超级市场、仓储式商场等，不同的形式在服装销售上各有优势，也存在一定的问题，现列举如下。

一、百货商店

（一）百货商店的产生

零售业的第一次重大变革是以具有现代意义的百货商店（Department Store）的诞生为标志的，学术界称之为"现代商业的第一次革命"。20世纪初期，百货店是早期普通商店发展的自然结果。其特色是经营的商品种类非常庞杂，一般均建在城市的主要商业中心。在商店里，新的零售商能提供大量的不同种类的商品，每类商品都集中在一个独立的柜台或楼层，这就是百货店名称的由来（图1-1）。

图1-1　百货商场

（二）百货商店成功的原因

首先，百货店给消费者提供了一站式购物方式。需要同时购买多种商品的顾客则愿意去百货店而不愿在专业商店一项一项地购买，其他销售形式都无法与百货店相比。个人选购、礼物包装、多处缴款、餐厅服务、商品退换、送货服务等都是百货店提供服务的一部分。

百货商店为各种商品的供应商提供了一个销售平台，并且在客流量上也能吸引许多顾客光临，为供应商提供了销售的机会，因此，许多供应商也愿意进百货商店。尽管百货店的经营方式仍然是零售领域的主要形式，但正受到专业店、连锁店、网上零售、邮购等其他各种零售形式的挑战。

（三）百货店分类

根据其经营的商品种类不同，百货店一般分为传统型百货店和专业型百货店，其中经营耐用品与日用品的商店称为传统型百货店，如老字号天津劝业场、北京王府井百货大楼等。而集中经营专业用品（如专业电器、登山服）或服装及其相关配件饰品经营的店被称为现代专业型百货店。

在早期，百货零售商经营品种较广，有耐用品和日用品，耐用品包括家具及电器等，日用品包括化妆品、服装及相关配件饰品等。多年以来，百货店因其经营品种多而兴旺发展，但是这些商品中大多是日用品。

现在大多百货店开始削减耐用品的数量，将精力集中在日用品上，把耐用品留给专卖店来经营。由于现在百货商场之间竞争非常激烈，经常采用很低折扣的价格进行促销，导致许多家用电器没有利润空间，因此，在百货商场中的电器（彩电、冰箱、洗衣机、空调、VCD、DVD 等电器）柜台正在慢慢退出传统型百货商场，而进入专业电器商场，如现在的国美电器、大中电器、苏宁电器等。将来化妆品也有可能退出传统型百货商店，进入专业化妆品商店，如中国香港的"莎莎"化妆品商店。

（四）百货商店的特点

1. 产品线特点 大型百货店一般地处城市黄金地段，其营业场地大，设施齐全，顾客流量多，产品线宽而深。服装是百货店最为重要的产品线，经营所占面积最大，是商店营销策划的重点商品。一般服装及相关配件的销售额占百货店总销售额的 60% 以上，与其他产品线如家电、食品等相比，服装品为商店提供了极大的经营利润。

2. 商品定位 百货店经营的服装种类很多，男装、女装、童装、休闲服、运动服、职业装、针织类、内衣类、裘皮类、皮革类等。从商品的结构上来看，百货店主要经营挑选性强的品牌服装，走的一般是中高价位路线，尤其中等价位的服装占主体。随着服装零售形式的多样化，百货店逐渐将廉价服装让位给低价型服装零售业——超市、仓储商场或平价商店，而主营中高档服装，以配合百货店的商品定位。中高档服装的特点在于质量好、服务优、价位高。

3. 价格定位 同样的服装在大型百货商店的售价可能高于一般商店，而且通常没有讨价还价的余地，原因是：大型百货店的服装质量可靠，品牌正宗，一般不存在假冒伪劣现象；商店能够提供全方位的服务，特别是在退换货品方面有保证；百货店地价贵，店内装潢考究，运营费用高，这些会抬高商品的价格；国家价格法规规定，国营百货店要明码标价；服装的面料成分及其含量必须标注准确清楚，货真价实；售后服务带来的费用。

（五）百货店的经营方式及其发展方向

百货商店的经营方式分经销、代销和招商等多种方式。

1. 经销方式 由商家做商品规划，以适销对路的商品向厂家订货，然后买断经营。

2. 代销方式 是商家为厂家代理销售某一品种或某一品牌的服装，货品卖出去后结算货款，如果卖不出去则可以退回给厂家。

以上两种方式是国外大型百货商店主要的经营方式。我国百货店的经营方式与日本、欧美不同，虽然有经销和代销方式，但主要是以引厂进店、厂商联销的招商式经营方式为主。

3. 招商方式　招商式经营又分两种情况，其一为纯出租，即按照厂家所要的面积收取租金；其二为流水倒扣，就是从厂家每月的销售额中提取 15%～40%，并规定出最低的销售保底线，厂家的月流水若达不到一定金额，也必须支付商场预定的款项。另外，百货店的广告费和某些设施的费用也要厂家分摊。当前，招商式经营虽然应用广泛，但是其弊端已越来越明显。在这种经营方式中，商家不承担市场风险，不主动经营，坐收租金、扣率、保底费，而厂家一方面做产品，另一方面做市场，不仅所有的市场风险自己承担，而且要偿付高额的租金及其他费用，厂家的利润得不到保障，消费者也得不到实惠。

4. 发展方向　从世界零售业发展状况来看，百货店导入连锁经营方式是未来的发展趋势。连锁经营需要统一进货、进销分离、统一定价和规模化管理；然而招商式经营是分散进货、进销一体、价格混乱和多头管理，再有进店厂家与商家在经营中形成了利益错综复杂的混合体，因而阻碍了百货店向集约化、规模化方向发展。目前，我国百货店经营方式改革迫在眉睫，服装零售业要发展，就必须提倡商店自主经营、买断经营或导入连锁经营，并创立商家自己的品牌服装。

二、超级市场、仓储式商场

（一）超市、仓储式商场的含义

超级市场（Supermarket）简称超市，如图 1-2 所示，一般是指规模大、成本低、毛利低，消费者以自我服务为主的商店。仓储式商场（Warehouse Store）是以经营生活资料为主，储销一体、低价销售、提供有限服务的商店。严格来说，超市、仓储式商场是不同的零售业态，但从服装零售的角度来看，它们有着共同的特点。

图 1-2　超级市场

（二）超市的诞生

超市作为零售业的第二次革命，产生于 20 世纪 30 年代的美国，被认为是一种高级的市场经营理念。一般认为，在社会商品日益丰富、消费者购买力增强、城市基础设施改善的条件下，传统百货店的购物概念已经不能满足消费者需要。在零售市场激烈的竞争中，超市作为新崛起的一种零售方式，改变了传统零售店的商品组织形式和服务方式，采取了开架式、自助式的购物方式，并扩大了营业面积，适应了消费者购物需要的变化。

这种全新的购物方式一开始就得到了消费者的青睐，并迅速从美国向周边的发达国家普及，超市经营也从独立超市发展到连锁超市，并逐渐成为零售业中一种主流的零售形式。美国以"沃尔玛"为代表，它现在已是世界 500 强的前三名。

（三）超市、仓储式商场特点

1. 价格　超市和仓储商场最为吸引顾客的是价格低廉，因为中低收入的顾客总是希望以较少的钱买更多的东西。商家要降低售价必须先降低成本，于是超市，特别是仓储式商场一般建在场地租金较便宜的地区，它的装修简单、服务设施少、销售方式为自选、只提供少量的人员服务，同时减少进货环节，能够争取生产厂家、批发商的较大折扣，这样使商品价格降低。薄利多销，低价格必然导致销量增大，而销量大、周转快反过来又保证了低价格，由此形成良性循环。以遍布全球的山姆会员店为例，它的商品售价仅高于成本8%左右，其他商店根本无法与它打价格战。

2. 商品　超市、仓储式商场的商品与百货店一样种类齐全，品种繁多。在服装类别上，超市过去只经营标准化程度高、购买频率高、适于自选的品种，如衬衫、针织内衣、T恤、家居服等。现在随着市场竞争的加剧，超市已经不满足于此，为了占领市场，超市纷纷辅助人员销售，将服装的产品线已经大大拓宽了。就以北京城乡超市为例，其四层采用开架自选的方式，配备了少量的销售人员，使西服、时装都能顺利售出。目前，一些超市将无限宽、无限深的产品线作为经营目标，并希望在经营中不断积累经验。而在仓储式商场中，大路货服装成为主力军，除了有正常销售的服装外，也有大量季节性处理服装、削价服装出售，但超市不卖旧服装。有的大型超级市场的产品组合也力求多变，经常上架一些知名品牌服装，以略低于市面的价格销售，吸引消费者兴趣，增加市场人气。

3. 超市、仓储式商场成功要因　超级市场成功的主要原因在于开架、自助的购物方式。

超市一方面给消费者接触商品、选择商品提供了最大限度的自由度，丰富的品种能为顾客提供一站式购物服务，不仅方便了顾客，节省了购物时间，也刺激了购买欲。由于减少了营业人员，销售费用下降、成本降低，使得商品更加廉价，提高了超市商品的价格竞争力。由于营业面积的扩大，空间也相应扩大，从而给消费者提供良好、舒适的购物环境，是购物和休闲概念相结合，成为一种新的零售理念和消费观念。纵观国外超级市场、仓储式商场的经营之道，从沃尔玛到西尔斯，无一不是以连锁经营取胜，连锁经营适用于多种零售业态，在我国方兴未艾。

从长远看，服装零售渠道的畅通和市场销售的兴旺，有赖于连锁经营在中国取得更大的进步。服装利用仓储式销售方面日本品牌优衣库（UNIQLO）是成功的典范。

三、购物中心

（一）购物中心的产生

购物中心（Shopping Center，图1-3）也称大型综合性商业购物中心（Shopping Mall），最早出现在欧美发达国家，现已成为欧美国家的主流零售业态，销售额已占据其社会消费品总额的一半左右。购物中心是指多种零售店铺、服务设施集

图1-3　购物中心

中在一个建筑物内或一个区域内，向消费者提供综合性服务的商业集合体。这种商业集合体内通常包含数十个甚至数百个服务场所，业态涵盖大型综合超市、专业店、专卖店、饮食店、杂品店以及娱乐健身休闲等。

购物中心的本质特点是统一管理和分散经营的管理方式。管理者对购物中心实行统一的集中管理，购物中心的日常运行、保安、清洁、维修进货和促销活动等都是有组织地进行，公共空间实行统一管理，供所有的零售商与购物者共享。经营者不参与管理，定期向管理者交纳管理费用，而所有者与管理者不参与经营，租金收入和经营状况并无直接关系。

（二）购物中心的分类

各类购物中心千差万别，定位模式多种多样，比较主要的购物中心定位可归纳为休闲娱乐型、主题购物型及生活邻里型三种。

1. 休闲娱乐型　现代人随着生活品质的提高，越来越重视休闲，许多人把在大型购物中心逛街作为一种生活方式。基于这种需求，全球大量的被称为 Shopping Mall 的大型综合性商业购物中心被兴建，这一类购物中心虽名为"购物中心"，但传统的购物设施所占比重趋于下降，休闲娱乐设施所占比重日渐提升。休闲娱乐型定位的购物中心一般有以下特征。

（1）休闲娱乐比重高：与现代人注重休闲的生活模式相适应，近年世界新建和改造大型购物中心中休闲娱乐类设施一般占到总量的 60% 以上，休闲娱乐已成大型购物中心的主导定位模式。

（2）规模较大：要提供购物、餐饮、休闲、娱乐的一站式解决方案，必须有足够的规模，现代大型购物中心的规模一般在 20 万平方米以上。

（3）选址远离都市中心区：由于都市土地成本较高，大型购物中心通常选址在郊外。同时，在郊外逛大型购物中心也是现代都市人渴望回归自然、回归田园生活方式的渴望。

（4）拥有庞大的停车场：大型购物中心规模庞大，需要大量的人流支撑，而地处郊外，必然要有足够的停车设施，因此现代大型购物中心都拥有非常庞大的停车场。

2. 主题购物型　以购物为中心的主题购物型定位是多数购物中心的模式。主题购物型定位的购物中心又可细分为以下几种类型。

（1）都市综合购物型：设在都市中心区，由众多中小店铺组成，有的还有一两家较大的百货店、超级市场，经营多元化。

（2）郊外大盒子中心型：在城乡结合部，由众多以大盒子形态出现的大型综合超市、名品折扣中心、大型专业店构成。

（3）专业中心型：由经营同一品类商品的各种店铺集合而成，常见的有：家居购物中心、玩具购物中心等。

3. 生活邻里型　一般设在社区的商业中心，其不仅是社区的商业中心，同时也是社区居民的生活中心、休闲中心和交往中心。随着现代人生活水平的提升，对生活品质的要求也将逐渐升级，会越来越重视社区生活的便利、安全、环境，越来越重视健康、家庭、人际沟通。因此，需要便利的设施、便利的服务、安全的商品、安全的环境，在生活邻里型购物中心不仅需要购物，还需要满足家庭休闲、社区交往的需要。生活邻里型购物中心应当是现代都市生活方式的载体，除了以一站式满足社区居民生活消费的功能为核心，还应补充满足现代生活方式的各类商业、餐饮、健身、娱乐、休闲设施以及门类众多、配套较齐全的生活服务设施。社区服务中心、派出所等政务机构也设在这里。这种多中心合一的形态既有利于城市空间利用效率的提高，还将有限的社区购买力集中起来，给所驻商家带来强大的人气。

（三）购物中心的发展现状

20 世纪 90 年代末期，深圳首家购物中心——铜锣湾百货有限公司开业，它是利用工业厂房改建的物业；2002 年上海正大广场由泰国正大集团附属公司上海帝泰发展有限公司投资 4.5 亿美元兴建，总建筑面积达 24 万平方米，是集购物、餐饮、娱乐和休闲于一体的大型购物中心，堪称"现代商业巨型航母"。正大广场位于享有"东方曼哈顿"之称的陆家嘴金融贸易区核心地带，目前正大广场全年客流超过两千万人次，成为华东地区最具规模的"现代家庭娱乐及购物中心"，拥有大批家庭消费者。

购物中心在发达国家发展日趋成熟，已经朝着生态化、娱乐个性化等方向发展。日本大阪率先发展生态型购物中心，其中难波商场是独具特色的生态购物中心，建筑面积达到 32 万平方米，建筑师设计了一个带有自然地貌特点的人造峡谷式的公园式购物中心，该峡谷的植物覆盖 2 ~ 8 层建筑，露天的坡道从 2 层逐渐走到 8 层，坡道两边可以进入不同层的商店、餐饮及娱乐场所，并有天桥连接峡谷两端，此绿色方案得到业主与当地政府的喜爱与批准。

作为世界上最大的购物中心，迪拜购物中心单独占地约 46.5 万平方米，相当于 50 个足球场的面积，连同其所有辅助设施、附属建筑在内，总共占地约 83.6 万平方米。内设大约 1200 家商铺，16000 个停车位，还有号称世界上最大的水族馆——荣获吉尼斯世界纪录"世界上最大的丙烯板"（Worlds Largest Acrylic Panel）建筑，最大的黄金市场，堪比奥运比赛规模的冰场，6 层楼高的巨幅屏幕影院，探险公园、沙漠喷泉等先进设施，以及拥有 250 套客房的豪华酒店，22 厅的电影院以及 120 个餐厅和咖啡馆。该购物中心也以独特的"城中城"设计理念搭配主题购物区，如黄金购物区、时尚岛、丛林度假村以及通过全收放式顶部的展现的室内外街道景观而著称。

四、服装品牌专卖店

（一）品牌专卖店的含义

在零售学中，专业的服装店分为两种主要形式，一种是汇集各类品牌服装或无品牌服装的专营店；另一种是只经营一种品牌，大多为产供销一条龙的品牌专卖店（Exclusive Shop）。

品牌专卖店（图 1-4）的兴起，是零售业从"宽而浅"向"窄而深"的方向发展的结果，即零售服务的对象由原来面向大多数消费者的广泛需求转向面向某一阶层消费者的特

图1-4　品牌专卖店

殊需求，或者面向忠诚于某一品牌的消费群，称为品牌的市场定位。

品牌专卖店的成长与市场细分有关，使特定消费者在品牌选择中更为方便，也与大型购物中心或购物广场的兴起有关，大型购物中心的成立需要由许多品牌专卖店共同来组成。

专卖店也称为概念店，所谓的概念店就是其店面装潢设计、标志、商标、包装等相互配套，一同纳入"CI"整体设计，因而强化品牌形象，以强烈的视觉效果构成一种现场感召力，吸引顾客进入一种氛围，让顾客全身心地感受品牌的魅力。例如耐克、阿迪达斯、锐步、李宁等著名的运动品牌店，在装潢上充分迎合目标顾客，体现体育特色，如在店内安放大型屏幕，播放体育节目，地板做成跑道形状，令消费者一步入店堂便能感受到运动的激情。在耐克的零售店中，仿佛置身于体育明星世家，乔丹的照片及亲笔签名的运动衫就悬挂在墙上，给顾客留下了深刻的印象。

（二）品牌专卖店的特点

1. 顾客方面　专卖店的顾客很多是某一品牌的推崇者，其独有的款式、风格、营销方式是针对非常明确的目标顾客，如贝纳通、斯特法内以其浓郁的地中海式亮丽的色彩牢牢吸引了喜爱色彩的人们。

2. 价格方面　多数品牌专卖店的服装价格不菲，但能保证品牌服装的品质，一些世界名牌服装专卖制度非常严格，没有专卖资格绝对无法进货，这样做一是为了防止假冒，二是为了做好售后服务。之所以相比之下价格高，是因为品牌服装的价格构成中包括名牌附加值、服务承诺、质量保证、流行因素、广告宣传费用等。

3. 广告方面　专卖店广告的投入比一般服装店要多，如果不做广告宣传犹如锦衣夜行。知名的品牌店纷纷斥巨资做广告，例如1980年，服装大师卡尔文·克莱恩曾邀请美国的青春派影星波姬·小丝拍了一套极富挑逗性的广告，使该品牌紧身牛仔裤在一星期内就销售了40万条。

4. 经营模式　品牌专卖店的经营模式分前店后厂式、直营连锁式和特许加盟连锁式等。到了21世纪，特许经营成为国内经济的热点，也是解决服装销售瓶颈的最好方法。服装企业在解决了生产、资金、品牌等问题后，必定将面临营销扩张的考验。特许经营作为一种规模化、低成本、智慧型的营销扩张形式，利用知识产权的转让，充分地调动一切有利资本，并将其做最优化的组合，以达到迅速扩大规模、扩大销售的目的。特许经营在我国品牌服装销售中已积累了一些成功的经验，其前景非常广阔。

5. 个性化服务　顾客可以得到营业员关于商品专业知识方面的服务，或专业的售后服务，如修改衣长、裤长、腰围、毛料服装的干洗、服装修补、皮衣的保养等，而百货店在这一方面的服务就比较缺乏。

（三）品牌专卖店的连锁经营

1. 连锁经营的含义 连锁商店的产生是零售业的第三次革命，作为现代大工业发展的产物，连锁商店是与大工业规模化的生产要求相适应的。其实质就是通过社会化大生产的基本原理应用于流通领域，达到提高协调运作能力和规模化经营效益的目的。服装连锁店是在不同地区，以相同方式建立的、经营模式相同的若干零售店，其必须具备四个要素的一致性：经营观念、CIS 企业识别系统、商品组合服务及经营管理。

2. 品牌专卖店连锁经营的形式 包括直营连锁店和加盟连锁店。

直营连锁店（Corporate Chains）：所有的连锁店全部由品牌经营者独家经营，又称为所有权连锁。直营连锁店的优点是一体化程度比较高、管理权集中与标准化制度可提高运营效率降、低成本。不足之处在于：分店缺乏充分应变弹性，有时难以把握地区性的市场机会，因而服装连锁店管理高层必须多考虑服装产品与需求的地区特性。连锁零售网络的构建需要投入大量的资金，我国这种形式的连锁店目前正在发展中。

加盟连锁店：指品牌所有者以加盟合约的方式，授权加盟者设立零售店。加盟连锁体系又可以分为自愿加盟连锁（Voluntary Chains）与合作加盟连锁（Cooperative Chains）。加盟经营的优势在于它能为那些没有或服装零售经验很少，但又想进入服装零售领域的投资者提供一个投资平台，让那些愿意加盟的投资者去投资已经建立起商誉的某一服装品牌公司，由品牌公司向加盟者提供如品牌、商誉、消费者认知等方面的优势；投资者则可以利用资金、地理等方面的优势，快速建立服装零售网络。加盟连锁店由于连锁体系是一种契约关系，各店的经营主权在于各店本身，因而在经营上有投资少、发展快、风险低的优点，因而这种形式在我国服装零售市场中应用比较广泛。其缺点是连锁本部对加盟店的约束力有限，公司很难进行统一的促销活动，对连锁店主的素质要求较难统一，易于各自变通发展，从而失去整体效益；而各店的素质不一，企业品牌形象也较难维持。

3. 品牌专卖连锁店成功的因素 总部集权控制、统一亲切的服务、良好的店址、有创意的活动、突出的企业识别系统、有特色的商品组合、舒适的购物环境。一些大型的服装品牌专卖连锁店成功的因素在一定程度上还取决于其规模效益，由于规模较大，可以因采购量大而获得较高的采购价格优惠。品牌专卖连锁店大多是由总部决策，因而降低了行政费用。以较少的管理费就能够使整个组织运作起来，节省了大量的高薪人工。通过专业分工，将零售业过程分解为销售、促销、商品计划、商品储运等几个部分集中起来运作，大大地节省了经营成本。

五、服装专营店

（一）服装专营店的含义

专营店（Specialty Store）是指进行专业化经营的商店。服装专营店（图 1-5）不像品牌专卖店

图 1-5 服装专营店

那样只经营单一品牌，也不像百货店那样包罗万象，专营店在服装经营上比百货店集中，又比专卖店丰富，这样既避免了大商场大而全造成的风格不突出，同时又避免了单个品牌势单力薄难以形成气候的弱点。

服装专营店的市场竞争优势是只经营服装这单一品种线，其产品线虽窄，但花色品种齐全、规格多样、专业化程度高、售价较低、符合消费者对商品专业化和物美价廉的要求。

（二）专营店的类型

通常服装专营店分为两种类型，一种是在硬件上有舒适的购物环境；在软件上有完善的管理系统；店内汇集多种品牌的服装，质量、售后服务有保障，商店也注重广告宣传，每月有不同的营销活动。这种专营店应该是未来重要的发展方向之一。

另一种专营店经营不甚规范，店内服装无所谓品牌，质量参差不齐，消费者退换货品较为困难，服务也常常不到位。这类专营店仍然需要进一步改进。现在消费者的消费观念逐渐成熟，越来越重视质量和商店信誉，从理性角度讲，不被消费者信任的商店不会有好的发展前景。

（三）专营店的成功因素

第一，专营店在一个店内提供范围很广的专业商品，例如一个经营鞋业的专业商人可能提供给顾客超过 100 种款式的鞋，而且这些款式有系列的颜色和尺码，较难复制，这是其他经营者无法与之相比的。

第二，专营店的面积一般较小，消费者能够快速找到需要的商品，而大型百货商店规模太大，消费者很难在短时间内找到需要的商品。此种服装专营店周围有一群固定的消费群体，他们会经常光顾店铺，是维持基本营业额的保障。

（四）专营店的发展方向

近年来，美国专营店总结出市场成功的新策略——"聚焦策略"，即谁的产品线越集中，谁就越有可能成为赢家。最为极端的例子是全美最成功的鞋店之一"FOOT-LOCKER"，这家鞋店只卖鞋，而且只卖运动鞋，其年营业额为 16 亿美元。他们的杀手锏是少而全、少而专，特别在款式、规格、色彩、质地上下大工夫，做到产品丰富多彩，别有特色。现在"聚焦策略"也被国内一些专营店所采用。

在我国，服装专营店的经营方式主要分为进销式和招商式。进销式是凭借买手对市场的熟悉和独特的经营眼光，挑选适合自己商店风格和市场定位的品牌服装或无品牌服装，从厂家直接进货或者从批发市场进货，买断经营，自主定价。买断经营的货品有一部分卖不出去也是正常现象，做服装生意就是"赚头不赚尾"，最后的存货在季末让利销售，直至舍本甩卖。进销式是服装销售值得提倡的方式。招商式与百货店的招商方法类似，即出租柜台，由于专营店比大商场百货店的经营成本低，专柜的租金较便宜，故服装价格比大商场有竞争力。

六、服装精品店

（一）服装精品店的含义

精品店（Boutique）专做那些热衷于时尚潮流，有高品位、高收入、高要求的服装消费者的生意，这些消费者往往在服装专业店、百货店难以找到适合自己品位的服装。

在营销学中，精品店并没有被单列为一种零售店类型，而是归类到"高价专业店"或"高档专卖店"中。实际上，这类店以其超高的服装价位与一般专业店拉开了距离，以没有品牌限制而区别于品牌专卖店，它以精美的购物环境、与众不同的商品和昂贵的服装价格成为服装零售业中"高贵的公主"，被高收入消费者青睐。

（二）精品店的特点

1. 店址　装潢豪华的精品店通常设立在中心商业区或高级住宅区及大型的商业写字楼中，这样有利于扩大知名度，树立至尊的商店形象。

2. 装潢　精品店的装潢设计根据目标顾客的不同而各具特色。如以白领、成功人士为目标顾客的店铺，其店面装潢要体现出优雅和时尚感，迎合该目标消费群体超凡脱俗的自我感觉。

3. 服装　精品店的服装是以精致、唯美、与众不同来取胜，每件服装或饰品是唯一的，或者件数也是屈指可数的，成功的关键是其高贵感和唯一性。经常光顾这类店的顾客希望穿戴世界上只有一两件的服装，而不是像在百货店、专业店、超级市场中有不同规格的足量服装可供挑选。在精品店里售卖时，非常忌讳说："现在这种式样很流行"，而是应该说："这件衣服是我们店里唯一的一件，也是这座城市仅有的一件，穿上它你就是人群中最耀眼的一个"。

4. 服务　在精品店里，店方提供给顾客全方位的优质服务。无论是现场修改或是定制，都有专业人员负责，可以满足顾客的一些特殊要求。店内设有休闲座椅、时尚杂志和茶水，使顾客产生宾至如归的感觉。除服装外，腰带、围巾、帽子、手套、提包、首饰等配件应有尽有，方便顾客随意搭配。通常如顾客需要还会有服装搭配专家来为顾客做专门的服装搭配，充分体会购物就是快乐享受的新体验。有的精品店还提供定制服装及特色的配件，个性化服务，而且专业服装师制作的服装会十分合身同时价格也很昂贵。

（三）精品店的顾客群

经常光顾精品店的顾客是那些想得到最好的商品和服务，并愿意为此支付高额费用的人。现代社会正在渐渐走向富足，经济实力雄厚并有高消费意向的消费人群已经形成。生活富裕的人讲究的是高级、稀奇、精美和品位，便宜但不好的东西绝对不会要，物美价廉对他们也没有吸引力。正如一位台湾商人所说："这个时代，越是好的货品越不能便宜卖，否则会使它的品质形象降低，好的货品必须有更好的价格。"因此说，精品服装店走的是高价路线，其价格里蕴含着文化价值、名牌价值、稀缺价值等。

服装精品店的目标顾客高度细分化，这些店通常是独立的。而连锁店通常提供大众化的服装，能够服务更多的消费群体。在零售市场，精品店尽管不是很普遍，但它确实满足了一类消费者的需要。在国内服装店才刚刚兴起，而高档的量身定做服装店已经有很长的历史，如老字号的"永正裁缝店"。

七、平价服装店

（一）平价服装店的产生

20世纪初期，在那些服装业发达的国家，热衷于高级时装的顾客看到了以前从未经历过的事情。在一些小地方可以买到服装专卖店和百货店里的服装，而价格只是百货店服装的1/2或1/3。这些平价服装店（Parity Shop，图1-6）通常销售一些知名设计师或著名服装品牌企业要清除的剩余单件服装或存货，因为这些平价店主能提供现金，很多著名的设计公司都愿意把多余的货品销

图1-6　平价服装店

售给他们，这种经营方式很成功，吸引了不少的服装投资者加入了这一零售行列，这些店内有各种高质量的服装，价格也远远低于专卖店和百货店，平价店就这样产生了。

在国内类似于以上的平价服装店有时也被称为"外贸服装店"，原因是这些店一般会从大型的外贸服装生产厂家进货，一般是买进外贸厂的样衣或尾货来销售。

（二）平价服装店的经营

经营平价服装店需要了解世界服装市场的行情，提供比第一手批发商还便宜的服装。当生产商有一些产品市场萎缩或是生产周期太慢而零售商不再需要时，或在季末有部分剩余产品店家不再使用时，他们就会转入平价店来处理。因为进价较低，所以即使售出的价格不高，也仍然能保证利润。

平价零售商通常会选择远离百货店或专业店的位置。大型的平价服装店一般发展自己的小中心，远离那些购物中心、商业闹区、中心区，对那些标价偏高的零售商构不成直接的威胁。值得注意的是，不像传统的零售商能一贯地向同一生产商采购到需要的货品。平价零售商追求一种"投机"方法，即平价零售商最关注的是价格而不是服装组合的完整性。

顾客光临平价店时，并不一定能找到某个供应商或某个品牌的服装。现在也有许多著名服装品牌连锁店，为了维护品牌的形象公司会将那些顾客不再喜欢的商品或是过季服装采取特卖场或特卖店的形式进行存货处理而不愿其货品流入其他的平价店。

八、服装生产企业自设专卖店

（一）自设专卖店的产生

在 20 世纪 80 年代以前，生产商只通过零售商销售他们的产品。但在 80 年代以后，也有一些生产商选择开设自己的服装零售商店来销售自己的产品。这些生产者将其全部的产品放在自设专卖店（Company Store，图 1-7），与其周围的百货店及专卖店开展竞争。

图 1-7　自设专卖店

（二）自设专卖店的发展

发展较快的是"批发商行"，特点是以较低的价格售出那些零售量低、零售商不需要的产品。生产厂家剩余的产品不再卖给平价零售商，而是以便宜的价格销售自己的产品，很多这样的生产者都获得了很大的成功。著名的设计师，如皮尔·卡丹（Pierre Cardin）等已开设这样的店铺来销售他们多余的产品。为了避免与其传统的零售渠道发生冲突，这些店通常开设在远离固定的大型购物广场或商业街的地方。经营这些店有很多大的中心，这些中心每个都是一个露天的购物街，有 100 多种不同的批发店。在 20 世纪 80 年代晚期，设计师的专业销售店的原型已建立，这种经营形式很成功。在国内也有许多知名服装生产企业自设专卖店，比如雅戈尔专卖、杉杉衬衫等。

九、特许店与加盟店

（一）特许店与加盟店的发展

特许店与加盟店都是零售业的重要形式之一，是个人能够利用已建立的公司的商誉来经营的一种方式。其优势在于为那些没有或稍有服装零售经验但又想进入这一领域的投资者提供一个好的投资平台，而不会遇到自主创业初期的一些难题，例如设计、打板、生产、定价、店铺形象设计、员工培训等。特约店及加盟店向其加盟者提供了诸如品牌、商誉、消费者认知及设计到销售等方面的支持。对于一个加盟商而言，如果选择建立一个新的服装零售企业，其风险会远远大于加盟一个现有的品牌。

（二）特许店与加盟店的区别

这两种零售组织有一些不同之处，特约店经营需要交纳权利金，因为取得特许经营权的优惠而付给总经销商的保证金。而加盟店一般无须此费用，以贝纳通（Benetton）为例，美国最大的加盟销售的服装零售组织，并不需要权利金。不管怎样，两种形式都要求有特定数量的投资，才有可能被特许经营者所接受，而且都要签订严格限制的合同，包括采购需要、公司政策、特许者作为公司决策主体的权力等。尽管这两种形式给个人提供了一个加入熟悉团体的机会，但是他使企业的扩张和个人的创造性受到了限制。传统的零售商如果经营成功了，经营者会考虑扩张开新的店，建立连锁店，但在特许经营下扩张必须得到特许者同意并缴纳扩张的费用。

十、服装街

在国内几乎每个城市都有一条或一条以上的街道两侧排满了个体服装经营摊位，这样的街道通常被称为"服装街"（Clothing Street）。这些服装零售商经营的大部分是廉价的服装，但有一些服装的款式却很新，一般多数情况下是一些仿名牌服装或"水货"。通常一些低收入的消费者或学生喜欢光顾服装街或一些流动的售货摊位。服装街的形式很多，有的是露天场所，也有的是由比较固定的、装修较好的一个个小店组成。而在广大的农村，普遍存在的一种方式是"服装集市"，与百货店相比许多家庭主妇更偏爱这样的集市型服装市场，主要原因是廉价。

类似服装流动售货摊，在国外有一种市场叫做"跳蚤市场"。传统的零售商需要大笔的投资取得一个能够长久发展的位置，而跳蚤市场则给个人销售商品的机会，不必太大的投资，跳蚤市场在美国西部沿海也称为"二手货市场"，通常开设在公共娱乐场所，如露天电影院、运动场、戏院、百货店等，当这些地方荒废或者停止营业时，就可以作为跳蚤市场。像露天电影院、运动场这样的场所由于在室外受到气候条件的限制，经营方式往往不固定。而像戏院、百货店则由于室内优势而更固定些。跳蚤市场的经营者一般都是兼职的，每周 1～2 天，也有些是全职经营。

在西方，跳蚤市场给个人提供了自我发展的机会，许多人在维持一个稳定工作的同时，为了增加收入兼做跳蚤市场的生意，其中不乏大获成功并成为全职连锁经营商者，店铺规模甚至可与小型传统连锁店相媲美。跳蚤市场有很多服装产品，包括服装、鞋子、配件等。出售的商品既有普通的、也有著名设计师设计的作品。跳蚤市场原则上是廉价的，因为管理费用较低，打折很厉害，价格便宜是其最大的吸引点。西方的跳蚤市场的气氛就像狂欢节，因而有很多人去逛或去购物。

十一、折扣中心（奥特莱斯）

折扣中心也称奥特莱斯（Outlets），其英文原意是"出口、出路、排出口"的意思，在零售商业中专指由销售名牌过季、下架、断码商品的商店组成的购物中心，因此也被称为"品牌直销购物中心"。

奥特莱斯最早诞生于美国，迄今已有近一百年的历史。奥特莱斯最早就是"工厂直销店"，专门处理工厂尾货。从 1970 年左右开始，一些大型服装工厂和日用品加工企业开始销售订单尾货，建立起仓库直销店，基本上是一家工厂一个直销店，所集商品既是优质品牌又价格低廉，所以吸引了大批顾客。到了 20 世纪 90 年代，工厂直销店开始繁荣起来并有大的发展，去工厂直销店购买商品的顾客越来越多，因此，很多工厂就把直销店集中在一起开设，这时的购物中心一般都是真正的"工厂直销"，虽然以名牌和低价吸引顾客，但没有形成规模销售。而且离城市较远，一般开车要一个多小时。奥特莱斯这种业态在美国呈现快速发展的势头，由于有了奥特莱斯开发商的加入，这种营销形态发生了实质性的变化。首先是供货商从过去单一的商品工厂发展为商品工厂、品牌所有者、品牌代理商、品牌批发商乃至大型百货商店共同参与的专门供货渠道。其次是功能更加齐全，休闲购物一体化。最后是开始讲究购物环境并向城市靠近。因此，这种直销中心渐渐发展成为大型或超大型购物中心。目前，在美国、欧洲、日本甚至东南亚国家，均已出现这种业态并蓬勃发展。

奥特莱斯购物中心一般位于市郊，在远离城市的地带能吸引大量的顾客群体，必定有它独特的优势。首先，奥特莱斯的商品都是名牌下架、过季及断码商品。这些全新商品，由高档专卖店或商场下架后直接转到奥特莱斯。品牌供应商选择在奥特莱斯销售其过季产品，因为奥特莱斯既不影响当季正价名品的销售，又可通过为过季、断码的名品提供规范销售出口，保持和维护了品牌形象。其次是商品的价格，由于运营的低成本可使经营者尽可能地降低商品价格，奥特莱斯的商品与市中心的百货商场比较，同样的商品在价格上普遍偏低约 60%，有的甚至更多。还有一个优势是购物环境，每个奥特莱斯中心的购物面积都很大，以美国为例，奥特莱斯中心的面积由几万平方米到几十万平方米都有。而每个购物中心都有自己的特点和环境，有配套的服务设计和便捷的交通。因此，奥特莱斯成为人们购物休闲的理想场所。

十二、产品目录及网上零售

（一）产品目录形式

在世界的各个地区都有一个特定消费群在不断增长，这些消费者采用邮购的方式来满足他们对服装产品的需求。尽管这种零售模式并非新创，但过去它只是消费者用来了解时尚的耐用品与日用品的途径而已。早期的产品目录（Product Catalog）是由美国的老牌百货店用来介绍大量特色产品项目的内部手册，而采用这种方式购物的消费者大多是一些在乡村过着田园生活的城市居民以及那些因交通不方便而很少光顾商店的消费者。

在西方发达国家，产品目录生意的繁荣始于 20 世纪 80 年代中期，并产生了巨大的影响。这种零售方式风行一时的原因在于职业女性及其家庭极少有时间购物，而她们的工作环境却使她们有着强烈的时尚需求，于是产品目录销售便成为最佳的选择。

服装产品目录销售基本上有两种不同的类型。一是百货店或专业连锁店，通过产品目录鼓励消费者进场购买。二是经营者没有开店而是通过产品目录推销产品。零售商使用产品目录，告诉消费者零售环境的变化，刺激消费者的购买欲望，甚至那些很难有机会进店购物的消费者也会受到鼓励，从而给这些零售公司增加了很多意外的生意。通常产品目录在销售旺盛时期派发出去，如春节、圣诞节或一个新季节的开始。例如，在美国一些服装品牌一般采用圣诞节产品目录销售。现在，这些店和大部分传统的服装零售商每年都给顾客邮寄大量的产品目录。在国外，一个顾客每隔几周收不到他（她）的账户所在店的产品目录是很少见的事。

产品目录零售业发展最快的是完全的产品目录服装零售的形式。专注于此种零售形式的公司大部分会针对目标消费群来生产目录。例如，有的品牌的目标消费群是学生类型的顾客，而有的则定位于年轻的职业女性。

（二）网上零售形式

20 世纪 90 年代网络信息取得迅速发展，资讯科技对服务领域产生了最为广泛和深刻的影响，零售管理信息系统、互联网、电子商务的应用，不仅改变了零售经营管理的过程与模式，也改变了传统的商品实体零售概念，创造了网络虚拟商店，给消费者提供了网上购物的机会。网络不仅改变了人们的生活方式，也高度集成了商业机会，并提供了超值的零售服务，网上零售（On-line Marketing）是任何一种零售变革都难以达到的集成效果。

一个零售商在同一个时间里可以同时为成千上万的消费者提供产品或服务，满足他们的需要，这是任何一个实体商店或其他零售形式都无法做到的。资讯科技为零售业创造了无限的经营能力，通过传统的市场细分形成的缝隙市场不复存在，这时零售商的目标顾客、产品组合可能需要重新定位，这实际上将使传统的、以顾客为标准的市场细分及根据细分市场选定目标市场策略的零售经营理念失去意义。

第三节　服装零售市场概况

纵观全世界，服装零售市场不断变化，许多服装零售商都在国外确立了自己的市场零售地位并不断地扩张，成为国际著名品牌。

一、世界服装零售业发展现状

（一）美国服装零售品牌

1. THE LIMITED　在 1971 年只有 8 家店、销售额 400 万美元的 THE LIMITED 现在已经成为美国最大的服装零售专卖连锁店，它的成功在美国历史上是无人能比的。

现在，THE LIMITED 在美国有 4000 家店，在不到 30 年的时间里，从一个无名小辈成长为享有盛誉的大型企业。在服装销售中，它在销售量、分店数量上最大的竞争者有 GAP（拥有约 1000 家店）、马莎（约有 300 家店）。值得注意的是，只有 GAP 是一个传统的定价店，而其他的两个均以平价销售。事实上，没有能与 THE LIMITED 相匹敌的。

THE LIMITED 在很短的时间内发展迅速，起初只是想在美国开几家店，设立自己的品牌，后来发现产品供不应求，公司规模不断扩大，增设了其他销售渠道。THE LIMITED 迎合了一些较年轻的顾客，并决定进军其他零售形式。

如今公司仍然持续努力，雄心勃勃，公司决定在男装领域开拓市场，并设立一个新分公司，结构及价格与以女装为定向的店类似。在这些新的经营形式下，THE LIMITED 的每个店如果都能成功经营，那么 THE LIMITED 公司将会很快的支配男装与童装的专卖销售。

2. Nordstorm Nordstorm（诺德斯特龙）是以服装为导向，发展最成功和最快的专业百货店之一。在 1901 年以鞋店起步并很快发展为美国最赢利的服装公司之一。多年来，公司已经发展为美国最大的独立鞋业连锁公司。公司不断地向西雅图、华盛顿扩张使之成为美国最大的个人鞋店。在鞋业取得空前的成功之后，这个家族决定进军服装市场。

1963 年，他们购买了以西雅图为基地的一家服装店，与另一家服装零售店并入鞋店组织，新公司很快问世——Nordstorm Best。

到 1973 年该公司被认为是西部海岸最大的服装零售商，零售额超过 100 万美元。因为它的大部分店都设在美国西部，所以公司决定到竞争激烈的东部海岸开辟新市场。1988 年在弗吉尼亚的一家购物广场开始了第一次东部沿海的冒险，并最终在整个东部海岸都取得了成功。

其成功的原因不仅取决于其产品的组合，还有致力于满足顾客需求的服务精神。公司为在自己任何一家零售店都能提供最好的服务而自豪，他们认真的分析顾客的需求，给顾客提供装有垫子的椅子，为带孩子的妈妈设立专门的更衣室，他们对每种需要都给予关注，而在其他大多数店铺根本得不到此种服务。

该公司的单位面积平均销量是国家统计平均销量的两倍。这样显著的销售业绩取决于其对销售人员的高度关注。每个销售人员都在回扣的基础上得到报酬，Nordstorm 销售人员的平均收入比其他店铺高得多。实际上，许多零售商都在走 Nordstorm 的路线，希望依此来提高服务水平增加销量。

如果就扩大规模方面来评价的话，Nordstorm 也是十分成功的。在五年之间该公司增加了 21 家新的分店，店铺选址遍布全美国，服装零售界都在关注其发展，看它是否会引领着服装零售业一直持续成功发展。

（二）英国服装零售品牌

1. Harrods 提到传统时装店，就会想到 Harrods（哈罗德百货），这家店设在伦敦骑士桥的一座华丽的大楼内。Harrods 不断地吸引着本地的英国人以及来自世界各地的旅行者，不仅是因为它质量上乘、做工精美的英国开司米羊毛织品和服装迎合了服装行家的口味，更因其汇集了全球很多顶尖设计师的作品。在 Harrods 品茶是一项传统的服务，这使得每位顾客都迅速爱上到 Harrods 购物：消过毒的、精心布置的休息室就像是专用卧室一样，让顾客在继续购物之前，可以先放松一下。因此到 Harrods 购物，能让每个顾客都感到很愉快。

由于 Harrods 的影响，骑士桥被认为是伦敦的传统购物中心。英国居民以及世界各地的旅行者都认为这个地方能够满足他们对时尚的需求，各种专业店琳琅满目，每个店都有不同的款式。而在伦敦另一个主要的购物街——牛津街，拥有大量男装、女装、童装店。值得特别指出的是，即使是最具鉴赏力的男性顾客在这里也能找到合适的成衣和最好的裁缝店。

2. Selfridges Selfridges（塞尔福里奇百货）是伦敦最著名的老字号百货公司，于1909 年创立，位于伦敦市中心的繁华商业区牛津街。当年，第一架从法国飞跃英吉利海峡到达英国的飞机在 Selfridges 百货商店里展出了四天，这次展览吸引了多达 15 万人前来参观。从来没有一个人抱着如此兴奋的心情走进一家百货商店，于是从那时候起，无论出现了什么新风尚、新潮流，Selfridges 百货总是能成为第一个展示的地方。正如 Selfridge 本人所言：我已经做好了销售所有东西的准备，不管它是一架飞机还是一支香烟。

作为第一家出现在电视广告上的英国百货公司，Selfridges 创立了其特有的鲜明黄色品牌标签。不久以后，黄色的购物袋就变成了城里最抢手的配饰，风潮席卷伦敦及其他城市。1998 年，Selfridges 百货又在曼城的特拉福德公园开业了，紧接着 2002 年，另一家 Selfridges 百货 Exchange Square 店也在曼城市中心开业了。2007 年 Selfridges 伦敦店的鞋廊开幕了，直到今天，它依然是全球最大的鞋店之一。由荣获嘉奖的建筑师 Jamie Fobert 设计，里面包含 6 个沙龙，11 个品牌专店，4000 多双鞋子。2012 年新建造的设计师品牌女装区在 Selfridges 伦敦店开幕了。设计创意亦是来源于整个商场的新古典主义风格，这个区域目前融汇了全球以及英国本土最有设计感的作品。从 2013 年起 Selfridges 百货拥有全球最大的牛仔专区，同年，根据 Lindy Woddhead 的著作《购物，诱惑和 Selfridge 先生》改编的电视剧《赛尔福里奇先生》上映，生动讲述了 Selfridge 先生那魅力传奇的人生故事。

（三）法国服装零售品牌

1. Printermps Printermps（巴黎春天百货）百货店拥有欧洲最好的设计产品来满足每个人的时尚需求，而且几乎可以使用任何一种语言提供完美的无可挑剔的服务。在这条"时尚的街道"，购物者可以看到很多时尚的品牌设计作品，如伊夫·圣·洛朗、克里斯汀·迪奥、乔治·阿玛尼等。

在巴黎除了像 Printermps 这样大型的百货店，还有很多设计师的专卖店。在巴黎可以找到以服装设计师的名字命名的服装百货商场，在这些店内顾客可以购买到各种名牌服装或者定制服装。

与伦敦不同，巴黎有像 Printermps 这样的大型店，罗马和其他时尚的城市如意大利的米兰，都通过专卖店来发展零售业，如古姿、阿玛尼和实行一系列产品组合的高级时装店都是意大利销售的主要方式。

2. Galeries Lafayette 法国的 Galeries Lafayette（老佛爷百货）在 1895 年建立在穿过目前旗舰店的一条街上，最初它只是一家销售羽绒服和新颖廉价的小物品的精品店，如今它已成为法国三大顶级百货店之一。除了旗舰店，该公司还在法国开设了 17 家分店和超过 100 家食品店以及其他各类店铺。

巴黎的主店内有大批的廉价商品和高价位的高级收藏品，在店外及店的侧面设有摊位，销售从蒸汽熨斗到特价内衣的任何物品，而它的分店（Trump Tower）避免了这种类型的商品，多集中在精致的、高价位的商品，它还出售一系列的香水，法国的旗舰店也销售香水，并自誉为世界最大的香水百货店。同时还销售由法国的世界著名设计师设计的女装及其他成衣。

通过在纽约的分店，Galeries Lafayette 旨在成为进入美国的最重要的外贸服装企业之一，不像那些只占据几千平方英尺和经营一个有限的产品系列的小型专卖连锁店，该公司在纽约的店面有 8 万 5 千平方英尺。法国知名服装零售品牌进军美国零售市场，将会有很大的利润可赚。

3. LVMH　法国酩悦·轩尼诗 – 路易·威登集团（Moët Hennessy–Louis Vuitton，LVMH 集团）由贝尔纳·阿尔诺（Bernard Arnault）将全球著名的皮件公司路易·威登（Louis Vuitton）与酒业家族酩悦·轩尼诗（Moët Hennessy）于 1987 年合并而成，集团已拥有超过 120000 名雇员，旗下拥有 50 多个品牌，是当今世界最大的奢侈品集团。集团主要业务包括以下五个领域：葡萄酒及烈酒（Wines & Spirits）、时装及皮革制品（Fashion & Leather Goods）、香水及化妆品（Perfumes & Cosmetics）、钟表及珠宝（Watches & Jewelry）和精品零售（Selective Retailing）。

LVMH 有着悠久的历史，旗下拥有独一无二的国际知名品牌。其中，香槟、烈酒和皮革制品分部的企业大都有着百年以上的历史，有的甚至已经超过两个世纪。酩悦香槟（Moët & Chandon）起源于 1743 年，凯歌黄牌香槟（Veuve Clicquot Ponsardin）起源于 1772 年，轩尼诗（Hennessy）起源于 1765 年，克鲁格（Johan–Joseph Krug）在 1843 年创立了自己的事业，伊甘酒庄（Château d'Yquem）的葡萄酒可以一直追溯到 1593 年。而在香水、化妆品和时装领域，部分公司创立的时间虽晚一些，但是却已在数十年之内占据了牢固的国际地位。娇兰（Guerlain）创立于 1829 年，迪奥（Christian Dior）创立于 1947 年，纪梵希（Givenchy）则创立于 1951 年，于 1957 年开始推出自己的香水。

如今，LVMH 集团中 81% 的雇员分布在法国以外，他们都坚守着相同的价值观来工作。发展生意的同时，LVMH 亦不忘造福社会，旗下福利机构有 LVMH House 和 LVMH-ESSEC Chair，此外 LVMH 还致力于保护环境。集团恪守自己的公益使命，矢志传承光大文化传统、提倡人道主义、推动教育事业、培养扶持年轻的艺术和设计人才。

（四）德国服装零售品牌

与其他国家相比，德国被认为是服装领域的新手，其对服装界产生最大影响的三大公司有 Bogner、HUGO BOSS。

1. Bogner　提及滑雪服和高尔夫球装，立即会有人想到 Bogner。在纽约、旧金山等地，服装爱好者不仅热衷于它的动感系列，而且也十分喜欢它的女装系列，美国服装公司很少利用批发或打折的方法来处理自己低销量的产品，而 Bogner 就是其中一例。

在美国一个平价店，打折店中心 Bogner 开设了一家零售店，周围都是著名的美国设计师通过平价销售多余产品的店铺。而 Bogner 通过自己的剩余产品以及超低价格打赢了这一仗。

2. HUGO BOSS　1923 年，HUGO BOSS 先生在德国的一个小镇开设了自己的服装厂，生产男士工装、雨衣、制服等，很快就以精致专业赢得了声誉。历经 80 载风雨，这一小规模家族生意已经发展为时尚王国中的顶级品牌，旗下拥有男女高级服装、鞋类、皮具、香水等众多产品，并以时尚华贵的气质备受推崇。

HUGO BOSS 旗下的三个品牌 BOSS HUGO BOSS、HUGO HUGO BOSS 和 BALDESSARINI HUGO BOSS 分别代表着三种不同的气质和生活理念。BOSS HUGO BOSS 是公司的核心品牌，以上班族套装为主，凸显成功男士干练果敢的形象；HUGO HUGO BOSS 则特别为潮流触角敏锐的男士设计，新潮前卫，充满青春气息；BALDESSARINI HUGO BOSS 以品位超凡、严谨的男士为对象，隽永雅致，瑰丽华贵。在经营策略上，针对旗下各品牌的特点，其销售点亦有区别。BOSS HUGO BOSS 主要在高素质的男装零售店发售；HUGO HUGO BOSS 的发售是一些时尚的服装训；BALDESSARINI HUGO BOSS 则以高级豪华的男装店铺为销售点。在德国市场，它们会以最快速度从一些不适合于 BOSS 最新流行形象的零售商店里撤出来，宁可遭受损失亦不愿使品牌降级，这个策略目前已被普遍借鉴。

（五）其他世界范围内发展服装零售品牌

意大利：贝纳通（Benetton）、IL BISONTE、STEFANEL 已成为国际化的零售品牌。

芬兰：marimekko 是纺织与服装生产的重要国际化零售商。

西班牙：MARTINEZ VALERO，鞋设计师，也是这个国家里唯一的一个国际化零售商。

澳大利亚：Country Road，女装和男装的专卖零售商，在纽约等地均有店铺。

美国：Talbots，一家传统的服装公司，已开辟日本市场，下一个扩张目标是加拿大和欧洲。

日本：以 YOHJI YAMAMOTO 为代表，在纽约设有分店。

瑞典：Marco Polo 在德国、美国、比利时均设有店。

韩国：以 JINDO 工业为代表，在全世界都设有皮具店。

还有其他一些国家走的都是这种国际化服装零售路线。

二、我国服装零售业发展现状

我国零售业经过改革开放后 20 多年的快速发展，逐渐建立起了多元化的具有中国特色的零售业格局。在这一时期，国外的零售商纷纷登陆中国，如法国的家乐福、日本的大荣和伊势丹、德国的麦德龙、美国的沃尔玛等相继在中国开设了大型购物中心或超级市场。国际零售商的加入，增加了零售业的竞争，同时也促进了我国零售业的发展，庞大的、极具增长潜力的中国市场也为零售商提供了丰厚的商业利润及发展空间。在很长的一段时期内，我国经济仍将会处于一个高速的增长期，零售市场还有相当大的发展空间，竞争也会十分激烈。

在世界服装名牌及著名零售商加入的情况下，我国服装零售业形成了如下特点。

（一）购物环境舒适化

消费者生活水平和文化素质的提高，对购物环境的要求也越来越高，这已经成为零售商的共识。舒适的环境可以为消费者提供一个赏心悦目的空间，激发消费者的购买欲。

（二）以消费者为导向的发展

21世纪是一个互动的年代，零售服务也随着时代的变迁进入一个互动的新纪元。当今的消费者越来越精明，不但要求物美价廉，而且还期望优质的服务，享受愉快满意的购物体验。

当今的服装零售业对服务理念的要求正在不断地转变，虽然国内的零售服务水平还与世界顶级的优质服务水准有一段差距，但大部分商家已经认识到零售业服务的重要性，以客为尊的服务观念正在确立。

传统的零售店通常依赖消费者购物需求这种内在的动力。在现代服装零售市场，零售的商业机会将会更多地取决于企业的品牌、文化、商品组合、广告、公关等以顾客为导向的促销活动，通过主动以顾客为导向的营销行为，形成对消费者的吸引力。

（三）生产销售一体化

传统的服装零售店往往只具有单一的零售功能，现代大型的服装零售商通常都具备产品开发功能、品质控制功能、品牌开发功能、产品生产功能、市场营销功能等，形成了一条龙的经营。

在一体化的进程中，有许多不同的形式，从产权的控制来看，有全资一体化、控股一体化、契约一体化、混合一体化四种形式。一体化的实行，不仅减少了流通环节，降低了经营成本，也使市场的信息能更快地转化为经营决策行为，加速了产品的上市时间和货品的周转速度，提高了竞争力。

目前许多跨国商业集团，通过建立全球采购中心，扩大采购规模，以此引导和控制生产企业，降低商品采购成本，提高商品价格竞争力和市场反应能力。

（四）多元化割据

零售市场份额在各种零售业态的调整，还将通过竞争继续进行。目前大型综合性商场仍然是城市零售业的主流，超级市场、连锁店与大型百货店的差距正在缩小，专卖店、便利店仍然占有很大的市场份额，城市郊区购物中心正处于起步或发展阶段，大型的、跨地区的连锁超市将成为零售市场的亮点。

（五）信息技术的大量应用

为了提高零售系统的柔性、提高产品组合的适应性以及零售服务水平，信息技术将会广泛应用于零售管理、零售过程及零售决策。

信息技术对零售的影响是广泛和深刻的，他不仅会影响零售的组织形式、零售产品组合及零售业态，也会否定许多被认为是金科玉律的传统零售理念，如虚拟零售网络将会使零售服务无形化，而商品实体的配送过程及顾客需求的信息处理将会成为零售的主要业务。

（六）国外名牌与国内品牌互补共存

就像有人说的那样"上海的马路上跑的各种世界名牌轿车，就好像是一个世界汽车博览会"，现在穿梭在各大城市的服装专卖店之中，就宛如到了巴黎的时装中心。许多世界名牌服装都纷纷登陆中国零售市场，为中国服装零售市场带来了时尚的气息，同时也给国内的服装商家带来激烈的竞争。

在竞争中求生存，国内的许多大的品牌如雨后春笋般出现了，与国外服装品牌形成了互补共存的格局。相信在众多的商家、厂家的共同努力下，国内的服装品牌会做得越来越好。

（七）世界工厂

随着我国加入 WTO，中国的服装市场全面向世界开放。虽然中国是服装大国，被誉为"世界工厂"，但真正的世界名牌并不多，国内的大部分厂家或商家还没有真正的实力与国外大的服装品牌竞争抗衡。

做好企业基本功，创造优秀品牌与知名度，提高服装品在国际市场上的竞争力，是目前我们这个世界服装工厂的当务之急。

第四节　服装零售业未来的发展趋势

进入 21 世纪，零售业面临着前所未有的变化与革新，许多传统领域的拥有者不得不停止经营，新的零售形式开始取而代之。消费者可以找到多种途径来满足他们的需求。而许多新的服装零售商正在加入满足顾客的需求大潮中。下面将介绍一些未来的发展趋势。

一、百货店的主导地位在动摇

在过去一些年里，百货店在零售业处于主导地位，如今这种地位正逐渐下降，无论是有着大量耐用品和日用品的传统百货商场还是热衷于服装产品的专业化公司都应引起注意。许多世界著名的大百货商场由于亏损而不得不停止营业。

　　引发这种现象有很多原因，分析家认为首要原因是消费者购物时间越来越少，有很多的女性——百货店的主要消费者，现在工作越来越紧张，几乎没有时间到人群拥挤的百货店购物。另有一些分析认为百货店的管理水平低以及来自专卖店和自营店的竞争压力也是原因之一。如华联经营的百货店通过转化观念来迎接竞争的挑战：有的加强销售渠道，有的则在发展分店或引进专业品牌开设店中店。

二、服装连锁店的迅猛发展

　　从 20 世纪 90 年代初开始，服装连锁店在我国的大城市迅猛发展，既有独立门面的品牌专卖店（又称为地铺），又有开设在大型购物中心的"店中店"，通过特许经营与加盟方式形成的连锁店，使得专卖店如雨后春笋般很快就普及各中小城市，特许经营与加盟连锁的方式造就了大批的服装品牌零售商，形成了目前我国最大的服装品零售网络。

三、厂家自设零售店的趋势

　　随着百货店越来越少和对品牌商标的依赖，很多生产者都面临着产品的销售问题。生产质量和设计一直在零售中起着重要的作用，但生产者对处理剩余产品总是陷入两难的境地，为了弥补这种缺陷，许多生产厂家开设自营店铺。

　　为了提高产品及市场的竞争力，争取更高的商业利润，越来越多的生产厂家都在创立自己的品牌及有效的零售网络，不惜代价努力闯入服装零售领域。

四、商家品牌的增多

　　随着越来越多的生产厂家自创品牌开设零售网络，服装零售商为了获得价格控制权及产品设计控制权，维持高的营业额与商业利润，提高自己的竞争力，纷纷采用"商家品牌"的方式争夺市场。

　　商家品牌是相对于厂家品牌而言的，零售商用自己的品牌来销售商品，其基本做法是由零售商向生产厂家下订单，商品使用商家的品牌商标，这种情况也称贴牌销售，一般有两种形式，一种是全部的服装都用商家自己的品牌，另一种是部分使用。许多重要零售商使用商家品牌与平价商竞争，发展自己的品牌，他们控制自己商标价格的上涨金额，而不必担心竞争者的价位。

五、平价店的快速发展

　　平价零售商，即那些购买生产厂家剩余或不再销售的产品，然后以远低于传统价格的价位出售的商家。由于平价店通常开设在廉价服装城、地下商场、批发市场附近等场所，这些店铺打着特价店、平价店的招牌，以低价招揽、吸引顾客，许多从事此类型经营的零售商家定期的开设新的平价店，持续扩张具有新的商家进入平价服装店的经营。低价优势，另平价服装零售店拥有较大的发展空间。

单价店是平价店的一个分支店。像平价店一样，单价店商品集中在那些以低价从生产厂家和批发商手中购买到的产品，唯一的不同就是单价店限制它的商品价格在一个很狭窄的范围。如 5 元店、10 元店，即整个店铺以一个相同的价格售出其所有的产品，如国内的小的饰品店。有的以产品的价格起名字，比如 100 元服装店，即店内所有服装都是一个价，100 元一件。在这些单价店里的商品并不是高质量的服装，其中可能有品牌商品，但也只是处理商品的手段而已。

六、店铺选址的变化趋势

零售业发展至今，最有商业价值的地理位置多被购物中心、步行商业街等占据，所以在成形商业区寻找发展机会与店址已比较困难，特别是对于那些实力不是非常雄厚的新生代零售商。

新的零售模式必须另辟蹊径，有潜能的地方是新的开发区、小店围绕的平价店和打折店的区域、正在开发的新型商贸中心等都是零售经营的可选地址。店铺地址是非常重要的，这一点将会在后面第五章店铺选址中详细介绍。

七、网上购物

职业妇女的工作越来越繁忙，除了工作还要照顾家庭，几乎没有多少时间去商场购物，由于这个原因，零售商努力想办法向这些"忙于工作的顾客"销售他们的产品。目录订购和有线电视购物、网上购物以很快的速度持续增长，也成为一种时尚的购物方式。

随着信息时代的到来，电子商务网络技术的快速发展，为网上购物提供了技术支持，在 21 世纪，随着人们消费观念的转变及我国零售网络模式的建立和不断完善，网上购物方式得到快速发展和消费者的青睐。

八、虚拟企业模式

所谓虚拟企业，是指为实现对某种市场机遇的快速反应，通过互联网技术将拥有相关资源的若干独立企业集结，以及时地开发、生产并销售多样化、定制化的产品或服务而形成一种网络化的战略联盟经济共同体。虚拟经营企业不一定拥有与设计、生产、营销等具体化功能相对应的实体和组织，它的主要思想是利用外部的资源力量来实现上述功能。虚拟经营弱化了企业的具体组织形式，是一种超常规的管理方法。

虚拟经营的指导思想是最大限度地综合利用内外部资源，极大地扩充企业资源优化的范畴。同时，使企业的管理视野和范围从内部转向外部，资源的运筹也从内向外拓展，使多种优势相互集成，从而能产生更大的可为企业利用的综合优势。虚拟经营的精髓是将有限的资源集中在附加值高的功能上，而将附加值低的功能虚拟化。同时为了保持其竞争优势，必须注意品质、成本及周期等其他能力的平衡。虚拟经营不是每个企业都可以运用的经营形式，但它的思维方式可为每个企业所借鉴。

虚拟企业的形成是以各方自身为前提，都是为实现共同的目标而努力的。虚拟企业成员之间仅就某一具体技术开发进行联盟，它关心与联盟项目有关的经营问题，对虚拟企业的其他问题则无权干涉。在一般的集团企业或合资企业中，成员经营活动在许多方面都受到集团企业或合资企业的限制，但对虚拟企业而言，它对其成员的活动没有太多约束力，成员企业完全可以根据自己的经营方针和目标来进行经营活动。灵活性是虚拟企业最突出的特点。

虚拟经营在国外早已十分普遍，像 NIKE、REEBOK 运动鞋根本就没有自己的工厂，其产品却畅销全球。现在国内许多企业也开始尝试虚拟经营，虚拟经营可使企业发挥资源的最大效率并有弹性化的优势。意丹奴是衫衫集团旗下服装品牌经营商之一，是虚拟经营企业。在传统行业的整个形态中，很难找到意丹奴的位置。因为意丹奴既不是制造商，也不是批发商，更不是零售商。意丹奴是一个"无中生有"的品牌，它的价值在于无形，然而无形胜有形。无形是要用有形来衡量的。意丹奴确实存在，一个网络化的战略联盟经济共同体集结了若干个独立企业，协同工作，以小博大。意丹奴正是深刻领会了虚拟经营的指导思想和精髓，真真正正做到了运用自身最强的优势和有限的资源，最大限度地提高企业的竞争力，所以才会有如此迅速的增长。

☞ 案例分析

有一家老字号百货公司，早年以小型女装专卖零售店起步。到 20 世纪 60 年代年公司已扩展到三家店，于是决定重组设立一个全方位经营的百货店，地点设于第一家店附近的一座高层建筑，公司认为这是新旗舰店的最佳选址。纵观其发展历程，公司一直赢利颇丰，在几个大城市连续开设分店，成为这几个城市最成功的百货店之一，拥有一家商业旗舰店和 18 家分店，在所有这些店中，公司主要提供了以服装为导向的产品组合，却没有耐用品系列。

后来，公司的高级管理人员讨论增加赢利的新方案，但迟迟未做出决定。他们提出了许多的建议，并对各种低额赢利做出多种原因分析。产品开发部经理认为，现在许多顾客全职工作，到百货商店购物时间减少。他建议开发专业市场，并设立专业百货商店。专业百货商店结构简单，会吸引忙碌的消费群。店铺主管则建议设立专门的目录订购店。直接邮购的方式需要产品管理员和采购员，这位主管建议以直售方式来代替，这样会给公司增加赢利。店铺的服装部主管提出，服装零售是一个国际化的商业服务，海外扩展是切实可行的方法，就像许多欧美的零售商已经成功进军我国服装零售市场一样。

经过一年的论证分析，公司仍然没有确定一个方案，销售仍在减少，赢利持续降低，事态迫切需要解决。

☞ 问题讨论

1. 你认为公司是否应坚持多年来一贯的零售形式吗？为什么？
2. 如果要你在三个建议中选一个，你会选哪一个？为什么？
3. 这家百货公司有没有其他发展路径？

☞ 练习题

1. 分别参观一家传统的服装百货店、一家品牌专卖店、一家平价服装零售店、一家超市、一家大型购物广场，并对它们进行比较，完成下面表格。

项目	百货商店	品牌专卖店	平价商店	超市	购物广场
商品					
分类					
服务					
销售					
货品展示					
价格					
参观感受					

2. 调研并完成一份一家特许服装店的经营分析报告。报告中要包括开店费用、店铺营运费用、赢利点、所经营的服装定位、产品种类及产品组合、消费群体特征、客流量、特许地区特点、市场潜力、竞争对手以及运作方法等内容。

3. 讨论题：很多重要的零售商是怎样利用提供好的服务来增加销量的？

对大多想要加入服装零售领域者，可行的路线是什么？

哪些类型的零售形式最容易获得成功？

服装网店与实体店购买的优缺点分别是什么？

组织者的脉络：服装零售企业组织架构

课题内容： 1. 服装零售企业组织架构

2. 小型服装专卖店组织架构

3. 大型服装连锁店组织架构

4. 小型百货店组织架构

5. 大型百货店组织架构

课题时间： 4 课时

教学目的： 了解服装零售企业架构分析方法，理解服装零售企业架构特点与作用，掌握服装企业架构制定及各职能部门功能。

教学要求： 1. 了解组织架构图的含义及其在服装零售企业中的作用。

2. 小型百货店和大型百货店的组织架构有何不同。

3. 描述直线职位与参谋职位的主要区别。

4. 了解职能管理部门与专业零售部门的区别。

5. 掌握大型百货店组织架构及其职能部门的分工。

6. 讨论连锁店成功经营的原因。

7. 了解导致连锁店权力分散的原因。

教学方式： 理论讲授、图例示范、案例介绍与讨论。

课前准备： 阅读参考文献并重点了解以下概念：组织架构图、职权线、权限的特点、管理模式等；调研小型专卖店与连锁店的组织架构；阅读有关专业杂志和学术期刊。本章建议参考书籍为：《零售业经营攻略》《零售管理》。

第二章 ▶▶
组织者的脉络：服装零售企业组织架构

一堆建筑材料并不等于高楼大厦，一个服装品牌公司必须具备强有力的组织架构，才能够支持品牌的运作，抵御强敌的进攻。

第一节 服装零售企业组织架构

一旦决定成立零售公司，就必须着手计划零售店的组织与管理，以确保工作效率与利润的最大化。通过职责的界定、权力链的划分与授权，让组织中的每个成员都知道他们所扮演的角色，不管是大的服装零售企业还是小的服装零售店，每个零售经营者都应该以适当的方式将资源组织起来，以保证为顾客提供最佳的服务，获取经营上的成功。为了使组织结构明晰，让所有职员理解，大多数公司都采用了企业架构图来描述组织结构。在架构图中，能清楚地反映出整个公司的所有部门、管理者角色、责任及权力、所在决策层的等级位置及权力范围。通过绘制企业架构图，每个层级的员工都能够了解他们在公司中的位置和责任。

一、组织架构图的含义

组织架构图是用于表示公司或企业内不同部门，不同职员的职责、权力的关系图。更有利于管理，一目了然。不论公司大小，都有其架构图。

企业架构图是用来描述零售企业的组织层级、职能部门、组织链中的职位、决策者、参谋者及各个部分之间关系的。零售企业的组织规模、组织结构、权力链等都是根据零售企业的组织目标确定的。虽然架构图是根据不同部门和员工之间的关系来完成的，但由于空间是有限的，大部分架构图中不可能将每个部门或职位的职责权限全部表达出来，除了一些个别工作可以直接在架构图中列出来之外，比较大的企业通常采用工作描述或职位描述对组织结构图进行补充说明，可以表示出架构图中每个职位的职责。这部分内容将在第七章服装业人力资源管理中进行更深入地分析。

二、组织架构图中的职权线

（一）职权线的定义

在每个服装企业，不管规模大小，要使企业正常工作必须使某个人具有决策权。那些可以决策而且有直接权力的人被称为处于职权线职位。

（二）职权线关系图

第一级经理级，又可分为高级经理、经理、副经理；

第二级主任级，又可分为高级主任、主任、副主任；

第三级助理级，又可分为高级助理、助理等。

例如：某服装公司采购部组织架构图（图2-1）

在图2-1中涉及的三个人，他们分别是采购部经理、采购部主任、采购员。架构图是用这种方法表示的，最高层的人物在最上面，其次在第二位，权力最低的也就在最底层。每个职位用矩形方框表示，并且与下层相连。在这个图中，部门采购经理是最高层的人，他的权力超过采购部主任，而采购部主任的权力又超过了在他们下面的采购员。

即使以前从来没看见过这样的图表，这种简单的职位配置和传统的模式读者也很容易明白：谁对谁负责，谁扮演着最重要的角色以及权力和支配的界限。在交流和沟通中职员要遵循这一模式。例如，在图2-1中采购员只能与他的直接上级采购部主任交流，而不是采购部经理。采购部主任可以与采购部经理交流。尽管如此，在一些企业中，一些非正式的架构可以存在，使员工间不按照正规的组织架构模式进行交流，有时也可以越级沟通。有的公司在对上下级的关系及管理中提倡的做法是：上级不可以越级指挥，但可以越级检查；下级不可以越级汇报，但可以越级投诉。

小型服装零售商大多不制订企业架构，但他们有自己的安排。公司的每个成员都是决策者或者直接参与赢利活动，在一些公司中，职权线职员被称为"生产者"，因为他们能直接在商业竞争中创造利润。

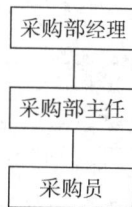

图 2-1 职权线关系图

三、职员位置关系

在组织架构中，处于同一个水平线上的人员为平级的同事关系，即同等级别，同级之间是指同一个部门或者不同部门之间的同事，大家是合作关系。例如图2-2中的采购部经理、财务部经理及推广部经理，三者之间是平等的合作关系，不存在谁领导谁的上下级关系。

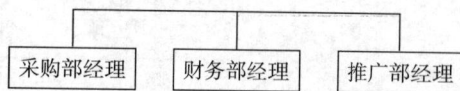

图 2-2 职员位置关系

四、参谋职位

随着企业的成长，对在支持部门工作的职员需要量增大，这些职员被称为参谋职员。他们的工作是辅助那些决策者，通常参谋部门由一些专职的人员或专家组成，以提高其专业服务水平。图 2-3 中所表示的就是一个参谋职位以及这个职位与其他职位的关系。

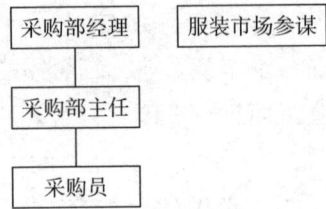

图 2-3 组织架构图中的参谋职位及关系

在这个例子中，采购部经理是一个管理阶层的人，他有最高的权力去选定生产路线及款式搭配。对于一些下属比如采购部主任、采购员、采购部助理都有一些决定权，他们的决定要随着服装市场的变化而变化。服装市场参谋主要为采购部经理提供决策服务，负责分析服装市场的流行趋势，对服装市场的销量、面料、款式、色彩、加工方法等进行预测，并将这些信息反馈给采购总经理以及其他决策者，由他们做出专业判断，而服装市场参谋没有决策权。

值得说明的是，虽然在架构图中有非常严格的职权线职位，但是没有严格的参谋职位。一个企业发展得越大，它就需要越多的参谋职位使企业高效率地运作。当零售企业把职权线职位和参谋职位相结合，他们就称为职权线与参谋组织。

五、企业组织架构的基本类型

（一）直线型组织结构

直线型组织结构又称单线型组织结构，是最古老、最简单的一种组织结构类型。其特点是组织系统职权从组织上层"流向"组织基层。上下级关系是直线关系，即命令与服从的关系。这种形式适用于规模较小、任务比较单一、人员较少的组织（图 2-4）。

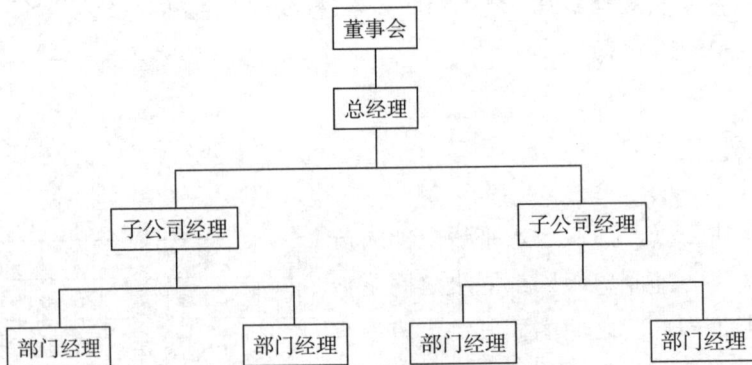

图 2-4 直线型组织结构示意图

优点：结构简单，命令统一；责权明确，决策迅速；联系便捷，易于适应环境变化；管理成本低。

缺点：有违专业化分工的原则；缺乏横向协调关系；权力过分集中，易导致权力的滥用；可能会由于领导者的知识水平有限而导致决策失误。

（二）职能型组织结构

职能型组织结构又称多线型组织结构。其特点是采用按职能分工实行专业化的管理办法来代替直线型的全能管理者，各职能部门在分管业务范围内直接指挥下属。按专业分工设置管理职能部门，各职能部门在其业务范围内有权向下级发布命令和指示，每一级组织既服从上级的指挥，也听从几个职能部门的指挥。适用于任务较复杂的社会管理组织和生产技术复杂，各项管理需要具有专门知识的企业管理组织（图2-5）。

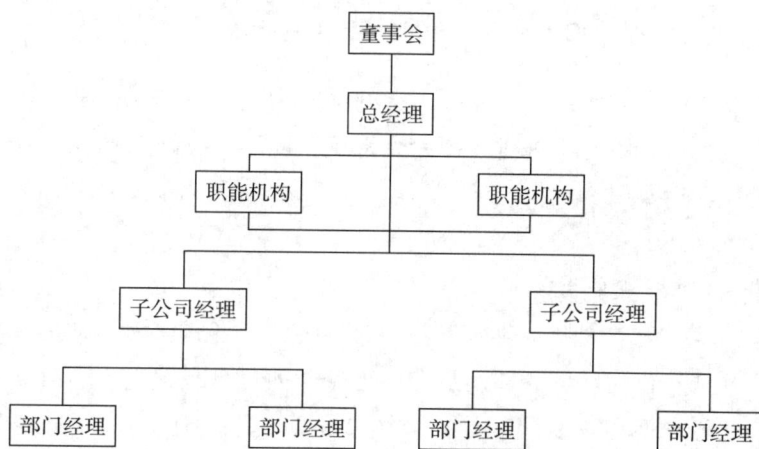

图2-5 职能型组织结构示意图

优点：管理工作分工较细，专业化程度高；为上层提供严格的控制手段；由于吸收专家参与管理，可减轻上层管理者的负担；培训工作简化。

缺点：多头领导，不利于组织的集中领导和统一指挥；各职能机构往往不能很好配合；过分强调专业化；弱化职能之间的协调。

（三）直线职能制组织结构

直线职能制组织形式，是以直线制为基础，在各级行政领导下，设置相应的职能部门。即在直线制组织统一指挥的原则下，增加了参谋机构。在坚持直线指挥的前提下，充分调动各职能部门的作用。在某些特殊的任务上授予职能参谋人员一定的权力，这些权力由非直线人员来行使，指挥下属直线人员，并对他们的直线主管负责。当参谋部门与下属直线部门产生矛盾时，由上层直线主管协调解决。既可保证集中统一指挥，又能发挥专家业务管理作用。目前我国大多中型企业，甚至机关、医院、学校都采用直线职能制结构（图2-6）。

优点：融合了直线制组织结构与职能制组织结构的优点；保证统一的指挥与管理；避免多头领导的出现；培训工作简化。

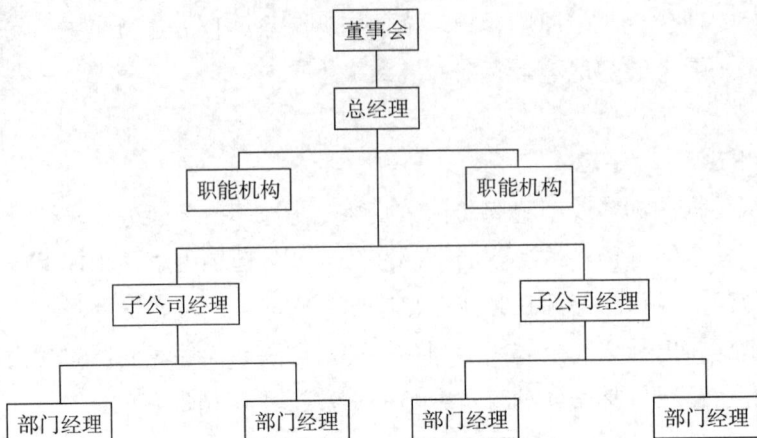

图 2-6　直线职能制组织结构示意图

缺点：各职能单位自成体系，不重视信息的横向沟通，工作易重复，效率不高；若授权职能部门权力过大，容易干扰直线指挥命令系统；职能部门缺乏弹性，对环境变化的反应迟钝；可能增加管理费用。

（四）事业部制组织结构

事业部制是欧美、日本大型企业所采用的典型的组织形式，因为它是一种分权制的组织形式，故又称联邦分权化。事业部制是在一个企业内对具有独立产品市场、独立责任和利益的部门实行分权管理的一种组织形式（图2-7）。适用于从事多元化经营的企业，也适用于面临市场环境复杂多变或所处地理位置分散的大型企业和巨型企业，如跨国公司。

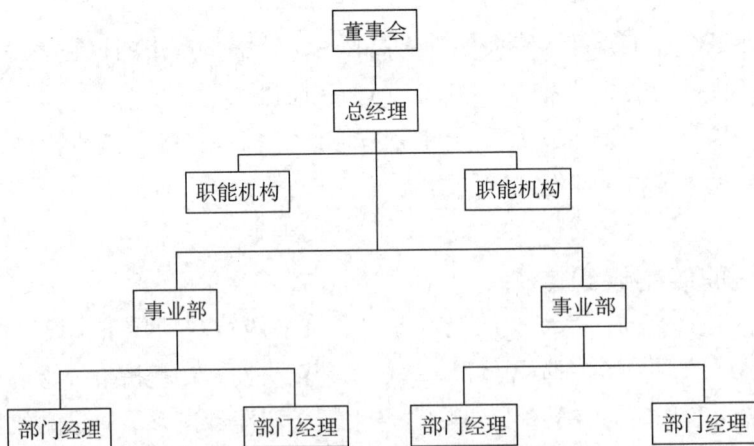

图 2-7　事业部制组织结构示意图

优点：实行"集中决策、分散经营"的原则；责权划分明确，能调动经营管理人员的积极性；以利润责任为核心，单独核算，能够保证公司获得稳定的利润；通过事业部门独立生产经营活动，能为公司不断培养高级管理人才。

缺点：需要较多素质较高的专业人员来管理事业部；管理机构重叠，管理人员比重大，对事业部经理要求高；分权可能架空公司领导，削弱对事业部的控制；事业部间竞争激烈，可能发生内耗，协调也较困难。

（五）矩阵结构

组织内部按职能部门和按产品（或项目）小组结合起来组成一个矩阵。企业内各种专业人员同在一个组织共同工作一段时期，完成同一任务，为了一个目标互相帮助，相互激发，思路开阔，相得益彰。矩阵结构具体又可分为二维矩阵和三维矩阵。适用的对象为重大工程与项目、单项重大事务的临时性组织，并在拥有多重产品的中等组织中效果最佳（图 2-8）。

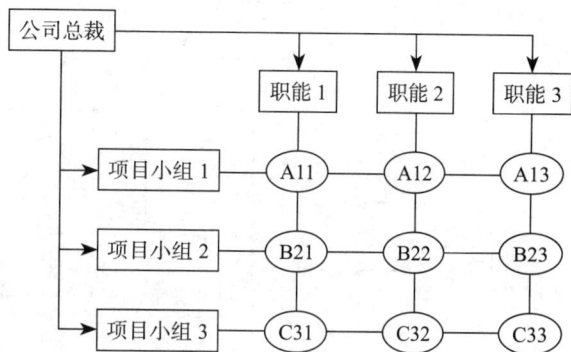

图 2-8 矩阵结构示意图

优点：加强了横向联系，增进部门与成员间的协作；专业人员和专用设备能得到充分利用，实现人力资源在产品间的弹性共享；适于在不确定环境中进行复杂的决策和经常性的变革；为职能和生产技能的改进提供了机会。

缺点：导致员工卷入双重职权之中，降低人员的积极性；员工需要良好人际关系技能和全面的培训；出了问题有时难以厘清责任；维持权力的平衡有难度。

☞ 案例：INDITEX 集团矩阵式组织结构（图 2-9）

INDITEX 集团（INdustrias de DIseño TEXtil, S.A., INDITEX），是西班牙排名第一、世界四大时装连锁机构之一（其他三个为美国的休闲时装巨头 GAP、瑞典的时装巨头 H&M、德国的平价服装连锁巨头 C&A）。INDITEX 旗下拥有 ZARA、Pull and Bear、Massimo Dutti、Bershka、Stradivarius、Oysho、Zara Home、Uterque、Zara Kids 服装品牌，ZARA 是其中最成功的，被认为是欧洲最具研究价值品牌之一。

INDITEX 集团公司原有的组织构架也是传统型的。其市场运营部门、产品开发部门、生产部门都是独立的，企业其他部门也都是处于一种不沟通或沟通很少的状态。后来 INDITEX 集团对其组织构架进行了全面运作改制，建立起灵活、高效的矩阵式组织结构，规范部门的职能，建立起有效的沟通协调机制。改制后的各部门完全没有了过去的那种沟通协调障碍，呈现在企业每个部门、每个员工面前的是企业各种数据的使用，加快了协调的速度，也使企业的运营效率达到了最高。

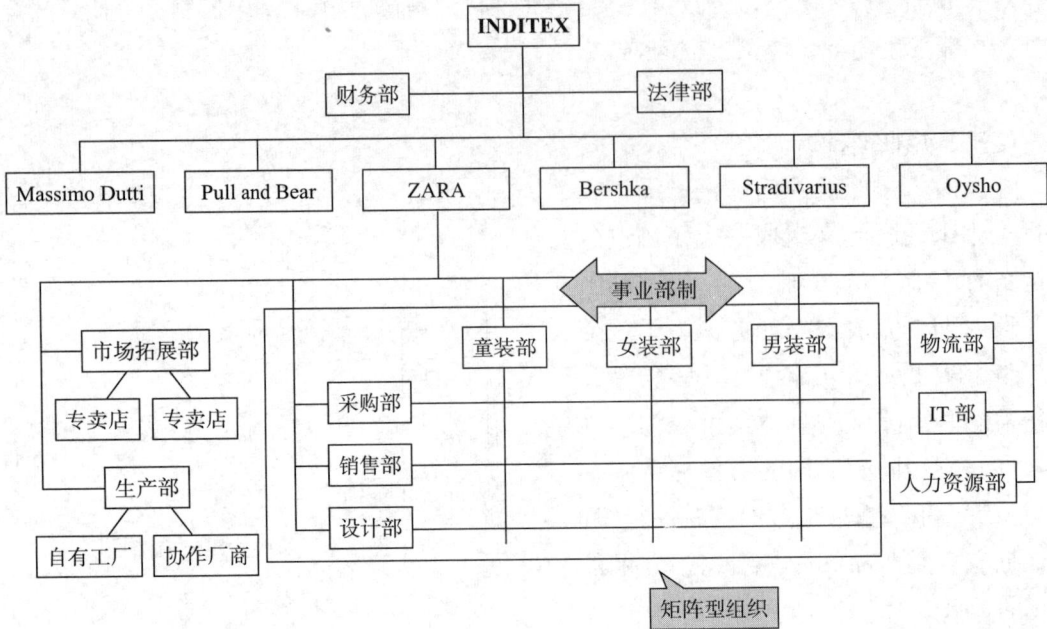

图 2-9　INDITEX 集团矩阵式组织结构示意图

第二节　小型服装专卖店组织架构

一、小型服装专卖店的组织架构特点

小型零售店，如专卖店或精品店，其组织架构亦是不能忽视的。在设计小型零售店的组织计划时，应将员工缺席、出差、度假及生病等情况考虑进去，店面主要管理工作由店长负责。

当小型零售店（公司）要扩大店面或者增设分店的时候，其组织架构也随之成型。每个零售店（公司）里新增的部门都要有一个经理或者经理助理去处理专职的事务。

虽然有些小零售店（公司）无力承担增设参谋职员的费用，但若想取得好的利润，一个明确的直线架构十分必要。

小型专卖店和精品店所需要的员工很少，其专业化程度低，每名员工可能会执行多项工作任务，如店员的主要工作是向顾客推销产品，但同时也要承担如拆箱、贴商品标签、促销等其他工作。这一层次的零售公司，主要的决策权，如采购、销售、员工管理与提升等由店主或者店长负责，而有些零售店的店主和店长可能是同一个人。

二、小型专卖店的组织架构实例

图 2-3 中的每个职位都标有其对应的职责权限，店主负责整个店的管理工作，留了一些职责给店长；尽管两个店员同处一级（图 2-10，他们处在同一层次），但是除了销售工作，其他职责是不同的。

随着零售店规模的不断扩大，不仅雇员人数会增加，而且很多专门的工作都会交给雇用的不同类型的人员或部门去做，直接职位或参谋职位都可以雇用新的员工。

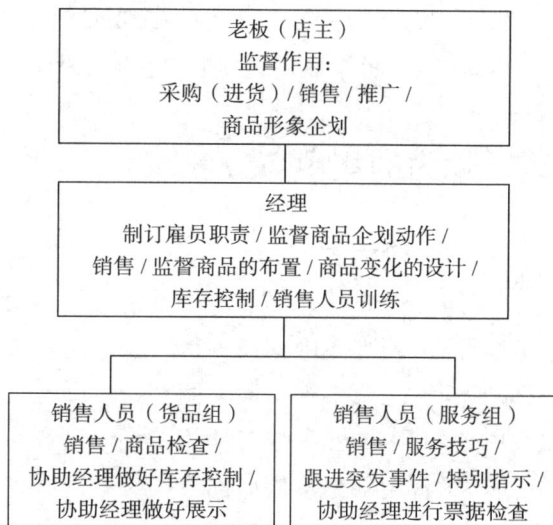

```
┌─────────────────────────┐
│      老板（店主）         │
│       监督作用：          │
│  采购（进货）/销售/推广/  │
│     商品形象企划          │
└─────────────────────────┘
            │
┌─────────────────────────┐
│         经理             │
│ 制订雇员职责/监督商品企划 │
│ 动作/销售/监督商品的布置/ │
│ 商品变化的设计/库存控制/  │
│    销售人员训练           │
└─────────────────────────┘
       │            │
┌──────────────┐ ┌──────────────┐
│销售人员(货品组)│ │销售人员(服务组)│
│销售/商品检查/ │ │销售/服务技巧/ │
│协助经理做好库存│ │跟进突发事件/  │
│控制/协助经理做 │ │特别指示/协助经 │
│好展示         │ │理进行票据检查  │
└──────────────┘ └──────────────┘
```

图 2-10　典型的小型专卖店架构图

第三节　大型服装连锁店组织架构

对于一些拥有很多分店的大型服装连锁店，让总部来负责所有分店的采购及销售是不合适的。服装零售商会逐渐制订一整套关于价格、形象、款式、说明等在内的计划书，分店按照此计划执行即可。公司给了分店很大的自主权，但是若管理不好，将会损害企业的形象。

一、服装连锁店总部组织架构

（一）服装连锁店总部组织架构特点

连锁店是拥有经营或者管理若干商店的一种零售形态。与传统的百货店相比，连锁店经营由总部负责商品采购、核算、存货管理、市场研究、固定资产投入、进销存控制等，各分店只作为一个销售中心，对营业额负责，并通过优质服务满足本地目标顾客的需要。连锁店被认为是最经济的零售形式，它最大的特点是可以拷贝成功的店铺，有能力去满足巨大的顾客群的需要，同时又只需要较小的管理团队。

（二）服装连锁店成功的主要原因

（1）决策集中化，允许区域负责人做出指派员工的决策，确保公司形成统一整体。

（2）大量购买获得价格上的优惠。由于几个采购员经常要负责成百上千家零售店，因此购买能力也就决定了零售店的竞争力。

（3）商品订货在总部由设计师、市场部专业人员指导完成，减少订货的失误。

（4）好的销售管理、信息系统保证每个零售店的需要得到满足。

（5）由于各个零售店的分摊，所以费用较低。

二、权力的集中与分散

（一）权力的集中

虽然连锁店现在仍然是集中管理，但是很多因素使零售商重新审视它们的架构（图2-11），特别是在采购与销售方面。尽管大部分零售商同意集中管理财会核算、地区选择、仓储存货、采购订货、广告和促销以及销售记录保存等，但是有时候这种方法并不是很合适的。随着连锁店的扩大，要考虑各种因素的制约，由于存在着气候、环境、地区发达程度及文化背景上的差异，因此所需要的商品也是不同的。顾客受所在地域影响，不同季节所需服装是不同的。很多零售店都用到一个概念称为价格协议计划，有了这个计划连锁店会拥有更多的自主权。在这种条件下，总部的采购员需要考察市场，列出选择的工厂及商品目录单，分公司的经理可以从中进行选择。用这样的方法，采购员可以控制所有的款式、价格、类别等，而分公司经理只需要从中选出最适合自己分

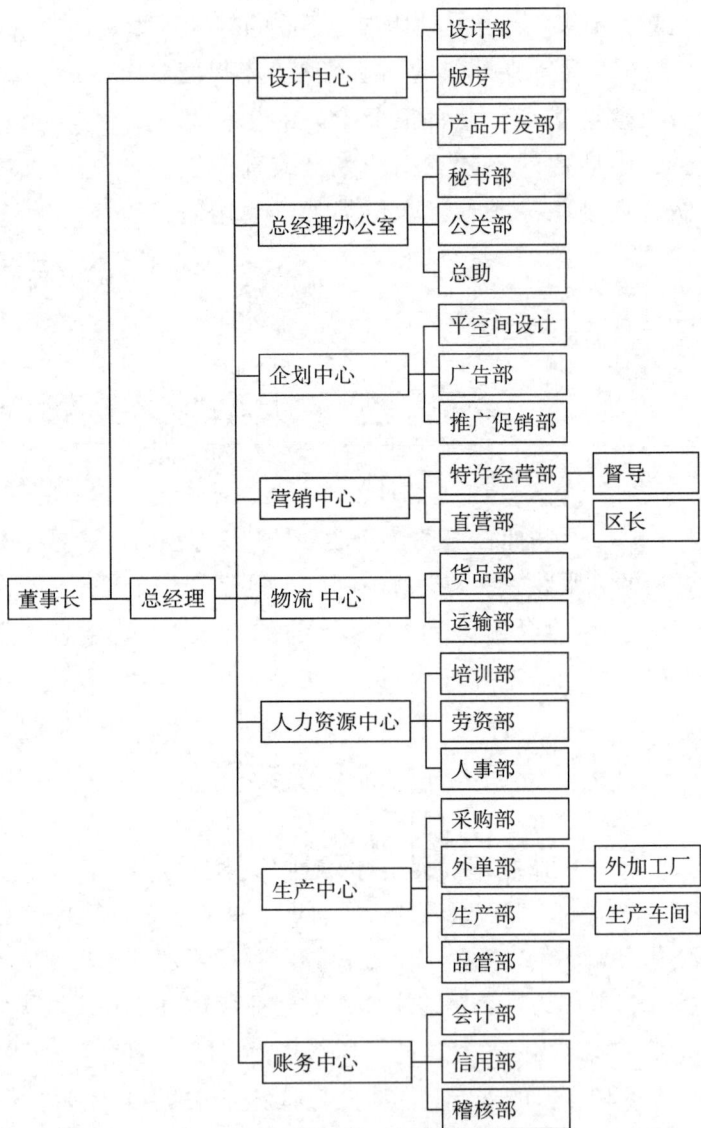

图 2-11　连锁店总部组织架构图

公司的服装品。另一个权力分散的地方就是仓储。在大部分集中管理的计划中只有一个仓储室，所有的货品都是从这里运到各个零售店的。仓储室的增多利于货品快速地运到店里。

（二）权力的分散

随着连锁店规模扩大，权力分散的趋势加大，连锁店分公司的组织架构如图 2-12 所示。

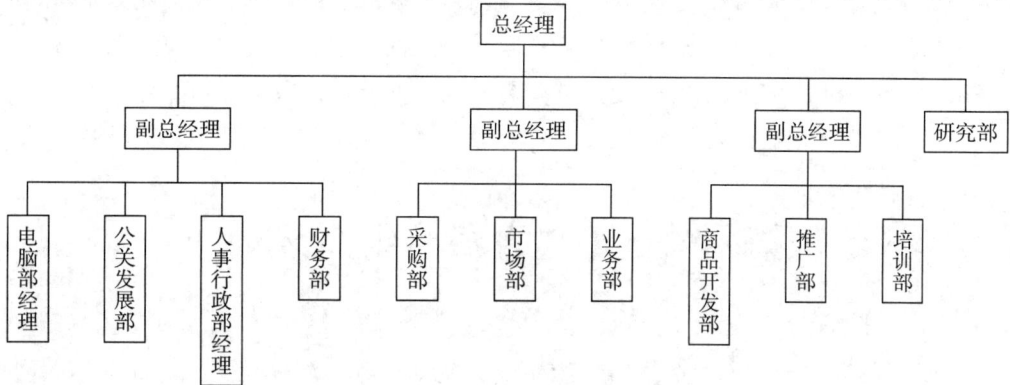

图 2-12 连锁店分公司组织架构图

三、连锁店店铺组织架构

店铺管理模式组织如图 2-13 所示。

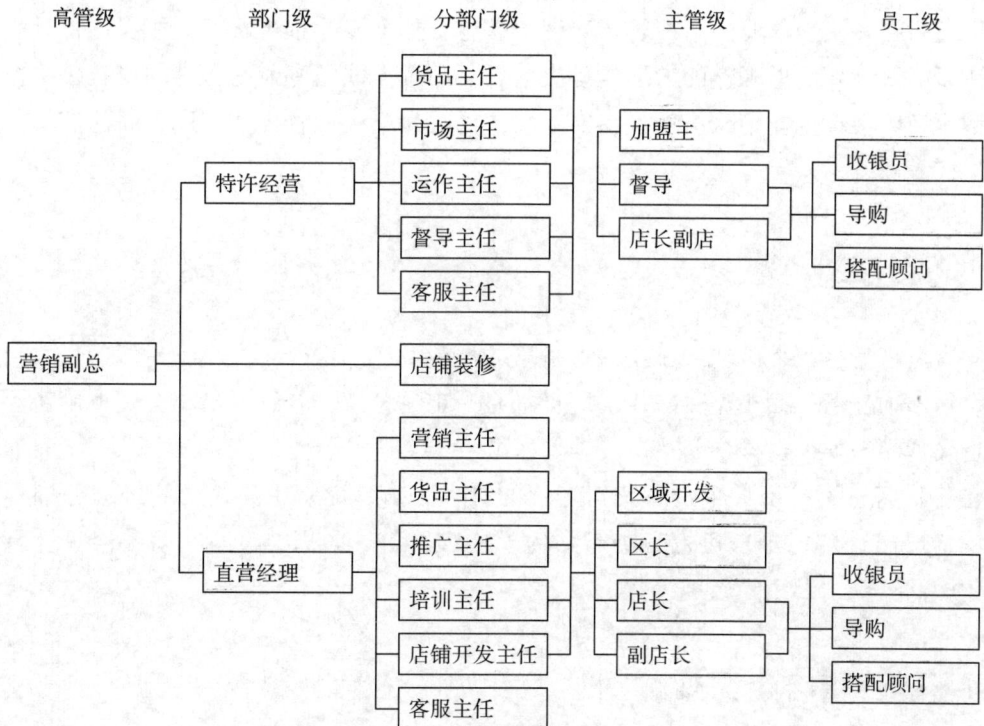

图 2-13 连锁店店铺组织架构

基础型店铺管理模式：当分店数目在 35 家以内时，整个组织架构越简单越好，由总经理负责，下设设计部、物流部、营销部、财务部、人事行政部。

职能型店铺管理模式：当店铺达到 100 家时，应分工专业化，设置设计部、生产部、物流中心、市场部、财务部、总经理办公室、人力资源部、行政部、推广部等职能部门。

分公司店铺管理模式：当店铺增到 400 家及以上时，管理难以直接应付庞大的业务需求，必须加强分公司的权限职责，使其具有更大的应变能力以及对总部指示执行力度。

第四节　小型百货店组织架构

与小型专卖店不同，小型百货店的产品线的宽度较宽，深度较深，因此它们的组织架构是不一样的，小型百货店的组织架构存在部门划分与职责分工。

一、职能管理部门与专业零售部门的划分

为了便于管理与提高经营效率，必然会进行工作分工与管理分工，这样就形成了相应的职能管理部门与专业零售部门，其中每个部门都具有至少一项重要的组织功能，由部门经理负责领导并实现其职能。在职能管理部门里有几个专业零售部门对职责进行进一步分工。在职能管理部门里工作的人通常是决策者，不过大部门专业零售部门也有决策权，一些小型百货店会在企业架构里增设参谋部门，目的是给决策者提供帮助，而他们本身并没有决策权。

二、职责分工

职责分工的详细程度取决于小型百货店的规模及产品组合，在小型专卖店里，员工通常要执行多项任务，而小型百货店的职员都有一定的分工，仓管人员将会代替销售人员负责理货及货品上架，这样导购只负责销售即可。

在百货店里不是由一个经理负责全部的管理工作，而是由许多部门经理分担各项职责。因此会出现部门经理负责各类产品的采购和零售，如男装经理、女装经理、童装经理、化妆品经理、日用品经理等。

三、小型百货店组织架构图

图 2-14 所示为典型的小型百货店架构。这是一个普遍应用的两个部门的企业架构图，它兼有职权线职位与参谋职位，采购与推广部都有各自的部门经理，两个部门都有各自职

责区域而且都很专业，虽然两个部门是分开的，但是他们要相互合作共同配合为公司工作，采购部与推广部经理将随时把情况反馈给总经理，他们的职责就是保证两个部门能够充分合作，给公司带来更好的效益。

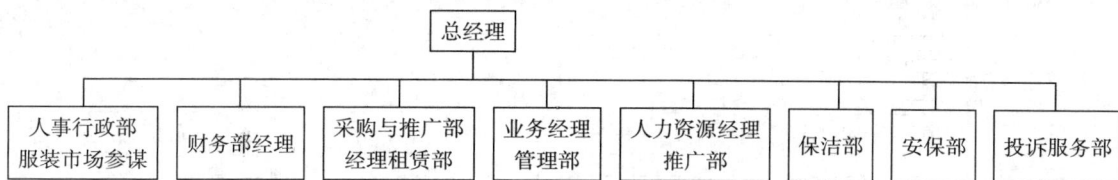

图 2-14 小型百货店组织架构图

采购与推广职能管理部门被划分为两个专业零售部门。尽管它们的工作相互关联，但是他们的职责是不同的，在比较大的百货公司，这两个专业零售部门通常被分成两个职能管理部门。随着小百货商店规模的扩大，它将增加很多分店和大的零售部门，所以它的组织架构将随着改变。

第五节 大型百货店组织架构

一、百货店的基本组织架构确定

零售业在 20 世纪初期取得了很大的成功，小型百货店逐渐扩大规模，为了迎接零售业的挑战，很多百货店都改变了组织架构，一些百货店从最初的两个部门，扩展成了三个、四个、五个或者更多个部门，当时对什么是最有效的组织架构没有一个确定的标准，很少公司能意识到好的组织架构能带来最高的效益。30 年代，由于欧美的经济衰退，零售业受到了很大的冲击，美国零售权威机构组织了一个委员会研究主要百货店的组织结构，以指导大型百货店重整旗鼓，向着正确的方向发展。经过一年多的努力，调查了多家不同大小、不同类型的零售店的架构，完成了一份作为百货商店的基本组织架构。此组织架构分为四种职能部门的组织计划，把直线参谋职位分成四个不同的区域分别由财务经理、采购经理、公关经理和店务经理负责。对于百货商店，这个计划是最好的，因为它在四个部门里保留了明确的职责分工，同时也能互相合作，使组织架构成为一个有机的整体，职责的权限很清晰地表示出来，使员工很容易地知道自己的职责以及他们在公司里所处的位置。直到今天它仍然广泛应用于大型百货商店的组织架构中（图 2-15）。

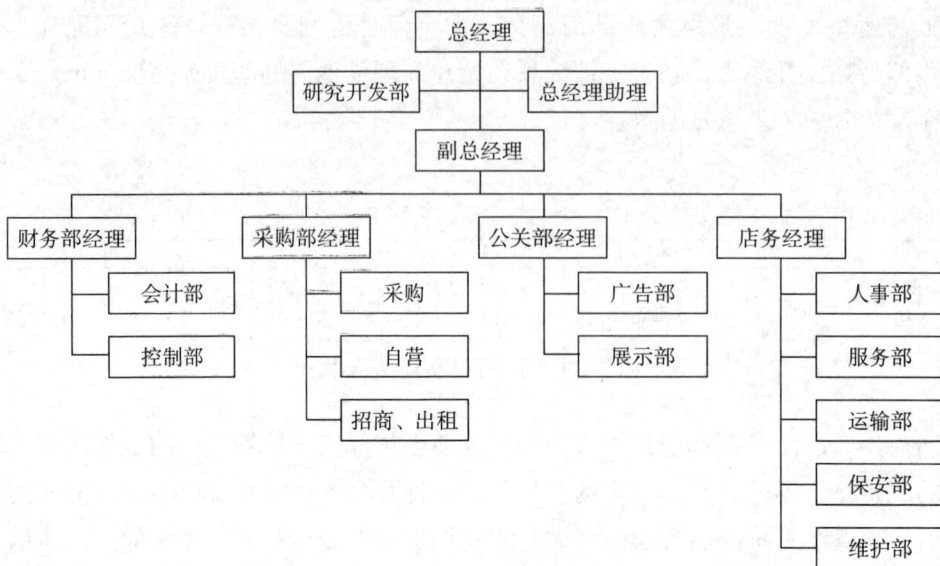

图 2-15　大型百货店的组织架构图

二、组织架构中基本职能部门介绍

（一）采购部职能

1. 采购部职能　在基本组织架构中最大的部门就是采购部，它负责旗舰店和所有分店的采购和销售工作，这个部门由采购部经理负责管理，他监督所有零售店的工作，所以这个部门的经理被认为是同级中最有实力的一个。采购部经理的职责可划分为三大块：总店及其分店、采购办公室和仓储室。在一些零售组织中，仓储室被单独划分出来，但是根据权威人士的建议，仓储与采购有更多的联系，应放在采购部门。采购职责由几个部门主管分别承担，也就是由各部门采购主任分别负责女装、男装、童装及饰品的采购与零售，这些主任有权支配部门的资金，确定部门的形象，选择和监督采购员以及他们区域里的所有管理工作。在直线位置以下的是采购员，负责部门的采购工作，他们的工作由各区域主任监督，他们会根据以往的销售记录和销售计划进行资金分配。

2. 采购部人员配置　一些采购部还设置专业人手如下。

服装市场参谋：在采购阶段对服装市场进行分析，并提供款式、面料、色彩、价格等预测信息，这样采购员将会有最全、最新的信息决定采购方向，使零售店走在时尚的前列。

竞争货品买手：时常到其他零售店去看商品种类、同类商品的价格以及新商品等，这样零售店可以得到第一手信息，保持强大的竞争力。

检测师：对商品质量进行检测，如色牢度、水洗牢度、起毛起球性能和缝线强度等，只有明智的零售商才会在公司里增设这样的职位，其他零售商会直接利用厂商提供的检测结果。

采购预算：根据部门的计划来确定预算的合理分配。

采购数据分析师：为每个部门经理准备商品报告和数据分析。

销售情况反馈：记录每个部门的销售情况，包括颜色、款式、价格、号型等信息。

（二）店务部职能

人事部：部门职责有员工的选拔、培训、评估、考勤、福利、保险及升调离职等。人事部是一个职权线职位，因此他们有人员聘用的权力，在很多组织架构中人事部是一个参谋职位，只能给出建议并没有决定权。

服务部：在零售组织中最重要的环节是为顾客提供服务，从接待顾客投诉、VIP 顾客管理、礼物的包装到服装的修改都要负责。

运输部：商品从最初的生产厂家到销售区域的运输是由该部门负责，商品质量和数量检测的精确性以及商品到达是否及时，对公司利润的影响很大。

保安部：毫无疑问，商店的安全对零售商来说是很大的问题，这个部门的职责就是注意商品的安全性，负责处理偷盗事件。

维护部：打扫商店卫生、处理垃圾以及固定设备等任务就由这个部门负责，为顾客提供一个洁净安全的购物环境。

（三）公关部职能

广告部：这个部门负责所有与广告相关的事宜，包括广告活动布置、广告编写、企划以及选择媒体发布广告。

展示部：最初的货品展示就是橱窗展示。商店会选择一个相对很大的空间来设计橱窗，以吸引顾客进店购买自己喜欢的商品。今天，零售商已经对此进行了很大的改动。

（四）财务部职能

财务部负责所有的财务记账工作、信用卡工作以及控制公司的费用及预算。

会计部：这个部门主要记录公司的支出、存入资金、税金以及其他经济活动。

控制部：销售额的审核、费用及预算的控制以及一些有关财务上报告的准备都是该部门的职责。

☞ 案例分析

百丽斯是一家以服装零售为主的百货商店，它的旗舰店在南部，还有三个分店离旗舰店都在 50 公里以内。公司一直都是按照原来的组织架构来运作的。

主要的抱怨来自公司的采购员，他们几乎没有时间去管理主店的销售人员，更别提与分店的销售人员接触了。公司的创立者以及行政管理总裁，认为从公司建立以来，采购员都是对销售区域负责的，所以应该坚持下去，采购员们反驳说，采购已经发生了变化，企业的架构也应当做出相应的改变。管理运作方面的经理，同意采购员的话，他相信架构的改变是有必要的，这样采购员可以专心采购。

现在如果公司确信变动是有必要的，就将会对组织架构做出相应的调查。

☞ 问题讨论

1. 列出采购员不能像以前一样很好地管理销售人员的原因。

2. 请你帮助公司设计一个新的组织架构图，并说明它对公司运作、管理的好处。

☞ 练习题

1. 参观一个服装连锁店，根据你的观察为该连锁店设计其组织架构的内容，并讨论各直线位置上的职责与权力。

2. 参观一个大型百货店，根据你的观察为该百货店设计其组织架构的内容，并讨论各直线位置上的职责与权力及各部门之间的关系。

剖析者的诠释：服装消费者分析

课题内容： 1.服装消费者需求分析

2.顾客购买动机

3.购买过程分析

4.自我意识理论

5.家庭对服装消费行为的影响

6.顾客的类型

课题时间： 4课时

教学目的： 了解顾客性格与消费心理、消费行为之间的关系；了解影响顾客购买动机的因素，掌握消费者需求分析方法；了解顾客类型，掌握应对不同性格类型客户的销售策略；了解服装市场细分变量，掌握服装市场细分方法与定位调整策略。

教学要求： 1.了解服装消费者需求的分类及特点。

2.区分理性购买动机与感性购买动机差别。

3.掌握购买过程的分析方法。

4.清楚自我意识理论在实际中的应用。

5.了解家庭对服装品消费行为的影响。

6.掌握各种类型顾客的特点及应对技巧。

教学方式： 理论讲授、图例示范、案例讨论与分析。

课前准备： 阅读参考文献并重点了解以下概念：消费者需求、购买动机、购买行为、消费行为、消费变化等；调研 GAP、ZARA 专卖店；阅读有关专业杂志和学术期刊。本章建议书籍为：《消费者行为学》《销售脑》《年轻派营销》。

第三章 ▶▶
剖析者的诠释：服装消费者分析

> 了解顾客就要像了解你的兄弟姐妹，知道他们的喜好、个性、年龄、职业……你才能知道他们的真正需求。

第一节　服装消费者需求分析

一、服装消费者需求的本质

需求是指人对某种目标的渴求或欲望。服装消费者的需求在商品经济的条件下，表现为消费者购买服装商品的欲望。现代服装零售商不仅出售商品，同时也在出售温馨的感觉、愉快的购物体验、得心应手的满足感以及对未来的美好憧憬。换言之，消费者的需求是由物质需求与精神需求构成的统一体，购物不仅是为了获得商品本身，同时也希望获得一种美好的享受、一份愉悦的心情。

服装零售的成功与否取决于决策者是否正确理解消费者的需要，并及时提供相应的产品或服务来满足他们。如果进入服装零售领域的经营者不了解这一情况，期望通过大量的商品采购来满足消费者，将会导致大量存货或公司利润损失。

服装零售商必须预测消费者的需求和下一季的流行趋势，不仅要提供可选择的款式，还必须提供丰富的颜色、号型和价格，以满足顾客的预期需要。

二、需求层次理论

人有多少种需求？各种需求的关系怎样？心理学家对此进行了多种形式的分类。美国心理学家马斯洛的需求等级是一项众所周知的需求理论，被认为是回答以上问题较为系统的一种理论。这项理论是基于人们满足需求的规律来建立的，一个独立的人在满足更高需要之前首先要满足最低层次的需要，以此类推这五种需求是：

第一层：生存需求。食物、衣服、水以及住处这些基本的需要都是最重要的，皆是理性需要，并且是在考虑其他需要之前必须被满足的。

第二层：安全需求。一旦最基本的需要被满足，对安全的需要就提到日程上来了。例如：工作安全（工作稳定、工作环境安全）和生活安全（住所安全、食品安全、生活环境安全）。

第三层：社会需求。自身的重要性和社会的认可度。从这个层次开始，消费是为了获得群体、同事、领导的接受或得到认可，开始有了感性消费。

第四层：尊重和地位的需求。认可度满足后，感性消费在这个层次占据更重要的地位。渴望像成功人士一样或者成为上层社会成员，这引起了人们对感性消费的需要，展示自己对工作和生活的理解和品位。例如高级时装、饰品及珠宝等高价奢侈品消费。

第五层：理想需求。最高需求层次。除了第四层需要的消费，还包括从学习鉴赏艺术名作、旅游、学识中得到自我满足。消费转向收集独特的商品，这也是值得注意的一个倾向。

综上所述，第一、第二层次对服装产品并不重视，因此消费主要是理性的，并且应该满足耐用和安全等基本需要；而第三、第四层次与服装零售商就有着很大关系，零售商应该明白怎样做才能满足消费者的社会需要和地位需要。

由于竞争激烈，服装零售商不得不开始研究时尚消费者的需求，包括不同购物群体对不同档次的服装产品，各种价格档次，不同类型的购物环境及其所提供的服务等方面的要求，而这些研究通常也会给服装零售商带来丰厚的利润回报。

第二节 顾客购买动机

在营销学中，人们会经常提到一个词，那就是消费者"黑箱"。所谓黑箱，是指人们不能或暂时无法分解或剖开以直接观察其内部结构，或分解、剖开后其结构和功能即遭到破坏的系统。消费者在受到外部刺激后所进入的心理活动过程。由于它对企业来说是一种看不见、摸不着、不透明的东西，故称之为消费者黑箱，又称购买者黑箱。

从营销角度来看，消费者黑箱将揭示什么人，在什么时间，在什么场合，持什么目的去消费什么产品。许多商家在产品销售过程中，虽然知道自己产品的质量、价格以及消费者购买的结果，但是消费者的购买动机，而且他们的决策过程是什么样的，商家却不知道。服装经营的费用较高，在做出任何投资决定之前，明智的服装零售商应了解有关消费者行为动机方面的知识，除此之外对于消费者行为的调查研究也将有助于经营决策，能使服装零售商更好地掌握消费者所需的服务以及其他能给他们带来更多利润的事情。例如，消费者的购买动机，社会群体以及家庭生活等因素对购买动机的影响，顾客的心理分析等都应该进行研究。

一、购买动机的涵义

购买动机是指推动顾客进行购买活动的念头和愿望，受个人的兴趣、爱好、学历、经济条件等影响。

在消费心理学中，把能够引导人们购买某一商品的动力称为购买动机。有人把动机比作汽车的发动机和方向盘，说明动机既给人活动的动力，又可调节人的活动方向。购买动机的核心就是动力和方向。人的绝大部分动机都是需要的具体表现，或者说是需要的动态表现。需要处于静态时，则不成为动机。

二、购买动机的分类

为了满足所有潜在消费者的需要，许多服装零售商雇用心理学家和调查员来研究购买动机。若是每个消费者进入服装店时的想法都一样，服装零售就变得简单了，事实上消费者的购物动机千差万别。消费者进入服装店的原因很多，有些是满意这里的服务，有些是满意这里提供的时尚服装，有些只是看看最近服装款式及颜色的变化，而有些只是想享受一下商店提供的舒适环境，等等。

（一）理性动机与感性动机

消费动机包括理性动机与感性动机，前者是经逻辑思维而确定的，并考虑一些因素如安全、价格、实用性等；而后者是以浪漫、漂亮、地位、形象、声誉、社会接受性等为基础的。我们都知道不同的顾客考虑购买同一商品的动机有许多种，为了拥有更为广泛的顾客群体并开发潜在顾客，应该充分注重理性动机与感性动机。如在冬季外套的宣传广告中，应该强调保暖（一种理性购买动机），或者应树立某种档次品位（一种感性动机），以此来吸引顾客的注意，如鄂尔多斯的广告词：温暖全世界。

对服装零售商来说一种简单而有效的方法就是通过感性动机来严谨地预测所有服装消费，当大量的服装被消费者因感性动机而购买的同时，零售商不能忘记价格、耐久性、舒适性也是某些顾客很重视的因素，大多数服装消费都包含两种动机。例如：一件裘皮大衣提供了声望（感性）和保暖（理性），一块名表附加了地位（感性）和耐久性（理性），浪漫（感性）和时间（理性）。选择有吸引力和最大利润的产品不是一件简单的事，服装零售商需要不断关注顾客购买动机的变化，帮助顾客选择最合适的商品，同时为自己选择正确的产品和促销方案，以使服装商店拥有更多的顾客。

（二）服装消费者购买动机类型

求实动机：讲求实惠、重质量。

求新、求美、求异动机：追求时尚、新异。

求便动机：追求穿着、洗涤、打理方便。

求廉动机：追求价格低廉，在购买活动中对价格反应敏感。

储备动机：以占有一定量的紧俏商品为主要目标。

惠顾动机：对特定商店或品牌产生特殊的信任与偏好，反复、重复购买。

求名动机：认为服装能显示地位、名望，以此来显示自己的经济能力和社会地位。

安全心理动机：要求商品不会给自己的健康带来危害（舒适、安全）。

三、购买动机的特点

转移性：一个购买行为往往为多种动机驱使，分为主导动机和辅助性动机。主导动机和辅助动机可以互相转移。

内隐性：消费者有时不愿意对别人讲明自己的购买动机。

模糊性：有时消费者本人也不知道自己的动机，潜意识的或多种动机交织。

冲突性：在购买时内心出现矛盾心理、左右为难的情形。

四、影响购买动机的因素

影响消费者购买的动机因素包括商品因素本身（色彩、款式、品牌、价格、质量、面料、质地……），顾客个人因素（年龄、性别、文化、民族、职业、地区性……），经济因素（个人收入、家庭收入、家庭负担……），媒介因素（口碑、陈列、展示、广告……），经营因素（地点、品种、花色、季节、服装、信誉、购物环境……）等。

第三节　购买过程分析

一、服装品消费者购买行为分析

（一）服装品消费者行为分析六要素

为何购买（why）：购买动机所研究的对象。

购买什么（what）：市场调研的课题（款式、颜色、规格、设计）。

何时购买（when）：季节性换季，如一年中旺季为 5 月、10 月、春节，时装秋冬为旺季、夏为淡季，而休闲装的销售旺季与学生的假期有关。

何地购买（where）：决定服装连锁店的分布与密度。如专卖柜（店）、百货店、服装街、步行街、超市、个体摊贩、批发市场等。

由谁购买（who）：如 0 ~ 3 岁婴幼儿，家长决定选择购买，4 ~ 7 岁儿童，家长与孩子一起，8 ~ 18 岁青少年，孩子选择自己所喜欢的服装，家长付费，18 岁以上成人，自已购买。

如何购买（how）：消费者怎样购买，会影响产品与价格政策以及销售计划与其他经营政策。消费者重视什么因素，如价格、品牌、质量、款式、服务、面料、颜色、做工等；购买习惯，如划价、独立、参谋；付款方式，如现金、信用卡。

（二）购买过程

注意：商品陈列、橱窗、行走路线、营业员介绍等。

兴趣：服务态度好、样品展示精美、触摸手感好等。

联想：主动介绍、引起顾客对商品的愉快联想，穿上后是否时髦、和其他衣服是否搭配，是否像模特穿着那样帅等。

欲望：随着联想深入，顾客产生购买欲望（介绍顾客所关心问题，以促进购买欲望）。

比较：通过比较后即做出是否购买的决定。

决定：购买或不购买。

满意：如果自始至终对商品满意和服务满意，才能真正影响消费者做出购买决策。

二、消费者购买过程分析

随着对各种顾客在购物时所做决定的进一步熟悉，服装零售商获得了另一种洞察力来满足顾客的需要。这一过程分为以下五个阶段。

需求意识阶段：一次广告、一次促销、一场电影的刺激都激发了对产品的需要。它也能来自一张婚礼的请柬，一次有计划的旅行，从而引发消费。

收集信息阶段：一旦认为需要的东西是重要的，消费者就会去收集必要的信息。就婚礼的邀请来说，一件新衣服也许是必买的。关于消费地点的资讯可能来自于广告，也可能再去那些曾经满足过类似需要的商店，或可能来自朋友的建议。

评价选择阶段：通常精品来自于选择。顾客应该在最后决定购买之前评价商品。

购买决策阶段：通过比较之后，消费者最后决定目标购买商品的价位、款式、用途等。一旦这些问题确定，消费者将做出是否购买的决策。如果决定要购买仍没买到，顾客会继续购物直到需要被满足。在这个阶段零售商起了很重要的作用，虽然了解了购买决策的原则，但各种各样推销方法的应用可有助于消费者做出决定。这些专业销售将会帮助顾客缩小选择范围或做出最后决策。

消费评价阶段：消费者完成购买后，通常会考虑做出的决策是否适合自己。购买的这件红色衣服是否像另一件那样实用、漂亮？价格是否合理？选择这件衣服能不能满足顾客的感性需要？这些问题通常会令一位顾客成为定期光顾者或者使她下次不再光顾此店。因此零售商应该尽可能多地为顾客提供帮助和建议，这样顾客和商店才会同时获益，达到"双赢"的最高境界。

第四节　自我意识理论

一、自我意识理论

现实的自我：这是个体的描述，包括能力、外表、兴趣，等等。

理想的自我：这是个体一直想要和试图达到的状态。了解理想自我观念的服装零售商，通过提供顾客期待的产品来满足他们的需要。例如，一位女士购买一件裘皮大衣是为了从中体会高贵感，一位男士带着最新款高级领带是为了给人一种时尚的形象，以上是理想自我意识影响购买行为的两个例子。

自我意识与心情：这种自我意识结合了现实与理想，即自我形象。有时人们将服装的款式和颜色与心情呼应，如黑色、蓝色代表神秘或忧郁、橘黄色代表开心、绿色代表希望、红色代表爱情等。

如果零售商品能够预测出表现理想自我意识的产品，销售额将会增长。服装零售商常常吸引人们为了实现理想自我而消费奢侈品。自我意识理论关注的是顾客怎样认识理解他们自己，服装零售商也能通过理解自我意识理论来获得另一种透视其顾客的方法，以此来开发他们的服装产品。

二、服装消费的自我意识

求实意识——追求服装的实用和实惠：重点放在服装的内在质量、实用功能上，对款式是否流行不太挑剔。服装实用功能，易洗、耐穿、便于活动、有利健康、便于收纳、打理、免烫、抗霉和物美价廉等。低收入工薪阶层、中老年及家庭主妇这一顾客群，有固定穿着习惯（如色彩、尺码），在挑衣服时，对面料、质地和做工比较挑剔，款式偏基本款。

求新意识——追求流行潮流和新颖性：注重服装造型新奇、独特、个性，色彩、花型和面料的时新，不太计较是否经久耐穿、价格是否合理。顾客群为 20 ～ 30 岁青年男女顾客。

求美意识——追求服装的美感：注重服装的造型、色彩、艺术性，要求特定的文化品位，不喜欢服装过于花哨、色彩杂乱。顾客群为白领、粉领阶层。销售对策：营业员当好参谋，成交率和回头率一定很高。

求名意识——追求表现自己的身份、地位、价值观、财富等：注重牌子、价值和公众知名度。顾客群：有老板、经理、成功人士及高薪族。销售对策：质量可靠、服务上乘、效率高。

求廉意识——追求廉价或价格优惠：注重服装的标价，喜欢甩卖和打折的服装。

模仿意识——追求与名人消费同步：人穿亦穿，模仿影视上看到的名人穿着。但要注意：在文化层次和消费水平较高的地区，模仿心理的表现不太明显。含有上述名人流行元素的服装可考虑多采购一些，也可满足部分消费者的需求。

三、需求层次理论的运用

生理需求：人们对服装品的生理需要主要表现在服装的卫生性能上，如透气性、透湿性、抗静电性等。"请你用手摸一下它的质感，非常舒服。""这种面料对人体有一定的保健作用，对皮肤也不会造成伤害。"讲出道理，切中顾客需求心理，就容易成交。

安全需要：服装品的安全性表现在服装的牢度、摩擦力与便于活动等功能性方面。"婴儿服装一般不用扣子，以免划伤皮肤或因缝制不牢被婴儿吞入"，"休闲服装舒适，便于活动"。有了这些满足顾客要求的特性，营业员就能够"有话可说"。

感情需求："当你穿上这条裙子，你的男朋友一看到就会眼前一亮"。或"人老先老腿，如果你把这羊绒裤送你母亲，她不定多高兴呢!"

自尊的需求：服装这种特殊商品，早已不仅仅是为了满足人们物质的需要，而被人们常常用来表达自尊和身份地位。

自我实现的需要："人们通过衣着来表达自我实现的需要"。白领阶层和粉领阶层的上班服装和职业服装就是一个典型的例子。

男士：西装革履、领带皮包（一副事业有成的样子）；

女士：西装套裙、典雅大方（巾帼不让须眉）。

"成功男士要拥有至少五件西服，这样可常更换，这种商务西服过几年仍显很高档的!"

第五节　家庭对服装消费行为的影响

一、家庭结构

家庭结构是指家庭成员组成的情况。家庭人员组成是指家庭人数、年龄、性别及各成员之间的关系。一般来说，每个人都在一定的家庭中生活，每个人的消费在任何情况下都要受到家庭经济生活的制约，家庭是人类基本的消费单位。

家庭结构的类型：单身者或个人家庭、尚无子女的年轻夫妇或丁克家庭、有子女的双亲家庭、有子女的单亲家庭、与子女分居的老年夫妇、复代家庭或延续家庭。

过去，我国传统的家庭多为三代人组成的家庭，现在随着人们生活观念的改变，家庭结构正在由大变小，一夫一妻一个孩子的三口之家这种小型化的家庭结构现已经成为我国家庭结构的核心模式。

二、家庭生命周期中的服装消费变化

（一）家庭生命周期的定义

家庭生命周期是指一个家庭从建立、发展直到分解的过程中经历的各个阶段，这些不同的阶段形成了家庭的生命周期。每个人在其生命的里程中，都会经历一些特定的家庭生活阶段，不同的阶段其生活方式会有很大差异。而在同一阶段的不同家庭其消费需要有很多相似的地方，当然由于收入、职业、教育、生活方式等方面不同也会表现出差异。通过研究家庭生活循环周期的不同阶段特点，服装零售商能够在自己的目标顾客群中正确评估他们的需要，并对自己的服装进行消费群定位。

（二）家庭生命周期中的服装消费变化

1. 单身族　这个时期的青年男女刚刚大学毕业，参加工作，收入不高，支付了房租、生活费之后所剩无几。许多单身者为了减少开支而合租房子，另外一些单身者与父母同住，直到结婚时才离开父母，对这两种单身者，虽然收入不高，但在服装消费方面的欲望较强，且开支较大。在这群人中也有少数收入较高的专业技术人员或白领阶层，服装方面的开销会更大。单身族比较关注娱乐、时尚，乐于购买服装。不管收入多少，通常会将大部分钱用在服装上以强化个人的生活品质。由于他们的开支很自由，购买频率高，喜欢在市场上猎寻新奇的东西，服装零售商应该给他们一个合理的价格及高度的重视。

2. 新婚家庭　新婚家庭有两个人的收入，较单身族经济好很多，消费能力强，是服装零售商最重要的消费群体之一。与新婚家庭类似的家庭是已婚但无小孩的家庭或丁克家庭，他们每年的家庭收入很高，是服装零售商的支持者。购买的服装包括高档的皮革服装、著名设计师设计的服装、裘皮服装等象征他们地位的服装，购买时很少考虑价格，出手也很大方。

3. 子女婴幼儿期家庭　家庭有了 0 ~ 3 岁的小孩，抚养小孩需要大量开支。如果妻子选择在家照顾小孩，家庭经济就会比较紧张，开支要小心预算，很少在服装上支出，花在服装上的消费主要是应付一些特别的事件，但童装消费较多。如果夫妻两人都工作，花在服装上的开支就比较多，因为职业女性在上班、社交场合需要不同的服装，尽管经济没有新婚阶段宽裕，但经济条件不算差，能拿出部分收入用于服装消费。

4. 子女少年期家庭　这个阶段孩子的年龄在 6 ~ 18 岁，家庭的经济情况比子女婴幼儿期的好一些。但大多数的母亲返回了工作岗位。小孩开始上学接受教育，家庭在服装、子女教育方面的开支会增加，其购买也不再以便宜服装为主，转而向服装专卖店购买服装。

5. 子女青年期家庭　这一阶段，子女仍然在家庭和父母一起生活，有一些继续接受高等教育，并兼职工作，有些完全工作，能给家庭增加一些收入。家庭收入增长了，但子女的开支减少，服装消费能力更强了。高档服装店重新拥有了这些顾客，高价服装及设计师服装备受他们的关注。

6. 子女工作期家庭 根据调查，这一阶段有 31% 的子女将自己的部分收入补贴家庭，子女自挣自花的占 45%，仍需要父母补贴的占到 18% 以上。收入增加，负担减少，他们是服装商特别关注的消费群体，大量高质量服装消费出于这一群体。百货店、服装专卖店是他们光顾花钱的地方，除了为自己买，也为孩子买。

7. 退休之后 夫妻都退休之后，收入大幅减少，大多数人的收入固定，购物习惯需要很大的改变。他们关注自己的健康比关注时装更多些，他们较少购买服装，对价格也很敏感，他们重新回到便宜商店购物，廉价店和打折店通常为这些家庭服务。

8. 单身生活 当丧偶或离异后，留下来的人仍有收入。许多单身者有改变形象和在外表及服装方面花费更多的需要。虽然这个群体通常喜欢保守的款式，但服装消费的价格对他们并不是特别关注的。

回顾生活循环的典型阶段，一些新出现的群体需要特别说明：有些人生长在离异的单亲家庭，这些人面临很多问题，他们的经济受到限制，有时候他们很难进行服装消费；与此同时，其他的一些人将必须在家照顾他们的孩子。许多情况下，他们的服装消费被限制，是因为他们没有足够的收入或者更多的时间去逛街购物。

在服装上消费最多的阶段是单身、新婚家庭、子女成长期且妻子也在工作的健全家庭和夫妻都工作有收入的家庭。每个阶段的服装需要是在不同类型的商店和不同价位上的。作为服装商应该懂得各阶段的需要并努力做好每种尝试以满足他们的顾客。

第六节　顾客的类型

服装消费者划分是了解目标消费群体的前提和基础，也是进行目标市场定位的前提和基础。对服装消费者的划分通常有社会阶层、家庭结构、人口特征、心理因素等划分标准。

一、以情绪划分顾客类型

情感型：购买行为常被情感动机和情绪动机（喜怒哀乐）所控制。如为情人购领带、为父母购衣物等。

理智型：对商品有客观的认识，经过思维分析对比之后产生的动机，在理智动机驱使之下的购买，一般都比较注意商品的款式、质量、价格、适用、方便等，具有客观性、周密性、合理性和控制性。

信任型：基于感性与理智的经验，对特定的商品、品牌产生特殊的信任和偏好，使消费者重复地前往购买（忠诚顾客）。信任动机产生于：名牌的信誉、周到的服务、款式时尚新潮、规格齐全、地点方便、价廉物美等。

二、以收入划分服装消费者层次

零售商在决定商品组合及价格空间时，最常用的分析方法就是对消费者的层次进行细分。根据消费者的收入、职业、社会背景及相关因素将消费者群体划分成更小的群体，研究表明，在不同的消费层次中，人们的消费偏好及对服装商品需要有明显的差异。

上上层：上上层被认为是社会精英，最富有的阶层，约占人口的1%～2%，他们一般生活在高档住宅区，受过良好的教育，十分友善，经常捐款给慈善事业，喜欢艺术，经常出入剧院、博物馆等地方。他们购买服装时很少考虑价格，选购的焦点是质量及穿着环境，对工作、社交、生活等不同场合的服装要求不同，选购服装的地点通常在高档的商场及著名服装设计师开设的服装店，他们是服装设计师最重要的支持者，许多高级服装设计师俱乐部专为他们量体裁衣、定制服装。

上中层：大约占2%～9%，通常是一个国家的新贵。这些人接受过良好的教育，其从事的职业为专业技术、高级经理、企业业主、高级雇员等，对社会活动十分热心，其行为较前一种更引人注目。他们不缺钱，也很会花钱，购买服装通常选择在最好的最喜欢的服装店或专卖店。他们喜欢这里的服装及饰品，因为这些高档服装品会使他们在人群中显得更加突出。

中上层：中上层人群的职业是专业技术人员、高级白领，他们的休闲时间通常花在追赶上一层次上。尽管这一层次不乏高收入者，但有时也会收不抵支，不能满足他们的消费欲望。他们常常会购买名牌服装产品满足他们的时尚需要。他们会定期到名牌服装店、百货店及专卖店，当遇到这些地方的商品降价，能以较低价格购买高质量的服装时，他们会乐意选购。能以更低的价格购买到高质量的服装，对这个群体会有非常大的吸引力。

中等层：中等层人群大约占30%，通常是工薪阶层。在我国他们最大的愿望是送子女上好的大学接受高等教育。不像上中层，他们很想通过服装来表现自己，价格是重要的选购因素。当一些高档服装店处理过季产品时，他们也会去选购，但每次消费都不会太多。这类消费者通常在百货店购买公认价格的服装，也会在低价专业店购买。当他们想购买服装时，其选购的焦点是服装的流行性，倾向于最新的流行款式、颜色，设计师的名字对他们来说则并不重要。

中下层：中下层人群约占人口的35%，是最大的社会群体。他们通常接受的教育较少，是蓝领工作者，并很少在服装上消费，他们买的服装一般都比较便宜，通常在价格较低时购买。对这个群体来说，价格是最重要的，他们不在乎设计师的名字，但会反复选择同一个牌子的服装品。

下下层：下下层人群约占12%～18%，他们通常接受的教育很少或没受过教育，有许多是下岗工人。很多人需要政府救济，只满足基本的生存需要，除了重大的节日，服装不是他们生活中的问题。他们购买服装时，对款式知之甚少，经常会购买打折促销产品。

总之，价格空间是非常重要的，经营者必须针对消费者的消费层次，决定目标市场的赢利点，确定针对性的价位。

三、以年龄划分服装消费者层次

根据年龄将消费者细分成若干群体，有助于分析每个群体的市场规模、增长趋势、购买行为及其特点等作为选择目标顾客及商品组合的依据。对于服装零售商来说每一年龄组都代表着一个预期潜在的市场，每组都有他们特定的需要。

童年（小于13岁）：这个年龄段其实有很复杂的服装变化，随着儿童身体的成长，从婴儿装、幼儿装，到童装，这个年龄段实际服装消费量很大。许多年以前，这个年龄组的服装需要不像今天这样重要。但是现在各种媒体对这个年龄的孩子影响很大，他们需要流行服装，不再满足于便宜服装及功能性服装。儿童服装经营的难度很大，因为儿童的需要只有转化为父母的购物行为才有效。

少年（13～17岁）：这是对服装极有偏爱的消费群体。他们经常到服装专业零售商店猎取新的服装产品，能很快接受新的东西。当花衬衫成为最新款式时，他们穿着的衬衫已比其他人更花。无论发布什么流行信息，他们都会接受它。少年们是服装零售商最好的细分市场，零售商通常采用低成本的采购策略，定位于流行、大量、廉价的层次销售更容易成功。和其他购物环境相比，少年们更喜欢个性化的服装专卖店。

青年（18～34岁）：他们出于工作及社交的需要购买服装。随着大多数青年工作的趋势，完成大学学业步入工作的青年人对服装的需求很大。因为他们的经济情况比少年时期好，所以一般会花费更多，通常选择在服装专卖店购买服装，他们消费能力在逐步增强。

中年（35～49岁）：这一群体收入最高，他们已是公司的高层、骨干、业主、白领或是专业人员。由于他们的收入与生活方式，这一群体成为服装零售商关注的焦点。他们的服装消费在生活消费中所占比重较大，通常购买服装地点灵活，如服装专卖店、百货商场等都会光顾。这个阶段还可分得更细一些。

中老年（50～64岁）：此阶段有两种类型，一类是仍然工作的职业者，对服装特别重视，他们会选购高质量、高价格的流行服装以满足其工作及社交的需要。另一类是退休人群，他们花更多的时间在休闲活动上，如旅游、娱乐等，对服装仍有需要，但集中在运动装及宽松的服装上。无论怎样，这对服装零售商来说都是一个极好的市场，这个阶段的人最喜欢前往百货店购物。

老年（65岁以上）：对服装消费来讲，他们不再是重要的群体，老年人更关注个人健康，对服装的购买倾向于实用、低价和保守。他们被称为"困难"顾客，因为他们大多数收入固定并且不再草率消费。

四、按性别划分消费者层次

男性顾客：在商场购物的人群中男性顾客相对较少，而且大部分是有目的的购物者。在购物时，男性顾客如果他自己知道要买的东西，就很有主见，不会听导购的介绍，自主性很强，购物自信、理智。如果男性顾客购物时，不太懂服装知识，他们更愿意听导购介绍、讲解。他们比女性更为果断，更易做出购买决定。

女性顾客：女性顾客是服装店铺最受欢迎的人，是主力消费群体。逛街、逛商店是女性生活的一大享受。女性顾客在逛街时目标不是很明确，不是为购物而购物，主要享受逛街的过程，她们常会买一些自己并不需要的东西。她们希望自己的品位跟上社会潮流，打扮时尚，希望得到别人的赞美。如果销售人员把服务放在女性最关注的四个方面：时尚、家庭、感情和体型，营业额一定会上升。

☞ 案例分析

六年前，李泽恩和雅丽合作开了一家服装专卖店。这个专卖店位于开发区，且聘请了具有八年服装零售经验的姜女士为他们经营和管理这家店铺，他们的事业得到快速发展，姜女士乐于应付经营中的所有事情，她的观点是提供高价高质量的服装，她的顾客从最初的朋友介绍和熟人来光顾，扩张到开发区的大部分人，由于这家服装专卖店专营高价优质的服装，吸引了开发区的高级白领阶层，由于优美的购物环境与温馨的服务，大批的顾客成为了他们忠诚的回头客。

随着销售业绩的增长，两个合作者决定扩大规模，在位于60公里远的市中心开了一家连锁店。通过努力经营，他们吸引了同类的商店组成了他们的第一个商业区，对于他们来说，这既是机遇也是挑战。带着在开发区的成功经验他们将在市里再度接受新的挑战，来寻觅他们的目标顾客。

☞ 问题讨论

1. 同类型的商店是不是新的挑战，他们有能力开始经营市内的商店吗？为什么？
2. 什么统计调查应该是他们确定新店位置之前该考虑的？
3. 什么类型的顾客信息是他们在做出最后决定之前应搜集的？

☞ 练习题

1. 搜集杂志上的五则服装广告并分析其中的购买动机。每则广告中的信息与暗示都决定了它是理性动机还是感性动机，描述信息中暗示动机的关键词。
2. 将班级分成两组到商业区，例如购物中心，根据阶层对顾客进行调查，区别特征和掌握家庭生活循环。利用此章知识作为指导，收集 100 人的信息并判定他们应该属于家庭生活循环中的哪一阶段。收集整理好信息后，写一份关于依据家庭生活循环来划分特征人群的报告。

3. 列出家庭生活循环的每个环节及每个环节对购买服装的影响。

4. 讨论：在社会群体的什么阶层，价格会成为消费者的原动力？

　　　　哪个社会群体人口最多？他们属于哪类消费者？

　　　　少年顾客与青年顾客有什么不同？

　　　　分析平日里你购买服装时的动机因素？

　　　　作为服装零售商你将如何激发消费者的信任动机？

观测者的追踪：服装零售市场调查与预测

课题内容： 1. 服装市场调查概述

2. 服装市场调查的步骤与方法

3. 开店市场调查

4. 经营中的市场调查

5. 服装零售市场预测

课题时间： 3 课时

教学目的： 了解服装零售市场调查的内容，了解服装零售市场调查特点，通过实例分析，了解并掌握服装零售市场调查方法；了解服装零售市场调查和服务调查常用的方法，掌握服务调查与市场调查数据应用方法。

教学要求： 1. 了解服装零售商如何用市场调查来解决问题。

2. 掌握市场调查的步骤与方法。

3. 了解开店市场调查与经营中的市场调查的区别。

4. 了解调查问卷法与观察分析法用于采集资料的区别。

5. 掌握市场调查问卷的设计方法。

6. 掌握服装市场预测的方法。

教学方式： 理论讲授、图例示范、案例讨论、调查分析。

课前准备： 阅读参考文献并重点了解以下概念：市场调查、调查方法、调查内容、市场预测等；调研优衣库、美特斯邦威专卖店；阅读有关专业杂志和学术期刊。本章建议书籍为：《市场调查》《市场调查与预测》《市场营销学基础》。

第四章 ▶▶
观测者的追踪：服装零售市场调查与预测

知己知彼，百战不殆。不了解市场，你就像一个蒙着眼格斗的剑客，必输无疑。

第一节　服装市场调查概述

"没有人比妈妈更了解你，可是她知道你有多少条短裤吗?"

乔基公司知道。

"妈妈知道你往每杯水中放多少冰块吗?"

可口可乐公司知道。

这是美国纽约《华尔街日报》一篇文章的开头。这使我们看到，许多世界上的大公司不仅认识到市场调查与预测的重要性，而且市场调查与预测也达到了相当高超的水平。

一、服装市场调查的概念

服装市场调查是指运用科学的方法，有目的、有系统、有计划地对一系列有关服装品生产与经营的信息进行搜集、筛选、分类并做统计和分析以此来了解现有的和潜在的服装市场，并以此为依据做出经营决策，从而达到进入服装市场、占有市场取得预期效果的目的，把握市场现状和发展趋势。

服装市场调查＝实事求是的态度＋提出解决问题的建议。

早期的零售业，零售商大都基于直觉来做决定，零售商依据他们认为最能满足顾客需求的款式、质量、功能及价格来购买服装。他们提供舒适的购物环境且使顾客感觉满意的服务。一些零售商的计划做得很好，他们建立了成功的事业并享受他们的劳动成果，而另外一些零售商则没有那么幸运，他们被迫关门，因为他们没有能力吸引足够的顾客来创造商业利润。

专门从事服装零售的商家对零售活动有更多关心的问题，因为他们不仅仅要面对各种常有的零售问题，而且还必须处理时尚流行趋势、季节、天气状况等突变情况。"适者生存"的观念，同样适用于时装零售。

二、服装市场调查的作用

服装市场调查是服装企业有效利用和调动市场情报、信息的主要手段，是企业开展市场营销活动的基础，在很大程度上决定着企业的前途和未来。

市场调查的主要作用有：为企业经营决策提供依据，有助于企业开拓新市场，有助于企业改善管理水平，有利于在竞争中占领有利地位，有利于了解消费者并与之有效沟通。

为了接受每天遇到的挑战，大部分人准备去研究市场，更多了解顾客的行为举止和习惯，商业区的位置，潜在顾客的生活方式，顾客所需的服务方式，以便吸引顾客再次光临，根据价格、款式、质量选择所需的服装。

三、服装市场调查的基本要求和基本类型

市场调查的基本要求：资料的准确性、调查的及时性、内容的针对性、计划的严密性、信息的系统性和费用的经济性。

市场调查的基本类型：购买商品目的不同：消费者市场调查、产业市场调查；调查范围不同：需求调查、供给调查；商品流通环节不同：批发市场调查、零售市场调查；空间层次不同：国内市场调查、国际市场调查；时间层次不同：定期市场调查、不定期市场调查；产品层次不同：食品类、衣着类、日用品类、医药类；调查组织方式不同：全面调查、非全面调查；调查的内容不同：定性调查、定量调查；调查的方法不同：文案调查、实地调查；调查的设计不同：探测型调查、描述性调查、因果性调查、预测性调查。

四、服装市场调查的内容

服装市场调查的内容包括：店铺地址调查、消费者情况调查、销售规划调查、广告和商品促销、顾客服务调查、人力资源调查、销售方法调查、竞争者状况调查。

做决策之前零售商需要注意一些重要问题，包括店铺选址、重要顾客群体、销售策划、广告宣传和促销及顾客服务、人口资源、营销方式和竞争状况。

（一）店铺地址

（1）商场中的最佳位置在哪里？

（2）城市中的最佳位置在哪里？

（3）购物区的容量大小？

（4）购物区地理位置，周围居民的年龄、职业、教育及收入水平？

（5）是否考虑到周围竞争对手以及潜在的竞争对手？

（6）特有的零售环境类型是否适合预期的行业计划发展？

（7）是否有足够的空间提供停放车辆？

（8）能否为顾客提供公共交通设施？

（9）周围是否有顾客需要的购物竞争中心？

（二）消费者

（1）自己的产品是否适合顾客的年龄层次、职业、收入水平？

（2）货品的搭配能否满足消费者的需求？

（3）该区域的消费者是否有经济能力来购买商店目标价位的服装？

（4）店铺的营业时间是否适合消费者？

（5）目标市场人群的心理分析结果如何？

（6）消费者购物习惯是否与店铺策划一致？

（7）商家所处的环境是否与店铺形象匹配？

（三）销售规划

（1）产品的分类是否有助于和打折或降价产品进行竞争？

（2）价格体系是否适合该地区的消费水平？

（3）是否大部分服装都应该为消费者进行专门介绍？

（4）多长时间进行一次货品清仓处理才能使利益最大化？

（5）是否应该在传统节日进行价格的升降调节，如春节、劳动节、国庆节？

（6）是否可以不参加商场组织的促销或降价活动？

（7）是否更频繁地降价就能够促使营业额上涨？

（四）广告和商品促销

（1）选择哪种适当的媒体进行商品广告宣传、形象推广和特殊活动？

（2）用于报纸广告宣传的预算应占多大比例？

（3）广告宣传是为了利润还是公益，还是两种相结合？

（4）给商场的顾客直接派送产品宣传单的效果如何？

（5）商家应采用哪种形式进行推销？

（6）服装促销模特是用公司内部职员还是雇用自由职业模特？

（五）顾客服务

（1）公司在顾客服务中应给顾客什么承诺？

（2）促销人员能否增加商品销售量？

（3）礼品包装袋应该免费还是收取少量费用？

（4）增设儿童照顾中心是否有利于商品全面销售？

（5）送货上门是否是商品的特殊服务？

（6）销售人员用外语交谈是否能促进销售？

（7）贵宾卡的使用是否可以增加商品本身的销售数量？

（8）赠送礼品能否增加销售量？

（9）哪种服务方式顾客更喜欢？

（六）人力资源

（1）人力资源的策略是什么？

（2）用什么办法能招聘到适合公司的人才？

（3）提供什么样的条件才能雇用到最好职员？

（4）哪种方法能激发员工的积极性？

（5）哪种培训方式能让新员工迅速了解公司政策？

（6）销售服务能力是否能代表该员工的工作能力？

（7）人事部是否有最终决定雇佣员工的权力？

（8）哪种利益和制度能够使雇员长期留在公司？

（七）销售方法

（1）公司提供的服务方式是否适合顾客？

（2）自选服务是否是可行的出售方式？

（3）营业员应该集中注意为一位顾客服务还是应该同时为更多的顾客服务？

（4）营业员是应该固定在一个商品区，还是应该适时调配到最需要的地方？

（5）商店策划的销售方法是否应该结合混合服务和自选服务？

（八）竞争者

（1）在当地有多少竞争对手？

（2）竞争对手正在搞什么促销活动？

（3）有什么新的竞争对手进入这个市场？

（4）竞争对手的营业额表现如何？

（5）竞争对手的产品和服务优势是什么？

第二节　服装市场调查的步骤与方法

一、市场调查步骤

当零售商面临非常重要的问题需要决策时，通常可能采取正规的市场调查，这包括进行市场调查与研究，根据一系列有效的数据做出最终决策。调查可能通过一些较大的顾问咨询公司或一些独立的专门调查公司来完成。有些较大的零售企业，可能由企业内部的研究部门来完成市场调查工作。一般可以采用家庭访问和户外调查方式，如果能两种方式相结合可能效果更好。不管使用哪种方式，研究问题的方法都是相似的。其过程如下：

（一）确定调查目标

在开始调查之前，调查人员首先要明确需要调查的问题、目标和要求。应根据需要调查的对象来拟定要了解的内容、确定调查目标，以使调查顺利进行。要研究调查的问题，主要根据零售商的市场策略而定，问题可能是消费者对品牌是否认可，或者价位问题是否应该调整，还有可能涉及店铺的发展、运转问题，如公司结构重组或新店铺的开发等问题。不管由什么样的机构来做，首先都必须界定问题，清楚要调查研究的主要问题和调查目标，才可以有的放矢进行下一步的工作。

（二）制订调查计划

确定调查目标后，往往还有许多繁杂的问题，这时需要对具体问题进行缩减、合并，如对调查竞争店铺的数量可以进行删减、压缩，以缩小调查的范围。

市场调查开始之前，如果问题界定已经明确，调查者可以先提供一个解决方案，如果问题的界定并不是特别明确，就需要进一步细分调查的具体变量。例如，价位的调整是公司应该尝试着从每个部门改变价格体系还是从一个部门着手？公司应该运转一个部门还是更多部门？这些问题都过于笼统，在完成调查变量之前必须缩小问题涉及的范围。问题的范围被缩小，具体的问题也可以处理了。制订调查计划，将调查的时间、地点、问卷、调查人、分析软件准备好。

（三）收集资料

资料的收集有两个来源，即间接资料和直接资料。

1. 间接资料　是指通过现有的文案资料调查获得的数据，现已存在并能被研究人员整理利用的数据、资料称为间接资料或二手资料。这些资料通常可能来源于公司过往的记录，政府部门、调查机构、咨询公司和贸易机构等的研究报告或期刊。间接资料来源如下：

公司记录： 零售商可以保存公司每一阶段的资料记录，各部门的销售记录。商品分类销售记录、顾客反馈记录、员工反馈信息、佣金等有周期的记载。

政府部门： 一些好的情报资料产生于政府部门。例如：人口普查局对人口、房屋建设、商业单位进行反复的调查研究，所有这些资料都对谋求扩大发展的零售商有很大价值。

市场调查机构： 许多这类公司可为零售商提供适当的信息来解决问题。还有一些顾问公司也会帮助零售商做相关的市场调查及研究工作。

期刊： 许多商业报纸和杂志定期有规律地进行市场调查计划，关注这些计划对零售商也有一定帮助。

2. 直接资料 是通过原始调查得到的第一手资料。这些资料从顾客、潜在顾客、内部员工、形象代言人和媒体等方面得来。收集资料的主要方法有个人访谈法、调查问卷法、观察实验法和焦点会谈法。

（四）实施调查计划

当有了初步资料后，就需要制订调查方案、确定调查方法、时间、地点，调查的次数及问卷的编写、调查礼品的准备等工作，然后才能正式开始调查工作。

调查员会到商场门口、步行街、中高档住宅区、公园等休闲购物区进行调查，在调查时要准备好笔、问卷、调查礼品，要面带微笑、彬彬有礼，在被访者填写问卷时要在一旁指导，避免错填或漏填，填写完成后要对被访者表示感谢，并赠送相应的小礼品。

（五）回收调查资料和数据输入整理

当市场调查完毕，下一个工作就是数据的录入与分析整理。对于原始数据需要由专业人员进行筛选录入与整理，建立数据库。现在通常利用计算机来处理，常用的软件如EXCLE及大型数据库处理软件SPSS等。

（六）编写调查报告

可以利用数据库将数据制作成图表，从中寻找各变量的变化规律及相关影响因素。一份完整的调查报告包括：目录、调查工作的组织、调查人员组成、调查时间、调查分析、结论与建议、图表及数据索引及参考文献等。

二、市场调查的方法

（一）询问法

询问法是最常用、最基本的一种方法，由调查人员通过询问被调查者来了解市场等情况。根据询问方式不同又分为如下几种：个人访问法、焦点会谈及电话调查。

1. 个人访问法 公司用个人采访与顾客沟通可适合各种不同的地区，一般是选择个别的消费者、专家或一线的销售人员作为专访的对象，对要研究的问题进行讨论或是征求意见。交谈可以是自由式的，也可以是事先设计好具体问题，上门采访需要花费很大力气才能得到一些意见的反馈，许多销售商使用他们自己的卖场作为采访的地点。

无论在什么地方，个人采访都有优缺点。一方面，有经验的调查者可以说服人们参与调查，在得到答案的同时可以随时进行交流，可能会获得更多的信息。

2. 焦点会谈　会谈小组一般10人左右，根据会谈的不同目的来选择小组成员，如本次会谈的目的是了解VIP顾客对本公司产品及服务的意见和建议，小组的成员则由VIP顾客组成。

焦点会谈需要由经验丰富的人来主持，主持人应具有良好的沟通能力、表达能力并对服装企业及管理有相当的经验。会谈应在轻松的气氛中进行，小组成员自由发言，使主持人可以充分了解到小组成员的真实想法和建议。

焦点会谈的优点是可以了解到更多、更真实详细的资料；缺点是调查效果在很大程度上取决于主持人的经验，所以结果较难控制，小组成员的出席率有时没有保障，如果人数太少会影响会谈的气氛与效果，另一个缺点是费用相对较高。

一般是在问卷调查的基础上，企业高层需要进一步深入、详细的资料时采用焦点会谈法。

3. 电话调查　从时间上来说，电话采访可以很快得到答复，不存在时间的因素。现在随着网络的发展，花费很少的资金就可以在任何地方用电话访问。另外一个好处是，电话访问可以在公司总部进行，不需要员工做个人采访，不理解的问题可以解释，比邮寄问卷要灵活。但是电话采访员必须是一个有经验的专业人员，被采访者要不存偏见且具有代表性的。

尽管电话采访调查仍是一个和顾客沟通的最快方式，但也有一些不足，如答复的数量有一定的限制，因为现代人工作繁忙，没有太多时间接受电话采访，成功的机会自然会减少。甚至有人在家里时，也忙得不愿回答电话采访调查，电话调查现在最常用在售后服务跟踪调查方面，因为用在了解顾客对售后的反映时，被采访者会比较乐于主动配合。

（二）观察法

1. 观察法调查的步骤　观察法是通过观察被调查者的活动来获得第一手资料。这种方法的优点是调查员与被调查者不发生接触，被调查者的活动不受影响，因而取得的资料更加真实、可靠，调查简便易行；不足之处是只能观察市场的外部活动而不能了解内在的因素变化，同时需要反复观察才能得出结果，因而费时较长。

具体步骤为：首先确定调查内容并编制观察记录表；再选择观察对象、地点和时间；然后实地观察并记录结果进行对比；最后，统计观察结果并做出结论。

2. 观察法调查的应用　观察法是时装零售商进行市场调查的另外一个技巧，除了观察者不需要其他任何人参与。在特殊的环境里，零售商用观察技巧来为调查收集资料。例如勘查店铺地址时，可观察特定的地点是否有足够的客流量。观察客流量不仅是确定所定地点通过的车辆总数，而且应该把过往车辆的类型及进出车辆的人数也计算在内。通过记录这些结果可以估计出行人的数量及他们的性别、年龄、收入等，所有这些都对店铺地址的选择有着重要的参考意义。

另一种观察研究是时尚记录，有时零售商利用这种方法来记录特定人群的穿着风格以帮助他们判断自己的款式设计是否入时，消费者是否喜欢。通常观察人们是否穿着这种款式，该款式是否很受欢迎。

记录时尚基本变化尤为重要。过去的五年，如若明确了女性偏爱长裙，而生产上却在促销超短裙，这时购买商就不确定该如何来维持他们的形象，他们也肯定会察觉到固有的危险，即由于生产商的促销而进货过多。很多时候零售商发现他们的顾客并不总是追赶时尚时就不得不进行大幅度的降价了。在这种处境下，正确的决定就是利用时尚记录。

一些有关客流量和时尚记录的调查对零售商来说是费用较低的，重要的是正确地记录信息资料。如果使用观察的方法，需要选择环境、地点，训练观察者的能力。

计算客流量大都记录过往目标地点的交通工具，通过的时间和对车主大体的描述。记录者需要能够尽快地把所观察到的内容记录到表格里。

如果是做极为时尚的晚装调查。晚间舞会也许是最恰当的选择。如果是以怪异的时尚为主题，热闹的迪斯科舞厅则是调查最适合的场所。无论是什么环境，若想要得到有意义的结论，则必须正确选择目标地点。

（三）实验法

1. 实验法的定义　实验法是指调查者控制或改变某一个或几个市场因素，来观察这些因素对市场活动的影响程度。这种方法的优点是调查者可以主动控制实验变量，通过实验来验证某些方法的正确性和可行性；缺点是一般实验的范围较小，实验结果的代表性较难确定。

2. 实验法的步骤　首先，依据调查目的确定实验变量；再确定实验方法及程序；然后，选择实验场地进行实验；最后，观察实验结果得出结论。

3. 实验法的应用　实验法一般用在推广活动的前期，可以进行个别店铺的实验，通过观察来确定此项活动的效果与可行性；或是用在新款上市，有时可先采购少量服装品进行实验，销售比较理想再大批订货。有时为了做出某项决策，公司需要采用多种方式进行市场调查。

对于小型商店来说，很多小的销售商错误地认为市场调查没有必要，因此只能适当从生产中获得利润。小型商店不需要聘请专门的调查职员或者设立调查组织，他们只能利用简单研究，那样花费不多也容易实施。另一种方法很适合小型零售商，可以利用当地大学的市场调查课为他们的商品做调查，许多大学教授十分乐意给学生这样一个锻炼的机会。学生可以以调查和观察的方式收集资料，在教授的帮助下，学生的建议也可能成为解决问题的关键，调查结束后一般应支付给学生适当的劳务费。

（四）问卷调查法

问卷调查法是在市场调查中应用最普遍的一种，它将需要调查了解的所有问题以问卷的形式给出，通过书面答卷的形式与被调查者沟通，从而收集第一手资料。根据问卷方法的不同，又分为信函寄送和街头采访两种形式。

1.信函寄送 将调查问卷通过邮寄的方式寄给被访者，被调查者答好问卷后再寄回公司。

问卷调查方法的优点是：提供更多的、更广的信息资料、调查费用成本较低、易于统计调查结果等。问卷调查不足之处是调查时间较长、问卷回收率较低、问卷的有效率不好控制，因为没有调查者的当面解释，答卷者常会对问卷中的问题误解或放弃不答。

当一个很大的市场需要调查时，经常采用邮寄调查问卷的方法，这样的方式有时很受消费者欢迎。因为这样被调查者不会受到调查员的偏见影响，可以更好地回答问题，花费一般比电话采访和个人采访低。

邮寄调查问卷的缺点是：好的回答很少，只有10%的回答被认为是优秀的，能收回反馈调查问卷需要的时间也许很长，为了更早得到回复，一些商家采用完成调查问卷的人可以享受打折购物的激励方法。

2.街头采访 由调查员在街头或其他调查地点直接将问卷发给被访者，并就问卷上的问题做简单解释，然后由被访者答好问卷后交回给调查员。与信函邮寄相比，此法主要是费用要高一些，因为要有调查员的劳务、交通费等，但街头采访比信函邮寄的问卷回收率、有效问卷率要高，而且所需时间较短，效率较高。

三、问卷调查的步骤

第一，调查准备阶段，根据调查目的确定选用信函寄送或是街头采访方式调查；确定调查对象地点。

第二，调查问卷设计，问卷调查是否成功在一定程度上取决于问卷问题设计的质量。一份正规的调查问卷应该包括四部分：

（1）一目了然的标题；

（2）好的开头语（A.了解调查目的/B.填写方法及要求/C.对消费者的合作表示谢意）；

（3）问卷主体围绕主题，切不可太多、太长；

（4）简短的结尾。

第三，实施调查与问卷的回收，进行问卷调查时，调查员的素质非常关键，一定要选责任心强、认真、诚实肯吃苦、有市场调查经验的人员；被访者的年龄、职业、性别构成一定要与调查对象相符。

第四，问卷的筛选与统计分析，回收问卷后依据有效问卷的标准进行检查，对有效问卷依据编码进行统计，常用的统计软件有SPSS、EXCEL等。

第五，调查报告的编写与总结，调查报告要依据要求的格式进行编写，一般要将原始调查问卷及数据库作为第一手资料进行保存。

四、调查问卷的编写

调查问卷由标题、开头语、问卷主体及问卷结尾四部分组成。首先问卷的标题要结合调查的目的，要清楚，一目了然；开头语要讲清楚问卷调查的目的并向被访者致谢；问卷的主题设计要简明易于理解，问题不可太多；问卷的结尾要包括调查时间、地点、调查员姓名及问卷编号等内容，以便进行后期的统计工作。

调查表的长度很重要。应该尽量简洁，最好不要超过一页纸，这一点在采用信函寄送的调查方式时尤为重要。如果调查表很长，很多人会放弃填写。

问题中所使用的语言文字必须易于理解，邮寄时被调查者对理解不清楚的问题就会跳过不答，甚至在电话采访中如果不明白问题的目的，受调查者询问方式的影响也会造成误解。

问题必须紧凑连贯。

每个问题都必须有明确的目的，一旦用了"一般""经常"这些词，就会有太多的空间解释，可能会改变调查的准确度。

尽可能提供一些准确的答案，资料将会容易得到。而不需要太多的解释。开始和末尾的问题都很重要，应该提供足够的空间。

五、调查问卷中问题的类型

是非题：又称二项选择题，即回答结果只有两种可能。如："你是否购买过鳄鱼 T恤?"回答"是"或"否"。是非题的优点是条目简单、便于回答、便于统计；不足之处是了解意见的深度不够。

单项选择题：即一个问题只能选取一个答案，如果被访问者选择了两个以上的答案则视为作废问卷。

多项选择题：即一个问题有多个答案，被调查者可以从中选择出两个或两个以上答案。使用多项选择题时，问卷设计者一定要将可能回答的各种情况都列出，而且要避免重复。

自由回答题：也称为解释说明题，即被调查人针对所提问题，自由回答、不受限制，属开放式问题。如"你最喜欢的休闲服品牌是什么? 为什么?"

排序题：又称顺位题。对所提问题给出多项答案，请被调查者按照重要、喜欢程度、优劣等进行排序。

差别题：又称评价题，在语意上的差别作为评价尺度、要求被调查者根据对此问题的主观印象，选择一个评价结果。应用举例：如图 4-1 所示，休闲装市场调查问卷填写要求。

第3～9题填写问卷时的记录方法：
第3、5、6、8.2、9题：调查时可记录品牌名的首位字母，调查完后补全品牌名，并在旁边标注相应的代码，以便后期核查和录入。
第4、7题：记录选项代码即可，选"其它"时无需备注

2015年全国市场调查问卷　　版本号：Market-2015-02

不能留空

口岸：
城市：
问卷编号：

亲爱的女士/先生：
　　您好。我们是＿＿＿＿＿＿＿＿＿的学生，正在进行一项关于休闲服市场的调研。
下面请您花几分钟时间回答一些问题。非常感谢您的支持与合作！

1.请问您是本省学生？/或是在本省居住一年以上了吗？
　□是（请继续回答下列问题）　□否（请终止调查）

选"否"请记录"非本省常住人口记录表"

2.请问您最近一次购买休闲服是何时？(选5,请跳至第10至12题)
　1).1个月内□　2).3个月内□　3).半年内□　4).1年内□　5).1年以上□

• 选"5"请在"非一年内购买休闲服记录表"登记
• 须记录下性别，请尽量记下年龄、收入

3.请说出您最经常购买的3个休闲服品牌，并按经常购买程度排序。(无提示卡提示)
　(1)＿＿＿＿＿＿　　　(2)＿＿＿＿＿＿　　　(3)＿＿＿＿＿＿

• 品牌不能重复
• 至少要填一个休闲服品牌
• 未能说出须填12

4.在选择品牌休闲服时，您最重视哪些因素？请填写三项，并按重要程度排序
　1).品质　　2).价格　　3).款式　　4).颜色　　5).舒适合体　　6).功能性　　7).流行性
　8).体现个性　　9).服务水平　　10).推广活动　　11).店铺陈列　　12).品牌形象　　13).其它

请填选，不能勾选，选项不能重复

5.在下列服装种类中，您最经常购买哪一个休闲服品牌及通常每件的购买金额？(无提示卡提示)

服装种类	T恤	牛仔裤	休闲裤	休闲外套	毛衣/棉线衫
最经常购买的品牌					
通常每件购买金额（只选一项）	(1) 50 元以下 □ (2) 51-75 元 □ (3) 76-100 元 □ (4) 101-150 元 □ (5) 151 以上 □	(1) 100 元以下 □ (2) 101-150 元 □ (3) 151-200 元 □ (4) 201-300 元 □ (5) 301 以上 □	(1) 100 元以下 □ (2) 101-150 元 □ (3) 151-200 元 □ (4) 201-300 元 □ (5) 301 以上 □	(1) 150 元以下 □ (2) 151-200 元 □ (3) 201-300 元 □ (4) 301-400 元 □ (5) 401 以上 □	(1) 100 元以下 □ (2) 101-150 元 □ (3) 151-200 元 □ (4) 201-300 元 □ (5) 301 以上 □

• 至少填写一个品种，不可填写差不多
• 未能说出须填12、一年内没买过该服装须填99 ➔ 此时"金额"一栏须留空

6.您认为以下各属性，哪一个休闲服品牌最优？(须从品牌提示卡中选出)

属性	品牌形象	款式设计	产品品质	价格合理	舒适合体	体现个性	服务水平
品牌							

"差不多"不能多过4个

7.请问最令您印象深刻的休闲服品牌广告是什么？(只选一项)
(1)商圈LED大屏幕广告□　(2)户外广告牌□　(3)公车/地铁广告□　(4)报章/杂志广告□　(5)网络广告□　(6)电视广告□
(7)店铺广告□　(8)大型活动宣传推广□　(9)手机短信□　(10)其它□

8.请问最令您印象深刻的休闲服品牌 网络广告 来自什么渠道？(只选一项)：
1).微博(如新浪/腾讯/搜狐微博)□　2).视频网站(如土豆/优酷/酷6)□　　3).社交网站(如人人网/开心网)□
4).搜索/门户网站(如百度/谷歌/网易/新浪网)□　5).论坛及社区(如天涯/猫扑/豆瓣)□　6).购物网站(如淘宝/拍拍)□
7).在线通讯及Email(QQ/MSN/飞信)□　8).品牌官方网站□　9).其它□　10).无□

您觉得有关网络广告是属于哪一个休闲服品牌吗？　　　　(须从品牌提示卡中选取)

如选"10"，第8.2题必须填"99.不适用"，不可留空

9.下列的项目，哪一个休闲服品牌最优且给您的印象最深，其原因又是什么？(须从品牌提示卡中选取)

项目	店铺装修	货品陈设	电视推广	店铺推广
最优且最深印象品牌				
原因（只选一项）	(1) 店铺面积大 □ (2) 附休闲设施 □ (3) 灯光明亮 □ (4)有足够试衣间 □ (5)有足够全身镜 □ (6)店内空气清新 □ (7) 其它 □	(1) 摆设宽敞，无视觉障碍 □ (2) 产品品种多样 □ (3) 产品分类易于挑选 □ (4) 产品颜色丰富 □ (5) 模特造型及搭配独特 □ (6) 陈列道具丰富，突出货品主题 □ (7) 其它 □	(1) 经常播放 □ (2) 赞助电视节目 □ (3) 广告故事独特 □ (4) 广告由明星拍摄 □ (5) 广告音乐吸引 □ (6) 广告语有共鸣 □ (7) 其它 □	(1) 赠品吸引、有创意 □ (2) 经常更换橱窗布置 □ (3) 宣传海报耀眼夺目 □ (4) 经常有减价/折扣促销推广 □ (5) 用短信/电邮通知促销讯息 □ (6) 店铺侧面竖立醒目的招牌 □ (7) 其它 □

• "差不多"不能多过2个
• 如选"差不多" ➔ "原因"一栏须留空

以下是您的个人背景资料，仅供调查之用，我们保证为您保密。
10.您的年龄： (1) 15岁以下 □　(2) 16-20 □　(3) 21-25 □　(4) 26-30 □　(5) 31-35 □　(6) 36-40 □　(7) 41岁以上 □
11.您的性别： (1) 男 □　(2) 女 □
12.您的年收入： (1) 无收入 □　(2) 8000元以下 □　(3) 8000元-1.5万元 □　(4) 1.5万-2万元 □
　　　　　　　(5) 2-3万元 □　(6) 3-5万元 □　(7) 5万元以上 □

各城市16～30岁比例占80%

各城市男女比例各半

访问员姓名：＿＿＿＿＿＿＿　访问地点：＿＿＿＿＿＿＿　日期：＿＿＿＿＿＿＿
访问开始时间：＿＿＿＿＿　访问结束时间：＿＿＿＿＿

*请记录受访者的联络电话：＿＿＿＿＿＿＿以便日后抽查问卷复核或邀请参与小组座谈（参与座谈会有薄酬）。

请尽量记录，并保证不少于10%的有效电话

（左侧竖排）当第1题回答"是，"第2题回答1～4时，此些题均不可留空

图4-1　休闲装市场调查问卷填写要求

第三节　开店市场调查

在成立一家服装零售店之前，首先应进行开店市场调查，其中包括消费者调查、竞争对手调查、店址基本情况调查。

一、开店市场调查重点

★为准备开店进行的市场调查，一般可分为两个阶段，第一阶段的调查主要是针对开店的可能性做大范围调查，为开店提供参考，重点在于推定欲开铺营业额和商店的规模。该阶段的调查内容包括设店地区的市场特性和该地区的大致情形；第二阶段的调查主要是根据第一阶段的结果，对消费者的生活方式做深入的研讨，为制定具体的营业策略提供依据，重点在于确定商店具体的商品构成、定价及销售促销策略。

★人口结构、消费水平及城市结构，可以反映出城市化进展的状况，而零售业发展，也可反映出生活水平和消费水平，尤其是大型零售业，更与城市的发展有着密切的关系。

★一家零售店的设立，特别是大型的百货店，对于该地区内的消费形态与城市设施的建设及发展过程密切相关，所以对于整个城市计划及设施发展状况，可由三个方面加以观察，同时也应在市场调查工作时深入研究。

★对于该地区内消费者生活的形态必须深入探讨，因其与都市化的过程有相当的关系。具体内容可包括人口结构、家庭户数、家庭成员、收入水平、消费水准、购买行为等。

★构成消费者活动空间的各项要素，如交通设施、道路网、政府机构、民间设施等。

★在整个城市功能组合中，实际反映出消费者行动的结果，即零售业的结构也要深入了解，例如：零售业的销售额、各种零售业态的种类、大型店的动向等。

★零售店在设店之前对于该地区各种条件，如商圈内消费购买能力、竞争店营业状况等必须通过调查做出判断，作为设店时营业额预测及商店规模确定时的参考。

★在对资料进行搜集、整理、分析与评价时，有两个内容是不能忽视的：一是今后的发展；二是在运用调查资料做比较时，以该商圈的成熟度作为判断基准，还不如以类似的商圈来作比较，更为准确。

二、开店市场调查的内容

（一）顾客调查

1. 消费者购物倾向调查　以学校或是各种家庭为对象，或是依据居住地点以抽样方式进行抽样调查。调查方法可以是邮寄的方式或直接访问。调查的项目包括：居住地名、家庭构成、户主年龄、职业、工作地点、服装品牌倾向等。

2. 购物动向调查　目的是掌握预定开店地区的实际消费购买动向。对调查地点通过的行人进行抽样调查，调查项目包括：居住地、年龄、职业、上街目的、使用交通工具、上街频度、商品类别购买动向。

3. 顾客流量调查　目的是把握预定设店地区的顾客流量，按日期、时间段调查行人的人数。

4. 其他调查　利用各种座谈会的机会，或利用公共场合进行各项有关资料的收集与调查。

（二）竞争店调查

1. 竞争店营业场所构成调查　对象是开店预定地点商圈内竞争店的主力销售场所和特征销售场所，目的是通过调查掌握竞争店的类别构成，作为新店类别的参考。

2. 竞争店商品构成　对于商品组成细目的调查，注重于主力商品的深入调查。

3. 竞争店价值线调查　对常备商品的价格线与价值进行调查，作为新店铺的参考，调查对象主要是在一定营业额或毛利额以上的商品，由采购人员与销售人员共同进行，对陈列商品的价格、数量进行调查，尤其是年节繁忙期间的各种调查更为必要。

4. 竞争店顾客数量调查　调查对象主要是进入竞争店的 15 岁以上的顾客。其方法与顾客流量调查同时进行，了解竞争店不同时间段、不同日期的顾客数，尤其注意特殊日期或各类别流动量的调查。

第四节　经营中的市场调查

　　零售店经营中的市场调查是对商品或服务由供给者向消费者之间转移、使用、消费的过程作为调查对象，针对质与量方面进行分析研究，了解其变化的情形。由于服装零售店销售的商品与人们日常生活有着极为密切的关系，有关市场情况或消费趋向如果发生变化，均会对零售业产生影响，所以市场调查的有效实施，是服装零售业经营不容忽视的重要问题。

　　本节中叙述的是针对零售经营中所必须进行的调查内容，如消费者的行为与态度、商品与服务、促销活动、商店顾客和竞争店铺调查等。

一、经营中市场调查内容

消费者对本品牌的意见调查，消费者对该品牌知名度调查，商品组合构成调查，促销对顾客的影响调查，竞争对手店铺情况调查。

市场调查的展开，一般来说是以报告式的调查为主，即通过市场调查去收集、整理一些情报，针对公司运营中需要解决的问题，提出各项分析报告。近年来对于市场调查则渐渐着重于整个市场情报系统的建立，即平时就注重各类市场情报的收集与分析，不但提供解决问题的报告资料，更进一步提供作为各项方针设定及计划拟订上所必需的市场情报，更应注重市场情报的掌握与反应，提供经营决策中所需的参考资料。

二、消费者对品牌的意见调查

顾客对一家服装品牌的认识有多少或这家品牌公司对进店的顾客了解多少，对于一家品牌公司的经营都是很重要的问题，因此有关店铺印象调查或是顾客态度调查，就成为一家商店如何了解顾客对商店品牌印象的信息来源，如果能够长期随时收集这些情报，就能够为经营提供各项有用的参考资料。

通常运用的方法为 SD 法，即根据调查对象的感觉差别程度，请被调查者回答，最简单的方式就是将需要调查的事项，分成若干个等级，由被调查者依其感觉差别予以回答。调查对象一般选择进店顾客或街头游人。调查的内容一般包括：店铺的购物环境、产品质量、品牌形象、价格形象、服务水平、知名度、忠诚度、目标顾客、服装款式颜色等。

三、商品组合构成调查

为了提高顾客的购买频率和忠诚度，增加回头客的比例，保证商店的营业额，就必须提供合理、满意的商品组合。实际的销售业绩是对商品组合最直接的检验，但其缺乏预见性，而针对消费者所做的商品组合结构调查则能起到指导性作用。调查内容包括：服装品的种类、不同款式的规格构成、款式系列的组合搭配、服装品的换季上市时间、款式的时尚性、价格水平及对服装品的其他建议等。

四、促销对顾客的影响调查

推广、促销的主要目的是宣传商品、吸引顾客、增加营业额、引起顾客对商店的好感等。对推广、促销的调查主要是看促销前后营业额的增加及顾客对商店及商品的认知程度的改变。营业额的变化可以从销售记录中直接得到，而顾客对促销活动的评价就需要进行推广、促销对顾客的影响，调查内容包括：对促销活动的感觉，对促销活动的知晓度，消费者对商店活动的态度及印象评价，消费者喜欢的促销方式，对公共关系的影响效果，对公司品牌形象的推广效果如何。

五、竞争对手店铺情况调查

开展竞争对手店铺情况调查，对如何掌握竞争店铺的经营动向，能够对自身店铺运营上提供非常有效和宝贵的参考资料。

（一）调查要点

定期反复观察竞争店铺的动向及变化；

以竞争对手的情况为借鉴而检讨自己；

发现他人优点适当消化利用；

掌握自己店铺的问题了解竞争对手的处理方法；

知己知彼，百战不殆。

（二）调查内容

竞争既是压力也是商机，消费者通常最喜欢去服装店集中的地方选购，这就说明哪里有竞争哪里就有好的商品和优质的服务。作为服装零售商如果能领先竞争对手，竞争就会成为一种商机，知己知彼百战不殆，因此服装零售店的成功要诀是经常、定期地了解竞争对手的情况，并及时做出适当的调整。

商品组合结构：款式、颜色、面料、规格等。

商品价格组合：价格水平、价格折扣程度及周期等。

购物环境变化：灯光、音响、空调、货品陈列、试衣间设施等。

推广活动情况：橱窗布置更换、POP 广告、推广货品、推广活动情况等。

店铺服务水平：服务态度、服务水平、合作气氛、职员人数、售后服务项目等。

店铺销售情况：零售店营业额、顾客购买数量及金额、VIP 顾客购买情况。

整体情况观察：客流量分析、进店顾客类型、年龄、性别及特点分析等。

第五节　服装零售市场预测

服装品的经营是完全按照市场的需求情况来确定的，随着服装市场的竞争越来越激烈，市场需求的不确定性和不稳定性就越大，给服装的经营和销售带来的风险日趋增大。为了准确地反映服装市场的消费需求，避免盲目性，减少投资的风险和浪费，服装经销商必须加强对服装市场的预测。

所谓市场预测，是指在充分调查研究的基础上，根据已有的知识、经验和已知的因素，运用科学的方法，来推测未来事物的发展趋势，做出定性和定量的估计和评价。通过对服装市场的预测，切实反映服装消费者在需求上的差异，使服装品的经营与消费者紧密地结合起来，更好地制订自己的经销策略。

一、市场预测的种类

对于服装经销商来说，市场预测的最终结果就是预测市场销售量，主要包括一定种类的服装产品、一定区域、一定时间内的需求或销售。这样，市场预测可以按服装产品层次、空间层次、时间层次划分为不同的类型。

1. 服装产品划分

单项产品：即对某种服装按品牌、规格、质量和档次分别预测其市场需求量，这是市场预测的基础。

同类产品：按照服装产品类别（如西装、T恤、休闲裤、羊绒衫、纯毛衫等）预测需求量。对同类产品的预测还可以进一步按同类产品的不同特征，如产地、质量等进行分类。

按消费对象：包括两种情况，一是按某一消费对象，如知识分子、大学生等需要的各种产品进行预测；另一种是按不同消费对象所需求的某种产品的花色、式样、规格进行的预测，如皮装，不仅可以按男装、女装、童装进行预测，还可以按老年、中年、青年及胖、中、瘦体型分别进行预测。

总量预测：就是对消费者所需求的各种产品总量进行预测。

2. 地域层次划分

按地域层次划分，市场预测可以分为国际市场预测、全国性市场预测、地区性市场预测、当地市场预测以及行业、企业或某品牌市场占有率预测。

3. 时间层次

市场预测的产品层次和地域层次，都在时间层次的前提下，即进行市场预测得到的市场需求量，必定属于一定时间内某地区对某产品的需求量，如没有时间限制，市场预测就失去实际意义。按照时间的层次，市场预测可以分为短期预测、近期预测、中期预测和长期预测。

短期预测的预测期一般为半年以内。主要是为日常经营决策服务，讲求预测时效性。近期预测的预测期一般在半年以上至两年以内。主要是测算年度市场需求量，为编制年度计划、安排市场、组织货源提供依据。中期预测的预测期一般在两年以上五年以内。一般是对经济、技术、政治、社会等影响市场发展并起长期作用的因素进行，调查分析后，做出未来市场发展趋势预测，为制订中期规划提供依据。长期预测的预测期在五年以上，是为制订经济发展的长期规划预测市场发展趋势，为综合平衡、统筹安排长期的产、供、销比例关系提供依据。

二、市场预测的程序

1. 确定预测的具体目标　确定对哪一种或哪几种产品的销售量进行预测，预测的地域范围和时间层次。

2. 搜集和分析相关的历史资料　如政府部门的统计数据或是企业或竞争对手过往的销售记录。

3. 选定预测的具体方法和模型　根据预测目标、资料占有情况、要求的准确度和预测费的多少来选择。

4. 进行实际预测　根据选定的预测方法和模型进行预测计算。

5. 分析预测误差　详细、具体地分析误差产生的原因。

6. 写出预测报告　对当前和今后应该采取的行动计划和策略提出建议。

7. 进行追踪检查　对预测与现实不符的情况，应该立即进行修正。

三、服装市场预测方法

进行市场预测不仅需要掌握必要的资料，还要运用科学的方法。市场预测采用的方法很多，总共有上百种，其中比较有效的约有二十多种，经常在实际中使用的有十几种。但每种方法都要利用一定的数据，运用数学模型确定预测值。市场预测是对市场未来做出的估计，毕竟不是市场发展的现实，所以无论采取任何方法，所得出的预测结果都不可能与实测数据是完全相同的。因此在预测时应综合运用几种预测方法，并根据形式的变化对预测值做出适当调整。用于服装市场预测的方法大体可以归纳为三类，即直观法、外推法和相关分析法。

1. 直观法　也称为判断分析预测法。它是根据已有的历史资料和现实资料，凭借个人的经验和综合分析能力，对市场未来的变化趋势做出判断，是以判断为依据做出的预测。

2. 外推法　也称时间序列分析法或历史延伸法。是将经济发展、购买力增长、销售变化等同一个变量的一组观察值，按照时间顺序加以排列，构成统计的时间序列，然后运用一定的数学方法使其向外延伸，预计市场未来的发展变化趋势，确定市场预测值。

3. 相关分析法　又称因果分析法，是利用经济发展过程中各种经济因素的内在联系，运用相关分析的理论判断相关的性质和强度，从而预测出产品的市场需求量和发展趋势。

☞ 案例分析

佳妮服装是一个较小的服装零售公司，他们已经经营了几年，商店规模已扩大到了开发区，每年销售量都在增长，公司赢利颇丰。

店铺的商品销售理念是时尚先锋，为顾客提供最新的款式，价格也很重要，例如：女装价位大概从 300 ~ 1500 元，运动休闲装从 150 ~ 1000 元，服装配件从 50 ~ 800 元。

他们提供了很好的服务使顾客享受到最忠诚的服务。在去年，佳妮的合作伙伴感觉到他们的环境开始变得复杂了，随着店铺租金上涨，有很多家品牌开始提高他们的零售价格。因为佳妮服装店铺建立在奢华的开发区，所以合作伙伴们建议也提高价格。其中采购进货的负责人相信提高价格是一个最好的方法，而零售店铺管理的负责人建议这些年的成功不易，不要自寻麻烦，而佳妮本人则相信较宽的价格范围可容纳更多的新老顾客。

经过讨论，意见分歧不能统一，最后的结果是做店铺业务管理的负责人决定分开自己干。

☞ 问题讨论

1. 合作伙伴是否应该依赖自己的信念？为什么？
2. 怎样使用更多的科学方法来进一步了解他们目前的处境？
3. 若你是佳妮将采取什么措施来继续保持店铺好的业绩？是否应想办法来挽留合作伙伴？如何挽留？

☞ 练习题

1. 模拟市场调查：调查目的是了解某一类服装（如：休闲装／职业装／西装／运动装等）的市场需求，掌握消费者动态。具体要求：请根据调查目的设计一份服装市场街头调查问卷，并在商业繁华街道做模拟调查（至少 10 份问卷），之后编写调查报告。

2. 问题讨论：

（1）哪些政府机构可以给市场调查提供资料帮助？

（2）哪种类型的调查问卷可以使调查者得到最快的答复？

（3）为什么市场调查使用家庭访问方式越来越难？

（4）在服装零售调查中有哪两种观察方法？

（5）为什么最近几年数据的收集、制表、分析变得更简单快捷？

（6）小型零售商在调查中怎样才能投入较少资金获得准确调查结果？

思考者的策划：服装零售店铺开发与设计

课题内容： 1. 店铺开发计划

　　　　　　2. 店铺周边环境分析与选址评估

　　　　　　3. 店名设计

　　　　　　4. 店面及招牌设计

课题时间： 3 课时

教学目的： 了解零售店位置分类方式，理解商圈的概念，理解服装零售店与商圈的关系，掌握商圈评估与店址评估的方法，重点掌握店铺选址与调整。

教学要求： 1. 了解服装零售店铺开发计划的制订。

　　　　　　2. 掌握商圈分析的方法与内容。

　　　　　　3. 熟悉服装零售开店作业流程。

　　　　　　4. 掌握服装零售店铺选址策略。

　　　　　　5. 了解店名设计的原则。

　　　　　　6. 掌握店面及招牌设计方法。

教学方式： 理论讲授、图例示范、案例讨论与分析。

课前准备： 阅读参考文献并重点了解以下概念：市场定位、商圈、店铺选址、店面设计等；调研大悦城商场、淘宝街、服装超市；阅读有关专业杂志和学术期刊。本章建议书籍为：《视觉营销：橱窗与店面陈列设计》《店铺营销案例》。

第五章 ▶▶
思考者的策划：服装零售店铺开发与设计

开店的要旨是"选址、选址、选址"。

第一节　店铺开发计划

开设新的服装零售店铺是一项系统的投资工程，必须在全面的市场调查的基础上，遵循一定的工作流程，对开店的市场机会及可行性进行认真的分析研究，依据目标市场特征及相关政策法规，对新店铺进行正确定位及平衡点估算，在此基础上制定完善的开店工作流程与计划。

一、开店策划工作

（一）制订店铺发展计划
根据公司发展的整体规划或品牌企划，来制定店铺发展的长期计划和近期的目标。

主要的内容包括：开店的速度（每年开店的数量），开店的规模（旗舰店、分店等），开店的类型（地铺、店中店等），经营的方式（直营店、加盟店等），开店的机会（已有店的城市增开新店、在还没有开发的城市设立新的零售店），经营的预测（营业额的预测、收支平衡点的计算）。

（二）进行开店市场调查
新开店必须经过全面的市场调查，确定零售机会，确定开店意向。

主要的调查内容：

顾客消费意向调查（消费者购物倾向、品牌喜好、消费习惯等），市场空间调查（预开店区域客流量、主力顾客源、营业额等），地域特征及人口特征调查（家庭收入、购衣消费、气候、交通、城市发展），零售业态调查（零售种类、零售额、商品构成、零售环境设施、服务水平等），竞争调查（对预选商圈内竞争店的顾客类型、营业面积、销售环境、营业额、商品组合、价格组合、服务水平、客流等）。

（三）零售业态及店铺规模确定

开店的策划工作包括确定店铺业态与规模，服装品牌企业可做如下选择：

从投资的角度分：自我连锁店、加盟店、特约店、一级经销商模式等。

从有无店铺实体分：有店铺的零售店、产品目录直销店、网上零售店等。

从店铺形式来分：百货店、地铺、店中店、大型超市、服装零售展览等。

（四）确定开店地域及店址

根据自身企业的优势及现有条件，来选择开店的城市及店址。

开店城市的选择：一种是先在竞争较小的中小城市开店，然后再向大城市发展（稳妥型）；另一种是先在最大的城市开店，然后向周边中小城市辐射（强势型）。

店址的调查选择：先要深入细致地进行商圈分析，通常竞争对手被作为经营标杆，对吸引目标顾客、调整经营策略有很大的参考价值。

店址应具备条件：客流要足够大；所选地段要与品牌形象相符；交通要方便；要选择适当的竞争对手。

当服装零售商被问及成功的因素时，回答常常是："位置！位置！位置！"。这并不是说在进行零售时其他的因素不重要，而是依据成功的零售经验来说位置起的作用非常大！通常，没有经验的零售商并不把位置摆在第一位，因为租用一处好的地址的费用是非常高的。大量的钱被花在商店设计、装修、视窗广告推广等上，一个重要的决定成功的因素被忽视了，一个拥有一流的设计的商店处在一个没有顾客群的地方，没什么比这更令人伤心了。

（五）制订具体的开店计划

一份具体、完整的开店计划是对整个开店过程的具体策划，其主要包括如下内容：

总体经营目标：店铺规模、营业目标、店铺形象、产品组合、目标市场等。

店铺人员计划：根据店铺平面图、实际面积、所处地理位置及营业预算来确定店铺级别、员工人数及店铺组织架构，确定员工的招募与培训计划。

制订开店进度：包括租约的签订时间、店铺装修计划、资金预算、物资的配备计划等。

制订营业计划：货品的采购与配置、卖场的布置与开业宣传、收银设备与系统的准备、人事管理、财务管理、经营管理等政策的制订。

开店营业及业绩评估：当人、货、店这三要素都准备齐全后，即可择日正式开店。开店营业一段时间之后，及时对店铺的销售情况及业绩做出评估，不断地计划、总结、检讨、改善，力争达到开店计划中的预期目标。

二、市场定位

（一）市场定位的意义

建立品牌或公司在市场的强烈形象，并把它传达给消费者。定位战略是直接与竞争对手的产品做相对性的比较，市场定位是一种阶段性的零售经营策略，当经营的实力增强或是消费者的需求发生变化时，企业如发觉有问题，可以再定位。

市场定位的作用有：明确品牌形象，确定目标顾客；明确经营方向与产品服务宗旨；有利于竞争，人无我有、人有我优、人优我转；进行市场细分的目的是确立好目标顾客，当发现他们处在同一项限时，要注意改变和调整，进行再定位。

（二）市场定位的因素

构成市场定位的主要因素有以下几个。

产品组合因素：产品组合包括服装商品的种类、款式、规格、品质等。通过恰当的商品组合，来确定店铺的主力商品、辅助商品和关联商品的合理比例，从而提高店铺业绩。主力商品是指店铺里富有特色的产品，是所占比例较大的店铺主要赢利品种；辅助商品是配合主力商品的经营策略，丰富店铺的服装系列品种，形成好的销售气氛，进一步扩大目标顾客；辅助商品是为了满足消费者在服装搭配方面的需要，服装店通常会销售一些配饰。服装配件应该配合卖场上服装特点来配置，以达到吸引顾客从而起到促销的作用。

产品质量因素：是服装经营的基础，包括产品的工艺质量、服用性能、耐用性能等，产品质量定位的高低将会影响采购成本及商品赢利能力，一般情况下，质量好的服装品其价格水平也高。现在零售商经常用物超所值的理念来吸引消费者。

产品形象因素：服装产品或品牌在市场中的形象定位影响产品的设计和推广成本，其类型如下：

引导潮流型：处于服装流行的前沿，对服装潮流起着重要的引导作用。

时尚型：在消费者中有广泛的影响力，始终与流行趋势保持一致。

保守型：以传统的服装为主，款式、面料、颜色与传统的消费观念一致。

大众型：价格定位较低，以大众消费群体为目标，以量大和流行取胜。

细分因素：依据不同的因素将市场细分定位如下：

依据穿着场合：职业装、休闲装、运动衣、居家服、户外服、校服、内衣等。

依据消费者年龄：婴幼儿装、童装、青年装、中年装、老年装等。

依据消费者性别：男装、女装及现在出现的"中性服装"。

价格组合因素：依据价格高低水平可划分为高价、中高价、中价、中低价、低价，价格的定位水平要与品牌形象、产品质量等其他定位因素一致。

推广定位因素：推广定位影响推广方式、推广费用等的选择，不同的推广目标将使用不同的推广手段，如以品牌知名度为推广目标时就会选择大众媒体；以销售业绩为推广目标时就会选择短期的促销手段；以忠诚度为推广目标时，其重点就是对老顾客、VIP 顾客的促销。推广定位主要包括有：知名度、忠诚度、美誉度及销售额。

经营理念因素：一个品牌要想经营成功，一定卖的是一种理念。经营理念可能是一种独特的服务方式、一种全新的购物方式、一种时尚的消费观念或是一种消费文化。高信誉的服装零售店通常是以其独特的经营理念来吸引顾客。

第二节　店铺周边环境分析与选址评估

一、服装零售店铺周边环境分析

（一）商圈划分

服装商圈大多是没有形状的，但为方便起见，一般事前规划可用圆形推算。半径通常以 500 米为限。

有铁路、马路超过四车道可划分成两个不同商圈。

马路有栏杆可划分成两个不同商圈。

单行道、大沟槽可划分成两个不同商圈。

☞ **案例：北京市主要商圈**

经过改革开放 30 余年的发展，北京商场林立，随着城市规模的不断扩大和区域经济的逐渐发展，形成了王府井、CBD（Central Business District，中央商务区）国贸、西单、赛特、亚运村、中关村等各种类型的商圈，每个商圈都具有自己的特点，商业定位的全面和错落从一个侧面说明北京商业发展的成熟，这种错位经营也显示出不同以往的时尚繁荣。如图 5-1 所示。

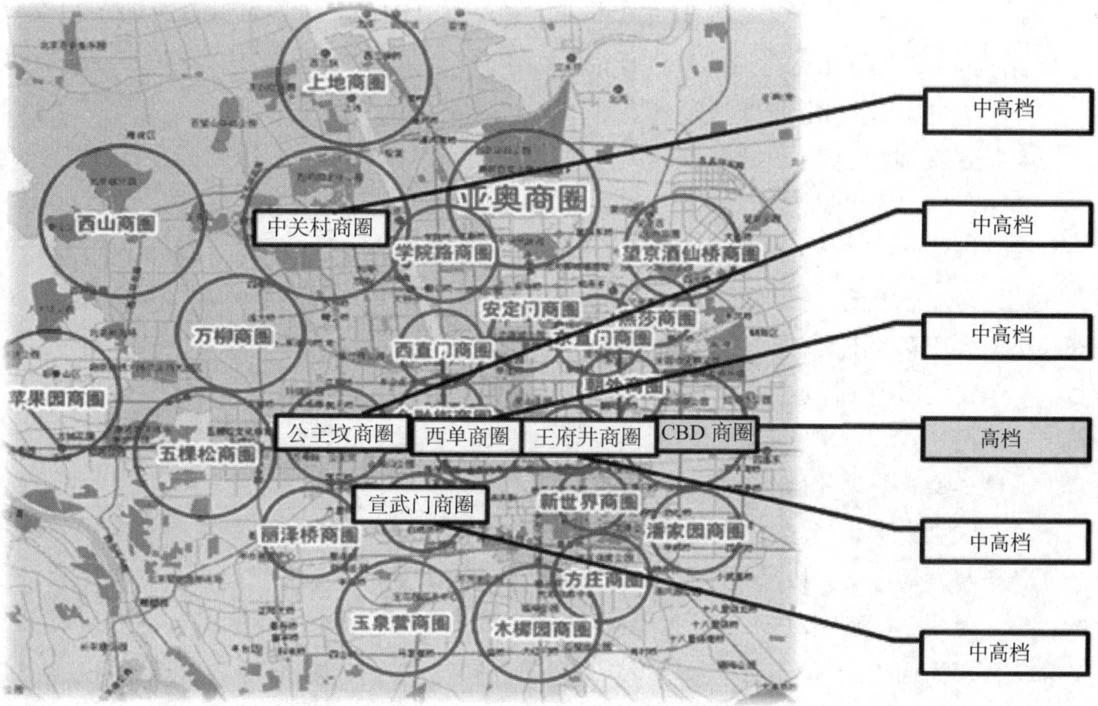

图 5-1　北京主要商圈分布

1. 王府井商圈（东城区）

商圈拥有 100 多年商业发展史。

主要商场：北京百货大楼、新东安商场、市都百货、王府井女子百货、东方新天地等。

商圈类型：传统特色商场。

商品级别：中高档。

特色与发展方向：北京最有名的商业街。路西有全国闻名的北京百货大楼，路东有著名的新东安市场，集中了许多大型专业商店和很多老字号和有经营特色的新兴商店，如盛锡福帽店、同陞和鞋店、新世界丝绸店、百草参茸药店、碧春茶叶店、汲古阁文物店等。商圈以经营日用品为主，如今餐饮、娱乐配套增多；主要定位为不同消费层次的市民和国内外游客；目前正在积极进行第三次升级改造，地下兴建大型商场，希望还原历史特色，提升人气，增加商业经济效益。

2. CBD 商圈（朝阳区）

主要商场：国贸商城、嘉里中心、贵友大厦、建外 SOHO、珠江帝景欧洲商业走廊、中环世贸、北京银泰中心等。

商圈类型：新兴商场。

商品级别：高档。

特色与发展方向：2000 年出现 CBD（中央商务区）概念后，成为北京商务活动的中心。CBD 集中了大量的金融、商贸、文化、服务、商务办公和酒店、公寓等设施，国际上很多著名的跨国公司、金融机构、企业、财团在这里设立总部或分支机构。随着高档公寓的入住率不断增长，高档商业的需求也日益增多；商圈内多为国际品牌的高档时装、皮具、手表、首饰等；以中等规模商业中心和社区商业街为主流（包括城市综合体中的连锁经营店和休闲新概念店，小规模精品型的购物中心）。

3. 中关村商圈（海淀区）

主要商场：双安商场、当代商城、家乐福等。

商圈类型：新兴商场。

商品级别：中高档。

特色与发展方向：主要经营服装、日用品等，有相应的餐饮和娱乐配套设施；以百货和超市两大业态为主。

4. 公主坟商圈（海淀区）

主要商场：城乡华懋商厦、翠微商厦等。

商圈类型：新兴商场。

商品级别：中高档。

特色与发展方向：以满足本地消费需求为主；主要经营服装、日用品等，有相应的餐饮设施，但娱乐配套相对较少。

5. 西单商圈（西城区）

主要商场：西单华威商场、西单赛特、汉光百货、君太百货、北京时代广场，有 50

多年商业发展史。

商圈类型：传统商场。

商品级别：中高档。

特色与发展方向：人气旺盛，商铺租金快速增长；以"时尚、品位、休闲"为主题的青春型商圈；消费者主要是 35 岁以下的北京居民，西单商业区是北京市居民众所周知的购物消费场所，人流量大。目前正在进一步规划，希望能和时代广场连通，形成更具规模和特色的青年社区。

6. 宣武门商圈（西城区）

主要商场：庄胜崇光百货、沃尔玛超市等。

商圈类型：新兴商场。

商品级别：中高档。

特色与发展方向：大型商场较少，集健身、娱乐于一体。地铁 2 号线、4 号线贯穿，步行约十分钟可抵达西单。

☞ 案例：上海市主要商圈

上海城市由单核中心向多核心中心发展，上海重要的商圈和商业街市的分布也呈现中心地向外迷漫式的放射性扩散。目前上海市已成熟的商圈分别为：徐家汇商圈、淮海路商圈、南京西路商圈、南京东路商圈、陆家嘴商圈、中山公园商圈、虹桥商圈、五角场商圈。如图 5-2 所示。

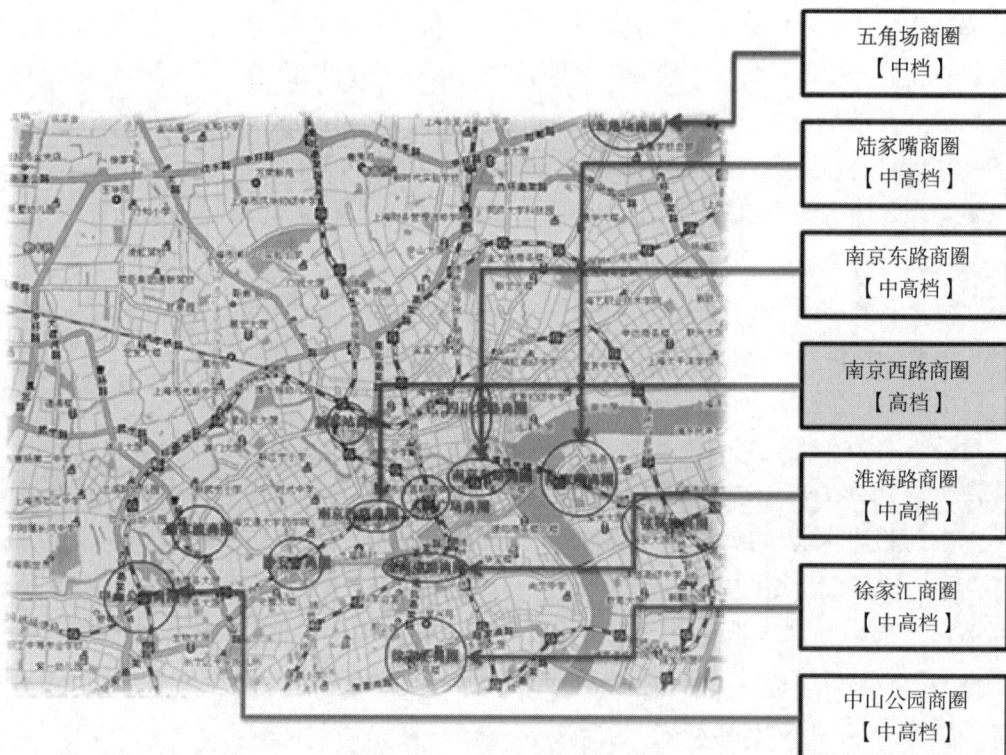

图 5-2　上海主要商圈分布

1. 徐家汇商圈

主要商场：东方商厦、港汇广场、太平洋百货徐汇店、汇金百货、上海六百、汇联商厦、福特斯等。

商圈类型：传统和新兴商场。

商品级别：中高档。

特色与发展方向：徐家汇位于上海市中心城区的西南部，是集购物、娱乐、办公、商贸、休闲、住宿、餐饮、培训教育为一体的综合性商业区域。徐家汇以其"高、中、低、特色"并举的独特魅力，吸引越来越多的客流。徐家汇商城的商品档次是多样化的，以港汇广场、东方商厦为代表的世界名品汇集的大型购物中心和以太平洋百货和汇金百货为主的年轻人喜爱的流行时尚为主的购物中心，还有以中年老年顾客喜爱六百实业公司的中档购物百货以及汇联商厦和地铁购物街等廉价、特色商业设施。此外，数码产品也是徐家汇的特色商品之一。主流消费人群是白领、年轻人、电子商品爱好者以及游客。

2. 淮海路商圈

主要商场：百盛购物中心、巴黎春天淮海店、东方商厦、太平洋百货淮海店、二百永新。

商圈类型：传统和新兴商场。

商品级别：中高档。

特色与发展方向：淮海路位于上海市中心，拥有商店 400 余家。20 世纪 90 年代，淮海中路的商业改造与地铁建设同步，商业街的建设坚持了高起点，与上海国际大都市的地位相适应。

淮海路分东、中、西三段各具特色。东段（西藏南路——重庆南路）为高级商务圈，较大的商厦是太平洋百货淮海店和上海时代广场；中段（陕西南路——重庆南路）是高档商业圈，全长约 5500 米，街上日平均客流量约 100 万人次，是仅次于南京东路的上海第二条最繁华的商业大街。有百盛、巴黎春天、华亭伊势丹等时尚百货供应高档流行商品和品牌服装，质优价昂。西段（陕西南路——常熟路）是时尚购物圈，有兼营工艺礼品的襄阳服装礼品市场，较为低端。

3. 南京西路商圈

主要商场：恒隆广场、中信泰富广场、久光、伊势丹、金鹰。

商圈类型：传统和新兴商场。

商品级别：高档。

特色与发展方向：南京西路自西藏路直至延安西路，其长度超过南京东路，但商业意义上南京西路当指陕西路至成都北路段。自 20 世纪末静安区政府大力推动南京西路改造的措施至今，南京西路已成功完成了转型——由原先单一的商业形态演变为现代气氛浓厚的商务区。南京西路是上海的国际化程度和高档品牌集聚度最高的商圈，由东向西划分成：休闲区、时尚购物区、宾馆区、文化和旅游区。其高端地位，离不开如恒隆广场、中信泰富广场等几大顶级休闲广场的坐镇。

4. 南京东路商圈

主要商场：东方商厦、百联世茂国际广场、353 广场、新世界城、置地广场、永安、市百一店、来福士广场、华联商厦、宏伊国际广场。

商圈类型：传统和新兴商场。

商品级别：中高档。

特色与发展方向：南京东路号称"中华第一街"，昔日以"十里洋场"的美名远扬。如今的南京东路不仅是上海市民休闲购物选择场所之一，也是到上海的游客必到之地。南京东路的商业结构以中档产品为主体，有不少名、特、优商店在这条商业街上成为百年老字号。目前，南京东路两头已经被顶级品牌掌握了话语权。靠外滩的一边开设了外滩 3 号、外滩 18 号两个时尚购物场所，分别引进阿玛尼、杰尼亚、卡地亚。连接人民广场的一端开出了百联世茂国际广场。这家号称百联最高端商场的目标是：做如同"恒隆广场"一般高档次的购物中心。

5. 陆家嘴商圈

主要商场：华润时代、新梅、巴黎春天浦东店、正大广场、华联商厦。其中华联商厦为 B 类商场。

商圈类型：新兴商场。

商品级别：中高档。

特色与发展方向：陆家嘴是上海主要的 CBD 中心之一，目前已经有四十多家跨国公司，一百多家金融机构和上千家的贸易、投资和服务型企业选择了在这里落户。

6. 中山公园商圈

主要商场：龙之梦、巴黎春天新宁店、芳汇广场、巴黎春天长宁店。

商圈类型：传统和新兴商场。

商品级别：中高档。

特色与发展方向：中山公园商圈是长宁区的传统商业中心，已经被市政府和区政府定位为商业型、数字化、休闲式，将建成以现代商业和多媒体产业为主导，兼有商务、休闲娱乐、文化和居住功能为一体的上海西部商业中心。

7. 五角场商圈

主要商场：百联又一城、东方商厦、巴黎春天、大西洋百货。

商圈类型：传统和新兴商圈。

商品级别：中档。

特色与发展方向：五角场因处于五条街道的交汇处而得名。昔日的五角场是上海东北部唯一的商业中心，而今，该区域被规划成与徐家汇媲美的现代化商都，五角场也成为杨浦区最重要、最有潜力的商业区。今后，围绕五角场中心商业设施，还将出现黄兴路购物休闲街、四平路文化餐饮街、邯郸路科技文化街、淞沪路休闲健身和翔殷路休闲街 5 条特色街区，初步形成具有购物、休闲、娱乐、旅游、商务等综合功能的市级副商业中心基本构架。

（二）店铺地图

用当地地图放大复印，将店铺所在地标清，要将店铺位置、周边环境标清（如写字楼、商务楼、娱乐场所、百货商场、竞争对手位置、学校、汽车站、火车站、人流方向等）。

二、店铺周边环境特征及店铺周围状况分析

该城市的城市建设如何？

此店铺位于该城市的什么位置？是不是位于商业街上？

此地区是否可以长期租用？

是不是商业街？如果是主力买什么？

该商业街或商场有多少商家？

客流量如何？人流方向？每天客流高峰有几次？都在几点？

公交汽车有多少路？都开往什么方向？

竞争对手有几家？有什么样的产品组合？服务态度如何？成交量如何？

周边居民数量有多少？购买力如何？居民结构分析。

周边办公人数有多少？购买力如何？写字楼人员结构分析。

外地人有多少？购买力如何？外地人消费分析。

三、店铺业绩预估

预估开店金额： 专卖店有租金、水电费、装修费、税、人工费等营销成本；百货商场有扣点、促销费、人工费、装修费等营销成本。

客流量预估： 观察经过此店铺的人流量、客流量、周边店铺的成交率、顾客类型，计算本品牌单日营业额和月营业额。

预估净利： 预估月营业业绩－租金（扣点）－各项开支＝预估净利。

四、店铺地点确定

开店做决定时既要依据数据，又要依靠经验。店铺的选定最重要的，不论是一家店面或是多家店铺候选，除了书面作业，在选定特定店址后，要进行实地观察比较。连续三天于不同时段（早晨、中午、下班、晚上八点以后）实地观察，观察此店铺位置人流量和客流量。

经过各项分析和计算，分析未来此商业街或商场的发展情况（交通营运中心兴建、娱乐场所的兴建、高档写字楼的兴建、城市人口流动政策等），决定一个最佳店铺位置。绘制已确定店铺地图，明确标出此商圈的实际情况，对该商圈有明确的概况说明。

五、店铺取胜之道

商业环境是店铺经营的沃土，店铺就像树一样要在此环境中扎根，用大力吸取养分，让店铺茁壮成长。因此，店铺选址直接关系到店铺能否快速成长，差之毫厘，店铺业绩将失之千里。

在店铺经营过程中，要考虑的因素很多，如道路的评估、购物方便性评估、店铺经营评估等。

（一）道路评估

道路评估是店铺研究的最重要点，主要研究店铺前道路特点及通过车辆的种类。车辆通行的不同，消费群体也不同。对于消费群体上下班来往经过的街区，会有很多公交车路牌、出租汽车暂停牌，是消费群上下汽车的聚集地，也是开店的好位置。如果此街道有很多货车经过，虽然运货较方便，但是是无客流的，不是最佳开店位置。如果街道周围有批发市场、步行街、娱乐场所等商业模式，可考虑在此开店。

（二）购物方便性评估

购物方便性评估是指消费者是否很方便容易找到或发现服装店铺。对于一些容易挡住视线的建筑物尤其需要注意。是否容易被看到消费者找到店铺的标准。标准如下：

店铺周围有较多的停车位。

店铺周围在 150 米内设有公交车站牌。人流最好是在下班经过的路线，以增加客流量。

新开店门前不能有长期施工的队伍，这会对此店铺有长远的影响。

店铺周围有红绿灯也可能让顾客容易发现店铺，增加客流量。

（三）店铺经营评估

易找性：店铺周围是否有著名建筑物？如百货商场、步行街、大厦。

齐全性：商场或专卖店的各种设备越齐，越可省下很多开店成本。

明确性：房主一定是房主本人，不能租用从别人手中转过来的房屋，而且一切都是清白的，以免发生不必要的法律纠纷。

时间性：租期一定谈妥，现房需要多久才能使用装修。

显眼性：服装品牌所架户外广告应尽量明显，使它可以在第一时间与消费者进行"沟通"。

气候性：一年四季，店铺都不应影响消费者进行购物，如在广东，店铺都有遮雨棚，方便顾客从一家店走向另一家店，无须打伞。

店铺面积：店铺面积包括卖场面积和小仓库面积，店铺面积越大陈列的面积和服装就越多，顾客购买机会就越大，营业额相对就越高，一般小城市开大店，大城市开小店，因在大城市开大店时，店铺租过高，经营就会不堪重负。

六、商业谈判要点

与房东达成共识：与房东谈好价格，与其签署正式租赁协议。

租赁注意点：

租期：最好 3 ~ 5 年，商场一年一签。

租金：以合约为准，一般占店铺营业额的 12% ~ 20%。

租金给付方式：可采用押三个月付三个月的方式。

不可抗因素：因天灾、人祸等不可抗因素导致无法营业时，无法营业期间的租金不能计算。

第三节　店名设计

店面相当于一个人的"脸面"，是顾客视觉的第一感受。顾客能否被吸引进店，店面的设计起着至关重要的作用。店铺设计包括：店名设计、室外设计及室内设计。店铺室外设计主要包括店铺门面、招牌、橱窗的设计。

一个好的店名必须适合其经营宗旨和市场定位，适合其目标顾客的层次和追求的情调。一个具有高度概括力和强烈吸引力的店名，对消费者的视觉刺激及心理影响起着非常大的作用，不仅能够给人以美的享受，还能增强对顾客的吸引力，从而扩大销售，起到"第一推销员"的作用。

一、服装零售店名设计的原则

（一）易读易记原则

简洁：店名应简洁明快易于消费者记忆和信息交流，店名越短越易引起消费者的遐想。大多数知名品牌的名字都很简洁，汉字店名一般以 2 ~ 4 个字为好，英文名以 4 ~ 8 个单词为宜。试验表明，人在千分之一秒瞬间能够看到、看懂的字数最多为 5 个字，因而店名最好不过 5 个字，以免给人印象不深。

独特：店名必须具备独特的个性，给消费者心目中留下鲜明的印象，避免与其他店名混淆。现在有一些店名专门和知名品牌起得极为相似，其目的是想借知名品牌的名气，可是这样做会给消费者留下鱼目混珠的不良印象。店名要有新鲜感，要追上时代的步伐，图标要有创新独特的创意。

响亮：店名读起来要朗朗上口。难发音的或是音韵不好的字均不宜做店名。名称一般要读起来响亮，注意节奏感与和谐感的组合，另外还要注意音节的搭配，搭配合理才会具有最佳效果。

气魄： 店名要起得有气魄，应具备冲击力和震撼力，要有浓厚的感情色彩，给人以强烈的震撼感和深刻的印象。如我国福建一带的服装品牌的名字就非常有魄力，如"七匹狼""劲霸"等。

（二）暗示店铺经营产品属性原则

店名应该能够暗示店内经营商品的性能和用途。如服装零售店经营的是某一类型的服装，面向的是某一固定阶层的顾客，就可以面向顾客起名，如大家熟悉的"淑女屋""丽婴房"就是成功的例子。

切勿使店名过分暗示经营产品的种类，否则将不利于企业的进一步扩大发展。

（三）启发联想原则

店名要有一定的寓意，要耐人寻味，让消费者从中得到愉快的联想，也就是通常说的讨个吉利。如"家乐福"的英文名为"Carrefour"其意思就是进店后要多带一些东西走，这个英文名字就很有寓意，其中文音译店名为"家乐福"也是一个非常受消费者喜爱的店名。

但要特别注意的是由于各地方或各国的语言发音不同，有时名字从一种语言来看是非常吉利的，而用另外一种语言就可能有消极的意义。如出现这种情形时，若想进入该地区市场销售就必须改名。

（四）支持标识物原则

标识物是指店铺中可被识别但又无法用语言来表示的部分。如麦当劳醒目的黄色大"M"；耐克服装的"√"。标识物是店铺名的重要目标，它需要与店名联系起来考虑。

标识物可以是字母，也可以是图案。有时把标识物设计成能够体现店铺名称的字母会更好，如佐丹奴的标志为"GIORDANO"，真维斯的标志为"JEANSWEST"。当然醒目且有意义的图案作为标识物也非常好，更生动、容易记忆。

（五）适应市场环境原则

店铺名称要适应市场环境，即要适应市场上消费者的文化价值观念。文化价值观念是一个综合性概念，即包括价值观念、风俗习惯、民族文化、宗教信仰、语言习惯、民间禁忌等。

店名不仅要适应当前目标市场的文化价值，而且要适应未来潜在市场的文化价值。

（六）受法律保护原则

起好的店名一定要能够进行注册，受到法律的保护。

要使店名受到法律的保护能够顺利进行注册，就必须注意两点：一是所起的店名不能有侵权行为，提前必须查询有否相同或相似的店名已经被注册。二是所起的店名是否在允许注册的范围之内，也就是说应该提前向有关部门或专家咨询相关的规定。

二、店名设计的类型

反映经营范围的店名： 能够把店铺经营的范围用店名简练地反映出来，使消费者一目了然。如"陶陶鞋店""淑女服装屋"等。

激发好奇心的店名： 店名起得独特，别开生面，富有想象力和艺术性，能够激发消费者的好奇心、引起特别的关注，如"独一无二时装店"。

利用传统的老字号： 传统的老字号不仅能以浓厚的民族风格引起消费者的兴趣，而且还能引起消费者对店铺历史、特色、传统的联想，由此而产生敬慕之心。

谐音、译音店名： 世界上一些知名的服装店都在中国树立起自己的店铺招牌，新奇和名望成为译音和谐音店名的助推器，如阿迪达斯、耐克、麦当劳等，都已经成为时下最流行的名字。

简洁实用便于传播的店名： 店名是一块无须更换的广告牌，既要能招揽顾客又要便于传播。店名应以商业性、群众性、民族性为主，而不应带有太多的社会性内容。

第四节　店面及招牌设计

店面设计是一门综合的学问，需要运用多门学科知识进行整体设计，特别是运用消费心理学和美学知识，对店堂进行科学的设计。优美的装饰和醒目的陈列，可以给顾客以艺术享受，从而诱发购买情绪。

很长时间以来，零售店的设计都给人相同的感觉。在使用物品款式和摆放上，往往缺少独特创意。零售店都选择相同的布局样式、材料和设施来布置。如现在流行高科技的东西，钢铁就会被利用到内部的设计中，零售店有许多不锈钢家具。有时，店面的设计是因时代而变化的，而不是根据店铺所售商品的特点。

当今的零售商绞尽脑汁想把自己的店面设计得与众不同，以便给人留下深刻的印象。

一、顾客喜爱的商店

顾客喜爱的商店应：进入方便、商品陈列丰富、门庭若市及服务周到。

可以掌握一些设计方面的限度，如商店的正门、入口和橱窗的构造，一般独立的店铺的外部设计很自由，而商业街里的店铺就有很严格的限制。近年来，店铺设计和布置有很大改变，零售商试图使商品个性化，把购物环境也设计得更加独特，他们意识到不仅要提供一个好的购物环境，而且设计独特也是很重要的，很有必要的。

二、设计便于进入的店铺

店头明亮，且随时保持清洁；在店外就能分辨"本店经营什么"（橱窗布置）；看到店内（透明）；入口处最好没有门，或有门但不关；入口越多越好；店铺招牌色彩适当醒目；道路和店堂之间没有阶梯或坡度；店门到店内的通道保持适当的宽度；店头要有热闹的商品展示，以吸引顾客；店面设计要有灵感。

用外部的设计来使顾客记住店铺的形象是最好的办法。这样可以使那些想进店的顾客有进去看的欲望。例如：好的大理石、黄铜和其他的昂贵材料都会使人联想到商品的档次较高。

独立的店铺的外部设计存在着很大的灵活性。因为这种单一的店铺和其他的零售店相邻，可以自由的组合材料来表现自己的形象。然而，商业街的名家店铺，除了材料和橱窗的构造之外，其店面设计很少有不同。但无论是地处何处，精心的设计都能吸引顾客走进店铺。

三、服装零售店面设计

店面外观结构设计类型有全封闭型、半封闭型、拱顶型、全开放型及自由型。

（一）全封闭型

全封闭型也称闭销型，入口较小，面向大街的一面用橱窗或有色玻璃遮起来。顾客进店后可以安静地挑选，减少外界环境对店内销售的干扰。这种设计比较适合经营珠宝首饰、高档时装等，特别适合针对个别顾客提供个性化的推销服务，但有时卖场气氛会显得清淡一些。当然高阶层人士购买服装品时多愿意到这种高档的地方，来享受这种悠闲自得的气氛，随意挑选。这种私密性较强的格局，也常会令人望而却步。为了弥补这个缺陷，可以在入口的橱窗摆一些价格便宜的货品，来缓和昂贵的印象，使得一些收入不太高的顾客层也能有勇气进店参观购物。

但是在封闭的大型购物中心，服装零售商都采用无橱窗设计或通常用一大块玻璃将店面内外空间给隔开。销售区的空间很贵也很有限，所以主要的空间用来销售。入口通常是一块大玻璃，顾客透过玻璃就能看到整个店铺的情况。

（二）半封闭型

入口适中，从街上能看清商店内部，配置陈列橱窗。这种形式适合一般的服装店，感觉明亮清

图5-3　半透明店面

新，方便顾客进出，通过橱窗的陈列来吸引顾客。这种设计能对顾客产生最大的影响，常用于处在闹市区的旗舰店，商店有较大的空间。一般在商店每个入口处侧面会有两个或三个较大的橱窗。每个橱窗宽 2 ～ 4 米，高 2.5 ～ 3 米，主要用来展示店内正在推广的服装。旗舰店的橱窗设计一般都会投入更多的精力，突出传递店铺的时尚概念。

（三）拱顶店面

有些零售商店门面小，但又需要橱窗来展示特色商品时，就可以设计拱顶橱窗，这种设计就是将店铺的入口向里延伸 3 ～ 4.5 米，在入口的两边形成了相对独立的橱窗，这样可以向那些想进店看看的人展示一下特色商品，这种设计存在一个缺点就是减少了有效的销售空间。

（四）全开放型

面向马路一边全开放，从街上可看到店内及商品，顾客进出非常自由，不受任何阻碍。这种形式适用于流动性非常大的店铺，如大众品牌休闲装的店铺，在繁华商业区的专卖店，由于客流非常大，若设计为封闭型或半封闭型，有了出入口，会不利于顾客的进出。全开放型的优点是顾客进出自由，便于顾客选购，一目了然，但缺点是商品易丢失，给店铺的货品管理带来一定的难度。

（五）自由型

这种店铺只有一面或两面墙，其他方向全部敞开，商品充分暴露在外面，让顾客任意挑选，非常自由。这种形式适合低档的服装品，面向低收入阶层，不会有高不可及的感觉，可以让他们安心在此购物。这样的店铺一般销售的服装商品多仿名牌或式样较为流行但质量、质地较差的仿制品，也有一些旧货市场采用此形式。

四、店面招牌的设计

（一）招牌的材质

店面的招牌是服装零售店的无声广告，应该做到醒目、新颖、简洁，要让顾客在不同角度较远距离都能看到，招牌的形式应力求多样化、独具特色、与众不同。既要做到引人注目犹如鹤立鸡群，又要与店面的整体设计融为一体，给人以完美、和谐的外观形象。招牌的形式很多，常用的大致有以下几种，应该据店铺的具体情况来选择：

1. 木质招牌　木质招牌具有传统的风格显得厚实、稳重，可以将其制成各种形状的匾额，一般店名可请名人书写，用彩色油漆作匾额底色，连锁店的招牌要统一格式。这样的招牌显得庄重堂皇，又不乏儒雅之风。

2. 石材招牌　石材招牌一般用薄片大理石、花岗岩等制作，显得高贵、庄严。高档时装店可以考虑采用这种形式的招牌。招牌上字体的设计也非常讲究，可以采用不同的工艺和雕刻技术可以得到不同的艺术效果。

3. 金属招牌　金属招牌一般用不锈钢板或涂色铝合金板等做成，显得明亮、轻快、流行，富有时代感，是流行服装店的最佳选择。金属材料与混凝土的建筑风格很匹配，显出现代气息。

4. 分体招牌　有的店铺不设正式的招牌，而是把字体直接镶在装饰外墙上，不单独制作成型的店名招牌，更显得有现代气派，现代的服装店设计也常使用这种方式。这样还节省了招牌材料的选择与费用，但应该特别注意的是这种平面的墙面店名是否容易看到。对于大商场可用大型立体字作为独立的大字店名，矗立在大型建筑之上或镶在墙体上，也是非常醒目和壮观的。

（二）招牌上字体的材质

招牌上字体的材质要与招牌协调统一。

塑料字：有华丽的光泽，且可涂成各种颜色，利于与店面整体风格的呼应。

木质字：制作方便，多与木质招牌相匹配，且有庄重感，可提高顾客的信任度。

烧瓷字：反光强度好，可以提高店铺的档次，也显得干净、华丽。

金属字：耐久性比较好，且不易掉色、变形，富有现代气息。

（三）招牌的安装方式

1. 立式安装　又称立体招牌安装，这种招牌安装是把带有店名的招牌，垂直于店面树立在店铺上方。这种招牌比贴在门前的平贴的招牌更能吸引顾客，因为这样安装的方式立体感很强，可见度与醒目程度加强，特别是沿街行走的游人在很远处就可见到。

立式安装招牌可设计成各种形状，有竖立长方形、横列长方形、长圆形和四面体形等。为增加可见度，招牌的正反面或四面体的四面都可写上名称，犹如走马灯。立式安装招牌最大的优点，是不受篇幅限制，它可以在招牌上设计美丽的图案，但是有的商业街有整体的空间规划，有时不允许进行直立安装。因此在进行设计安装之前要了解市容管理部门的相关规定。

2. 平面式安装　平面式安装招牌是指贴在墙上的招牌，也是最常见的一种安装招牌的方式。用这种方式安装招牌适于店铺的位置显著，如具有拐角效益的店铺，容易被顾客看见。不然，平面式招牌难以吸引顾客，其可见度不如其他形式的安装好。要使安装的招牌变得醒目，就要将招牌本身设计得突出，招牌的颜色要能形成醒目的对比，但又要注意与墙的颜色协调。同时，招牌的设计要有独创性，可以在招牌主题的基础上，加上店铺标志图案的立体雕刻，或商品的典型图案，使招牌生动地从墙上凸显出来。

3. 悬挂式安装　悬挂式安装是指将招牌直接悬挂在店铺门口，招牌的可见度较高，而且悬挂式招牌一般做成双面都印上店铺名称及标志图案，可使两边往来的人们都能远远地就看见招牌，所以经常采用店中店招牌的安装方式。

☞ 案例分析

七星是一家拥有近800家店铺的主要零售店。他们的成功是空前无比的，二十年前他们开设第一家店铺，现已成为最有收益的时尚服装零售连锁店之一。恰当的商品组合和合适的位置选择使得他们拥有了今天令人羡慕的地位，无论当初的位置在郊区还是直立的购物中心现都已变得非常可行。现在七星正面临着一个需要选择新地址的困惑。他们最成功的店铺之一坐落于郊区的开发区时尚购物中心。这个购物中心依靠市中心主要商店，它带来了大量的客流和这个购买区的其他特定商店。商业上的成功使得这个公司需要更大的空间来扩大规模并把它改变成一个利润丰厚的购物环境。七星总是在寻找像上面描述的那样的恰当位置来建立一个新的中心店。这个中心店将建成一个多层次的结构，并成为市中心最漂亮的购物地方。掌管位置选择的副总认为公司应该离店铺近，搬到新的位置。而掌管商品的高级主管则认为他们应该保持现在的位置，因为在开辟新的环境之前应仔细的考虑它的利润。其他人则主张保留旧的商店同时开设新的购物中心。随着新情况的迅速发展，七星必须决定是否建立新的购物中心。

☞ 问题讨论

1. 如果让你决定，你将采取哪种方法？
2. 在做出决定前你应该考虑哪些因素？

☞ 练习题

1. 写一份书面报告来描述你所在商业区的可行店铺地址的各方面情况。
2. 回答如下问题：什么地域特征使得某一特定的商业区优于其他地区？为什么大部分的商店组织都选择市区中心作为经营地址？小型零售商最有可能把店址选在哪儿？

表现者的创意：服装零售货品陈列与展示

课题内容： 1. 服装视觉展示简介

2. 服装橱窗设计与展示

3. 服装零售店内布局及货品展示

4. 服装零售店陈列设施

课题时间： 3 课时

教学目的： 理解陈列的概念，了解陈列的目的和工作目标；了解服装店铺（卖场）的构成和规划；了解服装店铺（卖场）的主要设施，了解服装店铺（卖场）装潢基本要求，重点掌握服装店铺主要设施及橱窗布置要点。

教学要求： 1. 了解视觉展示的功能及构成元素。

2. 掌握橱窗展示的设计重点及色彩的运用。

3. 了解店内商品陈列的基本方法及注意事项。

4. 掌握店内商品库存控制的要领及方法。

5. 了解店铺橱窗设计的重要性。

6. 掌握服装店室内设计与布局的要素。

7. 清晰店铺主要陈列设施及作用。

教学方式： 理论讲授、图例示范、案例讨论、调研讨论。

课前准备： 阅读参考文献并重点了解以下概念：视觉展示、色彩应用、橱窗设计、空间布局、货品陈列等；调研 VERO MODA、ONLY 专卖店；阅读有关专业杂志和学术期刊。本章建议参考书籍为：《视觉营销》《卖场陈列设计》《视觉·服装：终端卖场陈列规划》。

第六章 ▶▶
表现者的创意：服装零售货品陈列与展示

服装行业店铺就像要参加面试的女生，即使漂亮，也要好好打扮一番。

第一节　服装视觉展示简介

零售商借助风格独特、富有想象力的橱窗展示，能够让顾客注意到商店的特别之处，绝妙的橱窗展示所体现的魅力会从店外延伸到店内。

一、视觉展示的含义及分类

（一）展示的含义

所谓展示，一言蔽之就是"在空间中，把商品展示出来，创造有魅力的店铺"，从而起到展现店铺与商品的形象，扮演促进卖点的角色。商品展示是通过对整体店面空间内，一系列产品的统筹配置和组合，完整体现品牌形象和产品风格，是品牌功能化、逻辑化、审美化及魅力化的结合。

商品展示能够暗示和激发消费者的认同，并引导消费者着装。

（二）展示的分类

依据展示构成位置而分类有：壁面构成展示、床面构成展示及空间构成展示。

1. 壁面构成展示　所谓壁面构成展示，就是在橱窗或店内的壁面或柱子周围所做的装饰展示。通俗地讲壁面展示就是指在立面上所作的展示，展示的形式可以是多种多样的，如在立面的背景前采用立体的模特进行展示或在立面上用服装直接进行展示等。

2. 床面构成展示　所谓的床面展示，主要是指橱窗的床面、店内的展台上、架子上、箱子的内部和上部等水平面所作的装饰展示。广泛使用架子、模特等道具可以做出各种各样的展示。床面的展示非常灵活、广泛，几乎所有的商品都可以在展示中表现。

3. 空间构成展示　广义指所有的展示都在空间构成，所以称为空间构成展示。在服装品的展示中指用吊线或吊顶，做出的空间构成展示，如从店铺屋顶吊着的旋转式模特，就属于空间构成展示。在大的橱窗中制作生动的空间构成展示，会产生别具一格的奇特效果。

（三）展示的条件

1. 考虑时代背景　从商品展示就可以看出一个国家的经济发展状况，因为与展示相关的费用影响所致，伴随着使用的技巧也不同。在做展示设计时，需要考虑当时的经济状况、人们的消费动向、社会的焦点问题等，要充分考虑人们关心的事情，进而再确立宽广的展示视野。

2. 考虑商店种类及顾客层面的配合　店铺在大城市和中小城市都有，在繁华商业中心的大百货商厦、住宅区的专卖店还是沿街的小店，依据地区和店铺种类的不同，当然顾客需求的东西也不同。捕捉不同顾客层对展示摆设的不同感觉，投其所需，展示就一定能够获得成功。

3. 明白诉求重点　在制作展示时，搜寻诉求重点是非常重要的，确定此次展示目标是打出今年的流行式样、想表现季节还是加强品牌和店铺形象。如果想使人看到商品本身的优点，就得把商品突出展示出来，当然一面表示季节感，一面使顾客好好观看商品，多方面让顾客观看是必要的，但诉求重点必须突出。

二、视觉展示的功能

服装零售业比起其他任何的一个行业，更专注于视觉展示。

（一）形成视觉关注中心

人们在观察外界事物时总是将其中的一小部分当成关注的对象，而其他部分只是作为背景来对待，这就是视觉选择性的特点。为了能够引起顾客的充分关注，服装品展示设计的首要功能就是创造视觉冲击力，形成顾客关注的中心。

（二）带给顾客快乐，提升审美意识

当顾客看到美妙的橱窗时，会立刻产生视觉上的快感，由此创造出的视觉展示所产生的刺激能够迅速驱动观看者走进店铺。凡是具有独特审美属性的陈列、装饰、色彩及布局都会激起顾客愉悦的心理体验，引起顾客的好感，留住顾客的目光。

（三）调动顾客好奇心

简单、平淡、缺乏内涵的视觉展示形象，不会引起顾客的认真探究与兴趣，出色的视觉展示设计不仅能够吸引顾客注意力，而且还能激发顾客的好奇心与求知欲。服装陈列与橱窗展示，要能够很好地传达服装品的艺术风格、审美品位与流行趋势，使顾客看到设计者的独具匠心与不同凡响之处，耐人寻味，令人感到其中的无穷韵味与深刻的内涵。

（四）表达品牌经营理念

视觉展示能够借助形象的语言，将服装品牌经营理念生动地表现出来。视觉展示能够将文字、图形、标志及服装品有机地组合起来，形成一个完整的表现体系，创造出一种特定的意境或情调，引起顾客联想，从而使服装企业、品牌形象在顾客心目中更加清晰。

（五）激发顾客购买欲

视觉展示能够营造一种别具一格的生活情景，使顾客如临其境，产生审美联想，萌发模仿和尝试的念头因而产生购买动机。商品陈列与橱窗展示对激发顾客购买动机具有非常重要作用，对于随机型和冲动型购买的顾客，更容易受到视觉展示的诱导，产生购买冲动。

三、展示工作的完成方式

商店的视觉展示任务的完成通常有以下三种方式。大型购物中心或百货店采取一条龙形式，设立视觉营销部门，商店橱窗展示与货品陈列设计工作，常由公司内部专业工作人员完成；服装连锁经营企业一般将视觉营销功能集中管理，由总部统一设计每季、每次橱窗展示与店内货品陈列；小型店面随时聘请一些兼职人员来满足他们在视觉展示方面的需要。

（一）利用内部员工（大型商店做法）

大型百货公司拥有全职的专业人员来设计和实施商店的视觉商品规划。光临这些店，能够马上看出他们的设计实力与规模。随着新一季度的到来，或是特殊节日的销售高峰，这些视觉展示部门在一夜之间能将他们的环境从一个主题改变到另外一个主题。视觉商品部门需要各种各样的专业人员，油漆工、木匠、摄影师和装潢设计师等，勤奋地工作以使每次展示比前一次做得更美好。

（二）集中管理（连锁店办法）

连锁店的组织规模大小不同，分别由两个或两个以上分店组成，连锁经营总部对视觉商品展示所采取的方法不同于百货商店的方法。

小型的连锁店通常利用一或两个人，这些人是挨家为店铺设置橱窗陈列做店内货品陈列的变化处理。一般集中改变商品展示，而不是彻底地改变店面来表达不同的季节。

较大的连锁店组织往往集中视觉商品展示，这种做法需要由公司总部掌管的一小部分专业陈列人员完成。一个视觉商品主管带领的助手们，对每个橱窗和室内的展示做计划之后，要将它们拍照下来。这些照片随同一些道具材料和操作介绍说明发给各个连锁店，用于橱窗展示与店铺货品的陈列的设置与要求。视觉商品展示计划制作得如此细致，以便于店长和助手很容易按照要求来完成橱窗与货品的展示陈列工作。

用这样集中管理的方式有许多优点。首先，这样可以减少聘用更多的服装装潢设计人员，为公司节约大量费用。其次，这样保证了在所有的连锁店铺里有统一的视觉展示。最后，这样使得总部不必要再向各个分店派送专业培训人员。

（三）聘用兼职人员（小型商店的方法）

有些小的服装零售商更愿意创造自己独特的视觉变化。一个有创造力的服装零售商可能通过反复尝试来获悉视觉商品展示经验或通过课堂学习获得一些技术方面的知识。大多数小的服装店只有很小的空间来做视觉展示，所以聘用一名专职的人员来做展示工作是不划算的，大多数小型服装店更喜欢聘用兼职的专业人士。这些兼职人员有的还可以提供展示道具，做商品变化，并通过有效的视觉展示来改变商店的形象。

四、视觉展示的分类

视觉展示在店铺里分为两个不同的部分：即橱窗展示和店内空间展示。两者的作用都是抓住顾客的注意力，吸引他们购买商品。

（一）橱窗展示

零售商可利用许多适用于他们的橱窗展示的方法，不管选中哪个模式，其功能都是相同的，就是将店里的货品在最能激起人们兴趣的背景下展示给过路的人们。

小型商店一般有一个或两个橱窗空间主要以正式的陈列为特色。然而一个大型的服装零售商在繁华商业区的旗舰店中可能拥有十几个甚至几十个橱窗。不管是小型零售店还是大型购物商厦，利用橱窗的成功展示对商店进行大力的宣传是绝对必要的。

每个较大的零售商都需要做橱窗的展示计划表，指示每次陈列的日期、商品分类的特点，指示背景道具和材料的性质，指示布置所花费的时间，并指示每个橱窗和陈列的具体位置，大多数橱窗计划表为期 3 个月，即为季度视觉展示计划。

通过仔细的规划，采购部能够按计划上陈列的产品，以便与橱窗计划表上拨出货品时间相符。由于视觉展示部门就是负责加强商品的销售的，因此他们必须与采购部紧密合作以便确认哪款服装占显赫位置及如何将产品很好地展示给顾客。

最奢侈的橱窗陈列是那些较大的时尚百货旗舰店的装饰。通常坐落于繁华的商业区，那里有川流不息的行人路过橱窗。管理层愿意拨出相当多的费用做这些陈列，橱窗展示把商店的形象介绍给过路人，并希望能充分地吸引行人，使他们走进去仔细瞧一瞧。这类的橱窗一般是一周一换，以便把不同类别的商品展现给消费大众。

大型的时装公司，在设计较大的橱窗展示时，从来不会吝啬费用的。不管是以特定的时装为特点的商品展示还是注重商店形象的展示，计划工作就如同很多剧场的展示一样不辞辛劳。有的专业广告公司内部又分为平面广告与立体展示，这些专业部门能够创造出独特的橱窗陈列。

商业街的商店在橱窗展示上往往没有约束，橱窗都很小有时仅仅是一面巨大的玻璃窗隔板，用来把商店与外面分开。这类型的橱窗很少能引起特别的注意且花费又少。要做的仅是一些人体模型的有规律更换和一些能显示主题或某一季节的展示道具的合理利用。

（二）店铺内部展示

以往，零售商为橱窗和店内展示花的费用不成比例，一般认为商品橱窗的吸引力较大，其所占的视觉预算的份额也最大。然而，现今零售商用越少的空间来做橱窗，从而橱窗的重要性正在减弱，店内的展示已经呈现出新的重要性。

室内视觉展示的注意力大量地集中在招引顾客及有效的商品陈列上。零售商按常规以商品的新款式样替换旧的，这类视觉推销商品常将最新款式展现给购物者，整个的商店仿佛是一幅全彩的图画，每个店铺展示都拥有自己的卖场风格。

室内视觉展示的另一指导思想是环境的概念，服装公司以特定的主题树立他们零售店铺的形象，而不是依赖于季节或更换主题。例如，有的公司创造一种氛围，使卖场装变为一种旅行的环境，这样的环境会增强时尚感，引起顾客的联想与购买欲望。环境概念的运用减少了不断更新道具和材料的费用，从而明显地减少了商店在陈列上的花费。

不管服装公司的大小或其所采用的什么样的方法，越来越多的服装零售商意识到视觉展示能够提供销售舞台，而这种优势使其有别于其他商店，有创造力的成功的店内展示，使他们的效益不断增加。

五、视觉展示元素

不管是橱窗陈列还是店内卖场环境的创设，都是通过很多元素的相互协调来达到完美的视觉效果，这些橱窗陈列元素包括：商品、材料、道具、灯光、人体模特、色彩等。

（一）商品

展示陈列商品是重点：任何视觉展示的首要目的是提供给顾客商品。经常有人忘记陈列是以最好的方式来展示货品并引起兴趣来销售服装，商店是在努力出售货品而不是道具和背景材料。

视觉展示设计者必须提前熟悉要展示的货品：最好的方法是视觉推广策划人能够与商品部、采购部的人一起讨论，或是在小型零售商的情况下，聘用的兼职人士应在决定下一季度的橱窗背景之前实地考察该商店。如此一来，特殊的款式能得到重视还可以创建恰当的推销用的道具。

（二）材料及道具

只要检查过货品，就轮到视觉展示人员决定采用哪种最好的方式来向消费者展示货品。要有充足的预算，使得工作人员能够买得起复杂的昂贵的道具。这些陈列道具是精致的功能性很强的，但设计不好时就不能发挥最大效果。以家庭气氛为目标时，古董以及源于生活细节的道具也许会增强推销的感染力。一个非常有名且十分有创造力的视觉展示人员知道一个特别的陈列最适合使用什么道具。

大多数较大的零售商有自己的视觉推广人员，通常都要准备 6 个月的预算。费用的很大一部分用于材料和道具。为了了解视觉展示的发展趋势，大多数零售商会派代表去定期参观一些室内装饰博览会。

（三）人体模特

人体模特多姿多彩：参观一些时尚服装商场，很快会发现视觉推广使用的模特会有所不同。曾风行一时的平面的面无表情的模特已被真正的艺术形式所取代。模特要与店铺风格相符。正如服装设计师采取不同的时尚指导，在模特设计上存在着同样的差异。虽然传统的模特仍在被广泛地使用，但具有某种风格的样式却十分有益于符合独特的要求。

购买模特的工作往往由商店采购部来承担，他们必须在预算范围内工作，考虑商店所代表的形象，审定市场上提供的物品，评定质量、灵活性、耐久性等各方面因素，做出符合商店需要的最后决定。例如，当运动型男模很流行时，它若出现在正统的职业男装店则与店铺形象不符，而且不能恰当地将货品风格表现出来。

购买模特最好是市场走访，尽管相片可以给出一些外观特征，但是并不能给购买提供足够的信息。仔细的物理检查包括展示不同商品，变化时容易活动的部位，模型重量，使用化妆品以及假发的质量等，都需要逐一仔细检查。

（四）灯光

展示时尚模特用窄的密集光束装饰。这样可以将模特着装强调并渲染出来，柔和、闪烁的灯泡可以使假日商店橱窗中宏伟的圣诞树变得幽雅、充满魅力，也可以使得最世俗的模特变得迷人。最好的效果可以达到利用艺术技巧的设计可使室内变成可爱的销售舞台。因为花费相当少，所以灯光在视觉推广中被充分有效的利用，从而增强其吸引人的展示。

为了达到最好的灯光效果，就必须完全了解这方面的知识，以及如何利用这些工具的优势，例如，使用新一代的荧光棒的节能特点与使用白日光，取得的效果是否一样？使用彩色灯泡或在白灯泡上附着颜色凝胶会增强商品的色彩还是会有所改变？灯光装置能适合简洁模式吗？对于光和光源没有充分的技术方面的了解就不能达到设计的效果。

（五）色彩原理及应用

1. 色彩的搭配非常重要 在全白的背景橱窗中放置单一的一件红色衣服会产生兴奋感，有助于观众注意力集中在彩色的商品上。强烈的红和绿的对比在一定形式上会彼此加强。泳衣店给人一种暖和的感觉是在色彩上利用琥珀色，很轻易地给购买者创造一种舒适、迷人的气氛。

2. 色彩的作用非同一般 在视觉推广中这些仅是简单的例子，利用合适的色彩可以很快并廉价地创造出一种心情，来吸引消费者的注意。在视觉推广上，适当的色彩可以很容易地在竞争中将橱窗和店内变得具有吸引力且与众不同。

3. 视觉推广中，色彩选择必须先从商品出发　通常印花或样本会使装饰者做出特别的企划；季节也揭示了采用色彩的方法。当设计一个秋季展示时，红褐色，橙色及叶子变黄的颜色也许都会成为展示所依据的自然色。

色彩的感觉是最强烈的，充分研究并恰当地运用色彩，在展示中是必不可少的，常会取得出奇制胜的效果。

4. 色彩的意义　没有光就不存在色彩，色彩是视觉反应最快的一种，是美感中最大众化的形式。

色彩的变化：同一物体因光源不同而产生色彩变化，物体与物体之间反射光的相互影响使色彩的表现不同。

色彩的性格：指不同的色彩给人不同的感觉，同一色彩因人不同也可能产生不同的感受。

5. 色彩的三原色与三元素　色彩理论应用最广泛的是色环。三原色：黄、红、蓝；间色：橙、紫、绿。用于特别的布置之中，结果使人的眼睛感觉很舒服。多数负责季节性的展示人员非常熟悉色环方法，他们可自动进行色彩选择。然而，对初学者来说，经过对色环和色彩特定的理解有助于创造出特别的色彩调和。色彩的三元素指色相、明度、纯度。

色相：色彩的相貌和彼此间的区别称为色相。

明度：指色彩的明暗、深浅程度。不同颜色有不同的明亮程度，如：所有颜色中，其中黄色明度最高，蓝色、紫色明度则最低；在一种颜色中，加入一点黑色后，明度会降低，加入一点白色后，明度会升高。

纯度：是指色彩的鲜艳程度和某颜色占整体彩色比例程度。例如：红色中加一些其他颜色，红色的纯度就会降低。

6. 色彩的感觉

色彩的季节感：

春色：绿色使人联想到嫩草，粉红色使人联想到樱花和桃花。

夏色：蓝色使人联想到天空和海洋，白色给人凉爽的感觉。

秋色：橘黄色使人联想到金秋，卡其色使人想起枯草、土地。

冬色：白色、银色和红色使人想起圣诞节，白色还使人想起大雪。

色彩的冷暖感：黄色、橙色、红色属于暖色系；蓝色、蓝紫色、蓝绿色属于冷色系；绿紫色和无彩色属于中性色；在无彩色中，白色偏冷，黑色偏暖。

色彩的轻重感：色彩明度决定色彩的轻重感；明度越高感觉重量越轻，反之越重；在色谱中，黄色最轻，紫色最重；在无彩色系中，白色最轻，黑色最重，灰色居中。

7. 色彩的选择　从色环上可以简单地推出一个色彩企划或布置的方法。每个企划都是基于一个或一类颜色和他们在色环上的位置而选择的。最简单的是使用同色布置。使用一个颜色或一个"色调"，视觉推广人员或许会将橱窗布置成红色调。那么用不同程度的红会无形中产生变化与兴趣。白色和黑色专业上称为"中性色"，可以加在色彩中产生变化，也能产生同样的效果。

同类色是指在色环上的位置接近的颜色。这样的方法可使装饰者不仅是使用一个颜色，时装设计师通常在面料设计中采用类色，这样易于展示给人们在视觉布置上采用的色系。可按兴趣，在类色中添加黑或白。

色环上直接相对的颜色是互补色。在布置时，将红和绿放在同背景中颜色会加强，如果颜色的变重就是目的，没有别的方法能达到如此效果。

使用色彩展示时，需要记住一个规则：使用颜色是为了突出商品而不是分散人们的注意力。

8. 决定色彩的要点　流行色：新商品本身就会体现流行色，不用刻意地去使用，可依其场合，在背景的颜色、配饰的小道具上适当留心一些，就会产生效果。流行色依时间而变化。

店面独特的颜色：为了满足不同喜好的顾客，即使一个设计，也必须安排多种颜色。最近为了配合以个性为重的倾向，也出现了一些具有店面独特颜色的专门店。即使是展示，每次都使人看到一系列相同颜色的配合，对店面的颜色就很有印象。

9. 背景色彩与商品色彩的关系　背景的颜色和商品的颜色密不可分，忽视这一点就不能做出好的展示。展示要使商品醒目为目的，以此来决定背景的各种颜色。一般背景和商品的颜色关系如下：

明色的商品对应的背景暗，暗色商品的背景亮。缺乏光彩的商品，要使商品具有存在感，就要把背景搞得华丽一些；而充满华丽色彩的商品背景则使用无色彩或与其接近的颜色。复杂色的商品，用其中一个颜色作背景。

10. 配色及其代表的感情特点　色彩的组合方法没有限制，依其所受的感觉是多种多样的。代表性的颜色及其表达出的感情。

同色系的配色：用同一色相来统一，用明度和彩度来做变化的配置。要使色彩的性格强烈地表现出来，选择想表现表情的颜色是很重要的。最常见的例子是黄色和粉红色统一表现活泼气息和甜蜜的春天橱窗。

类似色的配色：用在色相环内60度以内色相差少的颜色来配色。例如，用黄色和绿色相配时，表现同色系配色很相近的气氛，不注意颜色配置的话就变成不严谨的配色。展示强调时，只要使明度和彩度差很大就可以了。

互补色配色：用色相环中正对180度作配色。例如：黄和青紫、红和绿作配色，这种配色可给予强烈的对比感。可以提升展示效果的配色，如象征灼热的太阳和正蓝的海的橙红和青绿配色等，是最适合来表达盛夏的。

用无彩色作基本色：以白、灰、黑等无彩色来做基本色，与有彩色来做组合的配色，自然调和，可以提高效果。例如：以黑色和白色作基本色加上红色就产生漂亮的流行色，在圣诞节的装饰上经常使用。

暖色系配色：红、橙、黄等暖色系的颜色拥有相似的性格。因此把这些组合起来，更有强调这些颜色性格的效果。这个配色能引起暖和、华丽、快活、热情等表情，对于冬天的团圆等很有效果。

冷色系配色：青绿、青、青紫等冷色系的配色可以说和暖色系一样，冷色系的配色可感觉到寒冷、镇静、清洁、新鲜等感情，以这些感觉为基准，在夏季淑女装的展示上常被运用。

柔和颜色的配色：柔和的颜色都被白色所支配，因此给人以柔弱的印象，拥有罗曼蒂克的心情。于是常被拿来做婴儿服装或春夏淑女装展示。淡白色和强色或暗色能很调和，使用这些作组合别具效果。

11. 运用色彩对比和渐变的陈列方法

（1）自然颜色渐变排列法：

左 ——————————————→ 右

红色→橙色→黄绿色→绿色→蓝色→紫色

如：肉色→驼色→咖啡色→草绿色→橄榄绿→藏青色

（2）运用色彩对比陈列方法：

左 ——————————————→ 右

红色→青绿色→紫色→黄色→藏青色

根据以上的配色规律，根据店内产品，用不同方法来陈列店内的货品，用最协调的色彩来装扮店面。

六、设计原理及运用

无论采取哪种方式，零售商应该认识到展示手段中的技术元素，设计、道具、艺术方式等应该慎重选择，以便将商店的形象及信息正确地传递给顾客。

展示的环境以及用于在展示中的各要素确定后，就可以正式开始制作展示了。无论是为了最小的内景准备一个展示，还是一项大型节日的橱窗展示任务，设计必须仔细，协调一致。视觉商品与内景和服装设计有同样的设计原理。例如：平衡、强调、均衡、旋律和协调美。这些令人满意的设计原理结合想象和利用道具及商品，将会得到奇特的展示效果。

（一）平衡

平衡的概念是一个人用眼睛感觉到的重量的平均分配。视觉商品展示很少包含绝对的平衡，达到的只能是视觉上的平衡。为了评估平衡展示所带来的价值，一个假想的办法可能命中它的核心。一边的样本应该给予"重量"的感觉，同样另外一边也一样。一个公式上解决平衡的方法，很容易达到，叫作对称平衡。它包含展示中心点的每边使用相同的样本，一边有一个时装模特，在这种情况下，为了平衡在另一边也放一个。结果是在演示期间都令人满意。可是，这样的惯例结果经常让人感觉黯淡、无趣。有时，使用不均衡的或非正规的创作方法更令人振奋，当设计仍然要求重点放在重量的分配上，展示的样本中想象的每一边都不能出错，商品及道具的精巧使用，能把购买者的兴趣吸引到橱窗或展示的固定装置上。

（二）强调

每个装置都要求有能吸引顾客驻留目光的地方，谨记零售商在商业中首要的任务是销售商品，专业的商品展示必须确定强调的区域，或焦点的所在，必须确定哪些东西是销售的，同时一些道具是极好的引人注目的物品，但它们不应该喧宾夺主。获得强调的方法有很多种，包含为一个品目的颜色对比，一个商品上的聚光灯，同时橱窗的其余部分使用微暗的灯光，或者展示一个丰富特殊的商品，就像 The Gap 在其内部展示中一样。

（三）均衡

在任何介绍中要素的大小，应该被按比例分配到一个空间里，在这个空间能体现出它的特征。例如，小块的宝石不应该放在较大的空间内，当比例不恰当时，眼睛能很快察觉到，而且这会导致购买者对商品产生误解。

（四）旋律

如果观察者仅注意到了橱窗或内部展示中的一部分，而没察觉到这个展示的特色，这样的展示就没有达到其目的。为了鼓励顾客把视线从一件物品转移到另外一件物品上直到这个展示被看完，展示就必须赋予旋律感。旋律美可以从很多方面获取，包含利用线形成分构成，如贯穿商品始终的花环式样，相同商品摆在一起，或两种对比颜色的相互交错。

（五）调和

如果所有其他的设计元素都已经仔细做到，然后视觉将会产生一种协调一致的效果。商品将在平衡、强调、均衡和旋律的布置中被赋予本色特征，而且将通过适合的灯光，固定的装置，和其他视觉成分来提高自身的品质。同时许多设计原理是容易掌握的，展示的基础设备也易安装，那些有天才性的创造元素可以打破规则创造出奇特的效应。

第二节　服装橱窗设计与展示

在橱窗设计中要考虑一个重要因素是店铺的整体空间。当店铺租好时，要合理搭配好销售区，办公室、仓库、试穿区和入口橱窗的空间位置。虽然大多数零售商都认为橱窗能向顾客推荐商店产品，是一个重要设计因素，但由于空间的成本太高，许多零售商只有减少橱窗空间来增加商品的陈列区。考虑到这一点，在进行橱窗设计时零售商往往会选择空间大的方案。实际上橱窗是商店的第一展厅，顾客在进入店铺之前，都要首先浏览橱窗，所以一个好的橱窗设计，可以引起顾客的好感和向往的心情，既起到介绍商品、指导消费、促进销售的作用，又可以成为商店门前吸引过往行人的艺术佳品，真可谓"橱窗是店铺的脸"。

一、服装零售橱窗设计及摆放要点

橱窗的形状：橱窗的形状设计要与店铺的外观造型、商品特点等相符，其形状及规格等要与整体建筑及店面类型相适应，橱窗的方向一般都要面向行人。

橱窗的高度：橱窗的高度设计应该使橱窗的中心线与顾客的视平线相当，使整个橱窗内的陈列品都能在顾客的视野之中。橱窗的高度一般离地面 60 厘米处，小型的商品一般在距离地面 100 厘米左右，如果用模特可以直接放在地上或是 10 厘米左右的地台上。

橱窗的陈列商品：橱窗陈列的商品一定是店铺现在销售的货品。即现在卖什么就陈列什么，不能把现在不经营的货品摆在橱窗内，让顾客感到橱窗只是个样子而已。有商店将名牌的广告图片贴在自己店橱窗内，给顾客一种"挂羊头卖狗肉"的感觉。橱窗展示商品不仅是现在店内实际有的货品，而且还应是能充分体现店铺特色、反映店铺经营特点的货品，使顾客看后能够产生强烈的购买欲望。

橱窗的陈列主题：橱窗展示的方式必须能够传达出店铺的主张和情报。橱窗商品陈列一定要有一个确定的主题。橱窗展示的商品均应该系统地依据本期展示主题来陈列，使顾客一目了然地看到宣传介绍的商品整体内容。陈列的商品要相互协调、要符合市场消费习惯，通过商品排列的层次、顺序、底色及灯光效果等来表现特定的宣传主题，营造一种浓厚的气氛。如图 6-1 所示。

橱窗陈列的艺术性：橱窗实际上是服装艺术品的陈列室。橱窗陈列货品的搭配要讲求艺术性，要符合消费者的审美心理，运用不同的艺术手法，如对比、均衡、对称、重复及各种构图方法，加之利用背景或衬托来渲染气氛，从而增强橱窗的艺术感染力，增强消费者对店铺的视觉印象因而产生购买动机（图 6-2）。

橱窗的卫生：橱窗必须时刻保持清洁、新颖，保持橱窗的整洁不只是要经常作清洁，

图 6-1　橱窗陈列主题

图 6-2　橱窗陈列的艺术性

而在作橱窗的设计时，就必须考虑到防尘、防风、防晒、防淋及防盗等，只有干净、整洁、新颖的展品才能激发顾客的购买欲望。如果橱窗不经常更换，顾客就感受不到商店和商品的魅力，橱窗的存在就失去意义。3 ~ 7天给模特换一次衣服！橱窗海报更应随时根据推广活动进行更换。

二、橱窗展示要点

要能表明店铺经营品种和方式特点。

必须用店铺正在销售的商品去展示，暗示人们去购买。

必须能看出商品的价格。

强调季节性和时间性。

要加上小道具，会动的东西最能吸引人的注意力。（对服装展示来讲，加上几个配件最好，如：包、围巾、帽、配饰）

以上是在橱窗的亮度、商品的装饰、摆放的角度、色彩的搭配等条件都满足之后的要点。橱窗的设计与布置需要高度的技术性和艺术感，唯有具有设计能力的人才能管理。

三、橱窗的构思形式

情节性构思：人物情节故事。

构成主义构思：运用抽象手法，只传达色彩感、形式感，耐人寻味。

寓意型构思：巧妙寓意（图6-3）。

图6-3　女装透视橱窗

四、橱窗的布置形式

（一）系统式橱窗布置

这种形式是指商品按照类别、用途及材料等因素，分别组合陈列在一个橱窗内。主要适合于面积较大的大中型商店橱窗，根据组合的不同，分为以下几种：

同质地同种类商品橱窗：同一个类别同一种材质的服装品组合陈列在一起，如各种款式的纯棉衬衫陈列在同一个橱窗。

同质地不同种类商品橱窗：同一种材料不同类别的服装品组合陈列在一起，如牛仔上衣、牛仔裤、牛仔裙陈列在同一个橱窗。

不同质地同种类商品橱窗：不同材质但同种类的服装品组合陈列在一起，如不同质地的T恤陈列在同一个橱窗。

不同质地不同种类商品橱窗：不同质地不同种类的服装品组合陈列在一起，如不同质地不同款式的运动装陈列在同一个橱窗。

（二）组合式橱窗布置

将多种不同种类商品用一定的方式组合成一个完整的橱窗展示（图6-4）。一般分为以下几种形式。

纵向式：依据橱窗大小纵向分成几部分，使顾客从上到下依次观看。这种形式主要用在整套服装的搭配展示，如从上至下由帽子、上衣、裤子（或裙子）、鞋子等组成，形成一个整体搭配的效果。

单元式：用于展示小型的配件，如袜子、手套、帽子、皮夹及皮带等，用分格的架子将同类的小件商品集中展示，以便顾客分类观赏。

图6-4　组合式橱窗

横向式：一般是按照从左至右的方向将商品分组横向展示。这种方式常用在展示同类商品上，如展示的都是T恤时，从左至右展示出不同款式或颜色的T恤。

第三节　服装零售店内布局及货品展示

确定好店铺和橱窗的正面之后，就应该合理安排室内的装修与布局了，最大也是最重要的就是店铺的销售区。销售区是供顾客挑选商品的区域，其余的用于非销售功能，如收银、库房、商品的修改区、办公室等。如果是旗舰店，就需要更大的非销售区了，因为很多公司的管理办公地点都设于此。

一、服装零售店内空间布局

服装店的空间一般由商品空间、顾客空间和员工空间三部分组成。

商品空间：商品空间是指店铺中用于陈列和展示商品的空间场地。设置商品空间的目的是便于顾客挑选和购买，商品空间的形式多种多样，如货架、展台、柜台、橱窗等，一般中低档的服装店商品空间设计得相对要大些，而顾客空间相对来说要小一些。

顾客空间：顾客空间是顾客浏览观看商品、挑选商品的空间场地。顾客空间设计的地方越大，顾客就会感觉宽敞、轻松，反之会有压抑、拥挤的感觉。

员工空间：员工空间是指店员接待顾客的空间场地。有一些店铺店员空间和顾客空间是相同的，有些店铺店员空间与顾客空间是划分开的。

二、销售区的布局

销售区由很多的因素决定的，这些因素包括店铺的大小、店铺占有的层数、商品的分类、入口和顾客的购物路线。

（一）单层店铺

大多数单层店铺通常是专卖店，因为所选的商品有限，所以单层的销售区的部门位置安排要比多层的简单些。货品可分区摆放，也可以不分区。实际上，商品分类较少时，商品也就不太考虑它的款式、自由地摆在整个销售层。例如 GAP 专卖店，就有毛衣、裤子和运动服，一般都摆在一层中而没有把它分成好几个部分。最新款式的服装通常摆在入口的附近，直到现货渐渐变少，才重新换上下一批新款的服装。用这些方式可以让路人和进店的人知道最新到货。

当店铺中服装的种类很多时，店内的位置安排也就复杂了。这些店铺一般要把商品划分成不同的部分，并要考虑每部分货品的摆放，这种店铺有时会从每部分取几件摆放在店铺门口，以使顾客一进店就马上知道店内所有的货品，这些位置有规律改变，以便大多数的热卖商品能处于一段时期中的"中心位置"。

（二）多层店铺

多层经营的参考规则：

★首层或是一层应该摆放有吸引力的货品，店铺低价销售的商品和高利润的商品，如果放在其他地方，将会导致销量下降。时尚饰品应该放置在一楼，因为过路人常会由于它们的外观所吸引而购买。一楼的经营一般主要是男装，女士习惯花很多时间挑选她所要的服装，而男士希望一分钟就找到令他们满意的服装。把男装放在首层可以避免在人群中挤来挤去，使得男性顾客更满意，并得到更好的回报。由于男士在购物中心花的时间比女士少，所以把男装部分放在一层靠近停车场的地方是很合理的。

★要优先考虑店铺中利润最高的陈列位置。那些有最大潜力的商品应该放在顾客进门马上就可以看到的地方，如摆放在靠近电梯的地方，要在购物者一进卖场就可看见的最显眼的地方。

★高档时装，如设计师的收藏品，不要放在人多的地方。因为那些是珍贵品，顾客自己会去搜寻。这类最昂贵的商品放在远离人多的、小偷不易得手的地方。当顾客欣赏这些高档的货品时也不易被打扰，可以享受到悠闲的购物环境。

★相互匹配的商品要摆在临近的位置，鞋要放在所搭配服装的下边，这样可以使买好服装的顾客再配上一双满意的鞋子，这不仅可以方便顾客，而且店铺也会提高销量而获取更高利润。

★因为大多数百货商品的服装比其他商品的销量额更多，所以优先考虑前者的陈列位置。

★现在越来越多的购物者花费在店铺的时间比原来少，所以关键的一点就是要为顾客提供便利和帮助，一定要设置清楚明了的指示牌。

★非销售区的管理和辅助销售部位应该放在不太适合销售的位置，而现在越来越多的店铺在减少非销售区的空间，而尽可能用来做销售区。

★一般的，单层的店铺把非销售区安排在店铺的后部，多层店铺是把这些部分安排在较高楼层或是一些楼层的后部。

在现今的销售业中，许多服装商都在减少存货量，消减额外的库存。即使储备的商品是订购货品，但是许多商人还是会避免长时期储存，而更换成新款待售商品。这样能使新产品在销售中不断地流动，在需要仓库的情况下，仓库应该设置在销售区域后面，以便销售人员能随意取放货品。

三、店内通道布局

店内通道设计得是否合理，对顾客的流向起着非常重要的作用，设计通道的注意事项：主通道应该有足够的宽度，能够同时通过 2 人以上，一般至少不小于 110 厘米；主通道与其他通道的关系要正确把握好，辅助通道的宽度不应小于 52 厘米；通道不易太复杂，让人搞不清楚方向，不易设计得太长或是像个迷宫；通道两边的货架不易过高，以免影响视线。

常见的通道有以下三种形式。

直线型通道：直线型通道为最常见的通道布局方式，又称为格子型，是指将货架和通道平行摆放，所有的柜台、货架在摆设时互成直角，构成垂直通道。这种方式的优点是：整齐、有序布局、严谨规范，适合敞开式货架，有利于顾客自由挑选。缺点是：布局过于规范化，易产生乏味的感觉，容易形成冷淡的气氛，视线容易受阻，失货率高。

斜线型通道：斜线型通道是指店内的通道的宽度基本一样，但设计成斜向通道。这种形式的优点是顾客能够看到更多的货品，视野宽阔，随意浏览，使卖场的气氛更加活跃。缺点是不能充分利用卖场面积，一般只适合面积较大的店铺。

自由型通道：布局没有定式，可以根据商品和设施的特点形成不同的组合，可独立也可聚合。常见的有环形、三角形、U 形、马蹄形等。优点是：布局灵活，可根据不同货品、不同季节的情况及时调整，有利于促销、使顾客产生新鲜感。

店内通道布局直接影响店铺动线设计，动线是指人在室内室外移动的点，连接起来就成为动线，是建筑与室内设计的用语之一。对于店铺而言，动线的设计意味着用最合理的、最有效率的规划调整人的移动路线。动线可以左右顾客的脚步，店铺通道动线能够方便和引导顾客接触和购买商品。如图 6-5 所示。

店铺动线设计的终极目标是确保通道合理化，尽可能地增加销售热区，减少销售死角，将合适的产品陈列于合适的位置。常见的通道设计有以下四种，其中在店铺中沿同

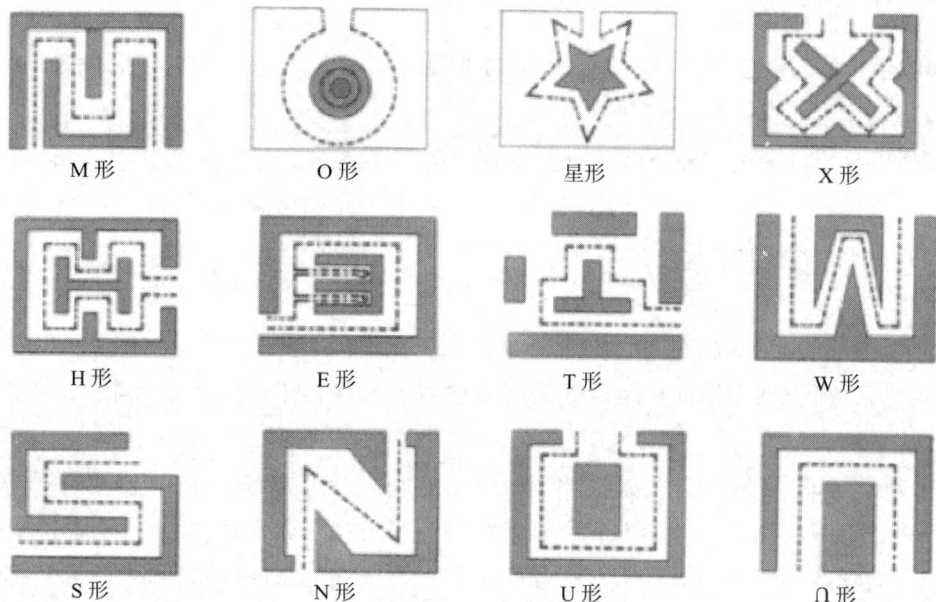

图6-5　店铺动线的基本类型

一通道做直线往返的动线为I形通道，I形通道顺畅，但店面利用不充分，不利于突出重点产品；在S形通道中顾客边迂回边浏览商品，S形通道利用充分，但展示线较短；在Ω形、R形通道中，顾客先在店头短暂停留，然后围绕中心岛的中间通路进入店铺，Ω形、R形通道重点产品突出，产品区隔清晰，能够充分利用入口处的黄金位置。如图6-6所示。

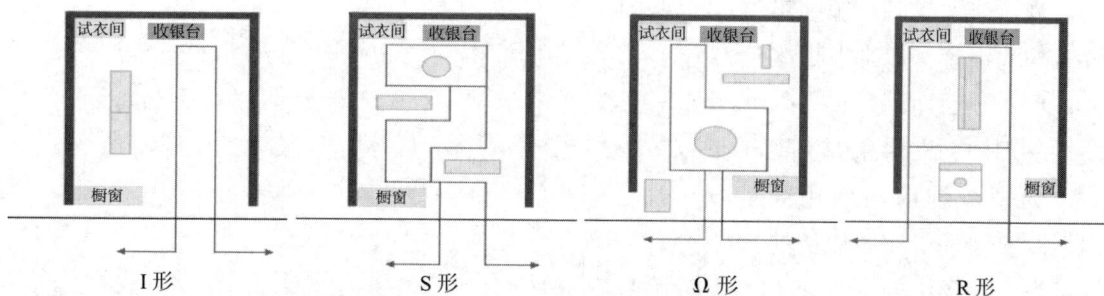

图6-6　常见的四种通道设计

四、店内收银台布局

店铺的收银台一般兼做包装台，为了提高销售时的优质服务与附加价值，将售后服务、包装及更多的信息传达给顾客，与顾客做好沟通、交流，收银服务作为最后的一项是非常关键的。现代的服装店铺的收银台设计向着大型化、现代化的方向发展。其设计要点如下：

★收银台的位置应该设立在显而易见的位置，一般设立在正对门，背靠墙位置，不应设立在侧面角落里。

★收银台的设计要便于清洁，处于易于照明的高度，装修材质要与店铺其他设施协调一致。

★收银台要是一个独立空间，外人不得进入。

五、店内试衣间布局

标准试衣间：标准试衣间的规格一般为110厘米×120厘米，多用于客流相对较少的品牌专卖店，可根据店铺面积及客流情况来设置，可以是单个或者是多个，一般是布置在靠墙的位置。

正反试衣间：正反试衣间是指相邻两个试衣间的开门方向正好相反，一般正反试衣间都是成对布置于店铺中，一般不能靠墙摆放，为了节省店铺空间，设计的尺寸比标准试衣间的小，通常的规格为100厘米×110厘米。这种形式的试衣间多用在大型服装店的开发型空间中，人流较大时便于顾客出进方便。

简易试衣间：简易式试衣间是指那些设计成各种形状的挂帘式试衣间。常见的有圆形、半圆形或是方形等多种形状，一般根据店铺的面积和整体的具体布局情况而定。这种简易的试衣间适合于一般的服装店或流动的服装摊位。

六、店内其他功能设施布局

为了节省空间，服装零售店的收银台一般都兼做服装整理台，因而不用再另外设置整理台。许多品牌连锁店，为了节约店内使用面积，改衣间一般兼做店员的休息室。卖场中的小货仓一般布置在店铺的最后面。大部分面积较小的专卖店不设立洗手间。大型的服装店一般都采用中央空调，小型的品牌连锁店由于空间相对较小一般采用独立的空调，通常都会在门口设置风幕机，以便保持店内的温度。如图6-7所示。

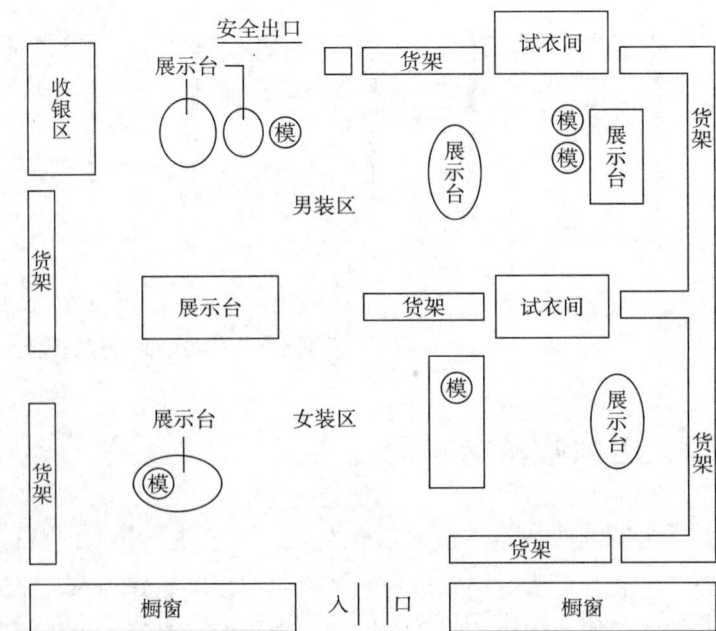

备注：（模）即模特

pic by 李曼雯

图6-7 单层店铺平面布局举例

七、店铺装修风格及设计

确定了大体的空间分配、各区域的大小和位置后就该设计每部分的环境，虽然以前已经确定店铺设计和内部设计的整体构思，但还应考虑各区域之间的关系。在比较小的高级时装连锁店内，店铺的分类设计如下。

（一）传统时装店

在许多商店中，传统的时装店能创造出很大的利润。一般习惯分为：休闲服、运动服、内衣、针织服装、男装、女装，或是以更现代的命名来分类。这样的卖场有很多商品，支架和柜台相互放得很近，店铺的环境一般要依据设计思路而定，店内设施通常都具有功能性。

（二）设计师品牌店

大多数时装店，通过划分成不同的展示销售区，把设计师服装和普通服装区分开来。由于这些设计师留下的精品的价位很高，所以他们就需要采用与店中其他商品不同的广告推销来进行销售。单个的设计师品牌店里通常都是精品，所以每件服装都能引起购物者的专注。这些装修成时装品牌店或精品店的品牌都是国际知名的，正如它们优美的名称一样，店内装饰和设备也非常高雅。一般装修的格调都采用设计师的风格，是服装零售业中最具有吸引力的购物环境之一。品牌店与其他部门全部分隔开，让顾客感觉到他是在设计师自己的私人店铺选购。用这种方式，在同一个店铺可以给不同类型的顾客提供服务。

（三）品牌专卖店

品牌专卖店经营单一品牌服装品，目标顾客明确。为了统一品牌的市场形象，不管是自我连锁还是特许经营，店铺的装修都要采取统一的设计、统一的形象，店铺的主要设施也是统一的，从而使得店铺形象与品牌形象高度统一，形成自己独特的风格。采用这种方式的原因之一是经营者的理念，一般店内的设计以及货品展示都按照品牌设计理念进行。那些不遵守这种品牌专卖理念的加盟商很可能失去经营的权力。Esprit 就是一家要求这种经营方式的企业，它要求店铺环境可以对它的销售理念进行补充。随着制造商在服装业占有越来越重要的地位，许多的制造商开始规定店铺销售商品的方式。从 Esprit 的成功中我们可以发现这种品牌的专卖店有着很大的发展潜力。现在大多数的品牌专卖店都采取统一装修风格和销售方式。

（四）系列专业店

系列专业店介于设计师品牌店和品牌专卖店之间。它们经营的是某一特定类别的系列服装，但有各种各样的品牌或设计师服装。如专门经营较好的系列运动服及其他特别的运动服装系列等，如中国香港的 IT 公司。通过这种特别的方式，顾客能清楚地知道系列产品的主体，并可以选择相关的产品。因为缺乏统一的品牌形象，所以顾客注意的是零售店的形象，如果能够突出零售店的经营特色，有效掌握商品组合构成，严格把握经营理念，真正形成自己独特的风格，这种方式可以引起更大的购买力。

八、装饰和实用材料

决定了各个部门的位置和不同的布局特点后，就该选择用于装修的材料了，所选择的地板或墙纸既要有装饰性也要有实用性。漂亮的地板固然能引起人的注目，但不防滑就不能用，同样，耐用但不能引起人的注意，也不可以。选择材料的最好组合就是既要美观又要耐用、实用符合一定的功能性。

（一）地板的选择

★ 用于零售商店中的地板有各种类型，然而超市里和那些经久耐用并易于清洗的地板，并不能满足服装零售的需要。应该考虑到外观、耐久性和舒适性三要素。

★ 地毯可以让人感觉到豪华，根据材质、等级和颜色，在独具特色的高档服装店铺中，通常选用地毯为材料。今天，服装的零售商都在销售区内铺上了大量的地毯，化纤地毯耐用性好，并且易于清洗。有很多颜色可供选择，零售商可以根据不同的价位来选购。地毯的另一个好处就是易于安装在各种底层的地板上。由于安装速度快而且价格又相对便宜，所以地毯对于任何服装销售区可算是一个很好的选择。

★ 许多零售商要求地板要有独特的设计，他们也会选择木制的地板或其他设计，还需要安装师有一定技巧以保证图案的美观。经过预处理的复合地板，实际上非常耐磨。在小的时装店里，有时用实木地板，在某些地方铺上地垫。这种木板和地毯的组合，给人一种类似于精致家庭的环境，中高档服装店值得考虑这种做法。

★ 各种瓷砖和大理石也都是常用的地板材料，每种材料都有它的优势，选择地板材料不可忽视的重要因素就是舒适性。尽管美观、耐用都很重要，但必须同时确保所选材料要使顾客和销售员感觉舒适。有些材料站在上面并不舒服，当工作人员站立很久时，由于地板选择的不当，他们会感到疲劳。所以作最后的决定时必须多加小心、多方考虑。

（二）墙壁材料选择

零售商可选用的墙壁材料也很多，涂料是使用的材料中最普通的，因为它的价格相对便宜一点。可任意选择颜色，而且很容易装修为理想的外观。其他的还有壁纸、纺织品、木头、镜子、砖和金属等。选择什么样的装修材料要依据公司的财力，想要的形象和材料的耐用性。许多的室内设计师用组合材料来达到一种特殊的效果。壁纸和纺织品的组合给人一种高档的感觉，而用镜子时，由于反射，给人一种空间宽敞、明亮的感觉。不管我们用什么，像地板的选用一样，一定要仔细地综合考虑各种因素之后再做出选择。

九、大型服装店各部分设施的布置

各部分设施的位置安排是非常重要的，如柜台的位置如何安排，如何设计销售区有利于销售额的提高，镜子和其他家具的放置等都会影响销售的成功。店铺中的每个部分都会有其特殊的要求，在销售珠宝的柜台，安全是在设计和布置时要考虑到的重要因素。柜台应该放在顾客不易直接进去的地方。设计师品牌店就要模仿设计成一种家的感觉。商品应该放在靠近试衣间的地方，并且要便于顾客取放。在角落可摆放一些供顾客休息的沙发或椅子。许多店铺认为店内各部分的设计是很灵活的。随季节而变化的商品陈列，在寒冬时期，要把泳装部换成外套。选好一个适用于多类商品的方案，可以给店铺创造出更多有用的空间。不管在什么情况下，良好服装的摆放都能给顾客提供便利，能进行令人满意的交易和保证商品的安全。

十、小型商店的运用

许多开办小型时装店的人更加关心的是经营理念，而不是店铺的设计和设施布置。虽然零售商认为最重要的是店铺的经营成功，但是合理利用空间来创造最大的利润也是很重要的，由于空间费用相对较高，合理利用空间也是非常必要的。尽管聘请空间设计师的费用较高，但也胜过因不合理设计而产生库存付出的代价。实际上，为了得到很好的店铺环境设计方案，聘请设计师所花的费用并不高，因为好的店面设计可以为日后的经营打下一个成功的基础。所以无论店铺多小，每个服装零售商都应该请专业人士来设计店铺的环境。

第四节　服装零售店陈列设施

通过阵列设施的选择可以增强店铺的形象，有两种设施，一种是用于陈列商品的，另一种是商品和店铺的照明设施。选择的方案很多，但必须根据外观和实用性来选择，选用一个好看而没有足够空间放置商品的柜台，就像选用小的漂亮装饰盒一样，中看不中用。

商品展示设施除了提升销售技巧外，在展示销售中也有很大的作用。当购物者进入一个特别的店铺时，他们首先注意的应该是特色商品。特有的柜台、长桌、货架等设施都有助于显示出商品的闪亮点。每个店铺必须选用可夸张衬托商品的设施，如有的高档时装店就喜欢用复制的古董木桌来陈列套衫和折叠好的货品。这种设施不仅可以增强效果，也可以提高店铺形象。有的服装店利用玻璃和黄铜柜台来展示他们贵重的珠宝和饰品，这样每件货品看上去都像贵重的珠宝。

一、服装零售店铺陈列设施

（一）展销台——用于展出主打商品

对于服装专卖店来说，展销台主要用于展示主打商品，不仅为商品的视觉促销提供了展示舞台，而且还可以融入特殊的风格，作为服装搭配提议的销售舞台。展销台上的货品应该让顾客看得见摸得着、易取易拿，对展台的高度设计有一定的要求，一般最佳的视线范围是 100 ~ 160 厘米，最佳的拿取高度为 60 ~ 150 厘米。展销台一般可以设计成单层或多层，多层设计时一般分割成 2 ~ 3 层，店铺的展厅设计应该与店铺的整体经营风格相匹配，常见的展台形状如下：长方形展台、圆形展台（多层的又称为"蛋糕台"）、三角形展台。如图 6-8 所示。

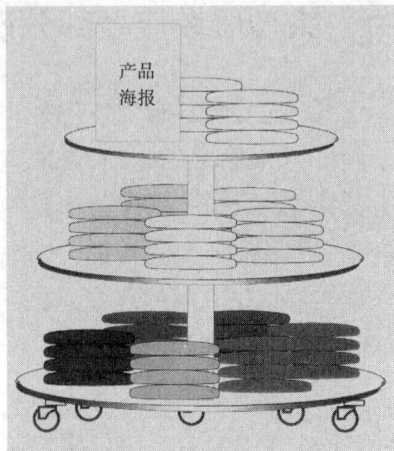

图 6-8 三层蛋糕展示台

（二）层板

层板又称为货架，一般层板、货架靠墙放置或背对背放置，材料以木质为多，层板的宽度一般在 35 ~ 50 厘米，一般层板之间的距离可以调节，根据不同季节服装的体积大小、摆放件数的要求店铺可以随意进行调节。有的高档品牌以壁式货柜来代替层板，这种可以加上玻璃门利于防尘和货品管理。为了防止视觉死角和便于顾客拿取货品方便，层板货架的最大高度一般 220 厘米左右。如图 6-9 所示。

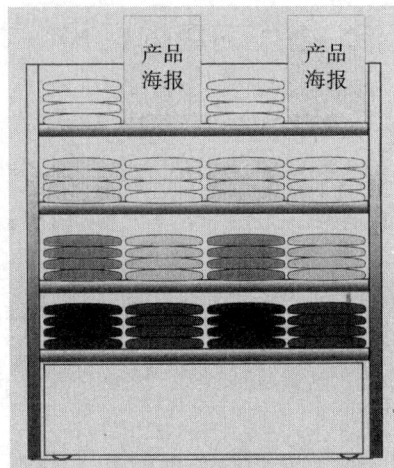

图 6-9 层板展示

（三）挂通

挂通又称为吊架，主要用于服装的立体展示，注意挂通的功能、造型要与展示的服装匹配。

1. 按结构分类 可分为固定式挂通和自由式挂通。

固定式挂通——在店铺室内装修设计时已经做好，只可以调节上下高度。

自由式挂通——可以自由移动，功能性非常好，可以根据每季的服装情况来灵活改变位置与方向。

2. 按形状分类 可分为直挂通和斜挂通。

直挂通——又分为单面挂通和双面挂通。单面挂通可按照服装的色彩、款式等单面进行排列，双面挂通的挂量是单面挂通的两倍。

斜挂通——又称为象鼻通，主要强调正面的展示效果，用于展示同一类服装的不同颜色或不同规格大小的服装。如图 6–10 所示。

3.不同地板不同防尘高度（衣服距地面的高度）　地毯：5 厘米；木板、水磨石：10 厘米；其他普通砖：15 厘米。

（四）挂通与层板组合

上面设置层板下面安放一个挂通，这种组合一般靠墙安装。挂通上展示层板上陈列的服装，便于顾客挑选时观看挂样。如图 6–11 所示。

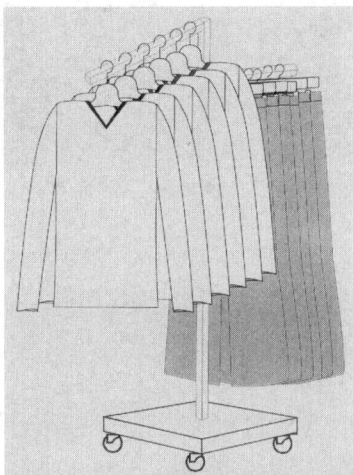

图 6–10　斜挂通展示

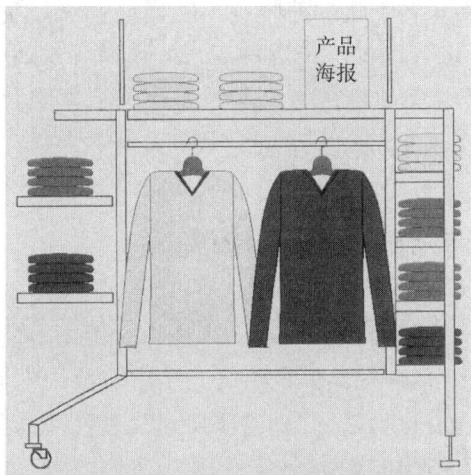

图 6–11　挂通与层板组合展示

（五）其他

皮带、裤架及配件柜：一般不同的配件运用不同的配件柜，此区靠近收银台，由收银员负责。

工作台：供折叠衣服用，通常与收银台合在一起。

牛仔柜：专供摆放裤类用，如图 6–12 所示。

模特：立体展示，模特上的服装两周至少要更换一次。

现在时装零售店中商品的展示设施的价格，与以前有很大的反差。在过去使用性能是主要的，样式是次要的。而现在，在实用性的条件下，设计师会选用多样化的样式来创造出所要的特殊造型。在真正选择之前，还应考虑

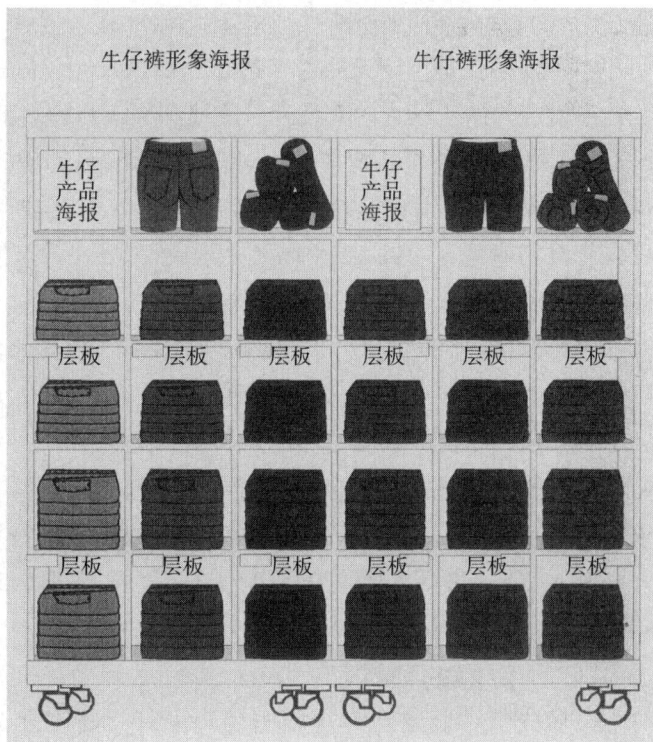

图 6–12　牛仔柜展示

到它是用来展示销售货品给顾客的。如果是自选的方式，就必须是开放式的柜台。如果是专门展现给顾客，特别区域的柜台就要留下展示给顾客看的空间。许多时装零售商采用的都是组合设施，因为他们一般都既有自选的，又有个性展销的。

从传统到现代的设施布置，都要适用于自家的店铺。商业性的专营店铺设施的小贩就有现成可用的设施，或者如果财力允许的话，也可根据目标顾客进行设计。是选择木头、玻璃、不锈钢，还是选择组合材料，就由零售商自己根据具体情况来确定。如图 6-13 所示。

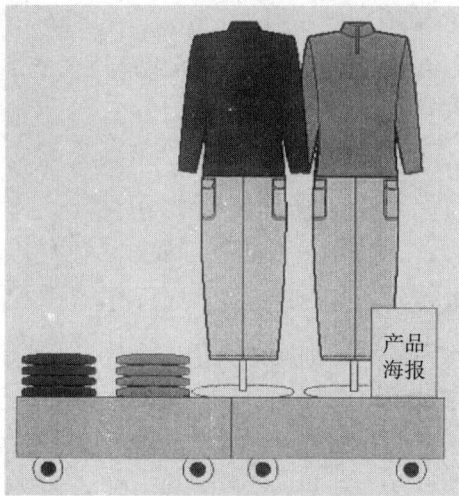

图 6-13　模特展示

二、店铺灯光和照明设施

服装店的灯光、照明直接影响店内的气氛，再好的服装品陈列如果没有灯光的照明来烘托气氛，也会黯然失色。灯光是店铺设计中最主要的设计之一，从荧光灯到普通的照明灯和强光的白炽灯，灯光设计师有很多可以选择。这时又要再次考虑设计主题、店铺的形象、商品类别和财务状况。

（一）室内照明设计

展示商品就是用灯光照射来达到一种引人注目的效果。

尽管店铺的正门、内部设计、墙壁和地板材料、商品展示设施创造了一种形象或构想，但灯光还能对其产生一定影响。稀薄、模糊的灯光能给设计师沙龙创造一种优雅的情趣，强烈的灯光能为少女时装增加同时期的销售。灯光应用正确时，能让店铺拥有特别的气氛。

店内照明分为两种，一种是自然照明，另一种是灯光照明。

1. 自然照明　是指利用自然光，若店铺的采光特别好，在白天可以充分利用自然光线，这样既可以降低成本，又可以保持服装品的本来颜色，非常利于顾客挑选颜色。若采用灯光照明有时会造成对服装品颜色的曲解。因此如果采光好，自然光应该成为首选，以满足人们回归自然、崇尚自然的现代消费理念。

2. 灯光照明　对于一个服装店来说，灯光照明以不改变服装本身颜色的观感为基本要求。服装店的照明在忠诚于服装本身颜色的同时，为了增强表现陈列品的质感、立体感和光泽感，需要配置不同性能的照明设备，来达到重点突出展示样品，烘托气氛的效果。

（二）灯具的种类

1. 荧光灯　服装通常选用白色荧光灯，功率在 20 ～ 200W，价格便宜使用寿命长。适合于普通的服装店的基本灯光，强调冷色调时用日光色的荧光灯；强调色彩时用高级光色的荧光灯。尽管荧光灯是最经济的，但它们并不适用于大多数的时装店环境，甚至打折店或低价店的零售商都认为在展示服装的优点时，荧光灯的光线是达不到要求的。如果想要控制支出，可以把荧光灯和白炽灯结合起来用，但混合使用时要注意感觉上的协调性。

2. 白炽灯　白炽灯种类很多，一般照明用的灯泡功率在 20 ~ 100W，价格相对比较便宜，但亮度不如荧光灯，在店内可用于一般的照明。聚光灯和泛光灯都属于白炽灯。前者是一束狭窄的光线，后者是一束更宽的光。两者都可以安装在天花板或折射率较大的细缝中，用来照明。

3. 高压能灯　常见的有石英灯和高压能灯，一般的功率在 40 ~ 400W，使用寿命也比较长。现在，很多的店铺使用的都是石英灯和高压能灯泡。这些灯都很明亮，一般用来突出店内的特殊商品和区域，适用于二级光源的灯光照明。

（三）灯具的选择要点

当卖场陈列货品较多时，灯光选择要注意突出商品的色彩和质地；当店内的服装陈列较少时，需充分发挥灯光作用来烘托气氛，可选择有装饰效果的灯具。应该遵循原则如下：

★灯光设置应该突出店铺形象：如店名、店铺标志物、橱窗及整体风格。

★灯光的照度不能破坏服装本身的颜色、图案和整体造型风格。

★照度要适中，避免与装饰材料产生眩点而刺激顾客视觉。

★灯光的设计能够烘托卖场气氛，造就良好的购物环境，激发顾客购物情趣。

（四）灯具的设计种类

1. 基本灯光　保证店内大环境的基本照明。主要包括店内通道、顶棚、墙面、橱窗、指示灯的基本照明。服装店的基本照明一般选用的是日光灯，以利于保持服装品的自身颜色。基本灯光照明的注重点是环境。

2. 二级灯光　是指对店内的某一局部做特别的照明，主要目的是突出表现商品的特质，方便顾客观看与挑选比较。二级灯光具有推荐、表现、吸引的作用，一般二级灯光设置在展销台、陈列柜及象鼻通的上方或附近。

3. 装饰灯光　又称气氛灯光，是店内灯光系统的重要组成部分，一般安装在橱窗的前下方、起烘托作用的壁面、店内的装饰物旁边、模特头上等地方。装饰灯只起陪衬和辅助作用，不宜安装过多而喧宾夺主；亮度不要太强，对比不宜过大，要动静相宜、欢快流畅，使顾客感到自然舒适、富有情趣。

☞ 案例分析

一个已经有几家分店的综合百货商店，决定再开设一家分店。与其他的分店不同，这家分店的商品组合是唯一受限制的。这是因为公司已经意识到店铺的销售已经在下降。新的店铺将要作为公司的典型，并且有希望成为将来发展的许多分店中的第一家分店。作为

35年的成功商人，董事长已经采用了许多扩展计划。他们一直采用相同的店铺设计方案，并且达到了很满意的效果。建筑师和设计师在商品的空间方面的设计符合高层管理人的想法，并了解一些设计喜好。在建筑师到来之前，公司举行了一个高层次管理人和展示销售负责人出席的会议。对新店铺的设计产生了两种不同的想法。高层管理人认为传统的方法一直很适合公司，应该采用同样的方式。而展示陈列师认为店铺应该采用一种更现代的方法来进行内部设计，他们认为新的店铺要突出时尚，而且公司创立几个不同的部门分类会更好。

☞ 问题讨论

1. 你赞成哪一组？用逻辑推理分析一下你的答案。
2. 试讨论传统时装店的概念与现代服装店的不同点。

☞ 练习题

1. 拍一些市中心大型商店或个性店铺或购物中心的一些店铺的橱窗照片。把五张最好的照片贴到分开的纸上，说出他们分别属于哪一类型的橱窗，并解释你归类的理由。

2. 参观一家大型购物中心，记下商场内10个店中店名称并列出每家店的商品类型及特点。

3. 观察三家时装店的灯光设计，说出它们用于室内和橱窗照明灯的类型，并完成下表。

项目	店铺 A	店铺 B	店铺 C
橱窗灯光			
室内灯光			

能仁者的管理：服装企业人力资源管理

课题内容： 1. 人员招募

2. 员工培训

3. 员工绩效考评

课题时间： 3 课时

教学目的： 了解服装零售企业人员的招聘方法及录用标准，理解员工培训的概念
及意义，掌握员工的管理及激励方法。

教学要求： 1. 了解招聘人才的条件、人才策略、招聘渠道及人才的甄选。

2. 了解服装企业的培训系统。

3. 了解服装公司绩效考核的应用及考核办法。

4. 对如何激励员工有更深的了解。

5. 掌握服装公司薪酬和福利的内容和形式。

6. 了解员工管理中的考勤管理、升职管理、试用管理和离职管理。

教学方式： 理论讲授、图例示范、案例讨论与分析。

课前准备： 阅读参考文献并重点了解以下概念：招聘方式、绩效考核、薪酬与
福利、人力管理等；调研无印良品、优衣库专卖店；阅读有关专业
杂志和学术期刊。本章建议参考书籍为：《人力资源管理》《员工关
系管理》。

第七章 ▶▶
能仁者的管理：服装企业人力资源管理

任何一个企业组织的生命力都在于它的员工。

假如没有许许多多尽职尽责的员工们勤奋的努力，很难想象一个组织在各个方面都能够健康地运转起来。无论是企业的高层决策还是那些直接在销售前线同销售员打交道或是为公司提供服务支持的中层管理人员，优秀的雇员永远都是企业所必需的。

第一节　人员招募

公司管理者需了解他们现有的人事状况（是人员不足还是超员），并针对具体情况入手，制订人员配备计划。如果公司中出现一个或多个职位空缺，公司人事部门可根据职务分析信息来制订人员招募计划。人员招募就是吸引、确定和安置有能力的人才来到公司，为公司所用的过程。

一、人才要求

基本条件：对于招聘人员的学历、工作经验、所学专业、年龄、沟通能力及工作经历等，可依不同职位来择定。如对于初级人员主要以技术或专业人员为主，中初级人员既要懂管理又要懂专业技术，对于高级人员主要以管理为主（主要是管人为主）。

国家规定：《中华人民共和国劳动法》规定给予员工的保障，如保险、基本工资、每周工作时间等，或担任某项工作须具备专业特殊才能或执照，如服装设计师、送货司机要有驾照等。这些规定往往造成企业招募人员不易，且增加人事成本的支出。

其他要求：是招聘有经验者还是刚毕业的大学生；招聘的员工是具有创意、勇于尝试，还是工作努力、认真负责；是性格开朗还是性格内向等方面，常随着公司职位不同以及企业未来发展方向的不同而产生不同的选择。

此外，凡有下列情况者，不得聘为公司员工：

★刑事罪犯或曾犯刑事案件被判有罪者或通缉犯。

★因工作严重错误被其他公司开除或降职者。

★患精神病或传染病患者。

★吸食毒品者。

★亏空公款或私吞赃物被处罚者。

★法令规定年龄以下者。

二、招聘所需人员的申请

各部门人员的增补必须根据公司发展方向、人才策略及实际需求，按一定的程序进行。

★人员增补的申请，由用人部门主管填写（人员增补表）交由人事部门办理。

★人事部门呈报相关主管核准后，由人事部门统一招考，并将招募情形报请总经理核准。

★遇紧急缺人时，用人部门主管得先以口头形式向人事主管和相关经理请示核准后立即招聘人员，但需于三日内补填（人员增补申请单）。

三、招聘主要来源

管理者何以找到合适的候选人呢？表 7-1 提供了一些参考。而使用何种招聘方式应根据当地人才市场、所需工作职位类型及级别等因素进行确定。

表 7-1　招聘方式的特点

招聘方式	优点	缺点
内部招聘	费用少，有利于提升员工士气，招聘者熟悉公司内部情况和企业文化	人才有限，造成另一个空缺
各类广告	辐射范围广，可以针对特定目标人才	有许多不合格的应聘者
员工推荐	可为候选人提供公司的相关情况，基于推荐人的认真推举有可能得到高素质人才	有可能会产生任人唯亲的情况，增加管理难度
人才市场	正常费用（场地租金）或免费	会有非熟练或受训练少的人应聘
猎头公司	人选较多，广泛接触，专业人才较多	费用高
校园招聘	费用低，大量专业集中，可挑选余地较大	应聘人经验少，只适合低职位人员招聘

招聘的范围和投入的力量也因组织规模不同而有所不同。一般而言，组织越大，就越容易招到合适的应聘者。并且，大规模招聘有更大的候选人储备，可以从中挑选更合适的人补充空缺职位。同时，大规模招聘还容易引起外界的注意，产生较大的影响，另外，还可以给人们留下在这些企业工作会有更多晋升机会和拥有更大责权的印象。

经调查研究发现，员工推荐被证明是最好的一种，因为内部员工推荐的候选人已事先经过了这些员工的筛选，他们对该职务和所推荐的人都比较了解，经过比较自然倾向于推荐更适合该职位的人选，再者，推荐人在公司中的声望、信誉和地位，也保证了候选人的质量。

四、人才的甄选

筛选方法：公司人事部门应使用各种筛选方法来减少错误的发生。常用的方法有：申请表分析、笔试、面谈、履历调查以及某些情况下的身体检查等。

申请表：几乎所有公司都要求应聘者填写一份申请表，让应聘者填上姓名、性别、出生年月日、地址、工作简历、特长、学历、身份证号码、联系电话、薪资要求、应聘职位等，以了解应聘者知识水平、工作能力和工作经验。

通常只有通过申请表中某些栏目的描述说明该应聘者对公司有用，或适用，他才有可能通过初选，得到笔试或面试的机会。因此，写好申请表是进入公司的敲门砖。

笔试：并不是所有公司都会进行笔试测试，笔试通常包括智商、性格测试、沟通能力、团队精神、业务能力和系统思维等内容，还可以从字体中查看应聘人性格、做事风格等信息。

有大量数据证明，以上这些项目的测试是有效的，也是非常有必要的，例如，在服装公司开店时，需要很多部门和很多人协作努力才能完成，这就要求参与人要有团队配合精神、沟通能力，还要发挥各自的业务能力，才能将店铺经营得当。

面谈：面谈与申请表一样，几乎被所有公司采用。

面谈被认为是一种既有效又具有可信度的筛选工具。通过面谈，公司人事部门可以得知应聘者的表达能力、性格、外貌、审美观、礼貌教养、业务知识和能力、工作经历及细节，还可以了解他（她）对某一事件的看法。

履历调查：进行履历调查对公司来说是有益的，尤其是在招聘较高级别的管理人员时是非常必要的，有相当多的高级别职务应聘者对他们以前的工作经历、职务头衔、过去薪金或离开原工作岗位的原因夸大其词或叙述不准，这就需要将他们所填资料用一些可靠的途径作核对，以发现该人的诚实度和工作能力。

身体检查：对于一些中午共进工作餐的公司，为大家的健康着想，录用时的体检是非常必要的。

招聘的职位不同，采用的方法也不尽相同，只能在有限的时间内，在有限的候选人中甄选出相对比较合适的人选，见表 7-2。申请表只能提供应聘者的基本资料，笔试对常规职位具有相当好的效果，而面谈对于服装行业则非常必要。履历调查可减少公司用人的风险性，身体检查可减少公司运营的风险。

表 7-2　各种甄选方法的特点

效果得分：5 最高，1 最低

职位方法	高层管理	中低层管理	复杂的非管理职务	常规的工作职务
申请表	3	3	3	4
笔试	3	4	2	5
面谈	4	5	4	3
履历调查	5	4	4	4
身体检查	5	5	5	5

第二节 员工培训

　　培训对确保完成每天大量的工作以及每个员工很好地配合企业的要求相当重要。如果没有足够的培训，企业的目标是很难顺利实现的。培训员针对学员的职务和工作的具体要求，向学员灌输专门知识和训练特殊才能的过程，着眼点是适应工作的需要。为了适应工作需要，通过培训帮助学员减少工作要求与工作表现之间的差距，提高工作效率。

　　在不同的阶段员工培训有不同的培训内容，不同的公司对培训有着截然不同的认识。例如，小企业很少有正规培训，大企业通常都设有系统非常完善的培训体系。大企业培训工作通常由人力资源部组织，对员工进行培训，而小企业只靠部门经理来教会新员工操作技能。员工培训通常分为以下几类。

一、新员工的培训

　　当新员工进入一家公司时，首先是要让他们尽可能多地了解公司的理念、目标程序等方面的知识。如果企业定位是时装，培训的难度就要更大一些，除了基本知识以外，还要培养他们的时尚感觉，这就要求有高水准和职业眼光。

　　最重要的培训对象是那些将要分管这个公司的人或某个部门的人，很大程度上来讲，一个企业的成功是建立在管理层的创新理念、工作项目能被员工认同并顺利实施。零售业高层领导的主要工作是进行商业分析、成本预算、顾客服务、宣传促销、商业广告策划，以及把决策通过下属顺利实施，从而使企业不断进步。时装零售商面临的挑战甚至会超过管理本身，因为他们经常面临如新款式、颜色、套装等的选择。

二、中层管理人员的培训

　　部门经理和经理助理们不必做出决策而是要实施高层领导的决策，对他们进行培训的内容主要是如何担负起自己的职责、如何做好本职工作。

　　在中层管理人员培训中，主要以计划、组织、领导、沟通、激励、人员管理、成本管理、绩效考核、控制等课程为主，主要提升其对该部门的管理能力，加强与其他部门的配合，发挥其团队协作精神，控制好本部门的运作成本和工作进度。

三、销售人员

　　销售人员的职责就是用自己的专业知识和产品知识，帮助顾客选择自己喜欢的合适的产品。没有经过良好培训的营业员从事销售工作将给企业造成损失，一个刚做销售的营业员所需要的培训比写字楼初级文员要多得多。

营业人员一般需要的培训内容主要有待客之道、店铺礼仪、推销技巧、微笑服务、面料知识、产品知识、顾客心理、店铺运作、陈列与服装搭配、销售英语、有效处理顾客投诉等课程，主要提升营业人员为顾客服务的水平和能力，同时营业人员还要掌握当季的流行趋势、流行色、流行款式、顾客资料等知识，以便为顾客提供顾问式的建议和服务。表7-3 为服装店铺销售人员形象培训示例。

表 7-3　服装店铺销售人员形象培训示例

品德修养	仪容仪表	仪态举止	礼貌用语
热爱本职工作 归属感培养 遵守工作制度 工作责任感 团队精神 诚实守信	化妆 着装整齐 工牌 卫生	身体姿态 讲话姿态 注意聆听 目光巡视 微笑服务	称呼用语 接待用语 谢绝用语 送别用语

四、员工再培训

员工再培训分为三大类：知识、技能和态度。绝大多数员工的培训都着眼于改变其中一项或多项技能。

（一）知识培训

随着市场竞争的日趋激烈，服装企业必须不断推出新产品、新面料、新款式，要求服装企业的员工在公司安排的培训中不断更新自己的知识结构，以适应公司发展和市场竞争的需要。在管理方面，服装公司也应不断调整自己的组织结构，利用公司的培训系统，将最新的管理理念灌输给管理人员，不断完善，减少失误，增强公司竞争力。

（二）技能培训

许多培训是用来改进和提高员工技能的，这不但包括基本技能（沟通、写作、电脑操作等），也包括与特定职务相关的能力（数据统计与分析、推销技能、管理技能等）。

人际关系是所有企业都面临的问题，这种技能要不断地培训加以提高，从一定程度上讲，员工的工作绩效很大程度上取决于他或她与其同事和老板友好相处的能力。有些员工具有优秀的人际关系能力，而其他人则需要通过培训才能改进与同事的关系，这包括学会如何做个好听众，如何更清晰地表达自己的思想以及如何减少摩擦冲突等。

解决问题是每位员工在工作时始终要用的技能，特别是非常规的、变化快的工作更是如此。如果员工解决问题的技能还不如意，公司应安排相关培训来提高这方面的技能。具体包括：工作流程培训、系统思考训练、强化逻辑思维，提高发现问题、分析问题和解决问题的能力，制订解决问题的可行性方案，执行后评估其效果。

（三）态度培训

态度培训是这三种培训中最重要的，如果企业的员工在态度上出了问题，企业遭受的损失比前两项技能会大得多，人的能力越强破坏力就越大。

如果在店铺中服务态度不好，会得罪顾客，影响店铺声誉，损害品牌形象；如果数据分析人员态度不好，会将数据输入错误，导致管理层做出错误决策，有可能造成上千万的损失；因此公司应不断进行企业文化的培训，培训员工对工作认真、一丝不苟、勇于负责的态度，培养员工积极向上、不断进取的精神，让员工用积极的态度对待工作和生活。

第三节　员工绩效考评

一、绩效考评的应用

绩效考评是对员工的工作成绩进行的评价，可以帮助人事部门形成客观公正的人事决策。

通过绩效考评可以对员工进行薪酬的增减、有针对性的培训、对员工的职务进行升降、对未来的人事策略进行调整、留用或解雇员工及对人事进行有效的研究，表7-4就是对一些企业进行调查后，了解到绩效评核在这些企业的应用率。

表 7-4　绩效评核应用率

应用项目	应用比例（%）
人员工资报酬	85.6
工作量及工作效率	65.1
针对性培训	64.5
职位提升或降职	45.3
人事规划	43.1
留住或解雇	30.3
人事研究	17.2

二、绩效考评的方法

对员工的绩效考评很重要，但很难非常准确地评核出结果，绝对的准确公平是不可能的，多采用一些方法，可以达到评核的相对公平准确性，下面就是一些评核方法介绍。

考评报告：考评报告是最简单的一种方法，它是用记叙的方法对员工过去一段时间的工作表现、工作态度、工作技能、取得成绩、有何潜力、有何改善之处进行描绘，最后提出改进和提高建议。它实际是一种"模糊"考核，只可得出优秀、良好、中等、较差等评价，不仅取决于员工自身的表现，同时也与评核者的写作水平有很大关系。

关键事件法：此方法是考评报告的一个补充，考评者的关注点放在一些细节方面，这些细节虽然小，但能说明员工在处理某些问题的能力或思想品质方面如何，我们说"管理就是细致"或"零售就是细致（Retail is detail）"，在激烈的市场竞争中，在比赛完所有固定项目后，就剩下比谁的失误少了。

考评表法：此方法是最常用的考评方法，它列出一系列考评因素，如：营业额、成本、工作量、工作质量、态度、团队合作、出勤、忠诚、诚实、创新等，然后，考评者对表中的每项逐一给出分数。评分尺度通常采用5分制，如对顾客服务态度这一因素的评分可以是"1分"（对顾客态度傲慢），也可以是"5分"（对顾客主动热情、彬彬有礼）。考评表法之所以得到广泛应用，是因为其在设计和执行时总耗时较少，而且便于定量分析和比较。见表7-5。

表7-5 某服装公司业务部经理评核表

考评指标				
指标类型	指标项	考评目的/内容	考评方法	考评主体
绩效	销售收入25%，15%	保证公司年度经营目标的实现	是否达到预定销售指标（否决性）	总经理
	市场占有率0，5%	保证长期利润的实现	是否完成市场占有率指标	总经理
	应收账款0，10%	保持合理的现金流量，防止财务危机	应收账款周转率＝销售收入/当年平均应收账款	总经理、财务部
任务绩效（季60%）（年50%）	客户满意度15%，5%	保证零售业务正常运作	因顾客服务原因被投诉次数大于8次	总经理
	生产需求预测准确度5%，5%	保证服装需求，降低库存	供货及时率不低于20%，库存周转天数不超过15天	总经理
	重要任务完成情况15%，10%	公司下达的重要大活动	计划中的目标，期末检查是否按期完成	总经理
管理绩效（季10%）（年10%）	预算指标控制4%	控制费用，降低成本	是否按预算制度使用资金，是否有超预算情况	总经理、财务部
	下属行为管理3%	严格管理下属情况	所管理部门出勤率，违规事件数量	总经理、人力资源部
	关键人员流失率3%	保证公司人才的稳定性	设计师、中层管理人员以上人员流失率低于5%	总经理、人力资源部
周边绩效（季20%）（年20%）	部门合作满意度	促进部门配合，保证公司业务正常运作	相关部门评核	总经理、其他部门
能力（季10%）（年20%）	能力素质专业知识技能	能力素质专业知识技能		总经理、业务总监

相对比较法：此方法是将一位员工的工作绩效与做同样工作的员工进行比较，这种比较是一种相对衡量指标，它分为三大类：分组排序法、个体排序法和配对比较法。

★分组排序法：是考评者按一定的标准将员工编入相应的组别，来评价这些员工工作水平。例如，在对员工进行评价时，考评者可将所有被考核人作一排列，如果下属有 15 人，他们可被分成三组，那么有 5 人可排前 1/3，算优秀组，有 5 人排在中间 1/3，算良好组，还有 5 人排在后 1/3，算较差组，这较差组员工如果不改善自己的工作能力和工作效果，有可能被企业淘汰。

★个体排序法：是将所有被评核的员工进行大排序，选出一个"最优秀的"，以他（她）为标准，其他人与之比较，排出相对顺序。如花样滑冰比赛就用该方法评分。

★配对比较法：是将每个员工与其他所有被评核的员工进行单一比较一遍，比出该员工"优者"和"劣者"次数，然后按"优者"的次数排列出一个总的顺序。此种方法可以确定每位都与其他人进行比较，相对比较公平，但如果人数较多时此方法耗时过多。

目标管理法：目标管理法是在员工有明确、具体、可证实、可衡量的目标前提下，对员工完成工作情况进行绩效考评的。评核者可根据营业额、毛利润率、成本等指标对员工进行评核，目标管理更重结果而不是过程或手段，评核者可得到更大的自主权和思考时间。

☞ 案例分析：华为公司的选才原则

人才素质越来越成为 IT 行业选人时考虑的主要因素。华为公司在应届毕业生招聘政策中，基本遵循这三个原则：

1. 人才素质是企业选人用人的最主要标准。很多管理人用"冰山"来比喻一个人的特点，学历、学位、知识就好像冰山浮在水面上的部分，而潜在的责任感、价值观、工作态度、品质、团队合作精神、动机等才是决定一个人未来事业发展的冰山下的部分，这些因素是最根本的、本质化的、不易得到。尤其是对于应届毕业生来说，这是预测一个人未来发展更可靠的因素。因此，在招聘人才时，华为公司有意识地测试应聘者的潜在素质，并与应聘者充分沟通，帮助其找到合适的岗位。

2. 扩大招聘学校和专业范围。华为公司在近几年的应届毕业生招聘中，扩大了学校范围和专业领域。虽然名牌院校的学生生源素质更好，师资力量更强，但非名牌院校也可培养出优秀人才。在专业方面，华为公司除了要求具备一定的专业基础之外，认为具有较强的学习能力和不同专业背景的人才更有互补和发展优势。因此，对于计算机、电子工程、自控理论及应用、无线电技术、电路与系统、自动化计仪表及装置、无线电通信、光电子技术等专业的学生都有需求。

3. 要求未来员工具有强烈的成就事业的愿望和较好的团队合作精神。现代化高新技术企业所处的外部环境，已经越来越不是一个安详宁静的太平世界，只有具备清晰的事业远景和顽强拼搏精神的企业，才能在激烈的市场竞争中取胜，企业也相应地需要具有拼搏精神的人才加入。高新技术企业发展的历史也证明，这个时代越来越不是一个个人英雄主义世界，个人的作用是渺小的，只有一个团队共同的智慧结晶才能创造成功的产品、成功的企业，这也是学生迈出校园即将面临的一个很重要的变化。因此，只有具备良好的与人交往、合作能力的人，才能适应高新技术企业的需要。

华为公司基本法中，明确提出人才资本的增值优于财务资本的增值，用基本法的形式保证了公司对人才资源的投入高于对利润的追求。因此，华为公司更欢迎更多的各类人才投身进来，与公司风雨同舟，共创未来。

☞ 问题讨论

1. 华为公司对真正的人才概念是如何定义的？
2. 作为人才如何在大企业做好，与大企业一同成长？

☞ 练习题

1. 人力资源部的主要目的是什么？
2. 你认为培训与上课的区别是什么？
3. 用分组排序法将你的同学分成五大类。
4. 如果你想当人事经理，请你去找参考书，学习激励理论（需要层次理论、双因素理论、X理论和Y理论、公平理论、期望理论）。
5. 小型企业需要建立人力资源部吗？

执行者的安排：服装零售店的货品管理

课题内容： 1. 货品的验收

2. 服装检验技巧

3. 货品仓务管理

4. 店铺货品管理

5. 货品的盘点

6. 货品的保管

课题时间： 3 课时

教学目的： 了解货品验收程序，了解验收技巧，了解服装货品的仓物及物流管理程序、方法，掌握货品在销售、仓储、运输中的保护方法。

教学要求： 1. 了解货品验收的方式有哪些？各自的优缺点。

2. 掌握服装的检验内容与技巧。

3. 清晰仓务管理的主要内容及作用。

4. 熟悉店铺货品管理的主要内容。

5. 了解货品的盘点方法和意义。

6. 掌握货品保护的内容及方法。

教学方式： 理论讲授、图例示范、案例讨论、调研分析。

课前准备： 阅读参考文献并重点了解以下概念：货品验收、仓务管理、货品管理、货品保护等；阅读有关专业杂志和学术期刊；分析案例进行讨论。本章建议参考书籍为：《货品管理》《企业管理》。

第八章 ▶▶
执行者的安排：服装零售店的货品管理

商场如战场，那么货品就如同战场上的枪支弹药，再好的指挥官、再好的战士没有枪支弹药也无法打胜仗。货品的管理与保护工作是至关重要的，货品是零售的生命线。

作为零售商不仅要组织好店铺的销售工作，同时也必须做好货品的管理工作，确保能够为顾客提供满意的货品。货品在采购回来之后，货品的接受、检验、入库、上架等工作是非常重要的，这一系列的工作是确保货品能够顺利销售的基础，因此一个有经验的零售业高层管理者，都深知货品管理的重要性。在人工处理货品的程序方面没有重大的变化，但在货仓自动化管理方面引进了一些新的系统，比如实时目录清单系统（JIT）、快速反应系统（QR）和电子数据交换系统（EDI）等，从而使得货品的接收与管理更快捷更合理。

第一节　货品的验收

关于货品接收的一个主要问题是核实运送货品的准确性，供货商有时会发送零售商没有订购的货物，这种情况有时是因为供应商不能满足零售商的订单时使用了替代品。当收回的订单同送货清单核对时经常会发现有款式、颜色及尺寸不符的情况，如果收验货工作不仔细，经常会接收一些未订购的货品。当订购的时尚、紧俏的货品的生产数量不足时，一些供应商通常会采用这样的策略来对付商家。值得注意的是，时装零售的库存已经不像从前那样重要了，大多数时装零售商为快速订购所需足够数量的服装，经常采用追单或补充新货物来满足需求。当额外的货物存放在仓库里时，通常会被遗忘，最后导致降价。除了特殊的时装类型，大多数零售商会降低他们的库存量。

一、收货方式

零售商可选择在商店接货或者在货仓或配送中心接收货品。对于小型零售店，货物一般直接从供应商处送到商店，然后检查、开票，接收后放置在店铺仓库或直接进入销售区。在大型的连锁店或购物中心，收货通常是在货仓或配送中心完成。

（一）店铺直接验收接货

★对于较小的商店，没有别的选择，只能在商店所在地接货，零售商一般是在前门接货。如果布局允许，在后门单独的进口接货更方便。随着租金的不断上涨，很多小店不再设立单独进货区，而是使用售货区处理进入的货物。这种情况下，店主通常会先把货箱放在隐蔽的地方，直到店铺销售非繁忙时才完成来货的检查与登记工作，接货用的独立空间在店铺的后面或是最不利销售的地方。在多层的店铺，接货工作通常在销售价值不高的顶层进行。

★在店铺接收货品的优点是，省去了货品的第二次分检、运输的费用与损耗，高效快速；不足之处是有时会影响到店铺的销售与整洁，有时店铺繁忙时来不及当时清点、检查货品的详细数目与质量，日后当接收的货品出现问题时不便于同供应商交涉。

（二）货仓集中验收接货

★大型商店通常采用集中式接货，用这种方式，可使店铺更多的空间用作销售区域，店铺卖场无须存放过多的商品。小型连锁店和百货公司通常在其商店集中地区设立货仓进行验收接货，货仓一般坐落在比公司商店租金更便宜的地方，当店铺需要货品时，再由货仓将货品分发配送到各家店铺。在超大型的服装零售企业，在每个销售地区都有很多店铺，为了方便货品的配送，一般都在当地设立货仓进行验收接货。

★货仓集中验收接货的好处是既节约了店铺的空间方便销售，又可节省店铺的时间与人力。货仓可以在店铺非繁忙时段为店铺送货，而且每次的送货数量依据店铺的销售具体情况而定，减少店铺小仓的存货压力。二次分货的缺点是货品要经过两次的装运，如果货仓操作不当管理不好，对货品的质量有一定的影响。

（三）配送中心验收接货

★在特大型零售公司，比如大型连锁超市，大多采取配送中心来验收接货方式。所有的供应商都将货品先运送至配送中心，然后再由配送中心进行分货配送到各家店铺。所有的货品都由配送中心来进行检查、分类、贴标签、运到各类店铺。

★由配送中心来完成货品的验货与接收的好处是，零售商可以减少在货品管理上的麻烦。日常用品的经营一般多用此方式，但服装品一般不太适合于这种方式。因为服装品的验收工作比较专业，收货员、质检员需与厂家有较多的沟通。

二、收货设备

一般使用行李架、手推车或运送机从平台上搬运货物，大型商店一般利用机械或自动化的系统，从而达到效率最佳，而小的商店仅靠人工搬运货物。一般来说，最常用的设备是固定式平台、便携式平台和输送带系统等。

固定式平台：许多零售店靠固定式平台接货验货，将纸板箱打开后，对货品进行质量和数量检验及分类和标记，由于这种平台价格低廉而具有广泛的适用性。

便携式平台：与固定式平台相似，便携式平台有轮子，可以很方便地从一个地方传送到另一个地方，省去了装卸的麻烦。在商店的检查、分类、标记的各个环节，只需将货品从一个地方推动到另一个地方完成各项操作，这种设备省时省力且效率高。

自动输送系统：大多数大型零售组织、配送中心多数安装了输送系统，使货物快速从一个处理区到达下一个。这种系统变得越来越高级，使货物处理更高效快捷。

安装较大输送系统的公司一般都具有集中的货物处理装置，这些系统用来接货、验货并作标示以及完成从配送中心到各个单独商店的货品运送。

三、货品验收

订单应仔细地注明款式、数量、颜色、尺码、价格和货品的其他相关信息，并且要求在开季之前提前到货。

为了保证商家收到订购的货品以及只支付收到货品的款项，验收工作非常之重要，货品的验收包括数量核对与质量检查两个方面。

（一）货品数量的检验

数量的检验包括款式、数量、颜色、尺码等内容的核对，零售商经常会发现实际收到的货品与订单有出入。有时也可能缺货，与实际运送的相比，发票上的很多条款都变了。为了清楚记录收到货品的内容以及只支付收到货品的款项，数量检验是非常重要的。零售商检验数量常用的方法如下。

1. 直接检验　直接检验是使用最普遍的方法，当货品运送到货仓后，核对厂家的出货清单、实际到货与采购订单所要求的数量款式规格是否一致。但存在的问题是，当检验人员缺少奉献精神及责任心时，会相信清单上列出了数量、款式、尺寸和颜色，而不再进行认真的检查，这样有时会给商家自己造成损失。

2. 盲检　为了防止检验员不进行货品核实与检验，依照来货清单列出收货表格，一些服装零售商不把来货清单提前交给检验员，而是要求检验员提供一个实际的数目，这种检验方法称之为盲检。虽然这比直接检验慢，但对零售商来说更有价值，提供了更多准确的信息，能保证商家只支付收到的货款。盲检杜绝了直接检验时检验员偷懒假定数目正确的情况出现。

3. 半盲检　在半盲检系统中，提供给检验员一个清单，除了数量之外，订单所要求的其他项目都有，这个系统加快了检验进程，但仍要求清点货物数量，检验员不可能偷懒不报数。半盲检既克服了检验员假定数据正确的可能性又比盲检快捷效率高。

4. 验单法　当货品到达货仓时，只需要将厂家提供的出货清单与订货合同进行对照，如果两者一致即可以进行收货，此法称为验单法。这种方法的优点是快捷和经济，然而，一些店主感到这种方法的弊大于利。有时清单与包装箱不是同时到达，就得把货物先搁在一边直到清单到达，这样会导致货物库存以及推迟销售。对时尚服装品来说时间就是金钱，每耽误一天就意味着销售时间的减少。这种方法多适合于产供销一条龙的大型服装企业，因为此时厂家与商家同属于一家公司或一个集团，厂家的可信度较高。若不是这样，由于没有对进入货仓的货品进行实物验收，如果真出现问题时很难分清责任是在厂家还是商家。

5. 抽样检验　为了克服验单法的缺点，有一些商家采取抽样检验方法。这种检验方法是要求检验员检验有限几个包装箱内服装的数目与质量，再用统计的理论方法来推断总体到货的情况。抽查、证实的数目只占所运货物很小的比例，虽然这样可以节省时间，但货物缺少不易被察觉。抽样检验法多用于诚信度较高、货品质量问题很少的供应商。

（二）货品的质量检查

服装行业比其他类型的零售商更多地注重检验质量，确保货物同订购的样品一致。负责服装采购和销售规划的人员认为，服装的差异主要在于质量，厂家有时用质量较次的面料替代了最初样衣的面料、改变了产品的装饰或是采用了比样衣廉价的工艺方法，从而来增加厂家自己的生产利润。

质量检验包括款式规格检查、材料检验、外观检验及生产工艺检验等。

质检人员需要经过专门培训，具有识别残疵、不合要求货品的能力及一丝不苟的工作态度。只有这样商家才可能收到完全合格的货品，如果不注意这些细节，会有损商店的形象。

四、货品的整理入库

在入库存放之前，一定要检查货品的标签、吊牌是否完整，对于一些丢失了吊牌或挂错吊牌的货品要重新补贴标签、吊牌。

（一）吊牌的作用

★一些国家要求所有货物都要单独贴上标签标明价格，这样可以消除对待不同顾客不同要价的可能性。

★商品标签上注明价格和尺码等相关信息，可使顾客自由选择，减少对售货员的需要。购买者可以很快进行估价，决定商品是否适合自己的财力。

★在标签上显示如产地、款式号、规格、颜色、商品等级以及价格等资料，便于零售商可以估计顾客对商品的反映、分析物品清单，这样可调整以后的进货，保持顾客满意度。

★为了减少开支，折扣店配备最少的员工，采用标记标签，可以减少销售人员的数量和商店的总开支。

（二）标记方法

零售商采用各种方法来标记货物，大多数大型零售商使用计算机，也有个别商家用手工标记和预先标记。

1. 计算机标记　大型零售店采用计算机系统自动生成显示各种相关信息的标签。零售商从订货、检验、接收货品、店铺销售记录等运作中都使用这些信息，吊牌标签对货品是非常重要的，可以说吊牌标签就像是货品的身份证。通过标签可自动打印出零售商所需的任何信息，标签使商品处理一体化，例如进货定购管理、接货和检验、库存、配货、开发票、改变价格、实际的清单控制和交易登记等都可以通过标签上的条形码快速扫入计算机。

标明价格尺寸、颜色和款式号的吊牌标签，一般都由制造商预先做好，这使零售商节省了提供店内标签的费用。

2. 手工标记　小的零售商手写标签。一般在这些商店商品的分类很少，计算机标签上的信息同样可以手写下来，且花费很低。

（三）商品再标记

当商品不如预期的好销售时，解决方法之一就是采用降价激发顾客的兴趣。对待降价零售商有不同的态度，一些同意重贴标签的原则，要求贴上新的价格标签。大部分人认为最好使用原有的标签，仅改变价格。使用后一种方法更合理，低价表明是便宜货，刺激购买（图8-1）。

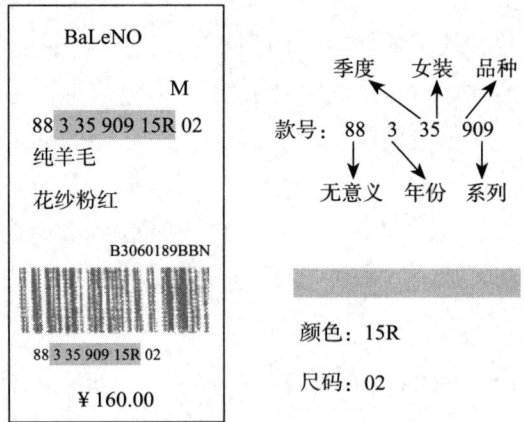

图8-1　吊牌认识

第二节　服装检验技巧

面料、材质和款式等是决定服装档次和价格的重要因素，在购买之前一定要进行检验和确认，才能准确做出决策。商家要根据自己店铺的规模、风格和服务对象，采购与之相适应的服装品。要防止采购到假货，确保货真价实，对于高档店或专卖店来说，这一点尤其重要。

一、材料的检验

服装品材料一般是指制作服装品所用的各种面料和辅料。其中面料是最为关键的，而面料中纤维又是起着决定性作用的，它体现了服装的价值所在，下面首先介绍对面料的检验。

（一）面料的检验

服装所用的纤维，主要包括棉麻丝毛四大天然纤维和涤纶、腈纶、锦纶等合成纤维以及黏胶等人造纤维。这些纤维的检验，主要是根据各种纤维原料的外观形态特征和内在性质，运用感观及物理或化学方法对其加以识别。常见的方法如下：

1. 感官法 又称手感目测法，是根据各类原料或织物的外观特征和手感来进行的最简单的鉴别方法。感观检测检验人员需要有一定的经验积累。

（1）纤维

棉纤维：细而柔软，纤维长短不一，且长度一般在35mm以下，原色为乳白色，有少量的杂质。天然彩棉有棕肉色、浅绿色等。

麻纤维：手感较为粗硬，外观呈淡黄色，长度和细度的差异比较大，很难区分出单根纤维。

毛纤维：比棉纤维粗而长，长度在60 ~ 120mm。手感丰满，富有弹性；单根纤维具有天然卷曲，呈乳白色。

蚕丝：光泽亮而柔和，纤维细而长，长度比上述纤维都长，最长可达上千米。

黏胶纤维：纯白色，长度整齐，粗细均匀，遇水时一般强度下降很多。

涤纶：长细度均较整齐，有蜡感，强力大，弹性较好，不易变形。

锦纶：长细度均匀，有蜡光，强力高，弹性好，较涤纶易变形。易溶解于稀硫酸和盐酸溶液中。

腈纶：手感比较柔软，有卷曲，蓬松有弹性。

（2）织物

丝织物：布面明亮细腻、光泽柔和，色泽鲜艳，细薄飘逸。

棉织物：具有天然棉的光泽，柔软但不光滑，坯布布面往往还有棉籽屑等细小杂质。

毛织物：精纺呢绒类呢面光洁干整，织纹清晰，光泽柔和，富有身骨，弹性好，手感滑糯；粗纺呢绒类面料呢面丰厚，紧密柔软，弹性好。

麻织物：硬而爽，布面较为粗犷。

2. 燃烧法 让纤维接近火焰并将纤维点燃，观察纤维接近火焰时的情况，如燃烧的速度、燃烧的火焰及发出的气味，离开点燃火焰后纤维能不能继续燃烧以及燃烧后留下的灰烬状态。利用这些特征可以区分不同的纤维和鉴别纯纺产品，不能鉴别混纺产品。

★棉麻和黏胶纤维遇火时不收缩不熔融，快速燃烧，离开火焰后继续快速燃烧，并产生烧纸气味，灰烬为少量灰白色易碎粉末。

★毛和蚕丝纤维靠近火焰时收缩不熔，接触火焰时即燃烧，燃烧时会有烧毛发气味产生，燃烧速度比较缓慢，灰烬呈黑色，松而脆。

★涤纶靠近火焰收缩熔化，接触火焰熔融燃烧，离开火焰后能够继续燃烧，有芳香气味，灰烬为黑色圆珠状。

★锦纶靠近火焰收缩熔化，接触火焰熔融燃烧，离开火焰继续燃烧，燃烧时发出带有氨的特殊气味，灰烬为坚硬的褐色圆珠。

★腈纶靠近火焰收缩熔化，接触火焰迅速燃烧，离开火焰继续燃烧，燃烧时冒黑烟，有辛辣的刺激性气味，灰烬呈黑色，松而脆。

★以上是对于普通面料的简易检测方法，对于复杂的面料，如混纺、交织等面料需要借助显微镜、化学试剂和专职的检验人员进行分析检验。

（二）辅料的检验

辅料主要包括里料、填充料、衬垫料、缝纫线及拉链扣类材料等。辅料对服装款式、造型及功能起着重要的作用，是服装结构的骨架和衔接的组成部分。辅料的质量直接影响服装的外观效果以及内在质量，同时也是判断价格和档次的一个重要依据。

1. 里料的检验

★里料与面料的性能应该相匹配。

★里料与面料的颜色应该相协调，里料颜色与面料颜色相同或相似、或稍浅。

★里料应光滑、结实耐用且色牢度良好。

2. 衬料的检验

★衬料与面料的性能相匹配。

★考虑服装的造型与服装的设计。

★考虑服装的用途与功能性。

3. 缝纫线类材料的检验

★缝纫线的颜色要和面料保持一致，应尽量选相近色（除装饰线外），宜深不宜浅。

★缝纫线材质应与面料尽量保持一致，至少缩水率的大小要相近。

★缝纫线的粗细要与面料薄厚要匹配。

★缝纫线材料与面料材料特性应尽量接近，缝纫线的弹性、耐热性、色牢度等要与面料相适宜。

★缝纫线的可缝性、耐磨性要好，线迹要漂亮。

4. 纽扣的检验　检验该类材料时要考虑服装的种类、款式设计、功用、保养方式、材料和服装的开启形式等。

★纽扣的颜色要与面料协调，或者与面料的主要色彩呼应，服装较为明显部位如领、袖、口袋等处的纽扣，要做到形状统一，主次有序。

★厚度薄、直径小的纽扣，用来作钉纽扣时的背面垫扣，保证纽扣牢固、服装平整。

★准确地测量纽扣的最大尺寸，保证严格控制扣眼的准确尺寸和正确调整锁眼机。

5. 拉链的检验

★根据服装的用途、使用保养方式、面料的性能、薄厚和颜色以及拉链使用部位来选择。

★拉链底带的柔软度、缩水率、颜色等要与面料相协调。

★要注意拉链头的质量及自锁功能。

二、服装的外观检验

外观质量检验是服装检验的一个重要部分，服装及饰品的外观检验应遵循"先上后下，先左后右，从前到后，从面到里"的原则进行。

（一）套装、大衣的检验

档次较高的西服、大衣，通常以毛织物为原料，立体造型优美，体现健美的体型，甚至可掩饰人体的某些缺陷。男装在外观上强调挺拔、严谨；女装则比较注重线条柔和及活泼。肩领、驳头是西服上衣和大衣检验的关键部位；而对裤类、裙类进行检验时，裤腰、门襟和袋口部位则是重点。总体要求如下：

★造型优美、饱满、挺括、平整。以前中线为基准，左右对称（特殊的不对称设计除外）。

★领面、驳头面不得有任何疵点存在，其他部位面料无明显疵点。

★在显著部位不得存在影响外观的粉印、污渍、水迹、极光、烫黄及线头等疵点。

★黏合衬的部位不得存在脱胶、漏胶现象。

★各部位线路顺直，松紧适宜；针迹密度严格按照合同或标准要求。

★钉扣、锁眼位置要准确，大小适当。锁眼整齐、光洁，钉扣牢固，用线符合要求。

★滚条平服且宽窄一致，各部位套结定位准确，平整且牢固。

★商标、尺码、洗涤说明等位置要准确、牢固。

★有方向性的面料（倒顺毛面料及图案、花型面料），应顺序一致。

★套装的上、下装要求无色差。

（二）衬衫的检验

衬衫穿着舒适，外观典雅，是人们普遍喜爱的服装之一。其按包装方法可分为叠装和挂装。叠装衬衫主要以传统的立领男衬衫为主，挂装衬衫主要以女衬衫为主。总体要求如下：

★规格尺寸准确。

★外观整洁、折叠端正、熨烫平服。

★各部位路线顺直且牢固。

★面料无明显疵点和色差。

★对条格、对花纹部位符合规定。

★商标标识准确、牢固、端正。

★包装完整、美观。

（三）牛仔服的检验

牛仔服线条优美、造型贴体、缝纫线路明显突出，面料一般采用靛蓝色、本色全棉粗纱线交织而成，手感厚密硬挺，只有通过水洗才能使其手感柔软。总体要求如下：

★各部位线路顺直、松紧适宜、整齐牢固。

★锁眼、钉扣位置准确，整齐牢固、大小适宜。

★各部位烫整平服且无水渍、烫黄、极光等。

★商标、洗水唛、尺码唛等牢固整齐。

★包缝平整、牢固、宽窄适宜，各部位套结定位准确牢固，松紧适宜。

★针法流畅整齐，花位端正，间隔均匀，无错绣、漏绣，绣花衬处理干净。

★铆钉牢固，位置正确。

★拉链结实、好用，自锁功能无问题。

（四）砂洗丝绸服装的检验

砂洗丝绸服装分两种，成衣砂洗和面料砂洗后再缝制成衣。两种砂洗风格不同，前者在成衣缝迹止口处砂洗程度比其他部位偏重，柔中略带粗犷，后者风格较为细腻。根据需要，砂洗程度可分为轻、中、重三档，程度越重，绒感越强，色泽越暗淡。总体要求如下：

★服装表面起绒均匀、无皱印或砂道，手感丰满有弹性。

★各部位缝线顺直、整齐牢固、整烫平服、无明显极光和水渍。

★折叠整齐，大小一致，无砂洗残留水渍和污渍。

（五）室内服装品的检验

透气性和吸水性较好的面料适合做室内服装，具有穿着舒适，质感高雅的风格，多以棉和真丝为主。总体要求如下：

★外观整洁、平挺，无烫黄、掉色，熨烫平服。

★各部位线路顺直，针迹均匀。

★领面平服，左右对称，松紧适宜。

★翻领左右一致，折叠端正，绱领线不外露。

★商标、洗水唛、尺码唛等位置整齐牢固。

★门襟不要短于里襟。

★绣花产品绣面饱满、整齐，花型周围平服，无错绣、漏绣、无墨印外露。

★钉扣牢固，准确，扣与眼对位、套结定位准确。

★镶嵌线、镶边宽窄一致，衣身底边顺直。

(六)休闲装、便服的检验

缝制工艺是便服的工艺重点,尤其是明线的缝制线路要顺直牢固,拼接位置准确。在各类服装的检验中,重点检验的部位是上衣的领子、驳头、门襟与裤子的裤腰、裤襻等。总体要求如下:

★各部位烫整平服,无水渍、烫黄、变色等。

★各部位线路顺直、松紧适宜、整齐牢固。

★包缝平整、牢固、宽窄适宜。

★钉扣牢固,准确、大小适宜,扣与眼对位、套结定位准确。纽扣的上下扣须松紧适宜,不可脱落。

★产品整洁,无粉印等污渍及影响外观的线头。

★商标、洗水唛、尺码唛等位置准确、牢固、整齐。

★绣花部位绣面饱满、整齐,花型周围无明显皱纹,不错漏绣、无墨印外露。

★有方向性的面料(倒顺毛面料及图案、花型),应顺序一致;特殊花型应以主图为准,全身一致。

(七)毛衫类的检验

以毛型纤维为原料经针织工艺织制而成的服装称为毛针织服装品,俗称羊毛衫。总体要求如下:

★领型端正,不歪斜。

★服装平整,无死折痕,无明显极光。

★门襟挺直,无扭曲,内门襟或丝带门襟不得外露。

★手感柔软,针路清晰,绒面丰满。

★纽扣、拷扣、按扣、肩带、拉链等与使用部位相适应。

★无断针及其他金属异物。

★无脱针、露针等疵点。

(八)针织服装品的检验

针织服装花型美观、大方,外观色泽鲜艳,手感柔软,具有良好的保暖性、吸湿性、透气性、弹性和抗皱性。总体要求如下:

★外观平整,折叠包装良好。

★辅料与面料相匹配。

★同件(套)服装色泽一致。

★整烫平服、无烫黄、无极光、无线头。

★领型端正、左右翻领对称、一致。

服装的检验内容和要求,要依据服装的价位、店铺的档次与规模而定。高档服装,一定要严格检验,以保证品牌及店铺的良好形象。中低档服装,可根据价格与式样灵活掌握,不一定要完全符合上述标准。

第三节　货品仓务管理

一、货仓的功能及地点设置

货仓的功能：

★将货品从工厂及供应商处送至零售店。

★按照公司要求为各零售店及时提供配送服务。

★担负着配送下店、仓储保管、装卸及标价、分装等工作。

★提供高周转率的货品，同时也承担传递货品资讯的角色。

★对所配送的商品应严格执行品质控制及采取适当的保存措施。

货仓地点设置：

★货仓的交通要便利，最好是接近高速公路附近。

★仓储成本如租金要低廉，一般选在远离市中心的地方。

★运输成本要低，具体地点要顾及配送范围内的所有店铺。

★选择货仓地址时应该考虑到随着店铺数量的发展、未来货仓扩建的可能性及周边的环境和发展潜能。

二、货仓区域划分及储存空间规划

货仓空间区域划分：

★货品储存区。

★货品出入库区（其中包含验货区与待出区）。

★货品分装区。

★滞销货品区。

★残次品区。

★退仓区。

★暂存区。

★办公区。

★培训及会议中心。

储存空间规划：

★仓储空间合理运用。

★入出月台的便利性。

★方便存取作业的高效性。

★通风、采光、温湿度等情况良好。

★防水、防震、防火、防虫、防鼠、防窃等的安全性。

★尽量减少装卸空间、增加储存空间。

★先进先出的存取原则。

★规格化、单元化的划分原则。

★省力化、机械化、自动化的设计原则。

三、出入库区域布局

1. 出入库区域划分　可分为共用式和分开式，其优缺点如下：

（1）共用式：

优点：接货验收或待出货品区的空间可充分利用。

　　　此法使得仓储货品的空间变大利于货品存储。

缺点：来货车辆与送货车辆使用同一空间较拥挤。

　　　出入货品保管较难，容易混淆。

　　　货品存取作业交叉时操作受影响。

　　　易产生出货瓶颈。

（2）分开式：

优点：出入货品分开，容易管理。

　　　货品存取作业不交叉操作，互不影响。

　　　随时确保货品进出流畅。

缺点：占用库区的空间大，不利于成本控制。

　　　不利于货品存储。

2. 出入库地面高度设计　出入库的地面高度采用方式有：平面式和月台式两种，一般经常采用的是平面式，方便货品的装卸，其优缺点概括如下：

（1）平面式：

优点：建筑费用较低；装卸货空间不受月台限制；平面式堆高机操作方便。

缺点：装卸效率低、比较费力；平面式防水性能较差；货品及车辆管理界线不分明。

（2）月台式：

优点：装卸效率高，比较省力；防水性能好；货品及车辆管理分明。

缺点：装卸货物空间受月台限制；建筑成本费用高。

四、储货区位置划分

1. 货品储存区域划分依据

★依据货品的流动性划分：如畅销、滞销性。

★依据货品生产商类别划分。

★依据货品的近似性划分。

★依据货品的体积大小、重量划分。

★依据货品的特性划分：如易燃、易皱、易腐、一般等。

2. 储货区位置划分

★储货区一般划分为大量货品储存区及小量货品储存区。

★大量储存区内又分为常储区、特价区、暂存区等。

以安置大量进货的货品或尚未定位的新货品。

★大量储存区储存畅销品或整箱销售的商品。

以栈板堆高方式或以栈板架的方式储存货品。

★在大量储存区的栈板架上，第一、第二层货品供整箱配货用，第三层以上供存补货的货品用。

★流动性高的、体积大而重的货品尽量移至待出区附近，以方便验货作业及出货。

★小量储存区储存零星小量的出货商品，以流动货架或一般货品架来储存商品。

★体积小，不易保管易失窃的物品，以特殊的储柜架储存，并放置在储运办公区的附近，以便于保管。

五、货仓储存、装卸设施

★收货、出货用的计算机、打印机、光枪、光炮等。

★用于做标记的记号笔、封箱胶带等。

★不同规格的各种运输车辆。

★小型手推车及四轮装货车。

★小型装卸货品千斤顶等。

★验货时用的大型工作台。

★临时用的大型存货筐。

★大型货架、货柜、层板架（货架的高低以货仓的屋梁高低而定）。

★栈板架（栈板架的宽度要以能容纳两栈板并置为宜）。

六、进货管理

1. 进货验收检查内容　货品编号、款式品名、规格色号、厂家名称、订货数量、实际接收数量、包装品质、货品质量、吊牌标签、货品价格、来货日期及有效日期。

2. 进货验收作业流程

★厂商送交货物时必须填写进货验收单一式三联，详细写明送货内容及订货单号码，连同货品依公司规定送至收货处，并进入接收区，并由货仓储运组收货人员进行验收。

★储运组核对进货验收单与订购单，核对无误后在进货验收单上签字盖章，将第一联退厂商以作为送货到位的凭证。

★储运组将进货验收单的号码抄录在货品上，同时在订货单上填入进货验收单号码与收货日期。

★储运组若发现送来的货品混有其他货品或其他特殊情况时，必须及时报告相关负责人，并在进货验收单接收状况栏内说明，作为品管检验的参考。

★储运组填入必要内容并且核对盖章签字确认后，进行进货品质检验工作。

★验收无误的商品，再由储运组用彩色笔将该货品的储位写在货品包装上，以便于存放定位。

★储运组于验货时如有溢收数量，应通知采购视实际情况是否补开（进货验收单），否则拒收。

★储运组应依据进货验收单，每日提出应交未交物品，供采购组跟进催单，于下月初提出超交、欠交货品统计资料，供采购、会计、管理部参考。

★储运组将交货实况填入厂商资料卡的交货资料各栏后办理入库手续。如验收后发现不符项，则通知厂商进行退货作业。

★储运组核对货品数量与订货数量是否相符，于安排货品进入仓库后再进货验收单二至三联订货总数栏盖仓库接收章，再送储运组复核签字确认。

★储运组复核盖章后的进货验收单第三联自存，根据订货总数输入计算机。

★进货验收单第二联送交财务部作为付款的凭证。

3. 返货作业管理

（1）返货条件：运输出货后属下列情况时需接受返货。在送货人员搬运货品时将其损坏，所送货品项目错误，瑕疵品回收，延迟且逾时，送货地点错误。

（2）返货作业

★司机在送货到货仓时，如有上述情形，应将返回品项及原因记录于销货单上，经与客户确认，在返回公司后，依据销货单上的记录，制作销货退回单一式两联。

★货品运回公司后，司机与仓管收货人员确认退回的原因是否符合，并依实际状况判定为再入库、报废、退回厂商三类，经品管人员签认后，销货退回单第二联自存。

★货库部门在返品再入库时填写入库单一式三联，连同缴库品送至货仓收货人员签收并存放于指定储位。

★货仓核对入库单确认无误后签章，第一联送回缴库部门存查，第三联自存，第二联送会计部门。

★对于非可接受退货原因的退货请求，应由营业部处理，并经有关人员签字确认后，方能接受退货。

4. 退货作业管理

★仓储组将店铺退回的货品放于暂存区，同时对退货资料进行查询。

★仓储组将退货资料转送采购部通知厂商进行退货作业。

★仓储产生进货退出单一式四联，于厂商送货时办理退货作业。

★经厂商签字确认后，第三联退回厂商，第四联自存，第二联交采购部，第一联交会计部门。

七、出货作业管理

1. 出货方法（含加盟商订货）

★各店铺直接将要货单传至商品部或电话订货。

★商品部依店铺要货内容填订货单，并与之确认款式规格与数量。

★各店铺要依照订货簿上的最小订货量及其倍数订货。

★最小订货量由采购、仓储及营业部共同决定。

2. 出货单审查 仓储组将出货单内容输入计算机，并查核以下事项：

（1）信用额度查核：直营店信用额度不设限，加盟店额度依业务部所报呈的核准金额设限；如店铺订货金额超出额度，应通知营业部，由营业部进行评估。经评估准于放宽限度者，由营业部主管签批请求增加额度后准于出货，否则仓储不得出货。

（2）库存数量查核：如出货时发现数量不足，销货单位应依实际可出货数量制作，并应紧急通知营业部进行商品调拨，再通知采购组紧急向厂商追单、进货。

（3）订单分类：订单分类先分区域，再依配送路线加以排定顺序；司机应提供所配送的区域及送货路线以便排定拣货顺序；检货人员依路线表反向拣货至待出区，以便于司机作业。

八、配送作业管理

1. 拣货作业管理

★库务人员依据汇总整理出来的拣货汇总表在储货区进行拣货作业。

★依总数拣取后将货品依店铺及配送远近原则分货至待出区准备出货。

★分货时，店名应标示清楚，并妥善标明以防混淆。

★拣货时要以先进先出方式拣货。

★库务人员于销货单上签名后，再由司机签名，门卫检查后放行。

★拣货完成后销货单由司机携出作为出货凭证，商品拣货汇总表由库务人员存档，作为出货依据。

2. 交货装运规定

★配货时要注意货品包装是否完好。

★出车时固定司机驾驶固定车辆，每车有一名仓务员跟车，但路线可依组长安排轮流变动。

★司机及仓务人员出车时，要随车填写车辆日报表。

★装货上车前，应由仓储人员与司机共同清点无误后放行。

★卸货作业单逐项点交后，由店铺店长签收，并加盖店章。

★若发生错误时由运输人员全权负责并于下次送货时补送所需的货品。

3. 紧急配送作业

★遇有店铺紧急要货时，如属小量订货，由营业部协调临近店铺进行调拨。如无法调拨或大量需求时，由仓储部协调司机进行配送。

★对加盟店铺，紧急配送酌情收取运费。

4. 车队规划

★货品的配送原则上由公司车辆进行配送。

★考虑送货成本与效果，公司自己送货或签约运输公司（表8-1）。

表 8-1　本公司配送与签约公司配送优缺点比较

方式	优点	缺点	备注
本公司车辆	1. 配送品质易掌握 2. 市区配送成本低 3. 长途配送成品高 4. 企业形象佳 5. 可配合公司政策 6. 退仓方便操作	1. 长期粗重工作难接受 2. 远途时成本高、风险大 3. 车辆耗损大维修费用高	有助于公司发展整体物流系统
签约运输公司	1. 风险转嫁 2. 配送效率高，可接受较高难度工作 3. 车辆维修统筹佳 4. 对内部司机制约	1. 配送品质较难控制 2. 管理成本高、低不定 3. 与店铺的沟通不方便 4. 有退仓时不方便	专注公司发展，配送由专业通路成员执行

5. 配送路线规划

★送货路线安排由组长于每日出货时安排。

★送货路线安排要做成路线图，掌握每条路线的安排是否恰当，新开店铺加入时，也能安排妥当。

★原则上每条路线所跑的距离应尽量相近，才不致影响服务效率。

九、库存管理

1. 货品保管存放重点

★温度、湿度的严格控制。

★通风情况良好。

★防漏、排水情况良好。

★防鼠、防虫害情况良好。

★重的货品尽量放置在低处。

★货品码放高度及重量要适当。

★以胶带网住货品以保持安稳性。

★堆高机的承载量要符合规定。

★货架的承载数量要仔细规划和维护。

★地面的承载量及平坦性要提前规划和及时维护。

2. 仓库管理原则

★放在库房里的商品要罩好罩袋，避免沾染灰尘。

★挂放商品不宜过多，以免横杆挤压变形。

★留意库房内的电源、通风设备，保持库房干燥。

★库房钥匙要妥善保管，养成随手锁门的习惯。

★不要在库房里存放食品，避免产生异味或招来虫子、老鼠。

★经常清点库存货品，保证货品数量准确。

3. 库存管理

★储区内应限定仓务人员出入，以确保门卫管理制度。随时整理并保持清洁及设备、
货品定位。

★每种货品到仓后，需由专人设立存货卡，目的在于该货品的储位、大小、特性、供
应厂商、每批采购量等情况的详细掌握。

★货品进仓即应定位，并在各储位设立看板，将货品的名称或款号标明，以利于寻找
与归位。

★每日对存货做一盘点，货量品项增加时，可采取分区盘查方法。

十、设备管理

1. 设备使用安全性

★车辆的定期检修与维护。

★注意货架、栈板架、栈板的高度、重量承受度。

★堆高机使用高度及托板车的载重承受度。

★堆高机及托板车在移动时，操作人员的视线是否清晰，地面是否平坦等。

2. 设备管理

★车辆、仓储设备均属公司的财产设备，有关的申请、使用、保管、维修、更新、转
移等均须依行政部管理依法执行。

★车辆的使用管理及三级维护属于司机的职责，要责任到人，其余较复杂的维修则由
特约维修商负责。

★车辆在使用出车回来后，要填报车辆日报表，每月统计各车辆使用的效率，并以此
作为各负责司机的绩效及路线修正的参考。

★仓储设备包括叉动车、托板车、栈板架、栈板等，每项设备均由专人负责保管及维
修，保管人员须随时掌握其设备的使用状态，各项可移动的设备使用后须定位，以

免占据空间，影响工作效率及后续作业的进行。

★由于设备操作属技术性操作，非核准的人员，不得随意操作使用。

十一、协调运作模式

1. 沟通的渠道与会议

★储运会议：每月一次，参加会议的相关人员有业务部、商品部、货仓部等，每次有一两个主题及例行性报告及三方面协调事项。

★仓储管理会议：每周一次，由采购部、业务部、商品部、货仓部等部门主管参加，讨论采购进货、存货管理等事宜。采购人员应掌握仓储动态，并协助跟进催促订货商品如期送货，加强与厂商的联系。

2. 资料传递与联系

★联系工具有电话、传真、电子邮件、公文传递等。

★临时性或不需再跟催的联络以电话方式进行。

★其余以传真、电子邮件或公文传递方式联系。

★新商品、变价特价品、次品等的资料以传真形式通知。

★物流出车送货时，与店铺及采购商以公文传递。

★资料在传递时，先协调通知接收单位，再分发跟进。

第四节　店铺货品管理

一、店铺进货验收

所有到店货品，都应仔细检查核对货品及出货单是否一致。一般先点件数暂收，再清点收货品的种类、商品编号、数量（一般是通过光枪逐件收货），并由店务经理在货单上签名确认。

如果是厂商自行直接配送的货品，则必须当面点清实际来货数量，确实验收无误后方可签名确认。否则日后货品数量有问题时，责任不好确定。

店铺可与管理部门沟通，在店铺非繁忙时段进货验收比较好，以防影响店铺销售及店铺形象。

店铺若有退货可在进货时交送货原车收回，但必须填好退货单并通知货品管理部门。

店铺验收货品主要内容包括：货品的种类、名称，款式编号，规格、颜色、数量，货品质量检查，各类吊牌、标签是否齐全。

二、店铺退货处理

店铺有货品需要退回时，应该事先与相关部门联系沟通，提前做好安排。

处理退货时应先打印出退货单，注明原因，交厂商或送货车收回。

退货单要由店务经理、收银员及货仓接收退货人三方在退货单上签字确认留底。

退回的商品应依不同款式或不同厂商分袋包装，切勿放入同一袋中以免混淆，在袋外亦须注明其货品名称及款式代号、数量（依公司之相关规定处理）。

三、店铺货品管理

货品分类管理：（为）配合销售需要，依据商品的对象（性别、年龄、个性等）、用途（使用场所、动作、机能等）或关心度（颜色、款式、设计、规格、价格、材料、流行等）做有效的分类与配置管理。

货品损耗的防止：有关商品的污损、失窃、破损，或作业处理的错误而引起的商品损耗，比如用刀开箱时划伤衣服，均必须详细探讨其原因，并做出有效的防止措施。货品在卖场上架之前必须逐件检查，杜绝售卖次品。

商品周转率的加速：对于商品存量的控制，根据店铺的面积与销售情况来决定，以维持合理的存货，并将畅销品与滞销品作适当比例的调整，使商品的周转率加速，提高店铺绩效。

次品的处理：店铺上架时检查出的次品单独做标记存放，定期与进货时的损坏之货品一起退回时。要整理装入袋（箱）中，避免商品的二次污损，并注明货品名称及款式代号数量及损坏情形，并填写退货单交由送货原车退回。

调货的处理：店铺之间进行调货时，不论是由本店调出或由他店调入，均需填写调货单并仔细清点数目，并由店务经理、调货人及收银员三人签字确认。由店务经理指派专人前往拨出单位提货。本店商品拨出时，在存货账减去；本店拨入商品时，在存货账加上。

商品调价的管理：商品调价、特价的权限在总部、各店铺只负责实际执行操作，原则上价格不可随意变动。价格调整一般由公司总部发出价格调整通知单，各店铺依照通知的规定实施，并在价格调整之前，以 POP 告知顾客调价信息，店铺营业员也应在招呼顾客时及时告知。

店铺存货比例管理：针对商品的进销存动态情况加以记录，包括货品的数量与金额的准确掌握，并且经常了解其变化情况。若商品款式、种类过多，容易造成断色断码，应该严格控制店铺货品的比例，以求达到货品管理的最佳效果。

货品的保护与防盗：店铺货品管理中很重要的一项工作是货品的保护与防盗，店铺管理人员必须严格地按照公司的安全防范措施进行操作，遇到意外事情发生时，及时报告相关部门，力求将损失减至最小。

在店铺实际业务展开时，必须互相配合运用，并通过公司组织体系、报表作业、计算机货品管理系统及盘点业务的有效推动，才足以发挥商品管理的真正成效。

四、商品及货款损耗防范

商品及货款损耗发生的原因及防范措施分类叙述如下：

1. 由于收银员行为不当而造成的问题及防范措施

问题：

★由于价格无法确定而错打金额。

★看错商品价格。

★对于未贴标签、没有吊牌的商品，输入猜测价格。

★误打后的更正操作不当。

★输错货号。

★打错商品的金额。

★收银员与顾客利用私交，发生不正当的交易。

★收银员与导购利用私交，发生不正当的交易。

★收银员虚构退货而私吞货款。

★收银员故意将卖出的高价货品输成低价货品的代号与金额从而自己私吞货款。

防范措施：

★如果发生的错误原因是收银员的操作技巧造成，则通过培训与实际操作训练来改善。

★如果是由于粗心或态度不认真而出现错误，应加强管理或调换收银员来解决。

★如果是收银员的品德问题，应及时撤换收银员。为了及时发现收银员的作弊私吞货款行为，财务部门可以经常不定期地抽查银柜情况，当出现计算机中当天的销售额与银柜中的现金不相符时就说明出现了问题。如果此类问题几次都出现在同一位收银员身上，就可以怀疑此收银员存在问题。

★当收银员与顾客利用私交，发生不正当的交易时，此时的银柜货款少于营业额。

★当收银员虚构退货或以低代高时，若抽查时收银员还没来得及将多出来的现金私吞，则会出现银柜货款大于营业额的现象。

2. 由于业务手续上的不当操作所造成的问题及防范措施

问题：

★漏记进货的货品或账款。

★退换货的重复登记。

★漏记退货的账款。

★用推测的换算率换算进价为售价时的误差。

★各分店间调货的遗漏。

★漏开调价传票。

★漏开报废传票。

★看错传票上的不清楚数字。

★填制进货日报等表格时误记或计算错误。

★将进货商品的附赠品当作商品出售时的错误处理。

★店铺小仓与卖场间货品的转移漏记。

★工服等商品的领用漏记。

★进价换算为售价时的计算错误。

★进货时的重复登记。

防范措施：

★加强店铺货品流通操作程序的规范性。

★实行 ISO2000 科学管理。

★制订严明的奖惩制度。

★管理人员定期或不定期地下店检查督促。

3. 商品管理不当所造成的问题及防范措施

问题：

★因库存过剩积压而产生的自然损耗。

★装运不良在输送途中产生的货品损失。

★购进不良厂商的货品。

★因商品保护知识不足而产生的损耗。

★过季商品的保存处理不当而产生的损失。

★因保存商品的场所不当而使商品价值受损。

★因包装不良而造成损失，如用没有透气孔的塑料袋装羽绒服。

★将成套的服装拆开出售时，价格分拆不当。

★货仓有老鼠、蟑螂等害虫损伤货品。

★货仓因漏水或是潮湿不通风使服装发霉或产生异味而使价值减损。

防范措施：

★加强管理的规范性。

★流通部门员工商品知识的培训。

4. 验收不当所造成的问题及防范措施

问题：

★店铺检收点数时出现错误。

★对于特殊商品没有当面点收。

★未经点数员工就将货品搬入。

★未作货品质量检查产生错误。

★未打退货单擅自带出退货品。

防范措施：

★加强验货接收的程序管理。

★店铺验收货品流程的规范化。

★培养店铺员工的责任心。

5. 盘点不当所造成的问题及防范措施

问题：

★盘点时遗漏或算错数量。

★将已填退货单之商品计入。

★同一种商品两种不同吊牌、条码。

★对于次品、赠品等特殊商品处理不当。

★对无吊牌、条码的商品凭主观猜想输入记录。

★盘点表上给出的计算公式有错误。

★不该做盘点的区域而做了重复盘点。

★因小件饰品数量过多导致盘点不正确。

★盘点操作作业或程序不当而出现错误。

防范措施：

★管理层对盘点工作引起足够的重视。

★制订良好科学的盘点流程与操作要求。

★盘点之前对店铺各级员工的全面培训。

★各个部门之间的良好配合。

★盘点人手配备充足以免因过于疲劳而出现错误。

★每家店铺配置监盘人员负责全面的盘点监督。

6. 因店铺员工或公司其他员工引起的问题及防范措施

问题：

★处理大意而造成货品污损。

★贴错标签、计量不准确而造成损失。

★因商品知识不足而造成的商品价值减损。

★换算售价的换算率低于标准而引起的误差。

★同事间因有私交而漏打、少打货价。

★因与顾客有私交而少算货款。

★店员擅自携出或穿用服装品。

★收银员私吞退货或私吞货款。

★收银员虚构退货而私吞货款。

★仓务员在运送途中窃取商品。

★内部员工在店铺或货仓偷窃。

★与厂商勾结而私吞手续费等。

防范措施：

★加强内部员工的管理与监督制度。

★员工守则中对工作失误、盗窃的处理规定要明确。

★对发现问题的员工的奖赏要有力度。

★人力资源部在员工的招牌方面要严格把关。

7. 顾客不当的行为而造成的问题及防范措施

问题：

★顾客造成商品污损，如洒上饮料或试穿时染上口红。

★店铺中顾客的盗窃行为。

★将盗窃来的商品退回而获得现金。

★调换标签以低价货品标签替代高价货品。

★与收银员有私交而借机少算。

防范措施：

★加强店铺的安全防范管理。

★配备先进的监视、报警装置。

★充分发挥店铺管理人员的监督作用。

8. 供应厂商行为不当而引起的问题及防范措施

问题：

★没有按正式手续借贷商品而造成混乱。

★擅自变更合同内容。

★擅自拿取退货商品不进行登记。

★暂时先交一部分订购的货品而造成混乱。

★错误记录交货单位或数量。

★混淆品质等级不同的商品而产生的问题。

★厂商换贴标签或贴错吊牌、标签。

★换取商品时收取的数目不准确。

防范措施：

★严格筛选供应商与定期评估。

★加强接收货品操作的规范性。

第五节　货品的盘点

为了核实货品的实存量，是否与账存量相符，就必须定期清查库存进行盘点。正式的盘点工作，要求公司会计部门人员与核对部门的相互配合，并能事先做好充分的准备工作。盘点除了是计算店铺经营利润的基础外，对于商品的管理也是不可或缺的基础资料。至于盘存的方法大致有两种，即账面盘存法与实地盘存法。

盘点有：年度大盘点、季盘点、月盘点、周盘点、天盘点，各店铺应根据自己的需要安排盘点。

一、盘点常用的方法

账面盘存法：通过数据资料的统计，记录进出货的状况，而计算出商品期末存货的数量、价值的方式。此种方式适合于服装店的每个部门，可依据部门的统计数字，借以了解当月该部门的进货毛利、销售毛利、商品库存数量与金额、商品周转率等。

实地盘存法：即是对未销售出的所有库存商品（包括店铺卖场、小仓及货仓的所有商品）进行实地清点，以了解实际库存数量与金额。此法适合于每半年或一年实行一次的大盘点，尤其是财务作业健全的大型连锁零售店铺，最适合也最需要进行实地盘存。实地盘存再配合账面盘点，可以较彻底地了解营销管理及实际货品的损益。

二、盘点前的准备工作

实地盘点是库存作业中很重要的一个环节，尤其高单价的服装店更应加强，一般服装店经营者在营业结束后利用晚上来进行盘点。如果是独立店铺公司自己就可以决定盘点的具体时间，若是店中店就需要提前与商场主管联系做好安排。

★确定盘存工作人员名单及任务编组。

★提前准备好盘点所用的统一表格。

★向全体参加盘点的人员明确盘点的目的及操作程序。

★检讨上一次盘点时所发生的错误并做好预防措施。

★做好明确分工，商品归类要清楚，避免重复点数或遗漏现象。

★公布盘存日期及各阶段盘存准备工作完成的具体日期。

★在盘点前几天避免频繁大量的出入货品。

★暂停商品价格的调整。

★完成商品盘存位置配置图及货架编号。

★提前整理店铺、仓库的库存商品，尽量使其在盘存位置。

★整理好所有商品的吊牌及标签并进行符合检查确保无误。

★库存商品的存货计算及登记卡片的张贴。

★在盘点前同类商品原则上集中放在同一个地方。

三、盘点注意事项及检查工作

★提前检查盘点人员的安排、训练，是否齐全熟练。
★了解员工对有关盘点工作的重要性及必要性的认识是否深刻。
★盘点有关的工具及用品应事前准备齐全。
★商品的整理存放是否按分类集中存放。
★检查货架编号卡、存货计算卡的张贴位置是否正确。
★检查盘点准备工作是否按照进度进行。
★数量的清点和盘点表的记录分别由不同的人来完成。
★不需要参加盘存的商品是否贴上特殊商品的标记。
★已完成货架编号定位的商品不可再随便移动。
★盘存完毕后，应以最快的速度将卖场商品整理好。
★盘存后应将滞销品、次品等特殊货品整理出来以便日后做处理。
★盘点时应成立临时机动支援小组，以求盘点工作的时效性。
★负责盘点的主管人员在盘点进行当中随时进行抽查。
★盘点商品时，在思想上应该当作处理现金般的谨慎行事。
★盘点时应按照负责的区位，依序由上而下或由左而右展开盘点。
★盘点时最好两人一组，一人盘点一人记录，并注意复述以避免错误。
★采用复述点货方式，点数人与记录者彼此互换工作，以求盘点的正确性。
★使用盘点表时要详细地加以记录，避免读错、听错、写错等现象的发生。
★盘点表上的数字书写要注意正确清晰，以利于盘点后的整理工作。
★做好盘点当日的店面现场指挥，使盘点有条不紊地顺利实施。

四、盘点者工作职责

盘点工作人员主要包括：盘点者、核对者、抽查者，各自的工作职责如下：
★对一个货架开始盘点前，先把货架编号、盘存表号码、张数填写好。
★盘点的原则，由左而右、由上而下（由盘点者角度看），不得跳跃盘点。
★盘点的顺序为：商品货号—商品名称—价格—季节代号—数量等。
★盘点者在盘点中应特别注意各个角落是否有漏盘的货品。
★破损和残次品区别分放，并详细注明数量。
★在盘点商品时，数量必须正确，盘点者不可有一丝马虎。
★在盘点中遇到货品标价不同或没标价牌时，应查找其他同类商品的价格标牌。
★盘点后盘点者、核对者及店长分别在盘存表上签名确认。
★把商品的品名、尺码、单价、数量分别填入盘点表。
★批发客户预定的商品要事先确认，专门存放并详细记录款号、尺码及数量。

五、核对者工作职责

★着重核对盘点的数量、金额是否正确无误。

★若出现错误时核对者应监督错误的更正。

★核对者应于每一架盘点完后，在货架编号卡上打标记。

★确定货柜内、箱子中的商品是不是和记录相符。

★仓库盘点时，对每种商品的盘点核对无误后即在存货计算卡上做标记。

★应于商品盘存表全部填写完毕并核对无误后在审核栏内打标记。

★核对者在盘点期间应该逐项核对，不可依靠主观判断。

六、抽查员工作职责

★抽查员应接受管理者的指挥调派。

★抽查员必须先了解盘存的橱柜位置、商品陈列等情况。

★抽查员检验已盘点完成的货架商品是否按规定填写。

★抽查盘点完成的商品是否与存盘表上的记载相符。

★管理者应负责盘存表内各项错误更正后的核对及签名。

★抽查的重点应该是以金额大、单价高，且容易出错的为抽查对象。

★抽查员抽查完后，应立即到总指挥部接受调派。

以上要求在大型连锁店要严格执行，但对于中小型店铺，可以省去许多步骤。应该根据规模、人员多少来选择合理的盘点方式。

七、盘存损失的原因

实地库存与账面库存一定会产生差异，其产生原因分析如下：

1. 进货阶段造成的损失

★没有把数量和订货内容规格详细验收核对。

★进货传票与货品的实际数量有出入。

★向批发商订货时，发生品牌、装箱等错误，造成价款与实际进货不等。

★进货记账上的错误造成商品损失。

★货仓储存不良造成的商品损失。

★厂家将吊牌、标签挂错而导致货仓计算机数据与实物不符。

★进货时计算机、光枪输入错误，如输重或漏输。

2. 售卖阶段的损失

★收错价钱造成的商品损失。

★在陈列时受到损伤造成货品的损失。

★退换货品错误操作造成的商品损失。

★付款或收账的错误也会造成商品损失。

★遭到欺骗或小偷偷窃所招致的商品损失。

3. 损失的避免

根据盘存结果，检讨出现错误的原因，加强管理，使损失降至最低。

★一定要做接货验收工作的管理。

★进货的商品和进货的传票一定要核对清楚。

★仓库中的通路，要尽可能地留出来，应避免受潮。

★提醒和留意吃冰淇淋或巧克力来店的顾客不要弄脏货品。

★为了防止盗窃（内窃和外窃），设置摄像头等监测装置。

★经常盘点、检视陈列的商品。

★唱收唱付，避免收银出现错误。

★在商品上贴标签时，应该核对一下商品的价格。

第六节　货品的保管

零售商经常为缺货而苦恼，尽管想尽各种办法，缺少货品的情况还是经常发生。零售行业不仅要防范商店里的扒手，更重要的是要减少商店员工的盗窃行为，内窃很难控制，因为他们熟悉店内情况，能有效避开防盗系统。

一、顾客偷窃（外窃）的防范

很难从外观分辨出谁是顾客，谁是扒手，因为他们并没有明显的特征，在他们实施行窃之前商店是很难确认的。扒手的偷窃给商店的管理带来了很大的麻烦，用于这方面的花费也在不断上升。零售商花费重金购买防盗设备希望可以防盗，这样做的结果是提高了销售成本，最终转嫁给消费者。尽管店铺规模、结构、货品种类以及所处的地理位置不同，都不同程度的存在偷窃问题。不论是一个独立的店，一个小镇上的店铺或是在购物中心租的店中店，问题都是存在的。服装业内人士说这是因为在许多服装商店，商品的取放比较容易，价格也相对高，所以造成的损失也比较大。为了降低这些意外发生的概率，零售商们用了各种各样的防盗与监控措施。

（一）防盗与监控

★经常采用安全防盗的工具及措施有电子监视器、训练有素的员工、聘请保安、侦探、隐藏的摄像机、试衣间的监管人员和反光镜。大多数人认为 EAS 系统在防盗方面比较有效。

★ 录像监视系统在许多商店扮演重要角色，不仅是因为这一系统可以密切监视顾客，而且也能观察店铺员工的表现。最初用在银行方面防止武装抢劫，零售业已经将它作为一种重要的防止商店行窃和内盗的防盗工具。典型的系统兼有电视摄像头，安置在目标区如接货区和卖场及走廊，这些摄像头很好地防止了商品被盗，不仅加强了顾客和雇员之间的信任和安全。而且当个人被告怀疑有偷窃行为时，系统的录像带可能是最有力的证据。

★ 这些监视系统有从一个中央控制器和拉响警报声来加强监控商店所有潜在易被盗区，这样可以在盗窃发生时拉响安全警报便于抓住罪犯。

（二）试衣间防盗

★ 试衣间丢失货品是服装零售商面临的一个棘手问题。既然购买者是在一个单独的小屋里，那里便是掩藏商品以便不付钱把商品带走的好地方。一些商店安装了两面镜能使保安人员去观察顾客，无论是在着装前还是着装后。这在大多数地方认为是侵犯人权、不合法的。一些零售商在试衣间贴上告示让顾客知道警卫可能巡查这一地区。这样的通知看起来在法律上比较合理，但对于顾客看来，心理上很不舒服。

★ 用得最多的保护形式是使用有色编码的小装置，每个上面标明带进试衣间衣服的数量，试衣间门口的员工负责在顾客进入试衣间时清点，分配合适的编号装置，并且当顾客出来离开时重新核对。在这种情况下，试衣间内行窃明显减少。

（三）商品锁定系统

★ 商品锁定系统是通过在每件商品上安装一个锁来保证商品安全。在商店内涉及数量多而价格高的商品时，就可用小棍将商品串链成一个整体并锁住的方法来保护商品。羽绒服和夹克通常用这种方法。这样可减少偷窃，但同时也给使用者带来了麻烦。第一，这些设备给人以不安全感，使顾客感到不舒服。第二，用这些方法保护起来的商品不易试穿，顾客也很难找到。

二、雇员行窃（内窃）的防范

相当一部分零售商认为雇员行窃比顾客偷窃更难消除。原因有很多：首先，雇员是经过培训的，掌握了商店的安全防盗系统，并通过熟练操作发现了可以实施偷窃的方法。其次商店的安全人员，是穿制服或便装职员很清楚，所以他们很容易避开保安人员的视线而行窃。最后，商店的职员可以携带商品进进出出，并可以很容易在离开商店之前，掩藏商品。当短期的临时工增多时，令人烦恼的处理职员偷窃就成了问题。

（一）防盗与控制

★ 为了有效地防止内窃发生，店铺在招聘店铺员工时应该注重应聘人员的品质测试与在其他地方工作的表现。任何在试用记录或在短期职业中有问题的员工，都有可能给公司引来巨大麻烦。

★ 测试是另外一种可以让很多候选人被淘汰掉的方法。零售商开始使用一种考试方法叫诚实笔试，并已证明是有效的。应聘人要接受几个问题的测试，个个都为测试诚实度而设计。零售商用外公司的人来检验本公司人的诚实度，用新职员处理现金的方法来考查他们的诚实度，检查人员以顾客的身份出现，他们可以观察售货员是否将售出数量准确记录，交付的现金是否都放入了现金柜。因为职员还不熟悉店里的人，不会察觉到有人在测试他们。

★ 录像监控和电子条码监控是两种可以有效查出不诚实职员的系统。

（二）商店内易被行窃的位置

★ 在商店内，职员可以把东西带走的地方是有限的。接货区是所有商品进入仓库或摆放到销售区的必经之地。既然运送的商品数量要严格检查，说明它是商品的容易丢失区，缺货很多时候都是因为不正确的点数、合计而造成的。

★ 休息室为那些不诚实的职员提供了一个掩藏偷来商品的私人空间。利用吃饭休息时间，把商品藏于衣物中是件很容易的事，因为他们可以接近浏览设备，移动警报测试器，在一天工作结束时，避开系统监视将货品带走。

★ 收银台是职员偷窃的主要区域。因为这一区域工作要与顾客接触，售货员或收银员可以在给顾客打包时顺便包入额外的商品。

★ 小货仓是行窃的有利地方，职员可以不受限制的假装要寻找货架上短缺的商品或帮助顾客寻找商品，而且这儿很安静，没有巡逻人员，是内部员工行窃的有利地方。

★ 充分做好以上容易发生行窃处所的管理，将会大大减少内部行窃的机会。

三、小型零售店的情况

★ 即使是很小的零售店铺，也要发展商品处理系统进行运作。为了确保运送货物的准确无误，必须对每批货物小心验收。生产商会因为预定的货品短缺而用其他款替换。替换货品常在颜色、型号上和正品有差异。接收未订购的商品，就会给销售、消费者带来影响。

★ 在小型商店用的设备不需要像大百货店那样复杂，只要注明有关商品摆放的问题就可以。随着计算机和其他自动化设备的出现，小店也会配备一些先进的系统。例如有这样一种系统，会准确地检查出所带走的商品都是购物清单上有的。在合理的清单记录以后，标签将会保存为以后的清单控制做准备，以进一步确认有关信息。通过密切注意商品的正确处理结果，会使清单的填充和缺货检查更容易。

★商店的行窃通常出现在人员不足或没有管理者出现的地方。因为小店的商家大多数时间在销售区，行窃者发现在小店行窃不如在大公司容易。不过，也不完全是这样，有一些小店在保护商品方面很疏忽。小店最好的防盗方法是确保店内有足够的销售人员。他们不仅可以帮助顾客挑选，还可以在需要时，在易丢东西的试衣间旁边帮顾客试衣。

★小店的内窃与大店不同，但具体问题必须具体分析。如果店主不在，店务经理就可能成了内窃的主谋。细心观察处理货品的细节和做好货品账单管理，个人亲自去控制商品等都对防止内窃有帮助。一个严格的货品账单控制体系一定可以打消有人想行窃的念头。这一体系是用计算机软件支持实现的，并且对小商店价位也是便宜的。

★店主养成细心的习惯可以防止失窃，无论商店的规模大小，如果缺少严格清晰的货品账目管理，那商店的利润将会受影响。

☞ 案例分析

当凯力服装公司在十年前开第一家店时，规模很小，只雇了三个售货员。进货和其他决策都由公司的一对搭档凯力兄弟来决定。当货品到达商店时，在销售处打开箱子让他们俩其中一个验货。他们检验质量并确认反馈来的清单与订单上的是否一致。售货员将按店主要求把货品列入入库清单中。处理接受商品的系统很简单并且可以满足商店需要。几年后，公司赢利再投资，并有其他店铺加盟。现今，他们已经拥有六个大店，每店由店主直接接货，并且摆放程序由各自制订。现今凯力公司正在计划拓展到十个分店。按计划拓展，需要对过去实践做一个全面的总结。商店运营中货品处理需花很大精力。两个创始人都认为由于店铺的规模不断扩大，个人运送货物到每一个分店是不合理的。事实上，店主们讨论表明集中式接货将明显减少运费。所有商品运到一个比较集中的仓库，货品处理费用将大大减少。凯力兄弟准备接受建立货品分配中心的计划，但他们还是不相信新的安排会像以前那样运作得很好。他们担心包括运送接受货物的质量、数量检验和用在新设备操作中的费用。

☞ 问题讨论

1. 用于商品存放的新设备将会减少还是增加总体人员消费？为什么？
2. 哪个数量检验系统能最好地提高对货品运送的管理？为什么？

☞ 小资料——国际先进的自动配货系统与安全标签系统

SAKS（萨克斯百货）配货系统

利用自动配货中心设备，可以对所有的货物自动接收、检查、作标记，然后送到公司下属的各个商店。货品处理包括三个主要程序：一是接收到装在纸箱中的货物，然后将箱子运送到各个商店。另一种是接收到装在箱子里的货物，然后转移到衣架上并这样运送至店铺。第三种是从供应商那里接收到的是挂在衣架上的货品，然后仍然这样运送。

装箱的货物被放到滚筒输送机上送到处理中心，在那儿有关来货的相关文件等都已经准备就绪，标记所用的标签也已经完成。然后将货物运送到纸箱打开着的另一个区域，贴上标签，重新装入纸箱，运到商店。每个箱子上锁着有商店确定密码的密码锁，指定运输到最终端的目的地。由一个自动化系统把货物搬上斜坡，然后到卸货码头装进卡车后送到商店。挂装服装放在手推运送机上，通过各种处理中间站搬运货物，然后服装被放入金属笼子运送到商店。

利用配货中心的这种接收验货系统，SAKS 能保持从接货到运货的完全自动控制与高级计算机系统的结合，使公司准确地的知道接受到什么货品，在系统的什么地方以及各个商店何时收到货，除了货物处理能力的提高，SAKS 还能及时报告在运输处理过程中花费节省了多少。

☞ 问题讨论

1. 这种 SAKS 配货中心的优缺点是什么？推广的前景如何？
2. 你所了解的服装零售公司是否有用这种配送中心的？使用效果如何？

☞ 练习题

1. 参观访问一家服装公司，最好是零售商接受设备和需求信息都已经计算机化的公司。准备一份报告来描述这一系统的实用性并说明零售商怎样使用它，其优缺点何在？
2. 访问一个大的服装零售商，观察他们用了哪些防盗和控制措施，完成一份书面报告阐述你自己的发现。
3. 讨论如下问题：
- 哪种数量检验方法对零售商来说是最有效的？
- 谁应该负责对将要接受的货物进行质量检验？
- 服装零售商标记货品的原因是什么？
- 讨论为什么雇员偷窃比顾客偷窃多？
- 描述电子条码监视系统应用于零售店的情况。

运营者的操控：服装零售店铺运作及顾客管理

课题内容： 1.店铺运作管理

2.店内货品的运作管理

3.顾客管理

4.服务水平调查

课题时间： 3课时

教学目的： 了解服装零售店铺运作管理，熟悉服装零售顾客管理程序，掌握服装零售服务水平调查方法和技巧。

教学要求： 1.了解服装店铺一天是如何运作的。

2.清晰店铺中营业前、营业中及营业后的操作细节。

3.了解服装店铺日常的货品管理、促销货品管理、次品管理、盘点管理。

4.深刻理解顾客的定义、顾客的意义。

5.知晓顾客的分类、顾客管理的作用、顾客资料的应用。

6.了解服装企业必不可少的市场调查和服务水平调查的操作简介。

教学方式： 理论讲授、图例示范、案例讨论、调研实习。

课前准备： 阅读参考文献并重点了解以下概念：运作流程、运作管理、顾客管理、零售服务等；调研并现场实习优衣库、HM、歌力思专卖店；阅读有关专业杂志和学术期刊。本章建议参考书籍为：《运作（修订版）》《服务管理》《图解5S运作精益化管理》。

第九章 ▶▶
运营者的操控：服装零售店铺运作及顾客管理

商场如战场，店铺是战场的最前沿，硝烟散尽，你就可以看到谁还活着。

第一节　店铺运作管理

店铺员工的工作职责就是要通过完善的服务让顾客在满意的同时选购到称心如意的商品。想顾客所想，有序、全面、细致、灵活、负责地做好工作中的每个环节，在公司与消费者之间营造出舒适的交流空间。本节介绍了营业前、营业中、营业后的工作步骤、注意事项、基本职责等细则。

一、营业前的工作步骤及内容（营业前 30 分钟）

（一）准备工作内容

★开启门户，解除保安系统。严禁闲杂人员逗留、进出。

★开启卖场电器设备，保证各种设备运行正常。

★开店前要保证自己所负责区域地面、橱窗、货架的洁净和商品整洁。

对销售工具，如产品手册、样品、小票及各种文具、包装材料进行准备。同时对助销用品，如灯箱、宣传品、促销品等也要做好准备。可制作预备项目一览表，以防遗漏。

★服装和仪容检查。女性导购必须化淡妆上岗。制服整洁统一。

★收银员要准备好周转金和零用金，特别是 1 元和 5 元的零钞。

★不论实行正常出勤还是两班倒制，导购对隔夜后的商品都要进行复点，以明确责任。如发现问题，应及时向店长汇报。

★根据昨日销售情况，对款式品种缺少或货架出样数量不足的商品，要尽快补充，做到库有卖场有。

★在复点时，导购要对商品价格签进行逐一检查。对于附带价格标签的商品，应检查价签有无脱落、模糊不清、移放错位等情况。确保标签与商品的货号、品名、产地、规格、单价完全相符。

★参加早会主要内容有：导购向店长汇报前一天的销售业绩以及重要的信息反馈；听从店长分配当日的工作计划和工作重点；清点、申领当日宣传品；了解公司的营销政策和活动，推销技巧及串销技巧的交流，检讨目标的进度，制订对策，向目标迈进。

（二）准备工作的作用

★营业前工作应当细致周全，为了一天工作的正常进行，好的开始即是成功的一半。

★进入工作状态的准备，利用这段时间调整心态，整理仪表，自信、精神饱满地面对新一天的工作。

★点验商品，补齐货源，清楚货品信息，如摆放位置、花色、是否缺货。

★必用品、钱物备齐，以备使用。

★通过早会，了解当天销售目标，注意事项等。

★全部工作应在营业前 30 分钟内完成，在营业开始前 1 分钟停止所有准备工作，如有没进行完的工作，在营业中顾客看不到的情况下完成。

二、营业中的工作职责

★营业中，最重要的工作就是招呼和接待顾客。导购态度要积极、主动、热情，服务要耐心、细致、专业。但也不要过于热情，否则反而会吓跑顾客。

★当客流量较少时，导购应充分利用这点闲暇时间熟悉自己所负责区域的商品，包括：款式、价格、颜色、尺码及卖点，以备为顾客服务时在最短的时间内把商品的特点及优点介绍给顾客。

★事先决定闲暇时要做什么工作。例如，重新陈列或整理凌乱商品，补充商品，整理销售票据，制造 POP 广告，擦拭展示柜等，快乐地工作，使商店充满活力与热情，顾客感受其魅力才容易入店。

★为提升商品活力，在店铺实行当场表演也是方法之一。此时，必须要标示"×××当场表演"，再加以播放明快活泼的音乐，并可考虑偶尔以"服务时间实施中""×××正在打×折"来吸引顾客。

★当顾客没有购买商品时，要先送走顾客，然后对被顾客挑过的服装进行重新折叠和摆放，使卖场保持整洁、漂亮。当商品价格变更时，要及时制作商品价签，将旧价签销毁。

★店长或导购要经常更换橱窗内的商品，使橱窗内始终保持最新或最畅销的款式，让橱窗变成一名无声的导购。商品陈列要有周密的计划，将畅销的款式放在显眼的货架上，颜色按由浅到深或由单色到花色摆放，尺码由上到下、由小到大摆放。

★当客流量较少时，要及时清点商品，当有缺货的可能时要及时从小货仓中补充商品，如小货仓无货时，应马上申请调货或补货。

★当公司送货时，导购要协助店长收货、拆包、验收、记账，商品整理后及时陈列到货架上。导购之间的关系是既分工又合作的关系，当一名导购接待顾客时，如果该区又有顾客出现，其他区导购在本区没有顾客需要服务的前提下要去支援此导购。

★店长或经销商要经常巡视卖场，及时发现顾客各项消费问题及意见，耐心细致地为顾客解答不明白的问题。

三、营业后的工作

★根据商品数量的记录账卡，导购清点当日销售数量与余数是否相符，同时检查商品情况是否良好。

★"货款分责"的店铺，导购要结算票据并向收银员核对票额。"货款合一"的店铺，导购要按当日票据或销售卡进行结算，清点货款及备用金，及时做好有关账务，填好缴款单，签字后交店长。

★在清点商品时，对断色断码的商品要及时进行补充，如店内库存不足，应该及时向店长或经销商汇报，以便经销商向公司申请补货。

★在清点商品时，要边清点、边做清洁工作，对所辖展区、商品、助销用品及销售辅助工具进行清洁，小件物品要放在固定的地方，贵重物品应盖上防尘布，加强商品养护。

★导购为获得顾客有魅力的评价，使顾客能愉快购物的商店，在开门前、后，必定施行清扫和点验商品。导购该有的心态是"商店内陈列的不仅是商品，更是导购的自尊心"。对扫除、点验的工作要细心注意。

★卖场的扫除，"一尘不染"是极为重要的。天花板、地板、墙壁、陈列柜、标示板等，注意不要有垃圾纸屑或污秽。彻底清扫的工作由导购同事间平均分担，各人将负责的部分清扫干净、进行点验，同时，互助合作的精神更是重要。

★商品的点验，经常将卖场上的商品整理陈列成"易看、易触、易选"是必须的，因此要点验：有无灰尘，标价牌明显与否，款式分类是否混乱，是否混入破损、污损商品，是否缺货……完全实施"整理、整顿、清扫"等工作。

★书面整理、登记当日销售状况，及时填写各项工作报表，重要信息及时向店长或经销商反馈。每日促销活动结束后需填写促销活动报告。

★开晚会时，导购向店长汇报当日各项工作报表及临时促销活动报告，反馈消费者需求信息与竞争信息。导购向店长反馈补货信息；导购工作表现相互评估，提出改进建议。

★对当天未能处理完的事宜，均要留言告知次日当班的同事，提醒注意和协助处理。晚会是反省一天的销售活动，作为明日飞跃的跳板。进行灯火安全检查，关闭所有应关的电器设备，开启保安系统。更衣、打考勤卡，从职工专用出口离店。

第二节　店内货品的运作管理

一、货品的流转

在店铺开季，货品供应量比较充足，随着销售的不断进行，店铺中货品会越来越少，公司在补充货品时，也会慢慢跟不上，这势必会导致货品在公司与店铺间、店铺与店铺间的流动。

配货：在开季时，公司会根据店铺的销售预算，折成服装数量，向店铺配货，此配货的数量要达到店铺陈列的最基本补货量。

补货：有两种方式，一种是公司主动向店铺补货，当销售一段时间后，店铺货品会出现明显不足，公司会根据销售数据，向店铺主动补充货品；另一种是店铺的店长根据本店的具体需求填写补货单，请求公司补充货品，这就要求店长要有好的数据感和对未来销售的良好判断。

调货：当销售到季末，公司仓库也无货向店铺补货时，只能通过店铺之间的合理调配进行，方式主要由公司货品部统筹，查看各店铺库存情况，对各种款式进行相对集中到某几家店售卖，保证货品的齐色齐码。

退仓：当一个季度销售结束之后，店铺将所剩余的货品，整理好，包好包装袋，吊牌向外，装箱退回公司，公司收货后，进行齐色齐码的整理，妥善保管，待来年可继续销售。

二、次品管理

每天店铺都要进行收出货作业，为了避免顾客买到次品，店铺店长或导购要把握三个重要的环节，控制次品的流出。

收货检验：每天店铺都会收到公司送来的货品，店长或导购在收货的同时要对所收货品进行逐个检查（大量收货时抽查，但货品在卖场上架时必须逐件检查）。

出样检验：随着销售的进行，卖场上要不断补充货品，在出样（从小货仓出到卖场）时，仓管员或店长要逐一检查，重点检查经常出现的疵点以及过去投诉过的货品。

卖出检查：当顾客决定购买此件服装后，导购可带顾客去收银台，之后导购在为顾客包装服装时，要做最后一次检查。

如遇顾客投诉确有质量问题，店铺需无条件给予更换，如果店铺已无此货品，可从其他店铺调货或让顾客选择其他货品更换，有质量问题的货品是不能再在店铺中售卖的。

如某一款式出现大量次品，店长应马上报告上级营销主管，营销主管需马上与总部联系，共同商讨解决方案。

三、促销减价货品管理

每到季末各个服装商家开始进行打折或赠品促销活动，目的是将应季的货品尽快清空，市场部人员和店长应共同分析畅销款和滞销款，分析各品类的库存情况，合理制订促销计划。店长要根据促销计划，合理安排橱窗和店铺中的货品陈列，让顾客一进入店铺就知道店铺的促销活动；店长在开早会时，也要向导购强调当天的促销活动及减价货品情况，不要向顾客推荐没有的货品或没有他（她）所穿尺码的服装。

店长可安排在店铺中的主要通路摆放花车（减价车）让顾客通过时随意购买，在花车上的服装不必整齐叠放，可放成一堆，让顾客寻宝。注意：花车上不能摆放次品，减价品不是次品。

四、盘点管理

店铺定期要对本店铺的货品进行详细的盘点，包括：货品数量、款式分类数量、男女装分类数量、基本款与时尚款数量。盘点期限有：年盘点、季盘点、月盘点、周盘点、天盘点，各店铺应根据自己的需要安排盘点。店长应该做到，对自己店内的货品了如指掌。店铺盘点后，每月定期向上级主管部门报告，公司市场部或营销部按款式分类进行汇总，报至营销总监处。

公司市场部每月将全国库存情况报至总经理，并提出改进对策。

（1）盘点前的准备工作：

★公司市场部和财务部各向各店铺发出盘点通知，明确盘点的时间和工作要求，停止一切店铺间的补货、退货、调货的活动。

★店长需向导购强调工作方法和工作程序，将每个人分区（如卖场分区及小仓库的清点），避免重点或漏点。事先预定走的货品要事先确认，专门存放，并记录好明细（款号、尺码及数量）。次品分开放置，并记录明细。店长在盘点前需准备好各种盘点所需填写的表格。

（2）盘点中的工作：

★盘点一般分为两种方式：一种方式是将店铺内的所有货品一边盘点一边填写盘点表，然后与计算机账或手工账核对，此种方法细致可靠，但效率较低；另一种方式是先用计算机系统事先打出库存明细，然后一边盘点一边核对库存明细，如有不符做出记号，此种方法效率较高。

★一般在闭店后或提前闭店一小时进行盘点，店长需再把盘点要求讲解一遍。店长要做好盘点的指挥监督工作，使盘点有条不紊地顺利进行。对盘点人员进行分组，一般两人一组，一人盘点一人记录，以求盘点的正确性。

★盘点中，导购应按照负责的区域，按顺序由上至下或由左至右展开盘点，并将货品的款式、颜色、尺码、价格、数量分别填入盘点表（或核对库存明细），在盘点过程中，如有疑问，需要重盘。填写盘点表时要清晰准确，以利于盘点后的核对工作。

（3）盘点后的工作：盘点后，店长需统筹各导购在各区的盘点结果，店长负责与店铺的计算机账或手工账进行核对，查看是否有差异，无差异则通过，有差异，店长与负责该区域盘点的导购进行沟通，寻找原因（有可能窜款、窜颜或窜号），并进行复盘，找出问题所在，如不能找出原因，则报上级主管部门处理。

五、库存管理

店铺库存是一把双刃剑，它可以让你创出很高的营业业绩，也可以让你亏损得一塌糊涂，因此，保持良好有效的库存是每个公司和店长必做的一件事。店铺库存过多，就会造成货品积压，成为公司和店铺的负担。如果库存过少，会随时引起货品脱销，造成业绩损失。因此，为了保证库存货品合理，有效支持销售，店铺管理人员有很多工作要做。

定期分析销售数据、畅销款式、滞销款式及在此销售期间各大品类主力销售品种，店长每天了解店铺货品的销售情况，及时填写补货单，确保有效货品供应充足。补货时要对销售较好的货品进行补充，一次不要补得太多，这样不但不利于店面的陈列展示，也不利于存放和日常交接、盘点，增加货品管理的压力。

店铺导购都要对自己所负责的区域的货品做到心中有数（包括货品的颜色、尺码、数量），不要向顾客推荐没有的货品。

公司市场部应将断色、断码严重的货品相对调到一些 A 级店进行销售，店长要将滞销货品在销售期内及时返回公司，使公司市场部调至可销售店铺进行销售。

第三节　顾客管理

一、顾客的定义

在生意中，用金钱去购他（她）所需要的商品（包括有形和无形的）并得到相应服务的自然人，称为顾客。

二、顾客在生意中的意义

对于任何企业都要把顾客的利益放到第一位，否则，你就会在竞争中失去优势，因此明确顾客在生意中的意义尤其重要。

如果我们做服装品牌，千万不要忘记：对任何企业而言，顾客永远是最重要的；顾客并不依赖我们，而我们却都得依赖顾客；顾客绝不是对我们工作的打扰，他们是我们工作的目的；顾客不是与我们生意毫不相干的人，他们对生意有极大影响；顾客并不是一组数据，他们是有感情、有思想、有偏见、有情绪的人；顾客不是一个和我们争吵或作智力比赛的对象，他们到店铺来，只是消费和享受；顾客光临是我们的荣幸，我们不应让他们等待太久；顾客是商业活动的重要部分，应该受到尊重；顾客的付出，便是我们的收入；顾客应得到全心全意的服务，他们是企业的命根子，是我们的衣食父母，失去顾客，就是死路一条。

三、顾客管理的作用

（1）增加老顾客数量，即增加"回头客"，老顾客是店铺收入的稳定来源。

（2）使顾客对该公司和品牌印象良好；保持信任感，该顾客再到店铺，无须再做任何解释和说服工作，顾客可直接购买他（她）所需的服装，节省双方的时间。

（3）在顾客管理中可分析顾客需求，掌握大多数顾客所喜好的颜色、尺码比例、能接受的价格、职业习惯等，设计出大量适合该类顾客的服装，满足顾客需求，同时也为公司增加利润。

（4）老顾客可为公司带来自己的朋友，使公司顾客群不断壮大，从而增加营业额和利润。

（5）在公司经营过程中，可通过顾客资料，通知顾客到店购买自己喜欢的产品，如开季、打折、促销、赠品。

（6）对VIP顾客提供优质服务，如折上折、生日赠品、改衣服务、送货上门服务等，使顾客对公司及该品牌更加忠诚。

四、顾客的分类

普通顾客：不经常购买此品牌产品，购买量不大，或是流动顾客，如旅行者。

常客：经常光临店铺并购买，购买服装爱好者，但不成系列，该顾客身上由多个品牌购成，这是服装公司需要下工夫争取的顾客。

固定顾客：只钟情于同一个品牌的服装设计风格，他（她）认为这个品牌的服装代表他（她）的个性，体现他（她）的一种感觉，或能表达他（她）今天的心情，这种顾客是商家一定要维护好、服务好的顾客，不能怠慢，应发给他（她）定额优惠券或优惠卡。

VIP顾客：固定大量购买同一品牌，对该品牌的设计款式风格极度认同，版型也非常适合该顾客，对该品牌的归属感极强，年购买金额上万元，甚至十几万元，这种顾客是我们的衣食父母，要下工夫，想尽一切办法留住此顾客，为顾客提供超值的服务。

此类顾客还可分金牌顾客（年消费达 10 万元以上的），银牌顾客（年消费达 3 万 ~ 9 万元）。

五、顾客资料管理

（一）顾客资料搜集和维护

★当遇到店铺缺货，顾客又有需求时，可让顾客填写"顾客资料卡"（表 9-1）。

★凡于店铺购物超过五件以上或 1500 元以上者，由收银员或店长请其填写"顾客资料卡"。

★当店铺进行有奖抽奖时，可让顾客将自己的联系方式写在购物小票上，以便今后与之联系。

★当店铺搞积分活动时，也可让顾客填写个人资料。

★当公司进行市场调查时，通常会有礼品，可收集到顾客的个人资料。

★各店铺收集顾客资料后，统一于月底传回公司客户管理部，建立统一顾客档案。当店铺发现顾客资料有变动时，应及时通知客户管理部更新，顾客资料需定期整理，至少保存五年。

（二）顾客资料运用

★当公司开季、换季、促销及季末清货时，可按顾客资料通知顾客，现在手机普及率很高，可在公司建立短信平台，当有活动时，可进行将活动信息编成短信，然后在短信平台进行群发，即可通知顾客。

★当公司每季开季时会印刷许多宣传册，介绍本季货品情况、款式及设计理念，公司可利用顾客的通讯地址向顾客直投，如无顾客地址，可打电话给顾客，询问通讯地址，同时显示优质服务，也一并留下顾客的地址。

★顾客资料分析：在顾客资料中，有些顾客追求时尚，不喜欢过时货，因此，对此类顾客可在开季时通知顾客购买；有些顾客喜欢便宜货，对此类顾客可在促销打折或有赠品时通知顾客，这样顾客的购买概率就会增大。

★遇到节假日、生日可向顾客邮寄贺卡。

★公司各种活动也可编成图文并茂的电子文档，用 E-mail 的形式群发至顾客的电子信箱，顾客也会很喜欢。

★公司可建立网站，在 BBS 让顾客发表自己对该服装品牌的意见或建议，可以在网上进行电子商务。

★对大宗购买，可实行换货制，送货上门。

表 9-1　顾客资料卡

店铺：　　　　　　　　　　　　　　　　　　　　　　　　　　　　　　　　　　　　　　　年　月　日

姓名		性别		年龄		
通讯地址				邮编		
职业		月收入	元	是否为工会会员	□是	□否
办公电话			住址电话			
手机			E-mail			
顾客服装资料	喜好款式风格	喜好颜色		穿着尺码		能接受的金额
备注：						

第四节　服务水平调查

一、目的

为不断改善和提高店铺的服务水平，服装公司将定期邀请纺织服装高校进行服务水平调查（"神秘人"调查），借此检查店铺的管理及服务水平，以利于日后改善工作。

二、调查形式

派"神秘人"到各店铺扮成顾客购物，一方面测试导购的服务水准；另一方面观察店铺内的环境。为求增加真实感，"神秘人"应如自己平时逛街买衣服似的，单纯以顾客的立场，在店铺内参观，向导购发问或试穿衣服等，无须故意刁难或延长时间以免让导购发觉。调查后，调查方项目负责人需以书面形式汇报有关结果。

三、调查内容

调查主要是以顾客角度来进行评核，其内容主要有：

★礼貌服务：进店主动打招呼、顾客选购时导购有无跟随现象、用普通话服务、用礼貌用语服务、收银员态度、离店是否有送别。

★商品知识：主动介绍货品、主动告诉顾客公司所提供的售后服务、顾客试穿时介绍搭配其他服装、当遇到缺货情况时为顾客积极查询、导购对货品的认识理解程度。

★推销技巧：主动询问顾客的需要、耐心倾听顾客描述、鼓励顾客试穿、遇到试穿尺码不合适时热情为顾客更换、主动陪同顾客付款。

★人员管理：导购衣着统一性，在各自区位各就各位无串岗现象，有无与顾客争论现象，评估店长对货品管理，导购之间、导购与店长之间的配合默契程度。

★店铺管理：各类服务性摆放标牌是否醒目、地面是否整洁（尤其是下雨天气）、货品摆放整齐程度、试衣间整洁程度、灯光明亮程度（有无坏灯泡）。

四、调查时间

每年两次，由公司总部统筹安排时间，各分公司需自行与当地纺织服装高校联系，签订"调研项目协议书"，协助和安排有关调查。

五、调查范围

所有店铺（直营店和加盟店）。每次调查还在各公司省会城市和主要大城市与其他竞争品牌作比较。

六、质量控制

与相关纺织服装院校合作，精心挑选、指导和培训调查员；认真阅读公司总部所发资料，始终与纺织服装院校保持联系，及时回输问题，确保工作顺利进行；问卷数据输入期间抽查问卷20%，确保数据输入工作达到要求；调查报告按要求的计算机软件处理。调查报告以WORD格式编写，资料以SPSS计算机软件处理；院校的原始数据输入格式和汇总报告格式需按公司总部提供的统一标准格式进行。

七、分工

★总部负责审批费用，提供调查问卷、报告格式、数据库格式及汇总报告。

★分公司负责与纺织服装院校联系、监控调查工作并提供各项费用。

★各地院校负责提供调查人员、原始资料和汇总分公司报告。

八、费用

★调查前，分公司根据公司总部通告的要求，与当地院校协商经费预算，并向公司总部申报审批。

★分公司根据审批的费用，分两次支付给院校，第一次支付供纺织服装院校调查时使用，第二次支付于待院校所交报告合格后进行。

★调查工作结束后一个月内，分公司需将实际经费向公司总部汇报。

★ 调查期间，"神秘人"所购衣物可如数退还，但必须保留原来的包装及所有单据。
若"神秘人"满意公司的产品，可以用较低折扣价购买，数量限额有一定限制。

九、跟进报告

调查总结报告要交给公司总部，并知会有关部门跟进。

各分公司也要根据各分公司的服务水平调查报告，在一个月内与业务部商讨，有针对性地制订出改善措施，以提升各店铺的服务水平，同时报告须交总部存档。

☞ 案例分析

GAP——适应转变中的顾客品位

取材：Marketing 11th ed.，Etzel，Walker，& Stanton

从任何角度来看，GAP 都是成功营销的好例子。这家零售连锁店的发迹，靠的是售卖看似名家设计，但不标榜名牌形象和价钱的 T 恤和牛仔裤。在很短时间，GAP 便成为美国非常赚钱的连锁成衣专门店，以提供"好品位、好品质、好价值"（good style，good taste，good value）为市场定位。GAP 的 800 多家门市店的总营业额超过 50 多亿美元，旗下包括 GAPkids、Banana Republic、Old Navy 等店。

GAP 成为行中翘楚，过程也不尽是一帆风顺的。1969 年 Donald Fisher 就是因为一家商店不让他把一条过短的 Levi's Strauss 牛仔裤退货，一时气愤，便开设了 GAP 牛仔服装店。第一家 GAP 门市店开在三藩市，里面的牛仔裤尺码齐全。由于 Levi's Strauss 规定所有零售商把售价标高 50%，有这样的助力，GAP 很快便在全美各地遍设门市。但是，到了 1976 年，美国联邦贸易委员会裁定，像 Levi's Strauss 这样的制造商，不可以限制他们产品的零售价。一夜之间，牛仔裤便沦为减价货了。不得已，完全倚靠牛仔裤的 GAP 要另行定位了。

试图转而销售自己品牌的高利润成衣，但经历了不成功之后，GAP 发现，最能打动顾客心的，是以基本服（back-to-basics）为主的货品策略。GAP 门市店入的货，都是一些全棉衣物，而且颜色选择特别多。由于在销售自己的品牌货品时，GAP 与生产商已建立起紧密的关系，利用这点，GAP 得以很有效地管理品质。另外，由于服装设计是公司内部负责的，成本也得以控制。在 20 世纪 80 年代，紧随着 GAP 门市店的成功，GAP 把业务扩展到童装，GAPkids 店售卖的是从婴孩到幼童的基本简单衣物，像连衣裙、工装裤等。

GAP 在 1983 年收购了 Banana Republic。因为 *Indiana Jones* 系列、*Out of Africa*，*Romancing the Stone* 这些电影，猎装大为流行，Banana Republic 也得以迅速扩展。但是，到了 1988 年，由于猎装式微，这家有 150 家门市的连锁店需要重新定位了。最赚钱的新定位是高档的 GAP，加上较多的新潮服装。

　　GAP 的货品组合，成为"中产阶级和中年人的制服"。但是，另外两个核心顾客层，少年及新生代（Generation Xers），开始对 GAP 的基本服不感兴趣了。李奥贝纳（Leo Burnett）公司每半年一次的"少年最新潮流"（"What is hot among kids"）市场调查显示，早在 1992 年，在少年人之间，GAP 的负面形象已经开始形成了。当年，调查的少年中，有 90% 认为 GAP 的服装够酷。这个百分比 1993 年夏季跌至 83%，1993 年冬季跌至 75%，1994 年年底跌至 66%。主要顾客层的失去兴趣，迫使 GAP 更要追紧时装潮流、发售新产品、推行新的门市店概念。GAP 把货品从着重单性衣物，转为着重男性化或女性化的表现、潮流时尚的衣物。这样做显然有效，因为从 1992～1993 年，虽然在青少年中形象下降，公司的赢利仍增加了 23%。另外，为使 GAP 门市店更为统一，所有门市店都摆卖所有的衣服款式，有别于以前在较小的店铺只有部分的款式出售。

　　1993 年，扩展顾客层面的努力，把 GAP 引入减价货的市场。GAP 决定把 42 家表现较差的 GAP 门市店改作 GAP Warehouse 减价店。这个决定，基本上违背 GAP 要成为成衣零售专门店的领导这一成功方程式。为避免与 GAP 门市店抢生意，GAP Warehouse 出售的是另外的衣物系列。这些系列的衣物与 GAP 的基本货很类似，包括牛仔裤、卡其裤、T 恤等，但会标上每日特价。另外，GAP Warehouse 衣物的用料和 GAP 门市店的也不一样，为控制成本，使零售价降低，除针步会较疏外，更会用上较轻薄和较多化纤的布料，而牛仔裤则会经过较少石磨处理。与 GAP 只针对成年顾客不同，GAP Warehouse 的目标顾客，包括成人及儿童。

　　接下来的一年，为了和批量转售商竞争，GAP 向减价货市场发动了另一次攻势。这年发展的 Old Navy Clothing Co. 店系出售的衣服和配件，针对的是年收入 2 万～5 万美元的消费者。Old Navy 店提供的便服款式繁多，而售价则比 GAP 的便宜 20%～25%。Old Navy 店的定位是像百货公司一样，提供多款式的男装、女装、童装、婴儿服等，方便一次性购买。此外，还提供 GAP 的一些非服装产品，像相架、地址簿、花色购物袋等。

　　为了发展新市场，GAP 引入了沐浴及体肤护理用品。GAP 这系列，包括了香皂、润肤油、洗发剂、护发剂、淋浴膏、浴盐、香熏蜡烛等。这些沐浴及体肤护理用品所针对的市场，在 1994 年就有 10 亿美元，而每年更有 5% 的增长。发展 GAP Scents 的部分原因，是应付 GAP 的主要竞争对手 The Limited 发展的 Bath & Body Works 连锁店。沐浴及体肤护理用品，是 GAP 管理层把 GAP 发展成生活方式品牌的第一步。如果消费者把 GAP 看成不只是成衣店，引入其他产品便顺理成章了。

　　零售业正发生基本的变化，消费者已变得很计较怎样合理利用购物时间了。从 1980 年到今天，美国人逛购物商场的次数已由每月 3 次跌至 1.6 次，几近减半了，同期，每次外出购物，走进过的店铺，也由 7 家下跌至 3 家。另外，科技发展也让一些零售商更好地控制成本及以创新的方式（例如 Internet）来向顾客提供产品。在 1990 年代，随着婴儿潮的下一代的渐次成长，专门店的面貌仍继续改变。这批"婴儿潮回响代"（Echo Boomer Generation）的特点是对转换品牌视为等闲、对科技毫不抗拒。虽然整个美国社会弱势族群占人口总数的 1/4，婴儿潮回响代这个比例却是 1/3。相对他们的上几代，这些青少年有更大的购买力，也拥有更多包括衣服的购买自主权。GAP 将来的成功关键，在于他们能否在这个转变越来越迅速的环境下，不断调整门市店的定位，以满足目标市场的各种需求。

☞ 问题讨论

1. 为什么社会因素会影响 GAP 未来的营销策略？
2. GAP 以 GAP Warehouse 和 Old Navy 两系列的连锁店进军减价货市场是否失策？
3. GAP 在市场变化中，如何打动顾客的心？你将来设计的服装会卖给谁？请描绘一下。
4. 就目前零售业的各种变化，GAP 可以提供什么新产品？

☞ 练习题

1. 开一家服装公司你觉得怎样？毕业后，你会选择先进公司工作还是自己开一家服装店？
2. 要让你当一名导购，你愿意吗？会不会觉得大材小用？
3. 俗语说"女人的衣柜里永远少一件衣服"，你是否认为女装市场比男装市场好做呢？
4. 用顾客的角度来评判一下，现在市场上众多服装品牌中谁更能抓住顾客的心？
5. 如果毕业后，你去一家服装公司做设计工作，你认为应该先做什么？
6. 如果有公司要做市场调查或服务水平调查，你愿意做调查员吗？
7. 如果你做过调查员，与同学们分享一下做调查员的经验与体会。

财会者的精算：财务管理及控制

课题内容： 1.财务管理基础知识

2.销售收入取得流程

3.财务管理系统

4.存货核算

5.存货控制

课题时间： 3课时

教学目的： 了解服装零售财务管理基本知识，清晰服装零售销售收入取得流程，熟悉服装零售财务管理系统。

教学要求： 1.了解零售业的相关财务管理基本知识。

2.掌握资产负债表和损益表的使用。

3.了解服装零售店收银作业职责与流程。

4.知晓零售管理中存货的核算与控制方法。

5.熟悉财务管理系统的核算内容与方法。

6.掌握存货的核算与控制方法。

教学方式： 理论讲授、图例示范、案例讨论与分析。

课前准备： 阅读参考文献并重点了解以下概念：会记账簿、财务报表、存货核算、存货控制、财务管理等；案例学习，计算分析；阅读有关专业杂志和学术期刊。本章建议参考书籍为：《财务管理（第四版）》《财务管理基础》。

第十章 ▶▶
财会者的精算：财务管理及控制

> 赢利是企业最起码要做到的，不赢利的企业不是一个好企业。

任何人从事零售业的目的都是为了追求利润最大化，为了做到这一点大部分注意力都集中在存货的金额控制、数量控制、存货周转率等。每平方米销售额及实物盘点，连同零售业中遇到的各种各样的费用控制将在本章中详细讲述。

第一节　财务管理基础知识

那些想进入零售领域的人们，其注意力普遍集中在货源、采购程序、商店管理，商品的广告及促销等问题上，因为这些都对零售环境中的各个方面有直接的影响。那些渴望涉足于服装零售行业的人们却很少意识到财务管理的重要性。

实际上无论是经营小规模商店，还是经营大型商店，理财是一项十分关键的工作，要想出色地经营服装零售店，必须具备相应的财务基本知识。

一、会计账簿的概念

会计账簿的含义：会计账簿又称作账册，是由一定格式的零散的账页组合成的册子，用来全面、系统、连续、分类地记录企业的每笔经济业务。会计人员需要编制会计报表，该表是给零售人员管理看的，因此必须十分准确。

会计账簿的作用：通过科学的设置和登记账簿，可以对资金使用是否合理、费用支出是否符合标准，经济效益提高与否，利润的构成和分配是否符合规定等做出具体分析、评价，从而找出管理中存在的差距，寻找弊端，挖掘潜力，提出合理的改进措施。

会计账簿的种类：会计账簿的种类是复杂多样的，可以按其不同用途及形式进行分类：根据用途不同可以分为三大类：日记账、分类账和备查簿；根据账簿表格形式的不同可分为订本账、活页账和卡片账三种。

二、对账和结账

登记账簿包括记账、对账和结账三个相互联系密不可分的工作环节。

对账：为了保证记录账簿的真实、准确、可靠，对账簿和账户所记录的有关数据及细节内容加以检查和核对，这种核对工作叫做对账。

账簿记录的准确与真实可靠程度，不仅取决于账簿的本身，还涉及账簿与凭证的关系，账簿记录与实际情况是否相符的问题等。服装零售公司或个人店铺应该建立定期地对账制度，在结账前和结账过程中，把账簿记录的数字核对清楚，力争做到账证相符、账账相符、账物相符和账款相符。

结账：为了总结某一会计月度或年度的经营活动情况，必须定期进行结账。所谓结账就是指把一定时期内发生的经济业务在全部登记入账的基础上，将各种账簿记录结出"本期发生额"和"期末余额"，从而根据账簿记录，编制会计报表。

★结账的操作：在结账前，首先应该检查本期所发生的各类经济业务是否都已填在会计凭证上并已登记入账，对已经发生的债权债务、所有者权益、费用、已实现的收入、已查明的财产、货品的盘赢盘亏等都应在结账前全部登记入账。

★结账的内容：

按会计制度规定和成本计算要求，结转各项收入、成本账户和费用。

根据成本账户，计算本期的营业成本，并确定本期的财务成果。

结转本年度利润和利润分配账户。

经过上述账务处理之后，分别给出各种日记账、总分类账、明细分类账的本期发生额和期末余额，并按规定在账簿上作出结账的手续。

第二节 销售收入取得流程

一、销售收入取得

制订流程的意义：为了准确核算店铺销售及应收款回收的情况，加速公司资金的周转速度，财务部应该制订明确的销售收入取得流程，以确保销售收入核算的准确性与及时性。

销售收入取得内容：

★取得销售收入原始资料，核对每日销售收入，将每日店铺提供的现金交款单与日终结算报表及营业部提供的各店铺每日营业额报表进行核对。

★会计核算：根据销售收入原始数据资料，进行会计核算。

★每月月底汇总，核对每日销售收入：每月根据会计核算资料进行汇总并且与计算机数据提供的每月店铺毛利分析报告进行核对。

二、服装店收银作业职责

（一）收银主管的职责

1. 制订每日收银人员排班表

★应预先安排每月的每日排班表，并张贴出来让收银员方便查询，且递交一份给营业部门和财务部门等便于随时了解收银情况。

★收银员必须明确知道轮班安排，可事先排假或预留弹性予主管人力部门调度，一旦有变更情况发生时，要及时通知各部门修正收银员排班表。在促销活动期间，为快速收银和减少错误发生，应当由收银作业较熟练者当班，必要时可以增多收银员人数。

★依据店铺的经营时间及时段和客流量，调整换班次数与交换班时间；而每个收银员的收银成绩统计，也是收银管理的必要事项，可适当提出协助和及时发现作业出现的问题。

2. 负责收银员的训练教带工作

★训练教带工作包括有工作内容及职权范围、作业流程、交接班及结账方式及注意事项，而且应该将实际课堂培训与实际训练教带相互结合。

★结账时需要填写管理报表。

★店铺收银设备的使用方法及相关注意事项与设备简单故障的排除，收银主管同时负责实务操作的教育训练事项，以增强临场处理能力的培养。

（二）收银员的职责

★正确的收银销售记录：收银人员应接受正确处理收银工作的教育训练，并通过收银组长的测试，才可以上收银柜台。

★正确掌握现金、礼券、信用卡等的收接处理方法。

★每日结束营业后，需要负责财务结算、收银报表的填写，当日当班的各位收银员应确实交回报表、签单、礼券、收银实际总额等。

★将当日营业数据资料传回公司。

（三）财务人员的收银业务职责

营业中点收大钞、兑换零用金、开立销售小票，使连锁店的账转至总公司，若店中未设立该职位，也可由收银主管或店长负责。

三、收银工作内容

（一）开店前的作业内容

1. 备用金（零钱）准备

★备用金（零钱）、发票、信用卡签单的准备，并将零钱与单据分别以固定提袋放置，以免漏拿或遗失。

★特别是在春节期间等节假日的销售高峰期备用金零钱一定要准备充分，如果出现短缺，那时的银行也特别忙，一般很难及时换到。

2. 确认收银机及信用卡刷卡机正常

★打印机上的色带，店名章色泽检查，细墨不足必须立即更新。

★确认统一发票收执与存根机号码一致，且切勿将位置装反，收执单于交易完成时交给顾客，存根则自行留存，发票应由第一卷用起。

★发票每卷用完时应将存根单缴回，填明此卷发票的起止号码，以便会计人员核对。

★补充空白信用卡签单并确认收银机与信用卡机已确实应账。

3. 促销活动期间

★不论为当季正品新上市还是促销活动期间，公司应尽可能预先告知收银人员，让收银员及营业员了解价格的变动或赠品活动情况。促销活动期间或假日，收银主管或店长应留意各种表单是否充足，以避免出现不足状况。检查包括如下项目：

统一发票、手开发票本。

计算机价格是否都已全部更新。

空白信用卡签单。

公司内部管理用报表。

大、中、小包装袋、推广品包装袋。

活动期间的赠品是否备齐。

贵宾卡的申请表及待用卡是否足量。

（二）营业中的作业内容

现以大型服装店及专卖店的作业方式作举例如下：

★仔细做好收银工作、唱收唱付。

★核对商品代号，以免条码错误。

★检查折扣率，如 VIP 卡折扣率、优待折扣率及其他赠品。

★计算机小票验证与开立统一发票。

★各种票据的打印、分类整理与保管，在结束营业时须点交收银主管或店长。常用的各种票据有：销售单、退货单、调货单、收货单、退仓单等。

（三）结束营业后的作业内容

★收银系统最好是采用自我报账单，以免溢收金额被占为己有。自我报账即收银员必须先点收柜内现金及各项凭证，将其输入收银系统后，才可列印结账报表。

★收银系统与信用卡刷卡机的结账，大约区分为以下几个主要作业：

1. 零用金的核算和缴交

★在结束营业后清点出银柜中的零用金数额，且将正确的张数、枚数及金额，填在零用金传票上，以便于备翌日收银员开店时使用。

★待收银主管或店长再重复点一次，经双方核对无误后，才可将零用金放入"零用金袋"内，收银员与主管封口盖印缴回。

2. 各项票据及收银凭证的整理

★将营业中所有作废的发票与取消的传票订在一起，在收银主管认证核对后由收银系统取消记录。若不使用"取消传票"，可由主管直接在发票上认证。

★营业中所有的销售单、退货单、取消单、收银日报表、收银机结账报表、作废的统一发票、部分缴款传票等放入"票据袋"内，缴回会计或店长。

★礼券根据价格分开整理出来，支票也使用橡皮圈等夹好，信用卡结账报表放入"收银凭证袋"。

3. 收银机、信用卡刷卡机列印结账单

★收银系统列印查询，结账报表。

★查账一般可随时印出，可即时查询该台收银销售资料或在营业终止前作自我报账参考。为使收银结账顺利进行，结账时应先列印查询账表为备份。

★结账，收银系统一般都设定只可列印一次，所以结账时最好先印有一份查账报表，结账报表需会同所有交易凭证一同缴回。

★营业中途用完一卷发票后，应先处理结账列印报表，重新安装下一卷发票，设定发票字之后开始收银。

★刷卡机印表机列印依卡别不同的结账表可重复列印，当用信用卡交易时，须列印用卡明细单做结账。

4. 销售金额清算与自我报账

★针对钱柜的现金、礼券、支票、各信用卡签单盘点，清算正确填入收银日报表，再记录收银系统验证，印出收银结账表，即可清账，将当日现金及所有凭证锁入保险柜，即完成当日收银作业。

★填写收银日报表时应将班别、收银机编号、收银员、日期、今日发票起止号等，正确填写后登陆收银机，可以确认担当者是否代班，并提醒明日早班收银员，确保不填错统一发票。

★使用收银机者可以将收银日报表、收银机结账表、现金及其他收付凭证，缴回收银主管或店长，锁入保险库，收银机及刷卡机清机。

5. 清机及关闭电源

★清机前，请取出收银设备中的纸卷、刷卡机空白签单，由明日早班的收银员再自行装上，避免发生拿空白纸卷开发票或将查账资料列印在正式发票上。

★检查桌面上应缴回的物品有无遗漏后关机，关机后切断所有电源，做好防火工作。

6. 零用金兑换及部分缴款 零用金兑换处理、准备零用金是收银作业中不容忽视的重要的一项。

★当班收银员如想要兑换小额现金，必须事先填写"零用金兑换传票"及现金交由代班兑换，"零用金兑换传票"交会计人员。

★会计人员可事先准备多份零用金，以便收银员营业中兑换，兑换完毕，代班应将"零用金兑换传票"及现金拿回收银台。

★连续假日时，可预先准备零用金，以免突发状况时无零用钱可找。

★取款人由店长及会计在营业中到收银台取回大钞，缴回金库或存入银行，以此确保安全，称为部分缴款。

★各公司可定好部分缴款的时间，收银员可在指定时间之前，先填好"部分缴款传票"，并把需缴回的大钞点好，放在透明袋中等待会计人员收取并双方盖章确认。

★填表时，收银员应写下缴款时间，收银员及取款人员的姓名。验证列印时，应查看是否印有日期、机台号码、收银员代码、金额等。

★取款人提取大钞时，不应在当场点收，仅取走传票与现金，收银员将大钞按要求数目整理好。

★部分缴款没有金额限制，收银员可视收银现金量多少，针对纸币尽量凑整数，收银员应妥善保管"部分缴款传票"，待营业结束时，置入传票袋一同缴回。

四、收银工作流程

收银员的作业流程可分为三个阶段：开店前、营业中和结束营业后。

收银员每日工作流程表举例如下：

一商店于上午 9：30 开始营业，至晚上 9：00 结束。

（一）开店前（上午 9：00）
★零用金、收银钥匙、清账价卷准备。

★收银机操作确认，收银员报到。

★信用卡刷卡机开设及签单准备。

★确认发票装置正确及号码正确，是否需领发票备用。

★包装提袋装备，置于收银台。

（二）营业中（上午 10：00 ~ 晚上 9：00）
★依商品种类、数量、金额登记于收银机。

★收受销售金额总类并分类设置。

★零用金兑换手续。

★部分缴纳准备及缴交会计。

★交班列单收银员报表，将所有收受的金额按种类缴回。

★收银员交接班。

（三）结束营业后（晚上 9：00 以后）

★收银结账，列单报表。

★信用卡刷卡机结账，与收单银行清算。

★现金及其他凭证锁入保险箱。

★收银设备关机。

五、顾客支付款项方式与接收

（一）现金、礼品券、支票接收注意事项

1. 现金接收注意事项

★所有收银台，一律以新版人民币入账。

★钞票必须公开清点，发现纸钞质感不佳或色泽不佳的必须提出。

★大面值现金必须经过验钞机检验方可接收。

★遇到假币没收后交财务部门上交银行。

★注意破损缺角或已被冲洗过的钞票，须注意识别谨防伪钞。

2. 礼券接收注意事项
礼券包括商品礼券和现金礼券，各公司发行礼券应明确规定接收规范，让店铺收银人员可判别接收原则，建议考虑以下几点：

★内部控制：礼券发放或销售时须以相关部门印章及签字有效。

★顾客持礼券消费时，消费金额低于商品礼券面额，不找零。

★礼券被使用后，收银员应立即在正面盖"作废"章，以防盗用或遗失。使用收银机
也可将礼券做条码管理，可防止重复使用。

（二）接收支票注意事项

★支票所开的日期应为即期支票，指以当天或前后日为主。

★检查银行账号、金额是否有涂改或误写等情况，若有涂改则必须由开票人盖章才能
成立。

（三）接收信用卡付费注意事项

★信用卡签账单、手刷签单或由终端机列印时，应检查卡号、有效期限、消费金额及
副联完全正确后，才能交由顾客签名，以防没有银行申请款项。

★使用手刷式信用卡签账单应注意信用卡类别，必须依卡别种类取正确的签单刷卡，
填写时更应注意消费日期、金额、授权密码是否正确，并注意签账单副联是否有复
写、签账单上字迹不得涂改。

★待顾客签字完毕，才可将卡归还给顾客，避免顾客看着卡背面依样签名。

★顾客签名后应仔细核对字迹是否与卡片上的签名相符。

★留意顾客卡片背面的签名是否有涂改，正面日期是否过期、号是否整齐。

★顾客退货时，若原是使用信用卡交易，退货处理也须用信用卡终端机处理退款。

★当信用卡中心回传的信息为问题卡、遗失卡时，切勿大声喧哗，请顾客到一旁以免影响下一位顾客结账，处理方式为：

委婉地向持卡人说明原因，因为也可能是信用卡中心误判。

商品未付款完成前，仍需交还顾客信用卡。

收银员当场可表达愿意向信用卡中心查询。

六、交接班及结账的报表使用

当日营业款及销售凭证交接：收银员的重点是能由收银机结账单，正确点交当日总营业额及所有销售凭证。

报表的列印与交接：每种收银报表上须明确显示列印日期、时间、机台号码、收银员代号，以便管理者核对。

★日期、时间：用以确认收银员是否提前结账或没拿当日时段的报表缴交。

★机号：当经营类型为大商场或连锁企业时，机号为店铺管理系统的分析性报表的重要指标，以免不同店铺或柜台混淆。

★收银员代号：作为内部收银人员管理及核对的凭证，涉及收银员的责任。

公司可以根据规模的大小不同而选择适当的收银的规模和方式，特别是在员工的雇用上，有些小型的店铺，老板可以身兼数职，既可以作收银人员，也可作会计人员，以便节约商店的开支。但是其中规程是必不可少的，期盼能为有心经营服装店的营业者提供财务管理的概念，让管理者有能系统地处理收银相关事务的借鉴，顺利完成销售收入取得程序。

第三节　财务管理系统

财务管理系统的核算功能包括有：实物资产核算、经营费用核算、工资核算、销售成本和销售收入的核算等。

一、实物资产核算

（一）实物资产核算的目的

为了加强企业对实物资产的管理，财务部必须定期进行实物资产的核算工作，以促进企业实物资产的合理有效的运用，防止企业资产的流失。

（二）实物资产核算的内容

★核实票据：将各部门购入实物的所有票据进行审核，检查手续是否完备。

★编制会计凭证：财务人员根据审核后的票据编制会计凭证，财务主管复核。

★折旧的计提摊销方法：根据国家规定财务部制定固定资产折旧的计提方法，每月进行有关账务的处理。

★记账：财务人员根据复核的会计凭证，登记实物总账及明细账，制作实物资产卡片，卡片一式两份，一份由财务部留存，另一份交由实物管理部门。

★实地盘点：配合监督有关部门对实物资产进行定期实地盘点，取得有关盘点资料，做到账账相符、账卡相符及账物相符。

★实物转移、报废的处理：根据盘点资料，财务部对实物的报废、转移进行有关的账务处理。

二、经营费用核算

经营费用核算的目的：为了配合公司业务发展，完善内部成本控制，确保各部门费用核销工作的规范化与正确性。经营费用就是整个零售店经营过程中发生的广告促销、电话、商品展示、低值易耗品、差旅费、空调费、保险费、税金、设备折旧、运输、租金、水电等经营费用，及时处理经营费用的支付与报销业务，保证经营业务顺利开展。

经营费用核算的流程：为了对经营费用的支出进行有效的控制，经营费用核算应遵循以下工作流程。

★检查签名是否完备。

★主管对报销内容真实性审查并签字。

★会计人员对报销凭证审核：报销单据的真实性、合法性、正确性。

★出纳复核无误后方可支付。

★出纳登记日记账，会计人员登记总账。

三、工资核算

工资核算的内容：主要负责工资的统计与计算，并发放工资。

工资核算的流程：为了保证工资核算的正确性，在工资核算的过程中，应遵循以下工作流程：

★根据考勤表核发工资范围。

★根据销售资料计算工资，编制工资报表。

★报主管审批。

★工资发放：根据审批过的工资表制作工资条。

★正确计算辞退人员、离职人员工资。

★登记有关账本，进行会计核算，将所发生的所有资料核算处理并归档。

四、销售成本和销售收入的核算

销售成本和销售收入核算内容：主要负责归集整理零售店发生的销售收入及销售成本，计算销售利润。

销售成本和销售收入核算方法：销售成本和销售收入的数据可以通过内部网络与POS系统的销售数据、存货数据实现共享，从而大大提高销售成本和销售收入的核算效率。另外，对于采用统一毛利率政策的服装零售企业，可直接通过毛利率和销售收入计算销售成本，但存货实际成本需要通过盘点确定。

五、支出控制

开源节流是服装零售业提高经营利润的必经之路。现今零售业所面临的一个问题就是不断交替增加的费用。这也许是工资、广告、租金、保险或其他种类的花费，经营的成本不断增加。很明显，如果花费减少，利润将更大，这是一种简单化的解决方法。没有经验的人员会建议减少销售人员，认为这样可以节省大量费用使利润上升。然而，这种激进的决定有可能将大大地影响商店的销售总数，并且会使利润下降，结果事与愿违，适得其反。

支出控制的概念并不意味支出的减少。这个系统是用来分析支出并且调节它们的水平，最后给企业带来更大的利润。

（一）支出的分类

为了管理零售店很多花费是必要的。大部分花费包括工资、广告、促销、形象的商品推销、供应品、供热、电话、保险、税收、抚恤金、设备、服务合同、运输、降价、租金等。

（二）支出分类的好处

支出分类确定后，根据销售和赢利应建立一个系统去估算它们。例如，广告应分配给使用它的每个部门。以这种方式，每个部门的支出能够被逐一分析并且被管理人员分析研究，以做出相应的调整。假如对于儿童服装的广告预算为6%，毛衫的广告预算为3%，而他们的销售是相同的，这会给管理人员一个暗示让他们意识到应该缩减儿童服装广告的支出。

（三）支出的预算

为了控制支出，零售商应该准备了一个支出预算。算出过去支出的费用，未来的支出的费用预算，并加以分析对比与合理控制。从而给公司带来许多的好处。

★通过计划未来支出，当需求上升时管理人员可以为它们做准备。

★当销售计划和特定支出被用来为销售水平服务时，一个计划净利润很容易完成。

★经过六个月或一段的时间以后，真正的支出数据就产生了，这可以和预算数据相互比较。以这种方式管理人员可以重新更改不一致的数据。

★如果花费大于预算，为特定支出负责的专门人员，要为它负责计算和控制。

第四节　存货核算

为了控制存货水平，反映存货资金占用情况，对存货定期进行核算有利于控制存货，加速资金周转。对于库存货品价值的计算，根据货品的特点及销售策略的不同选用不同的方法，常用的有以下两种：即售价法与进价法。

一、零售业的存货预算（售价法）

（一）售价法的含义

损益表是评价零售店经营业绩的重要工具。要准备此表的一个重要数据就是商店的存货。这个数据可通过实物的盘点得到。但在实际经营过程中由于盘点要花费大量的时间和精力，零售商通常每年有一次或两次大型的货品全面盘点。如果商店常用损益表，那么最好用另一种。那就是用货品的销售价格来计量存货，此方法就称作售价法。大多数零售商采用售价法，特别是在销售价格比较稳定的情况下，此方法较适合。

（二）售价法的计算方法

首先在损益表中把数字换成价格，大多数零售商采用货品的零售价格来计量存货，下面通过一个例子来说明这种方法的计算过程（表 10-1）。

表 10-1　损益表

单位：万元

期初存货实际成本	400
期初存货售价	800
本期采购实际成本	500
本期采购商品售价	1000

计算步骤如下：

①决定销售商品的售价与实际成本（表 10-2）：

表 10-2

单位：万元

项目	实际成本	售价
期初存货	400	800
本期采购	500	1000
可供销售的商品	900	1800

②计算销售毛利率：

销售成本率 = 商品实际成本 ÷ 商品售价

$\qquad$ =900 ÷ 1800

$\qquad$ =50%

可供销售商品的成本率是 50%，

毛利率 =1- 销售成本率

$\qquad$ =1-50%

$\qquad$ =50%

③计算期末存货商品零售价：如果本月商品销售收入为 1200 万元，可供销售商品价为 1800 万元，第一步则期末存货售价为 600 万元，

期末存货售价 = 可供销售的商品售价 - 本期商品销售收入

$\qquad$ =1800-1200

$\qquad$ =600 万元

④计算期末存货实际成本：

期末存货商品实际成本 = 期末商品售价 × 销售成本率

$\qquad$ =600 × 50%

$\qquad$ =300 万元

（三）售价法的优缺点

优点：最重要的一点：可以根据需要做许多张财务报表而不必进行实际物盘点。

实物盘点也是比较容易的，因为商品已标上了零售价。这也有助于降低工作人员出错概率。结合实物盘点管理部门可以确定商品短缺数量。

当出现货品意外损失时，能迅速计量损失的价值。向保险公司提供索赔文件，同时也可迅速根据存货水平来投保。保险金额以存货大小为依据，在某种程度上比较贵。存货随着季节和出售时期而变化，所以零售商应有规律的调整投保费用。零售方法可以创造信息，这些信息是零售商用来决定在特定时期内应该投保多少。通过调整可在保险费上省下一部分钱。

缺点：用这种方法的费用高、涨价、降价、促销的变化，会遇到许多费用问题。

既然这是一个平均方法，零售商对商店存货的掌握也会有误差。当许多部门被卷入并且利用不同的涨、降价政策，就会产生误差。在一些情况下，零售商把不同商品分类，让每个部门用单独的数据计算。

二、决定存货的方法（进价法）

（一）进价法的含义

当销售价格变化较大时，有些零售商利用在计算存货价值前进行实物盘点，确定每个商品项目的存货数量，并根据其进价来计算出每个商品项目的成本，汇总即得到商品存货价值，此方法称为进价法。这样做可以减少会计记录的费用。为了确定存货价值，进价法计算存货量又分为先进先出法（FIFO）和后进先出法（LIFO）两种方法。

（二）两种进价计算方法对比

先进先出法（FIFO）：使用这种方法的假定条件是首先购买的商品也是最先被卖出去的。此法对流行商品最合适，比较适合时装零售的库存计算。因为流行性强的商品是随着季节、款式特征变化而变化且不宜库存摆放太久。

后进先出法（LIFO）：与先进先出法（FIFO）相反，假定条件是最后购买进来的商品最先被卖出去。大多零售商选用此法，因为LIFO（后进先出）是用一个较低的比率来估算存货价值，尤其是在通货膨胀时期更是如此。

为了更清楚地理解两种方法，请看下面的例子是怎样使用这两种方法的。

采购的时间、数量及单价等已知条件如表10-3所示。

表10-3 采购的时间、数量及价格

采购时间	采购数量（双）	单价（元）
1月9日	60	30
3月5日	75	40
6月8日	150	40
10月1日	50	45

年末盘点存货数量为90双，因为每个时期的成本不同，所以很难确定剩下的鞋子的成本。

下面分别用FIFO和LIFO两种方法计算鞋子的存货价值。

先进先出法（FIFO）：用这种方法的假定条件是第一双采购进来的鞋子是第一个被卖出的。因此剩下的鞋子是那些最后采购的鞋子。

存货成本 = 50×45+40×40 = 3850（元）

后进先出法（LIFO）：用这种方法的假定条件是最后购买的鞋子首先被卖出去。在这种情况下，剩下的鞋子是最先采购的鞋子。

存货成本＝ $60 \times 30 + 30 \times 40 = 3000$（元）

比较以上两种方法得到的数据，可以发现第二种方法计算的存货价值更低，据此推算的销售成本偏高，而利润偏低。应该明白上面的例子仅涉及 LIFO 和 FIFO 的原理。对于这两种方法更全面的核算，应该使用存货会计簿。

为了减小先进先出法（FIFO）及后进先出法（LIFO）估算库存的差异，有时财务人员使用加权平均法来计算。

加权平均法：是不考虑货品的采购进货与卖出去的先后顺序，只考虑货品的加权平均价格，并以此计算库存货品价格，这种方法计算出的存货价值介于先进先出法（FIFO）及后进先出法（LIFO）估算值之间。仍以上面例子的数据为例计算如下：

存货成本 $= 90 \times （60 \times 30 + 75 \times 40 + 150 \times 40 + 50 \times 45）\div （60 + 75 + 150 + 50）\approx 3506$（元）

由此看出由加权平均法计算的存货成本介于以上两种方法之间。

第五节　存货控制

一、存货含义

此处所讲的存货是从财务的角度来考虑问题的，包括店铺库存商品、货仓库存商品及在途货品的总体存货。虽然零售商在店铺装修、设施、设备等方面投资较大，商品存货的投入占其投入资本的比例更大。为了获取利润，必须存储足够的商品来满足消费者的需要。

切实编制存货计划，需要多少商品以及需要哪类商品（如商品的价格、尺码、颜色及款式等），这些对于经营者来说，是十分重要的。这些信息与商品销售时段结合起来，有助于零售商确定一个合理的存货水平。只有严格控制存货水平加强管理，才能使企业的利润最大化。

二、存货控制的好处

对于小的零售商，他们通常利用个人的经验来判断存货水平是否合理。如果架上的货品较少就应补给。依靠这种经验式的粗略判断很难得出科学的判断结果，它不能表明哪种服装卖得最好，什么尺寸需求量最大，什么价格的商品卖得最好。用各种方法进行存货计算与分析是十分必要的，存货控制的必要性如下：

（一）尽快准确处理滞销品

商品采购不可能全部都符合消费者的需求。为了尽快处理那些存货水平下降太慢的商品，可能需要降价或打折。如果降价商品面太宽，则影响公司利润。根据销售分析，管理人员能够评估店内的所有商品。通过把注意力转移到特殊货品的控制上，再订购畅销的商品，并且淘汰滞销商品。

（二）科学决定存货商品种类多寡

零售商成功的关键是经营大量的或供消费者自由选择的品种，精明的零售商也发现并不是每个人在一个商店就能满足所有需要。而很多费用与销售商品的种类及数量有关，如租金、工资、保险、折旧等固定成本。如果零售商品的种类太多，超过顾客需要，费用就会增加，这会影响商店的利润。但如果加强了存货水平的分析与控制，增加商品种类，不会增加固定费用，却能增加大量的市场销售机会。

（三）及时发现失货及原因分析

存货损失也是零售商面对的重要问题之一。在许多国家的零售商店管理中，商店偷盗、内盗占了相当大的比例，因此找出存货损失的原因是十分必要的，如果控制存货，问题将会得到很好的解决。

超额采购看起来似乎没有多大的损失，事实上，却占有大量流动资金及仓库面积，这不仅会导致不能按时付款，降低零售商的信用，而且超额采购是引起库存积压与商品滞销的主要原因之一。

三、存货控制系统和措施

常用的存货控制的方法包括金额控制、数量控制、存货周转率控制、存货分类控制等，分别介绍如下。

（一）金额控制

1. 金额控制的含义　在金额控制中，大多数零售商都采用售价法对其存货进行计算。如果要确定存货的实际成本，只需要进行简单的转换计算即可，用售价对存货进行控制是金额控制的基础。

金额控制用来显示商品的销售、采购、降价及存货的情况，存货数量是由数量控制来显示的。

2. 金额控制的应用　金额控制可被应用到整个商店的存货，也可应用到个别零售部门的存货控制。服装专卖店，（如只卖一个品种的商店，如衬衫店）最适合采用金额控制，而销售各类型服装的商店就不适合了。

销售各类服装的商店应先将服装分类后再采用金额控制方法。所以可以用金额控制来评估每个部门的存货价值并且据此做出相应的调整。

3. 金额控制的计量方法　金额控制对存货计量有两种方法：一是永续盘存制，二是定期盘存制。前者对存货价值进行连续计量，后者则需要通过实物盘点在某特定时期存货的价值，现对两种方法分述如下。

方法一：永续盘存法

含义：永续盘存法是指根据进货及销售情况对存货价值进行连续的计量，据此能够迅速了解存货水平，但是由于这种方法得出的存货数值是计算出来的，因此不一定与实际存货完全相符。

适用范围：存货控制可以用来估量整个商店的存货，个别部门的存货或特殊项目存货。无论估量哪个，过程都是一样的。

数据来源：仔细地记录信息才能产生精确数据，小型零售商趋向把商店的采购和销售信息记录在存货本上而大型零售商则用计算机来记录信息。后者仅加快了速度，使受雇者有时间再去干别的工作。

实例：下面是一天服装店的存货水平。这个数据只代表了一个估算值，因为这是不包括像商品偷盗及自窃的影响因素（表 10-4）。

表 10-4　日存货表（时间：1 月 2 日）

单位：元

开始营业时店铺存货	500000
当日收到存货	8000
当日销售收入	5000
结束营业时存货	503000

1 月 2 日早上店铺开始营业时存货为 500000 元，加上收到的存货 8000 元，共计 508000 元，从 508000 元中减去销售收入 5000 元。结束营业时存货为 503000 元。

虽然这只是一天的交易存货记录，但这个程序可以应用到一年中，随时可以计算存货，用计算机记录存货的商店速度更快捷。

优缺点分析：像多数方法一样，金额控制既有优点又有缺点。最大的优点是它可以迅速地向零售商发出关于存货限度的警报。缺点是它只是一个估算数值。为了得出真实数据，可使用定期盘存制。

方法二：定期盘存法

含义：定期盘存法需要通过实物盘点，确定期末存货数量，存货数量准确，但由于盘点需要花费较多的人力、物力和时间，在实际中零售商很少使用，一般是将年终全面大盘点及定期抽查与永续盘存法结合起来使用，以此来修正永续盘存法在计算存货数量上的误差。

适用范围：由于盘点要花费时间、精力，零售商较少采用。大多数零售商一年用一次定期存盘法，或在存货水平最低时使用。时装零售商经常在 2 月底、3 月初或 7 月盘点存货。因为在这些时候，商品经常处于低存货水平阶段，比较容易点数。为了保证记录正确数字，这项工作应仔细地去做。所以大多数零售商在盘存时关门停业或是在结束营业后夜间进行。小零售商普遍依赖人工记录每笔小交易，而大零售商通常用计算机系统来记录数字。通过光枪扫描器来读入存货（扫描器是一种自动读价格、种类、款式、商品标签上的信息的装置），这种方法比较快捷准确。

实例：仍然用以上实例数据，见表 10-5。

表 10-5　日结存表（时间：1月2日）

单位：元

开始营业时店铺存货	500000
当日收到存货	8000
当日销售收入	5000
结束营业时盘点存货	501500
结束营业时账面存货	503000
盘亏	1500

两种方法比较：以上这两种方法比较，却发现了同一天的存货记录不一致。真正的数据是结束营业时盘点存货为 501500 元，这说明商品有损失，这损失可能是有偷盗引起的，或是零售商记录有误或是别的原因。通过这两种方法比较出亏损的数目是公司需要高度关注的问题。

（二）数量控制（UNIT CONTROL）

1. 含义　除了需要对商品存储与销售进行金额记录之外，也需要对存货的数量进行记录。数量控制反映每种商品项目的实际存货量与销量。

2. 数量控制的优点

通过数量控制，管理人员可了解哪个款式卖得最好，顾客回头率高，哪种价格维持上升以及需要处理的商品的降价情况。

定期盘存用于金额控制来反映商品失窃的损失。数量控制也可以用来帮助供应商分析，发现存货缺损的原因或部门。

在一个好的数量控制中记录了商品的到达日期，结合具体的数量去销售。零售商可以决定哪个卖得快，并且可保证重新订购及时追单。售卖缓慢的商品将在未来采购的计划中被淘汰。

畅销存货的两个基本要素是尺码和颜色。数量控制反映哪个尺码卖得好，哪种颜色是消费者最喜欢的。通过注意到这些就可以为消费者准备一个号型库（根据尺码、颜色、款式、价格的正确商品分类来满足消费者的要求）。

3. 数量控制的方法　大型服装零售商多采用计算机系统来进行有关的数据记录、分析及研究利用。现在也有很多小的零售商也在开始使用计算机系统，因为计划采购需要准确的商品信息。时装零售商必须估算存货并对变化做出相应的反映。表 10-6 列举了特定零售商的情况。

表 10-6　××××款式数量明细表

单位：件

时间	来货	销售	存货
1 月 1 日			20
1 月 2 日	10	9	21
1 月 3 日		11	10
1 月 4 日	30	12	28
1 月 5 日		10	18

分款数量明细表是记录店铺或货仓存货数量的最直接资料，此表能够给出一些基础信息，它不仅反映了存货数量同时也恰当地检查了销售量。

存货控制有多种表示方法，以上的分款明细表仅是其中之一，零售商可以根据实际情况设计各种数量明细表格来对存货数量进行采集与分析，从而更加准确地控制分款存货数量。

四、存货周转率

（一）存货周转率的含义

存货周转率是反映零售店经营能力的重要指标之一，周转率表明一个商店的平均存货在一年内的销售情况。对于零售商来说，控制存货可采取的重要措施之一是提高存货周转率。

（二）存货周转率计算方法

存货周转率 = 净销售额 ÷ 平均存货

年存货周转率 = 年净销售额 ÷ 年平均存货

月存货周转率 = 月净销售额 ÷ 月平均存货

（三）存货周转率计算实例

为了更好地理解这些概念，可以看两种不同产品的例子，如牛奶和珠宝。牛奶店每天都营业并且全部售出。如果牛奶商一年营业 365 天，如果每天的存货都售完，则存货周转率为 365；珠宝的本质限制了它的销售频率。假设一个珠宝店每三个月售出存货。在这种情况下，这个商店产生了一年四度的周转率。表 10-7 正说明这个概念及数字上的计算。

表 10-7　数字记录表

单位：万元

1 月 1 日开店存货	1100
12 月 31 日结束营业存货	900
整年销售额	4000

首先必须找到平均存货：（1100+900）÷2=1000

然后计算年存货周转率：4000÷1000=4

为了估计这个数字的重要性，零售商首先应努力去确定商店各个部门的平均周转率。了解这些可帮助这个商店认识到、了解部门在本行业上经营能力的水平，使其能更好地运作。如果这个比率低于标准或公司认为需要再进行商品分类，公司应该采取相应的措施来解决问题。

影响存货周转的原因有以下几点：

一是，零售商没有充分满足顾客需求，这些款式也许对于顾客来说太前卫、色彩和面料不能很好地满足顾客的需求、存货中没有顾客所需的尺码等。

二是，价格也许太高，由于其他地区零售商的竞争，如偏离标准价格的经营——这可能使消费者丧失信心。

三是，零售商由于收到货物太晚，导致降价。

四是，销售人员的销售经验与技巧。

五是，广告、促销、形象商品是不可预测的。

通过研究这些问题，零售商应该能够确定比预期周转率更低的原因。也许调整价格、裁员、实行新的产品组合、改善促销、更好地训练销售人员可以改善这些情况。周转率的提高会给公司带来更大的利润。

五、存货分类控制

（一）存货分类控制的含义

是指对所有的存货按照其占有资金的数量进行分类，对占用资金量最大的商品所对应的金额、数量、采购量、采购频率、市场销售情况、周转速度等进行重点的分析与控制，而对于资料占用量小的商品只采用简单的金额控制方法。

（二）存货分类控制的好处

通过存货分类控制，可以降低存货风险，提高资金的利用率。

通过存货分类控制，提高商品的周转率，减少资金的占有率。

通过存货分类控制，可以对商品占有资金的多少来分别对待，可以提高工作效率。

（三）存货分类控制的方法

通常采用 ABC 存货分类控制技术。

六、每平方米销售额

（一）每平方米销售额的含义

是指店铺内平均每平方米的营业额。越来越多的零售商用每平方米的销售额指标来估计商品销售量与所占据空间的关系、位置及商品分类。

零售理论的不同在特定地区交易中对企业销售数量起了一定的影响作用。据最新的报道现在每平方米销售远远超过了过去百货商店及位于商业大街的专卖店所销售的数量。

（二）计算每平方米销售额的作用

零售组织的管理者对以很多不同类型的商品为特征的这种控制方法极为感兴趣，它不仅能告诉零售商是否能达到预想的利润率，也能和其他的商店进行比较。当有迹象表明一个商店不能获利后，而另一个商店的销售量扩大时，此时零售商会倾向于改变他们的商品分类，使商品更为多样化。

今天在百货商店的零售中，推销计划倾向于指出一种重新思考，来制订商店的货品号型库。一旦有的柜台提出停止营业，取而代之的是时尚的商品，大型商场在不断地扩大时装区域。对每平方米年销售数据的对比是做出这些调整变化的原因。

当这些存货控制的指标的每个方面被仔细认真应用时，零售商能够采取更有效的科学方法来管理使其利润最大化。

（三）每平方米销售额的计算

找到每平方米销售额的公式很简单，销售以每平方米为基础划分空间。一些商店选择多样的方法来决定每平方米的利润，在这种情况下，利润代替销售额。

每平方米销售额 = 总销售额 ÷ 店铺面积的平方米数

日每平方米销售额 = 每日总销售额 ÷ 店铺面积的平方米数

月每平方米销售额 = 每月总销售额 ÷ 店铺面积的平方米数

年每平方米销售额 = 每年总销售额 ÷ 店铺面积的平方米数

大的零售和小企业的零售公司一样使用计算机进行会计核算和存货控制，设备的速度和精确性，可以使零售商收到当天做的报告。

顾客分析是重要的，这样可以帮零售商做出采购的决定，这些决定建立在过去销售情况上的资料等人工或由计算机产生的信息报告中。

七、小型零售商店存货控制

小的零售商依靠会计公司为它们的财政收入报表做准备，和较大的公司一样，许多报告和分析数据提供给做管理决策和税收目的时使用，为做报告准备的信息很容易从计算机上收集记录数据。

有时零售商必须做出许多关于他们没有经验的决定，比如所提的信用贷款类型、销售预测、存货水平、扩大潜力、服务支出和所需的保险都是需要注意的，有经验的会计师可以提供咨询。

为了做出细致的推销规划决策，即使最小的零售商也必须利用存货控制系统。在快速发展的时装世界中，市场需求是最重要的，可以理解像控制数据和估计存货任务能手工完成。随着正确系统的应用，每个零售商都在很好的记录存货，并且根据记录的数据做决定。

购买一台计算机的花费也不是很大，因此对于每个服装商来说，购买计算机是十分合理的。适度的花费中可得到大量的程序，零售商可用像大公司使用的同样类型财务报告形式。

由于小的生产商经营企业所需的花费和那些大型公司是相似的。无论商店多么小，花费预算必须仔细计划和控制以便利润最大化。

零售业从事者明白会计角色、控制存货及花费的重要性。主要的机构必须要有室内会计人员。他们和其他受雇者一样都是在众多应聘者中被精心挑选的。许多公司一般用私人会计公司提供的服务，只有遇到特殊情况时，他们才派自己公司的人。规模较小的零售商很少有自己专门的会计人员，但他们会采用外面专家提供的服务或兼职人员。这些专家会定期地对商店进行视察，做出财务报表并在需要的时候给公司提供帮助。

很明确，无论会计任务是在本公司内部完成还是由顾问来完成，它所行使的职能是完全一样的。会计人员负责把记录的信息转移到账册上，对特殊信息进行分类，准备财务报表。财务报表记录了商店的每笔交易及赢利情况。报表中的资产负债表和损益表反映了公司经营的全部状况。除了这些典型作用外，会计人员还可以帮助零售商做未来计划。通过对现在销售状况及过去表现的仔细分析，财政专家能做出预测，预测是否需要扩大存货的考虑以及花费的控制。零售商通常密切关注实施的策略，这些策略是他们自己苦心经营的。会计人员可以检查商店的账目并检查这些活动是否让公司赢利。根据销售额，如果奢侈的展示会造成昂贵费用的支付，会计人员应客观地讨论管理费用并且帮助零售商明白对赢利产生的影响。

☞ 案例分析

赢利逐渐增加，随后又开设了 5 家分店。但是最近由于电器专卖店的增多，华维的混合方式经营的弱点暴露出来，商场的家电部的平均每平方米的营业额下降严重。在未来的计划中商店的政策涉及采购和商品生产者，管理人员产生了一种很深刻的印象——商品引导商店未来的发展。在最近的一些会议中，男装和女装部的主管都建议商店重新思考经营商品的组合。建议为了扩大分配销售空间并且逐步停止家电的销售。通过这些调整，他们可以节省出许多空间，用来提供他们多种服装商品的摆放。这个建议的理论基础就是家电商品的零售正在向专业化发展，并且它们现在不能使公司赢利。如果这个调整计划实现起来还有一定的难度，公司的这些部门的管理人员将进行减员。而家电部门的主管们深信他们可以赢利，停止家电销售会改变公司形象及在顾客心目中的形象。

当上层管理人员期待去提高利润时，不能肯定这样彻底的改变是否有利，是否能够取得成功。

☞ 问题讨论

1. 哪种措施将帮助评价商店的价值？会用到哪些财务计算公式？
2. 管理人员将会怎样借助外界去评估商店的真实价值？

☞ 练习题

1. 参观一个服装公司，试着估计这个公司的费用，列出一系列评价，有可能的话让公司管理人员评价你的判断是否正确。

2. 一家服装公司，管理层自我感觉经营良好，可是两年经营下来却没有多大的利润，于是公司聘请了服装顾问公司来帮助解决他们的疑惑。假如你是被聘请的顾问，你将如何入手调查、核算，认为问题出在哪里？

3. 和一个主要商店的财务主管进行一次交谈，来讨论实物盘点的方法。搞清楚计算机系统、光枪扫描器输入设备或关于存货所需的其他信息。

4. 讨论如下问题：

支出控制和减少控制是一个意思吗？单元控制的重要性是什么？

讨论金额控制概念及其给零售商带来的好处。

行动者的举措：服装采购

课题内容：1. 服装采购流程

2. 服装采购计划

3. 采购部门的职责与权限

4. 服装采购原则与策略

课题时间：3 课时

教学目的：理解服装采购的定义，了解服装采购流程及销售预算的制订，掌握服装零售企业采购、订货的基本策略。

教学要求：1. 了解服装品的采购流程。

2. 熟悉采购计划的制订要素。

3. 明确采购部门的职责和权限。

4. 掌握采购原则与策略。

教学方式：理论讲授、图例示范、案例讨论、调研分析。

课前准备：阅读参考文献并重点了解以下概念：采购原则、采购计划、采购流程、产品组合、订货方式等；调研零售店铺的采购过程，参观学习企业的采购部门；阅读有关专业杂志和学术期刊。本章建议参考书籍为：《采购过程控制》《采购管理》。

第十一章 ▶▶

行动者的举措：服装采购

不管企业规模大小，服装采购比其他任何种类的商品采购都更具有挑战性。

第一节　服装采购流程

为了保证采购商品适销对路，采购工作顺利进行，零售店必须制订科学的采购流程，加强对服装采购过程的监督管理，提高采购效率。采购的主要流程如下：

一、确定采购组织与形式

零售店的采购组织有两种形式：零售商自己的采购部门，或专门的采购代理商。

零售商自己的采购部门可决定本部门或者整个零售店的采购需求并最终实现采购，而采购代理商一般通过提供信息和建议的方式为零售商的采购部服务。

在有些情况下，零售商的采购工作是由采购代理机构全权负责的。这两种采购组织的职责与权限取决于他们为之工作的企业的营销方式和各自公司的规模。

在采购的形式上，可采取统一采购，也可采用分散采购。统一采购有利于企业统一调配资金及货品，降低进货成本，但缺乏灵活性。分散采购由各商品部门或柜台自行组织采购，有利于采购适销对路减少库存，但不利于资源的统一利用，而且分散采购的进价成本也比较高。

二、制订产品组合

（一）产品组合的含义

产品组合是零售店经营商品的类别及项目构成的总称。

衡量产品组合的指标包括产品系列数目及产品组合的宽度。每个产品系列的产品项目数即产品组合的深度、产品系列之间的关联度、产品的价格水平及存货水平等。

产品组合的宽度反映了零售店经营产品品种或系列的范围，如晚礼服、运动服、休闲服、家居服、职业装等，决定了零售店目标顾客的基本范围，深度反映了每个产品品种或系列的齐全性，如款式、面料、颜色、尺寸等，决定了零售店差异化营销的程度。

产品的价格水平及存货水平反映了其在产品组合中所占的价值比例及地位。

（二）产品组合方式

产品的基本组合：如上装有西服、衬衫、夹克、毛衣等，下装有西裤、短裤、裙装等，这些服装还可进一步细分组合。

产品系列组合：根据产品的系列属性，进行产品组合，如牛仔系列、针织系列、机织系列等。

产品项目组合：一个系列可以由若干个产品项目组成，如通过款式、颜色、尺寸、面料等不同的搭配，形成一个产品系列组合。

商品系列数与项目数的组合：如零售商可以采用高宽度与低深度产品组合、低宽度与高深度组合的周期性变化来改变零售商的整体营销及重塑在零售市场中的形象。

产品销售组合：如主力商品、辅助商品、关联商品组合。

产品属性组合：如时尚款、推广款、基本款、配件等。

顾客阶层组合：如高、中、低档销售区。

三、确定货源及订货方式

当决定了要采购何种商品时，就要选择商品的进货渠道。需要注意的是，进口服装与国内服装的进货渠道有很大区别。

（一）国内产品

生产厂商：许多国内品牌生产制造商自己掌握售货渠道，零售商可直接和这些厂商的业务部门接洽，从而购得货物。

经销商：有一些服装生产商将各地的产品销售交给各区域经销商负责，零售商可向这些经销商直接进货。

批发商：对于非专卖店的一般店铺来说，适合去品种齐全、价格低廉的大型服装批发市场采购货物。

（二）进口产品

进口代理商：国外许多中小型品牌在国内均有代理商代为接单。向进口代理商进货，必须提前下单，要预付定金，但成本较低。

进口产品经销商：经销商是国内较大的中间商。用这种方式采购，灵活性较大。

（三）自行开发国外货源

以上两种方法都能在国内获得进口商品，而采购金额较大的零售商可自行开发国外货源，以求取得专卖品，这样有利于树立权威形象。方法有以下几种：

★ 可在货源地找一个可靠的贸易商代为寻找货源，进行沟通、谈判、购货、验货等；

★ 通过各国驻华办事处取得厂商资料，然后与厂商联系；

★ 直接参观国际级的大型服装展，可一次接触到半数以上的知名厂商，可直接与其洽谈购货。

固定从事这项工作的人称为"买手"，按照国际上的通行说法，"买手"往返于世界各地，关注各类信息，掌握大批订单，和各种供应商联系，并且组织一些货源，满足各地区消费者不同的需求。买手制是指零售商先向工厂或品牌企业买断产品，然后再在零售商场向消费者销售产品。以买手制为特点进行经营的百货公司称为买手制百货，例如中国香港的连卡佛和法国的老佛爷百货。

无论选择哪种进货渠道，都必须考察供应商的可靠程度、所提供商品的质量和价格、交货期、服务、经营权、付款方式及交易条件等。

（四）订货方式

选择好货源之后，需要确定订货方式。通常订货方式有业务员订货、电话订货、传真订货等三种选择。

业务员订货方式：业务员每天对所负责的区域店铺进行周期性的看货，到了傍晚回到店里，把订单资料交给行政人员输入计算机中。这是最传统的一种方式，浪费较多人力，采用该方式的零售商大部分为传统批发商或是营业店铺。

电话订货方式：由订货者将所需要的商品及数量，逐一向供货者进行说明，接听电话者再把订单资料记录在纸上。这种方式比较简便，但容易听错及写错，如果订货的资料量太大，会降低效率。

传真订货方式：与电话订货不同在于，它不需要电话的接听及书写工作，因此工作人员可以做其他事，而且不会有听错或写错的问题发生。

目前，订货者通常采用电话方式和供应商取得联系，然后再采用传真发送订单资料，这样不仅提高了效率，也减少了错误发生的可能性。

四、分析库存水平，制定采购计划

服装商品的销售具有很强的季节性、流行性，库存水平过高会产生巨大的存货减值风险，但存货水平过低又会产生失去顾客的赢利风险。这就要求采购人员充分利用以往的销售业绩来预测库存水平。由于库存结构的不合理会产生库存风险，但库存结构的决策往往是不确定的，因而在预测库存水平时应保持适度的弹性，并根据销售进度对存货水平进行调整。

五、进行购货洽谈

根据制订好的采购计划寻找供应商，并进行有关项目的谈判，如果达成协议，必须由双方共同签订采购合同。

采购合同是服装采购人员与供应商签订的合约，合同可以由任何一方提供，不过由自己提供的合同可能更熟悉其中的条款。

采购人员应是一个好谈判手，在签合同之前，合同中许多条款需要双方协商。如折扣、价格、运输负担、交货期、提前交货的折扣、广告促销费用、现金折扣、推迟交货的折扣等。

六、商品验收入库及付款

供应商按时交货后，采购部门应及时组织仓库管理人员对货品进行验收，以免耽误新货品的上架时间。如果供应商全面履行了采购合同，采购部门应及时通知财务部门，向供应商支付货款。

七、货仓采购进货流程

货仓采购进货流程如图 11-1 所示。

★ 货仓的采购组每日检查库存，若至请购点时，需填写请购单，经主管复核盖章后办理采购事宜。

★ 采购组查询货品供应商的其他货品库存状况，以简化作业并符合规模经济。

★ 采购组需要依照公司储位大小、安全库存、经济订购量等设定采购量，采购量的最小数量须事先与厂商取得协议。

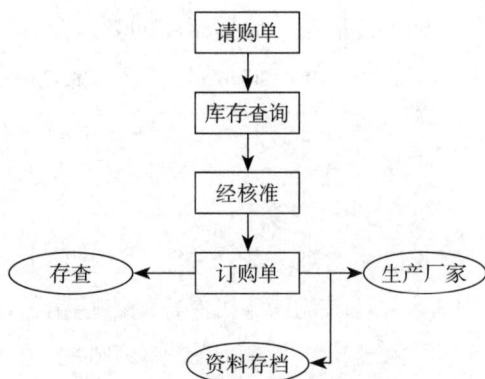

图 11-1　服装品采购流程

★ 采购组依据厂商资料表制作订货单，一式二联，并传真或电话通知厂商，将订货单的第二联交由储运组备查，第一联自存。

★ 采购组于每次确认订购单后，当日发出通知，依照各家厂商协议的时间，提前送货至请购单位。

★ 需要紧急采购时，要经部门主管核准后进行，事后需速补填请购单。

★ 采购组应于每日查核应送的物品。如发现过期而未到的订购单，应立即查询货品延误的原因，并催促尽快发货。

第二节　服装采购计划

　　服装采购计划是反映采购产品组合的重要依据，因为服装产品组合变化非常快，所以服装的采购计划也非常复杂。采购计划中，采购人员必须确定产品组合的价格与数量，这直接关系到全部采购资金预算在各个产品系列及产品项目中的分配，当然每个采购人员的采购资金预算受采购总预算的制约。

一、采购计划制订前需了解的信息

（一）有关商品政策

商品的价格带：一般而言，店内所销售的商品价格幅度不宜太大。

★商品的品质水准：稳定、整齐的品质水准，可以让顾客明确和认知该店的定位。

★专卖的商品：如果能有专卖的品牌或独有的商品，将有利于建立该店的权威印象。

★商品多样化程度：如一家衬衫店可以销售上百款衬衫，也可以只售卖两款衬衫，但有上百种布料和花色可以供顾客选择。

★商品的流行性：流行度的高低，通常是决定一家服装店顾客群的重要指标。

★价格策略：价格策略的制订及其原则的规定均会影响商品采购计划的拟定。是走高价路线还是低价路线？是否接受讨价还价，其幅度有多大？有没有换季折扣？最低折扣到几折？

（二）内部资讯

★过往销售记录，采购人员在拟定采购计划之前一定要阅读、分析以往的销售记录。

★可以调查计算机保存的以往销售记录，得出调查报告。通过这种方式，采购员们能够分析出商品在款式、颜色、价格定位、尺码分配等方面的成功与失败，总结经验。目前绝大多数零售店都利用计算机来保存这些记录以作为存货分析的依据，也为制订新的采购计划提供参考。

★内部员工的意见也是很重要的信息，销售人员和顾客有着最直接的接触，通过与他们交流采购部门可以获得直接来自于消费者的信息。一些零售商会设计一些简单的问卷让一线的销售人员填写，以此来了解顾客对货品的建议。

★各部门主管也是信息的优秀来源。绝大多数零售店从流行顾问或做大量货品分配工作的人员那里了解信息，在采购员根据颜色、面料和款式去认识流行趋势以及定位和评估新的货品资源之前，他们就已经提前调查市场了。所有这些人员在实际采购时并不是决策者，但他们可以提供大量的有效信息可供采购部门参考。

（三）外部资讯

★流行资讯：在内部收集信息的同时，还应该注意收集外部资讯，服装零售商应该对流行趋势保持高度的敏感性以便认识了解潜在的流行趋势和消费者的动向。

★流行资讯可以从采购代理机构、时尚预测者以及那些关注服装产业的贸易杂志和消费者杂志上去收集。

★采购代理机构在帮助零售商做服装采购计划时扮演了重要角色；时尚预测者在采购部门准备开始采购进程之前就视察了全世界的市场，他们去拜访服装生产商、配件生产商、设计工作室和贸易协会等，从而根据即将可能上市的面料、颜色和款式来决定服装流行趋势。

★有关服装产业的贸易杂志和消费者杂志可提供最新的流行趋势、价格变化、色彩预测、最新款式和最新面料以及在世界服装领域任何值得报道的东西，通过阅读这些杂志，服装采购员不用离开零售店就能把握市场脉搏。

★财经资讯，采购人员对眼前的市场形势和经济发展趋势，都必须有相当清楚的认识，对本领域市场经济的发展趋势及动向要有良好的把握。

（四）常备款式（又称为基本款式）

★常备款式的含义：又称为基本款式，是指包含有一种固定货品类型的存货。它是根据基本价格、款式、尺码范围、颜色和面料来分类的服装。

★季节性的影响：因为服装的种类都有自然的季节性，所以即使是常备款式也是不断变化的，必须根据季节而采购不同的常备款式。而那些非季节性、非时尚的货品则可以在很长一段时间内保持畅销，不需要不断更新变化。

★常备款式的范围：包括衣服的类型、金额及着装对象等。在小型的服装企业，这些决定由公司所有者来做，但他们也可能会询问部门主管的意见。

★经费的分配：在较正规的大型企业，采购经费的分配是由公司决策层与采购部门所决定的，一般的采购部主管将负责预算范围内的常备款式货品的计划。

★根据以往的销售记录以及从采购中心和时尚预测者那里收集到的信息，采购人员就可以制订常备款式计划，但他们的采购计划可以根据市场行情的变化或客户提供的信息及时进行调整。

二、服装采购计划的四要素

制订好一个采购计划，应基于四个方面进行分析，包括产品组合、采购预算、供应商的选择以及供货的周期，这四个方面被称为采购四要素。

（一）产品组合

★要求采购人员在制订采购计划时考虑所需商品的产品组合，包括产品的系列数和项目数，各个产品项目的数量、价格、款式、尺码、颜色、面料等方面的各种组合。

★零售商要想经营成功，其拥有的商品就必须很好地满足顾客的需求。由于服装商品的范围非常广泛，每个价位的服装都有，其款式也是从传统保守到时尚前卫、每种款式特点都有。

（二）采购预算量

★预算采购量的计算公式可表示为：

采购预算量 = 商品预计销售量 – 现有存货量与已有订单量之和。

★零售商在某一时期用于采购新产品的资金有一定限制，采购部在制订采购计划时必须了解在这一时期的采购资金限额。而这种限额的确定是建立在各部门销售预测基础之上的。

★根据商品销售时段预计销售量（也就是商品需求量）和零售商的实际供给量（仓库现有的存货量与已有订单量之总和）的差值可以确定商品采购预算量。

★现今有许多计算机程序能够自动计算出采购预算量，无论是使用精密计算机设备的大型零售企业，还是独立的小型公司，都有不同的软件可以满足其需求。

★计算采购量的修正：对于计算采购预算量或是计算机统计预测的结果，都必须结合当时的市场情况及未来的消费需求趋势，经过仔细认真的修正、复核才可做出最后的采购预算量。

（三）供应商的选择

★考虑因素：主要考虑供应商的供应能力，能否按质、按量、按时履行采购合同。如果供应商不能完全履行采购合同，尽管零售商可以索赔，但零售商因此而失去销售信誉是很难弥补的。

★一般情况下，采购人员可选择的商品货源有很多，其中大多数是商品的生产制造商，也有一些零售商从批发商那里购买货物。

★服装零售商一般都选择直接从生产商那里购得货物，这样可以满足服装的季节性要求。但当制造商有最低订单和严格的信贷政策方面的要求时，有些零售商可能就没有资格从生产商那里进货，这时零售商就可能选择从批发商那里进货。

★供应商的选择上要结合多方面的因素来考虑，全面衡量，但供应商在信守合同、诚信可靠方面是非常重要的。

★大型的服装连锁经营企业，一般都有自己的生产基地。即使这种同属一家企业的供求关系，也同样存在采购问题，因为在实际中，为了便于管理，零售部门与生产部门都是独立核算的。

（四）供货周期的制订

影响供货周期的主要因素包括三个方面：一是生产周期的长短，二是将市场信息转化为生产订单所需要的时间，三是采购计划的制订与实施时间的长度。

供货周期的长短会影响采购计划的灵活性，通常供货周期越短，采购计划的灵活性就供货周期越长，越能适应市场行情的变化。

以上所有的信息都收集妥当后，方可以拟定商品采购计划。

三、采购计划的内容

采购计划的内容包括以下几个方面：

（一）编制产品目录表

为了保证采购适销对路的产品，采购人员必须根据顾客需要，制订产品组合，编制产品目录表，确定重点采购项目、辅助采购项目、关联采购项目的分配比重。

通常重点采购项目、辅助采购项目、关联采购项目三者的分配比重为 7：2：1，此外在确定产品组合时，还应注意商品流通性及品种齐全性的协调与平衡。

（二）制订每个款式项目的采购计划

其内容包括采购项目的名称、代码、数量、规格、颜色、单价、质量、总价等项目。

对于每个不同的款式其规格和颜色的搭配组合非常重要，搭配合理与否直接影响货品将来的销售情况，即使是非常好的款式设计，如果其规格尺寸不符合目标顾客的体型特点，也会造成货品的滞销。

对于大型的服装连锁企业，采购计划应该注意到店铺所在地区的消费者的体型特征与对颜色的喜恶习惯。

（三）采购货源的组织

服装零售店的货源地可以有很多选择，可以从服装贸易洽谈会议、设计师作品展、服装生产商的产品发布会、全国服装博览会等方面了解供应商的情况，进而选择产品供应商。

有些服装生产商会组织一些业务推销员到服装店上门推销，一些小型零售商很容易接受这种上门推销的方式，因为他们没有太多的时间，也缺乏专门的采购人员。

（四）采购进度

采购进度是商品采购决策的重要内容。

确定采购进度时应考虑以下问题：

商品购销规律：服装消费为季节性消费，应遵循季前采购、季中补货、季末压缩的采购策略。对一些常规性产品，货源稳定，可按最低存货水平进行采购。

领先策略：零售商品上市时机很重要，采购时间应能配合领先上市的策略。特别是对于时尚性、流行性较强的服装商品，采购时机的领先会给销售带来非常大的好处。

库存水平：保持合理的库存水平很重要，采购部门应该与市场部、营业部、货仓部保持密切的联系，随时进行良好的沟通协作，确保库存水平的合理。

（五）采购批量及批次

采购量或采购时间由采购周期、日均销量、安全存货量、采购批次及批量、销售时段等因素来决定。

采用季度性采购：一些大型的服装连锁店往往一次性采购每个季度销售的各类服装商品，又称为"季度性采购"，采购量与销售时段及预计日均销量有关，其计算公式为：

一次采购量 = 销售时段 × 预计日均销量 = 销售期内的预计销量

一次采购量即为最大存货量，存货风险与销售进度有关。如果能按计划完成销售目标，存货风险不大。但如果销售目标不能顺利完成，这种采购方法将产生很大的存货风险。这种采购方法的优点在于采购成本较低，而且可以通过地区之间的调货来减少存货的风险，因此被一些大的服装连锁企业所采用。

分批多次采购：一些小型的服装零售店或品牌加盟店往往采用多次采购的方法来采购每个季度的各类服装商品，以避免存货风险。每次采购量都比较小，下一次的采购时间及采购量会根据销售情况及库存水平来确定，当存货水平下降到安全存货水平时再进行第二次采购以补充存货，如此反复进行。通常情况下，安全存货水平应该能保证采购期间的市场需要量。这种采购方式的采购量与预计的销售时段、采购时间间隔和日均销量有关，同时也会受到采购资金预算的限制。采购量的计算公式为：

第一次采购量 = 预计销售时段 × 预计日均销售量

最低安全存货水平 = 采购周期 × 预计日均销售量

第二次采购量 = 预计销售时段 × 预计日均销售量 − 现有存货量

多数服装零售店通常根据往年的销售业绩，按一定的增长比例来决定采购量，并根据市场的销售情况，随时增加或减少采购量以将存货数量调整到适当的水平。

第三节　采购部门的职责与权限

服装零售商的采购部门有两种不同的组织形式，一种是零售商自己设立的采购部，另一种是专门为零售商提供采购服务的代理商。通常情况下，大型零售商的采购部一般由一些熟悉采购业务的专业采购人员组成，而小型零售商则可能由店主自己负责采购任务。由于采购部门组织形式不同，其职责与权限也有所不同。

一、服装零售商自设采购部

采购部是服装零售企业的重要决策部门，其职责包括：商品采购、定价、选择促销品、制订采购计划等。

（一）采购任务

采购部最重要的职责是商品选择，包括选择商品的品种及其供应商、确定购买的数量、确定运输方式及何时订货以求快速运输以及与企业内相关部门协商销售价格以及销售方式。

（二）定价的估算

为了赢得利润，采购部必须估算商品的售价。

在估算定价前必须考虑到多种因素，如贸易领域的竞争程度、竞争对手的价格策略、货品保护的成本消耗、商品的季节性与流行性、商品自身的损耗以及各类商品价值的判断依据等。

（三）选择促销产品

许多零售店都会采用促销方式来吸引顾客了解自己的商品。在选择恰当的促销方式时需要考虑：哪种商品应放在特殊的橱窗里做展示广告，采用什么商品作为促销产品或赠品等问题，在有些零售公司这些问题也是由采购部来决定的，也有的公司这些问题由推广部门来负责完成。

（四）制订采购计划

采购计划的制订对于采购人员能否顺利完成采购任务非常重要。

在制订采购计划之前需要获得大量的相关信息，包括商品政策内部资讯、外部信息，这样才能在进行综合评定后，得出符合自身情况的采购计划。

一个切实可行的商品采购计划，必须要以正确的情报分析与坚定的意志理念为前提。

（五）采购部门日常管理工作

许多零售商要求某些采购人员负责其所在部门的日常管理工作。

在一些小型零售店，采购人员很可能也是店内负责人，他们不仅要完成采购任务，还要安排员工轮班，处理顾客意见，甚至在销售高峰期负责销售等工作。而在一些大型零售商，这些工作都交由专门的部门负责。

二、采购代理机构

许多大型零售商都采用采购代理或中间商作为商品的重要采购渠道，它可以是由零售商自设的机构，也可以是独立的服务机构，通常设在服装中心、服装批发市场或服装生产较为集中的地方。服装采购代理的主要职能是收集服装市场信息，为服装零售商提供服装采购建议或服务，并根据服装零售商的要求采购商品。不同的零售商，对采购代理机构提供服务的要求不同，一些典型的服务项目包括：寻找服装供应商、参加有关服装展览会、跟单、为零售商负责采购、分析市场行情、调节零售商与供应商之间的纠纷等。

（一）寻找新的供应商

采购代理作为设计师或供应商与零售商的中间人，拥有一定的信息优势。

当采购部门需要开发一些新的产品项目时，采购代理可以根据零售商的要求，向零售商推荐一些适当的供应商及服装产品，供采购部门从中筛选从而开发出新的零售项目。这样一来，零售商节省了时间和精力，采购代理商也可以从中赚取双方的佣金。

（二）寻找新的产品

采购代理经常通过参加服装洽谈会、展览会等活动及由供应商、设计师等组织的产品发布会，抢先了解最新产品信息，并将这些信息反馈给零售商，以便零售商的采购部门做好下一个季度的采购计划。

（三）代理机构的跟单工作

在采购合同签订之后，采购代理与供应商直接联系，负责对整个生产过程的跟进，尽量避免出现供应商不能按照合同提供货品等问题，以提高采购合同的履约率。在此过程中代理机构也会把采购合同的执行情况及时通报给零售商，以便零售商计划销售工作安排。

（四）代理机构的采购功能

采购代理机构的采购范围通常限定于专门的订单、追加的订单或者零售商要求他们采购的新的商品。

当一种商品很畅销需要再订货，而且要求尽可能快的收到货品的情况下，通过代理机构来订货就能取得较好的结果。这主要是因为采购代理机构对于生产商来说非常重要，他们的订单常会得到优先处理。

如果零售商对商品有特殊要求如需要特殊颜色或尺码的商品时，也会把订单交给代理机构处理。例如当一个商场需要低价商品来平均一下高价商品时，减低进货成本时，代理机构就可以直接和厂家接触，立即进入市场，由于他们对市场环境非常了解，因而能低价获得商品。

有时在一个季度的中段，零售商会发现一些存货已过时，需要进新款的服装。在这种情况下，采购代理会直接帮助零售商调查市场，并且采购他们认为合适的服装。

（五）分析市场行情

采购代理机构对服装市场比较熟悉，与设计师、供应商、服装协会、服装咨询机构、政府贸易部门、贸易组织等也有经常的联系，对服装市场行情趋势的把握较为准确。采购代理经常组织市场交流会，为采购部准备一些新季度的样品供其选择，同时提出服装市场行情趋势以及市场变化对零售商的影响等专业性咨询意见，以供采购部门参考，制订出更切合实际的采购计划。

（六）调节商家与厂家之间的纠纷

经常出现的问题如：尺码不符、服装款式结构不好、面料与样品不符、服装工艺做工上有毛病、商品对顾客吸引力不够，交货期推迟影响销售等。不管服装商家在采购过程中多么谨慎，一些货品在到达时还是会有问题出现，在这种情况下，零售商往往试图退货。如果不能退货，他们会请采购代理机构调解，以达成双方都能接受的协议。因为和单独的零售商相比，采购代理机构在卖方面前更有地位，所以安排赔偿的任务常会落在代理商的肩上。

第四节 服装采购原则与策略

一、采购原则

（一）适时进货原则

掌握好进货时机，对采购工作来讲非常重要，通常进货时机有以下几种：

1. 换季时节 换季是服装零售商经营上的一个重要阶段。不同的服装产品，对季节的敏感性也不同。部分男装商店一年只有春夏与秋冬两次换季，而女装、少女装及童装则除了秋、冬两季外，还有春、夏两次换季，即通常分为春夏秋冬四季，对于休闲装来讲，男女装都有四次换季。

2. 装修后进货 在新进货柜后进货或是阶段例行性的装修后进货，或因经营策略的改变而做装修之后再进货，或是新开店铺时需要大量进货。

3. 补货时节 随着销售活动的进行，因新进式样、花色品种的补充或因顾客大量购买造成店面缺货而做的进货。因为促销活动、预期促销活动的进行将带来的销售业绩增加，预先予以规划进货。

（二）以需定进原则

★对于销售需求比较稳定的商品，如基本款，其销售情况往往与消费需求状况基本保持一致，在这种情况下，能够以销订购，销售什么，采购什么；销售多少，采购多少。

★ 对于季节性强的商品，如分季节生产但供常年消费的商品或常年生产但分季节消费的商品，零售商需要在认真研究了市场环境之后，分析消费需求的变化趋势，对商品的销售量进行市场预测，以此为依据来决定采购数量和采购时机，防止过季积压和旺季销售断档缺货的现象出现。

★ 对于一些前卫的服装或是新材料的服装等新特商品，零售商应在研究市场需求的基础上决定它的购销活动。由于消费需求具有可引导性，零售商也可以积极运用各种促销手段来开拓市场，影响和刺激消费，引导消费需求。

★ 对于一些新奇的款式，可以采取少量采购试销观察的方法，待确定其市场的需求后再大批采购订货。

（三）信守合同文明经商

在商品经济条件下，运用经济合同，以法律形式确立商品买卖双方达成的交易，维护双方各自的经济权力和应承担的经济义务以及各自的经济利益，保证经营活动有效地进行，这是经营活动的基本原则。零售商要为消费者提供舒适的购买环境、方便的购买条件、丰富的商品品种、优质的服务。

（四）勤进快销经济合算

勤进快销是加速资金周转、避免商品积压的重要条件，也是促进经营发展的一个概念性措施。零售商必须利用本身有限的资金，来适应市场变化的需求，以勤进促快销，快销保勤进，力争以较少的资金占用，经营较多、较全的品种，加速商品周转，做活生意。

经济核算的目的是要以尽可能少的劳动占用和劳动消耗，实现尽可能多的劳动成果，取得好的经济效益。

二、采购策略

采购策略是实现零售商经营计划的重要手段。采购部根据商品的特点、自身条件和零售商面临的市场环境因素，选择适当的采购策略，以保证采购任务的顺利完成。采购任务中最重要的是确定采购货品的数量、规格库、采购渠道等。

（一）买方市场条件下的采购策略

在采购商品时，必须以需（销）定进，把落脚点放在有利于销售上，充分考虑商品在销售过程中的竞争问题，在保持必备的商品库存前提下，本着以需定进、勤进快销的原则，多销多进，少销少进。

（二）经济订货批量策略

采购部门在组织商品进货时，在进货次数、进货批量与进货费用、商品储存费用之间，存在着一定的数量关系。由于采购一次商品，就要花费一次采购费用，包括采购差旅费、手续费等。当一定时间内的采购总量一定时，每次采购的批量大，采购的次数越少，采购费用越少；反之，采购批量小，采购的次数越多，采购的费用越大。所以，采购批量与采购费用成反比关系。

由于每次的采购批量大，平均库存量也大，因而付出的费用就大，如保管费、存货占用资金的利息、商品损耗等费用；反之，采购批量小，平均库存量小，保管费用就少，所以，采购批量与保管费用成正比关系。

经济订货批量策略就是要采用经济计量方法，在分析进货批量、进货费用、储存费用三者之间的内在联系中，找出最合理、费用最节约的进货批量和进货次数。

（三）依靠信息进货策略

依靠市场信息进货和经营，归纳起来为知己、知彼、知货、知人、知时五个方面。

知己：是指要知道自己企业的销售现状以及可能出现的变化；要知道自己现有的商品库存量（或货源）和对外签订合同的供货情况；要知道自身的人力、物力、财力以及所处环境的优势和劣势。

知彼：指要知道同行业竞争者的情况，包括销售、库存以及经营特点、策略和方法等。

知货：指商品知识，熟悉服装性能、质量、规格、花色、价格，了解生产和货源情况。

知人：指要知道消费者的心理动机，包括理智、感情、偏爱，要知道供应区内消费者的数量、类型、结构，包括各种职业的人口数、文化程度和收入水平。

知时：指了解政治经济形势以及季节气候变化，并分析"天时"给市场带来的影响。

（四）组织进货策略

可供商家选择的组织进货形式，一般有以下四种：

集中组织进货：由采购部门统一组织采购工作，设专职人员组成商品部、商品小组等，销售部门只负责销售。这种组织进货形式适用于规模较小的店铺或货源较远各类商品。

分散组织进货：由各商品部或商品柜组在规定的资金范围内各自直接组织进货。一般适用于大型店铺或货源较近的商品。

集中组织进货和分散组织进货结合：这是前两种组织进货形式的折中，一般适用于大中型店铺。这种进货策略的做法是：若从外埠进货，由于渠道较长，由店铺业务职能机构统一组织，商品部（组）提出采购计划，店铺业务职能机构汇总后集中采购；若从店铺所在地进货则由各商品部（组）分别组织。这样既可以集中统一使用资金和采购力量，减少重复组织工作，又可以调动各个部、组扩大货源的积极性，组织好进货业务。

联合进货：由若干个店铺联合，统一组织进货。这种组织形式一般适用于小型店铺之间或中型店铺与小型店铺联合组织进货的情况。

（五）进货渠道策略

进货渠道是指采购部采购商品的线路和通道，它由商品供应单位和采购单位组成。进货渠道的选择，对商品货源有很大影响。采购部选择进货渠道往往面临三个方面的选择：进货地区的选择，本地还是外地；采购企业性质的选择，生产企业、批发企业，还是外贸企业；具体采购单位的选择。要解决好这三个方面的问题，选择合理的进货渠道，采购部必须做好以下工作：

★ 按照"短渠道、少环节、经济合理"的原则选择进货渠道，达到加速和扩大商品流通，提高进货效益的目的。

★ 综合分析影响进货渠道的因素，一般应分析比较以下几个方面：货源的可靠程度，商品质量与价格的比较，供应商的交货时间，运输条件，哪种进货渠道最符合商品的合理流向，付款方式及交货方式谁最有利，提供服务情况的比较，如送货服务、质量保证、信誉度等。

★ 实行多渠道进货，多渠道进货有利于进货及时畅通，商品品种、花色、式样丰富多彩。

三、产品生命周期对采购策略的影响

产品的生命周期又称为商品寿命周期，是指一种商品从投入市场到被淘汰所经历的时间。可分为投入期、成长期、成熟期、衰退期四个阶段。据货品不同的生命周期阶段，应该选择不同的商品采购策略。

投入期：又称为试销期，是指商品刚投入市场时的一段时间，此时，商品还没有被消费者充分认识和接受，商品销售量增长缓慢，而且很不稳定。零售商经营这种商品应慎重进货，数量要少，可以采取为生产企业代销的方式，这样承担货品积压风险会小一些。

成长期：又称畅销期，商品经过试销、改进，逐步定型，销路打开，销售量迅速增长。在此阶段，采购部应积极组织货源，扩大商品购进，促进商品销售。

成熟期：又称饱和期，商品在市场上已被消费者广泛认识和接受，商品销售量趋向稳定。但在这一时期，由于厂家竞相生产，商家竞相经营，同时又有新的替代品投放市场，商品的竞争趋于激烈。因此，在这一阶段，采购部门购进货品时就应当控制进货数量，不宜过多储备，以免造成商品积压。

衰退期：又称滞销期，商品面临被市场逐步淘汰的趋势，商品的销售量大幅度下降。在此期间，零售商应当清理库存，及时做清货处理，转营其他款式货品。特别是对时尚的流行一时的货品，产品的生命周期较短。

☞ 案例分析

金瑞莹在过去的十年中一直在服装零售行业工作，在大学时她主修完服装采购、商品的广告推广等课程，并在大型服装零售企业完成了实习，包括在商场里的全套工作，毕业后她在服装零售公司工作，并且在工作中不断得到职位的提升。

刚开始工作的九个月时间里，公司安排她进行了全面的培训学习，让她参与了解公司行政发展的全面工作，并在各部门实习全面了解公司的运作，并在公司的商品广告推广和管理角色之间转化学习。她参加了一个将课堂讲授和在职培训结合起来的综合培训。九个月后，公司决定准备让金瑞莹作为助理采购员第一次独立承担一项任务，为公司采购男装货品。经过认真进行采购前的准备工作与仔细研究市场情况及公司现有条件，她成功地完成了这次采购任务，展示了自己作为一名辅助采购员的能力。大约五年后，金瑞莹成为一名男士运动装采购员。她看到了这项工作的挑战性，并非常热心地开展了这项工作，她又成功地做了五年采购员工作。几个月之前，一个专门研究服装零售的权威人士会见了她，并提出为她安排一次与大型服装零售组织面谈的机会。虽然她对现在的工作非常满足，但是新的工作挑战吸引了她，并且最终接受了新的工作。金瑞莹现在为大型的服装零售企业工作，她的新工作与在以前公司的情况不同。她现在负责的服装是高档商品，而且是非常前卫、时尚的。她作为一名采购部主要负责人，负责采购季节性的高档时装，这项新的挑战与她之前的经验大不相同，她面临着更大的挑战。

公司正在准备新季的采购计划，在全国服装博览会即将开幕的前六周，金瑞莹必须为她的部门储备样品，寻找并整理记录服装采购的四个要素。就商品的种类和顾客来说，新的职位与以前完全不同，还有很大的挑战在等着她。

☞ 问题讨论

1. 金瑞莹开始调查研究的采购计划信息来源是什么？
2. 在试图使自己很快地熟悉商品的分类时，哪一种客观的信息来源能派上用场？
3. 在商场全体职员中她可以寻找到能帮助她完成合理采购计划建议的人是哪些？

☞ 练习题

1. 参观服装公司采购部，了解采购部的工作内容，并与部门主管交谈了解采购计划的制订情况。
2. 到一家服装专卖店参观，了解店内经营货品的种类与组合情况，详细总结出该店铺的货品规格库。根据你的观察了解，你认为该店铺采购的货品组合是否合理。

3.讨论如下问题：

（1）针对一项采购计划，对于采购人员来说什么是最重要的信息资源？

（2）为获得市场信息，采购人员通常可利用哪些外部能源？

（3）为一新季度制订采购计划，并说明采购者参加贸易展览有什么益处？

（4）在应季产品生产之前零售店的采购人员应获得的大量信息是什么？

决策者的协定：服装定价

课题内容： 1. 影响服装定价的因素

2. 服装零售价的确定

3. 服装价格策略

4. 服装价格调整

课题时间： 3 课时

教学目的： 掌握服装定价常用方法，了解影响服装定价的因素；熟悉服装价格策略及服装零售价的定价技巧；掌握服装价格的调整的方法及策略。

教学要求： 1. 了解影响定价的因素。

2. 熟悉零售价的确定方法及其特点。

3. 掌握各种定价策略及其适用场合。

4. 清晰价格调整的前提与时机。

教学方式： 理论讲授、图例示范、案例讨论与分析。

课前准备： 阅读参考文献并重点了解以下概念：服装价格、定价的影响因素、价格策略、定价目标、定价方法、价格调整等；阅读有关专业杂志和学术期刊；查找服装企业定价案例。本章建议参考书籍为：《品类管理》《定价战略与战术》。

第十二章 ▶▶
决策者的协定：服装定价

定价定得准，生意才能做得稳。

第一节　影响服装定价的因素

在对每种商品制订出适当价格以前，必须考虑许多因素。比如面对竞争者的数量、服装的生命周期、风险性、管理费用、产品的促销费用、公司所预想的形象、消费者的类型、在服装销售中需要的特殊服务以及服装易损情况等。商品价格的构成及其各种因素的影响和制约，现概述如下。

一、服装价格构成

服装价格的构成主要包括：成本、工业利润、税金、流通费用及商业利润等。

成本：又分为生产成本与营销成本，包括原材料（面料、辅料），包装材料（纸箱、盒子、胶带等），人工费用（工人及管理人员工资），设备折旧，设计费用（时装），市场调研费用，广告费用。

工业利润：生产者取得的利润，一般服装加工企业的赢利能力较弱。拥有自己品牌的企业赢利能力较强。

税金：服装经营者应尽的义务。在制订服装价格时，要把税金计入在内。在对外报价或接受报价时，必须注意贸易中其价格为含税价还是不含税价。

流通费用：生产领域、消费领域的消耗和贸易支出。包括运输费用、保管费用；商品的损耗、利息的损失。

商业利润：商业企业取得的利润。

二、影响定价的因素

（一）成本因素

成本是定价的基本因素，是商品赢利的分界线。商品成本包括采购成本、销售成本、储运成本。通常市场环境下，成本应是价格的最低界线，是决定价格的关键因素。在市场竞争中，成本较低时价格决定方面往往具有较大的主观能动性，易于保持竞争优势，并能得到预期的利润回报。

（二）竞争因素

★当今服装零售商要比过去面临更大的价格挑战，竞争对于商品的价格有直接的影响。如果零售店的定位与其他竞争对手有较大区别，零售店的定价受市场影响较小，可以主动调控价格水平。面对竞争激烈，缺乏经营特色的零售店，往往只能随市定价。除了来自常规零售企业的竞争还有越来越多的廉价商店，他们销售时装比正常的零售价格低得多。

★直销商：通过商品目录销售时装，可以比商店的定价低，他们不需要高租金店铺、吸引人的环境和销售人员，他们的定价对于商店经营者来说很难相比。

★批发商店：大量批发中心的建立，其商品销售价格比通常零售价格要低得多。

★正确面对由低价格或其他方式竞争所带来的挑战，对于时装零售商了解其竞争程度，并据此作为商品零售定价的参考是非常必要的。

（三）商品特性因素

★商品本身的质量水平，决定定价的高低，特别是在服装行业，更为突出。

★在很大程度上，时装的预期寿命是有限的，不仅季节改变会影响商品的销售量，而且那些时髦和令人喜欢的时装在达到一定销售量以后不久，往往会出现销量下降的情况。在这些情况下，开始的定价就要足够高来弥补由突然变化所造成的损失。

★一些服装很轻薄或易破损、白色或浅色衣服由于不小心染了污渍以及透明薄纱服装在顾客多次试穿后很可能破损，这就往往需要降价。这些易损特性使这类服装要比其他一般服装定价高，来抵消其损坏给商店所带来的损失。

★泳衣和皮衣由于其季节性强通常要比其他服装定价高，以确保在销售初期获得足够的利润来弥补那些未销售出去的服装所造成的损失。

（四）公司形象

许多时装零售商都享有高的威望，这样可以使他们的服装定价高于其他公司。适当的增加定价百分比是安全的，因为它不会影响消费者的购买欲。应该知道价格不会对每个消费者都产生影响，许多顾客在光顾这些公司时得到了足够的快乐，并且愿意为这个"特权"额外多付出点金钱。

（五）顾客类型

★所有零售商都应认识到其市场的组成以及价格如何影响顾客的购买欲。正如大家所知，一些顾客花钱很理智，物有所值或价格低廉才会去购买。而另一些高阶层的顾客则更加关心的是服务和质量，而对价格关注不多。

★由于收入水平、生活方式的不同，价格对不同顾客购物心理的影响是不同的，这些因素在制订价格之前都应考虑进去。

★顾客对价格的敏感性是影响服装定价的重要因素，如果目标顾客对价格的需求弹性低，则可以采用高价策略；反之应该采取低价策略。

（六）存货周转率

零售商非常关心的是一年中存货平均销售的次数。货品周转越快，则定价应该相对低一些，符合"薄利多销"的常规。相反，存货周转次数越少，则越要高的价格以获得利润。廉价商店和打折商店可以用较低的价格获得利润，因为他们期盼更高的周转率。传统的时装零售商要比廉价店、打折店定价高，而存货周转率较低。一般男装比女装购买频率低，通常定价高些。

（七）促销活动

零售商常用各种促销活动来吸引顾客。这些促销活动取决于公司的规模大小、经营方式、预算和目标市场的情况。

用在广告、特殊活动如时装秀、形象商品推销上的这些花费会增加商店的费用，当打算用这些资金来刺激更多消费时，通常定价高些是有必要的。

（八）服务水准

许多知名时装商业中心对顾客提供许多项服务，如服装修改、时尚咨询、替顾客照顾小孩等。当顾客不用对这些服务支付额外费用时，则提供这些服务的费用在商品定价时需要考虑进去，所以这样定价就相对高一些。廉价商店采用基本服务理论，这些服装商一般只提供基本的服务，因而其定价相应会低一些。

（九）货品的损耗与保护

商品定价常需要考虑到商品遭窃的损失，还有污损。像服装，很容易污损，这样就不能发挥它应有的价值，在决定利润时，要充分考虑这种问题而定价。如有些白色或彩色服装上沾上油污，就必须降价处理。一些失窃现象严重的商店要比其他商店的商品损耗大得多，因而在定价时要认真考虑这个问题，要考虑丢失货品所造成的损失。如果加强防范措施，还要考虑由保护服装所带来的费用。例如昂贵皮衣需要尖端的防盗装置来保护，并且保护这些服装需要额外的销售人员，这些都会增加公司的费用。

（十）独占商品资源

一些时装零售商对一些款式的服装可以要价高些，是由于在他们的交易范围内他们对该商品的独占权。独占权是来自商店有能力去购买大数量产品。它的位置优势，或者它有能力开发生产自己独特的新产品。商家自己拥有知名品牌，消费者对其价格高低缺乏对比对象时，在这些情况下，这些产品定价可以高些，因为消费者不能和其他商店比较价格。

（十一）地理位置上的独占

有时一些时装零售商在一个特定的地理范围内对特别的产品系列拥有独占权，比如品牌独家代理、地区独家代理。既然大多数潜在顾客来自于一个特定的贸易地区并且商店是唯——个以产品系列为特点的，那么要价可以高些。因为通过在一个地区内限制配额，更多精力将集中在促销产品系列上。最后结果是厂家和商家会以更高的销售价格获利。

（十二）大量购买

通过重要订单的担保，一些商家采购时能够获得独占权。在承诺大量订单之前零售商应该非常谨慎，因为这样可能会影响商店商品的组合结构特点。

（十三）差价对服装价格的影响

代销差价：服装企业生产的服装由零售企业代销，其销售收入扣除零售企业应得部分外，将余款还给生产企业，未卖掉的服装退还给生产企业。其中商业企业应得部分叫作代销差价。

进销差价：服装生产企业生产的服装由零售企业买去销售，价格买断。其中出厂价与零售价之间的差价叫作进销差价。

代销差价与进销差价有差别，进销差价大于代销差价。

因为代销是由生产企业承担风险，商业企业理应少得益；而进销属买断价，生产企业不用支付广告、促销、商业经营成本等费用，并能迅速收回资金用于再生产，其经营风险由零售商承担，所以进销差价应该略大，商业利润更丰厚一些。

（十四）比价对服装价格的影响

比价：指本商品（如服装）与其他商品在价值上存在一定的比例关系，比价恰当与否直接影响服装定价。

关联产品：只具有相同或相似功能的产品。

服装之间的比价关系影响服装的价格，服装的关联产品很多，可以互相替代。例如防寒服就有裘皮、革皮、羽绒服、毛绒衣、棉衣、人造毛皮、金属棉、驼绒、丝绵、太空棉、陶瓷棉等，某种服装的价格与相似功能服装的价格相比，偏高则会失去消费者，偏低则会影响企业的利润水平。

（十五）市场需求

在某一时期市场上对某一商品的需求量增加，则可以采用适当的提价措施；反之，要采取适当降价措施。影响需求弹性的因素有如下三方面：

商品的需要程度：需求弹性与商品需求程度成反比。

商品的替代性：需求弹性与商品的替代性成反比。

商品的供求状况：一般来说，供不应求的商品，价格在一定程度内上升时，对其需求量影响不大；但当价格上升到一定限度后，会对需求产生较强的抑制作用。

第二节　服装零售价的确定

服装品定价是零售经营的重要决策之一，在确定零售价格之前，首先应该确定定价的目标。定价目标是指零售商在为商品定价时，预先设定的、通过价格手段产生的效果以及所期望达到的目的。确定原则是使定价目标与店铺的经营目标相一致。而在确定价格时，应该配合价格目标。

一、定价目标

（一）最大利润目标

为了获取最大目标利润，零售商会按照公司内部毛利率目标进行货品定价。追求最大利润但并不等于追求最高价格。当一个店铺的商品在市场上处于某种绝对优势或是能够提高特色商品或个性化服务时，此时零售商对毛利率有较大的控制能力，固然可以实行高价的策略，以获得超额的利润。对于竞争激烈的零售行业，商品的毛利率趋于市场化，任何一个店铺要在长时间内维持一个过高的价格几乎是不可能的，必须会遭到各个方面的对抗。如需求减少，代替品加入，竞争者增多等。

（二）取得预期的投资报酬率

投资报酬率是指净利润和总投资额的比值，它是衡量经营能力和经营成果的重要指标。选择预期的投资报酬率作为定价目标，目的在于通过价格的手段取得稳定的经济收益，求得店铺的稳定发展。采用这种定价目标时，投资回报率的确定与价格的高低水平直接相关。因为在产品成本费用一定的情况下，价格的高低取决于所确定投资报酬率的大小。零售企业只有在同行业中占据主导地位，并能掌握市场需求情况及基本上能控制其在市场上的份额时，才能得到预定的投资回报率。

（三）扩大销售或市场占有率

为了争夺竞争对手的顾客，获得最大的市场占有率，所以用降低毛利率为代价，制订富有竞争力的价格。无论大、中、小型零售商都十分重视市场占有率，因为市场占有率是经营状况和商品在市场上的竞争能力的直接反映，对于店铺的生存和发展具有重要意义。服装零售企业只有在市场逐渐扩大和销售额逐渐增加的情况下，才有可能进一步发展壮大。用市场占有率来表示店铺的经营状况，有时比用资金利润率还要确切。许多商家都愿意用较低价格策略来建立和扩充市场占有率，扩大商店或公司品牌的知名度。传统的观念认为以扩大销售额或市场占有率为目标的定价是搞价格战，仅是用降价、打折等方法来打击竞争对手，这样的理解事实是过于片面的。现代商家认为制订富有竞争力的定价，并不是指用最低的价格，而是指在一定的价格水平上，给顾客以超值的货品与优质的服务，让顾客感到物超所值。

（四）适应竞争

许多商家在制订价格时，主要着眼于避免发生价格竞争。通常是以对商品价格有决定影响的竞争者的价格为依据，在广泛收集资料、比较权衡后，制订商品的价格。一般根据自己的实力采用低于或接近竞争者的价格出售商品；当自身的商品明显优于竞争对手时也采用高于竞争对手的价格出售商品。在领导价格情况下，新店铺入市，只能采用至多是与竞争者价格相同的价格。小店铺由于销售费用低，一般可以将价格定得略低于领导者企业的价格。在领导价格制度下，只有在拥有特别优越的条件时，如资金雄厚、商品质量优越、服务水平高等情况下，才有可能将价格定得高于主要竞争对手。

（五）回收资金

在换季前，零售商为了降低存货的压力，快速变现，往往以大幅度降价方式进行清仓处理。店铺为避免破产倒闭，以维持生存为定价目标的店铺，往往面临资金周转不灵，商品大量积压，竞争态势异常险峻的处境，在这种情况下，以保本价格、甚至亏本价格迅速出清存货，以维持生计。这种维持企业生存的定价目标只能作为特定时期内的过渡性目标，一旦店铺出现转机，它将很快被其他定价目标取代。

（六）促销目标

在一个店铺中，各类货品之间的价格往往都有一定的关联度，一种货品的价格变动会联动到其他货品的销售情况。产生这种联动现象并不全是互补品和替代品的价格联动作用，而主要是顾客对于一个商店的价格水平会有一个整体的判断，而这种感觉往往就来自于个别货品的价格水平。针对价格联动规律，零售商常采用价格促销组合来定价，即将一部分货品价格的毛利率下调，使顾客产生价格联动感觉，以促进其他货品的销售。在选择促销价格货品时应该注意两个方面：一是选择的商品应是顾客经常关注的货品，否则对顾客的影响不大，使促销力度不明显；二是注意供应商的反映，过低的毛利率政策可能会影响供应商的形象，从而使供应商产生抵触。

二、定价方法的选择

在了解了影响商品定价的因素，确定了定价目标后，进一步的工作就是依据一定的方法确定货品的价格。鉴于成本、需求、竞争等多方面的影响，零售商在具体定价时，事实上往往只侧重于某个方面，这样就形成了不同的定价方法。

（一）成本加成法

定义：这种方法又叫作加额法、标高定价法或成本基数法。是最古老的，也是应用最普遍的一种定价方法。

原理：是按商品的成本加上若干百分比的预期利润，加成而得出货品的零售价。

计算：零售价 = 成本 ×（1+ 加成率）

优点：此定价方法最主要的优点是计算方便。而且在市场环境诸因素基本稳定的情况下，采用这种方法可以保证正常的利润率，从而可以保障经营的正常进行。

适合条件：在市场情况正常，环境、各种因素稳定的情况下，许多行业都采用这种方法定价。

（二）售价加成法

定义：售价加成法即以商品最后销售价为基数，再按销售价的一定百分率来计算加成率，最后得到商品的价格。

计算公式：零售价 = 成本 ÷（1- 加成率）

优点：大多零售商采用以售价为基础的加成定价法，因为这种方法有两个优点：一是对经营者来说，更容易计算销售毛利率；二是在售价相同的情况下，用这种计算法得到加成率较低，更容易被认为定价合理，因而更容易被顾客接受。

（三）目标收益定价法

此方法又叫作投资收益率定价法。

计算：先按照店铺投资总额确定的一个目标收益率即资金利润率，然后按目标收益率来算得目标利润额，再根据总成本和计划销售量及目标利润额算出商品价格。

适合条件：目标收益定价法只适合在市场占有率很高的零售企业或具有垄断性的商家才能采用。

注意：以上三种定价方法都是以商品的成本为基础，在成本的基础上加上一定的利润来进行定价。三种方法所不同的只是对利润的确定方法略有不同而已，所以上面三种方法都属于"以成本为中心的定价法"。以上三种以成本为中心的定价法的共同缺点是：在进行定价时以生产者及零售商的利益为导向，没有考虑到市场需求和竞争的情况。

（四）理解价值法

含义：理解价值法认为决定商品价格的关键因素是消费者对商品价值的理解水平，而不是零售商的成本。因此，给商品定价时，首先要估计的是商品在顾客心目中的价值水平，之后依据顾客对商品理解的价值水平，定出商品的价格。

理解价值定价法的步骤：

★决定商品的初始价格：根据商品性能、用途、质量、外观及市场营销组合策略，确定顾客对商品的理解价值，决定商品的初始价格。

★预测目标成本：估计在初始价格的条件下，可能实现的销售量，并预测目标成本。

目标成本总额 = 销售收入总额收入总额 − 目标利润总额 − 税金总额

★确定实际价格：将预测目标成本与实际的成本对比，可能出现的两种情况：当实际成本小于或等于目标成本时，利润目标可以达到，这种情况下，即可确定初始价格为货品的实际定价。当实际成本大于目标成本时，说明在初始价格的条件下，不能保证实现预期利润目标。需要进一步做出调整，或降低目标利润水平，或设法降低实际成本，或是提高各种途径提高顾客对商品的理解价值，从而调整初始价格。

（五）差别定价法

含义：差别定价法又叫作区分需求定价法，指某商品在特定的条件下，可以按照不同的价格出售。对于具有不同购买力、不同需求强度、不同购买时间、不同购买地点等的顾客，可根据顾客需求强度和消费感觉不同，采用不同的价格。

前提条件：采用各种区分需求定价法，最主要的是要搞好市场分析，适合各细分市场的需求差别比较明显的市场；其次是要能够避免和防止转手倒卖；还要预防引起顾客的反感和不满。

主要形式如下：

★以顾客为基础的差别定价。

★以商品（外观、花色等）为基础的差别定价。

★以场地（不同消费地区）为基础的差别定价。

★以时间为基础的差别定价。

小结：理解价值法和差别定价法是以需求为中心的定价法，是以市场需求和消费者理念为导向，认为商品是为了满足消费者的需求，商品的价格就不应该单纯以成本为依据，而应以消费者对商品价值的理解和认知程度为依据。

（六）随行就市定价法

含义：又称作追随领导者企业定价法，这种定价法是根据经营同行业店铺及竞争者等的价格水平来定价。

适合条件：适合在竞争激烈而商品需求弹性较小或供需平衡市场中使用。

优点：随行就市法是一种比较稳定的定价方法，可以降低企业的经营风险，容易与同行和平共处，可以避免店铺之间相互竞争。

（七）收支平衡定价法

含义：运用损益平衡原理实行的保本定价法。出发点应该是，在订货不足或是市场不景气的情况下，保本销售总比停工损失要好。

适合条件：根据收支平衡定价原则，如果将商品价格定在保本价格以上，企业就可以获得利润。反之，如果将商品价格定在保本价格以下，企业就会出现亏本。有时在季末清货时会用保本价格来清仓处理，以确保资金回收，不影响下季订货。

小结：差别定价法和随行就市定价法两种方法都属于"以竞争为中心的定价法"，在竞争激烈的市场上求生存，商家为了应付竞争局面争取得到目标顾客的光顾，在定价时往往考虑竞争的因素要多些，为了适应竞争而采取如上两种特殊的定价方法。

第三节　服装价格策略

零售商不同的定价目标，采用不同的定价方法外，还必须根据不同的具体情况，考虑一些附加因素的影响，对其基本价格进行策略性的调整。零售商出于对管理、迎合顾客、促销、竞争等的需要，常会对其定价的方法及水平进行策略性的调整，以适合整体零售战略。

一、新品新价策略

新产品的定价十分重要，对于新商品及时打开销路、占有市场与取得满意的效益有很大的关系。常见的新品新价策略，有以下三种形式。

（一）高价策略（撇脂定价策略）

含义：高价策略又称作撇脂定价策略，是指把新产品的上市价格定得较高，尽可能在短期内赚取更多的利润，尽快收回投资成本。

适用场合：对一些流行新款服装、新研制面料服装或一些资金比较短缺的中小商家喜欢采用这种策略。他们认为在新商品投入市场的初期，商品的价格需求弹性小，又常有专利权保护，竞争者又不多，市场有定高价格的前提条件。

高价策略的好处：新产品刚投入市场时，竞争者不多，可以乘此机会，在竞争者研制出相似的产品之前，以高价获得高的投资回报率，尽快把投资全部收回，并取得相当的利润。当高价销售遇到困难时，可以迅速降低价格销售，尽快出货即不造成存货压力，也可保持利润水平。

高价策略的弊端：高价销售策略显然是一种追求短期最大利润目标的策略，这种策略有两个弊端，一是因为利润率过高，很快必然会招来竞争对手的模仿，加剧竞争；二是因为价格过高，不利于迅速开拓市场，也容易遭到顾客的反对，因而从长远发展的目标看，这种策略不太适宜。

（二）低价策略（渗透定价策略）

含义：低价策略又称作渗透定价策略。这种策略与高价策略正好相反，将新商品的价格定得尽量低一些，目的在于使新商品迅速被消费者接受，打开和扩大市场的占有率。

适用场合：对于一些生命周期较长的新产品或一些资金比较雄厚得商家往往采用这种渗透定价策略，以谋求长期利益和发展。

优点：低价策略的优点在于优先取得市场上的领先地位，强占制高点，并有效地排斥竞争对手的加入，使自己能长期占领市场。

（三）折中定价策略（满意定价策略）

含义：折中定价策略又称作满意定价策略，上面两种策略表明新产品定价的两种极端的情况，对于新品定价，更多的情况是把新产品的价格定在撇脂定价和渗透定价之间，取适中价格，即新品折中定价策略。

考虑因素：选择适中的定价时应该注意考虑以下因素：价格弹性的大小；市场需求的程度；市场潜力的大小；与竞争产品的差异；扩大规模的可能性；竞争者仿制的难易程度；新产品的生命周期；投资回收的目标等。

二、毛利率策略

（一）统一毛利率策略

定义：零售商经营的所有商品都采用统一的毛利率。

适用场合：这种策略经营单一品种的专卖店、商品周转率高的低价位或折扣店采用较多。

优点：能够很快根据销售额来推算出成本和销售毛利，容易进行成本管理和控制。

缺点：没有仔细考虑不同商品种类，其周转速度不同，赢利能力也不同，因此大部分零售商很少采用统一毛利率这种策略。

（二）细节毛利率政策

定义：根据不同类型的商品或百货商店的不同部门，产品项目、周转率、存货风险、赢利能力不同，零售商在制订毛利率政策时采用不同的指标。

确定原则：零售商通常对存货风险小、周转率高的产品采用较低的毛利率，反之，采用较高的毛利率。有的大型商店还具体划分不同的部门，采用不同的毛利率政策。

实例：根据产品的项目不同而指定的不同毛利率：如服装的毛利率为 60%；鞋子的毛利率为 65%；童装的毛利率为 40%；配件的毛利率为 65%；牛仔服装的毛利率与衬衫的也不同。见表 12-1。

表 12-1　商店中较典型的服装品毛利率分类表

商品类型	毛利率	商品类型	毛利率
男装	50%	运动衫	55%
鞋	65%	礼服	60%
童装	40%	牛仔	40%
配件	65%	衬衫	55%
珠宝首饰	70%	裙裤	60%

三、心理定价策略

消费者对于价格的认可过程是一个非常复杂的心理过程，是一个理性与感性综合判断的结果。因此，商店在确定价格时，必须充分考虑到顾客的需要及消费心理因素，利用消费者对价格数字的心理反应上的差别，来有意识地对数字价格进行调整，会收到意想不到的效果。

（一）声望定价

意义：高价名牌产品的定价策略是迎合顾客的求名心理、炫耀心理及对名牌的追求，此时的产品定位都要走高价路线，称作声望定价。如李维斯的牛仔裤一般定价都在 500 元以上，梦特娇的 T 恤定价一般在 500 元以上。

适合场合：店铺可以根据顾客的求名心理，对知名度较高商品、特色商品的定价走高价路线。因为，价格档次被顾客当作质量最直观的反映。这些顾客在选购商品时，对商品的声望、象征意义、商标品牌、产地等都十分讲究。高价与名牌互相协调，可以增加商品的吸引力，所以名牌商品尽管价格高，仍然很畅销。

注意：炫耀商品也应该采取声望定价，价格太低，反而会影响销路，当然，价格高也必须是在顾客可以接受的范围之内。

（二）尾数定价策略

意义：一般来讲，尾数代表真实，可建立消费者的信赖感、便宜感、安全感，消除消费者购物对价格的疑惑，增强购买的信心与决心。

尾数定价：这是针对顾客的求廉心理，采用"低一台阶"的价格，来取得顾客心理上的认同感。

具体方法：有奇数价格、零头的价格及低价价格。事实证明可低一阶梯的价格最有效，如一件 2000 元的皮衣，价格上减去 1 元标价改为 1999 元，这种标价反而在顾客的心中立刻出现 2000 元这一阶梯，只能给顾客一种欺骗的感觉；若改为 1980 元，标价的心理效果就很好，顾客会感觉皮衣的价格是 1000 多元。

（三）整数定价

优点：整数定价可以给客人一种干脆、实际的感觉，同时会有一种高级品的效果。

适合对象：适合高档品牌或是价值较高的货品定价。对于追求高级商品的顾客价格为 4999 元的商品，就不如标价为 5000 元的商品更具诱惑力，因此对高档商品经常采用整数定价。

（四）陪衬定价

含义：顾客购买商品时普遍存在一种选择的心理动机。顾客总是希望有较大的选择机会，通过对商品反复比价挑选，相比之下以适合的价格买到满意的货品。为了适应顾客这种选择心理，商家应该以主营商品价格带为核心，制订主营商品销售价格，同时补充适当廉价辅助品，以衬托主营商品的质量优良；或补充高价陈列品，以衬托主营货品的物超所值。

具体方法：服装店中，商家可以通过一些小饰品来达到陪衬的效果，如帽子、围巾、手套、皮带及其他饰品等。也可把这些商品作为特价品，以吸引顾客。有时，或者可以反过来，把这些小饰品的价格定得高些，让顾客通过比较，觉得服装的价格不算高，从而起到陪衬的作用。商家主要根据自己的情况，选择合理的定价方法。

（五）习惯定价

含义：习惯定价是依据顾客对于经常购买的商品已经形成的价格习惯作为依据。顾客在长期的购物活动中，对经常性购买商品的价格，会有一个比较固定的认识，形成对某种商品的习惯价格范围，在顾客的心目中，这种习惯性价格形成制订商品价格高低的标准，符合其标准的价格，就能被顾客接受，偏离其标准的价格则会引起疑虑。

方法：商家刚开始采用习惯定价法时，应从长远发展和总收益率着眼，店铺经营范围内，具体品种利润可高可低，甚至有赔有赚。当某种商品进价提高时，如果商家可以承受，一般价格不轻易变动，以防顾客不满，从而妨碍商品销售。

（六）吉祥数字定价

含义：利用人们对数字发音的谐音意义的理解，定价时取一些目标顾客公认的吉祥数字。

应用：这种方式被很多店铺广泛应用，例如，皮鞋价格为 188 元，衬衫的价格定位 88 元等，顺应了顾客图吉利的心理，对特定的顾客会产生一定的效果。但是应该注意同样的数字在不同的地区、不同的民族代表的含义不同。这些在具体定价操作时应该特别注意。

四、价格空间策略

从高级时装到廉价服装，服装产品的价格空间很大，但没有任何一家零售商能适合经营所有的价位，每个店都有自己特定的消费群体与市场空间。

零售商不可随意选择各种价位的服装，应根据自己的经营理念、资金实力、服务水平、经营的商品种类和范围等选择适合自己的价格组合，给自己的零售店选择适合的价格空间。

越来越多的商店开始收缩经营产品的价格空间，缩小价格范围，从而可以塑造商店鲜明的形象，这对顾客也有益，可以在购物时很容易找到价位符合自己的商店。

决定因素：价格空间一般是由顾客对服务水平需求差异来决定的。价格水平与服务水平是相辅相成的，而一个店铺的服务设施、服务水准是统一的，所以不大可能经营服务水准要求不同的各种档次的服装。

经营价位空间限制：因为经营商品组合的价位空间越大，商品的组合就越大，需要的销售空间和采购资金就更大。所以说销售空间限制了零售商经营的商品组合与价格空间。

五、折扣定价策略

折扣定价是找一种让消费者可以接受的降价理由，并使其感觉到享受了真正的价格优惠，而不是进入了价格促销的陷阱。折扣定价形式繁多，主要有以下几种：

（一）数量折扣

含义：为了鼓励顾客多买货，根据其购买的货品数量不同，给出不同的折扣。买的商品越多，一般折扣越大。

累计折扣：一般用于长期性的购买活动，可以规定在一定的时期内顾客购买的商品达到一定数量时，就给一定的折扣。

非累计折扣：按照一次购买总量而给与不同的折扣。如每件T恤单买时价格是30元一件，而同时买两件时，价格为50元两件。

（二）会员或VIP顾客折扣

VIP顾客或店铺会员（可能需要支付一定的费用，也可能是消费到一定水平后自动成为会员）购物时，可以凭借VIP卡或会员卡给予一定程度的价格折扣。

（三）季节性折扣

季节性折扣也叫季节差价，它是店铺为了鼓励中间商或顾客在销售淡季进货或购买而给出的价格优惠。

（四）优惠券折扣

顾客可以通过购买商品等得到优惠券，对持有优惠券的顾客再去购买时，给予一定的价格折扣。优惠券又分为现金优惠与折扣优惠两种。

六、特价品策略

含义：特价品定价策略又称为招徕定价策略，是把少数商品制订为特价或广告价，通过广告宣传来吸引顾客光临。当真把顾客吸引到店时，可以利用连带推销，优质服务，使得顾客购买其他商品，增加营业额。

适应场合：是针对于顾客的求廉心理来制订的，求廉心理以追求商品价格低廉为主要目的，希望付出较低价格而得到较多商品。具有这种心理的顾客，对商品价格高低特别重视，而对商品的花色、款式、包装等不大挑剔。对质量要求过得去，一般多对廉价品、特价品、折价品等感兴趣。

实施关键：首先用廉价品吸引来的顾客还会购买其他商品，其次是削价幅度必须有足够的吸引力，特价品要配以良好的、合理的推广宣传手段，才能够为店铺带来更多的顾客和销售额。

第四节　服装价格调整

一、价格的提升调整

（一）提价时顾客的心理反应

只有个别店铺的商品提价时，顾客会认为是商家为了多赚钱，价格又涨了。顾客的这种心理反应会产生对店铺强烈的不满情绪，会拒绝购买提价商品，从而引起店铺商品销售额大幅降低。

当所有店铺对某种商品的价格全面上调时，顾客对缺少替代商品的必需品的提价会形成无可奈何的心理。如几次棉织品服装内衣的全面提价，顾客的这种心理会使他们维持原有商品的购买数量。

有时商品提价也会刺激顾客的购买热情。顾客认为商品提价是因为销路好，货源少，现在提价仅是刚开始，以后还会继续上提，不可错失良机，应该尽早购买。出于上述心理，顾客会增加购买商品的数量，也是形成抢购的原因之一。

（二）提价的具体原因

应付成本上涨，这是店铺商品提价的最主要原因；大批商品供不应求时，如非典时期的口罩大涨价；改进商品性能后，成本增加；通货膨胀时，各种货品价格都上扬；商家为了保持赢利水平；竞争策略与竞争环境的影响；独占或垄断市场时。

（三）提价的方法和技巧

一般来说，顾客对提价都抱有反感心理。

顺利进行提价的方法与技巧：公开真实的成本，争取消费者的理解；进一步提高商品质量，让顾客认为确实物有所值；提高服务水准，让顾客能够享受到购物的乐趣；选择好的供应商，确保货品保质保量的供应。

把握好提价的有利时机：当顾客都知道采购成本要上涨时，如国家规定原棉收购价格上调；换季时新品定高价，对新上市的服装品的定价比去年同期的高；年度交替时调高价位也不太明显，容易被接收；传统节日时，如春节前华服价格提高，情人节那天的玫瑰花定高价。

选择提价时机应考虑因素：商品在市场竞争是否处于优势地位；竞争对手的商品是否提价；注意提价幅度的大小，掌握好顾客能够接受的程度；部分商品在不同时期分别提价；在提价的同时附送一些具有吸引力的小赠品；实际上取消以前的折扣也相当于是部分提价。在服装零售经营中，提价的情况基本不太多，因为服装市场的竞争相当激烈，各种服装商品基本上都处于供大于求的局面。各商家面临加剧的竞争，而是经常使用价格下调的策略来吸引顾客。

二、价格的下降调整

（一）降价的心理反应

积极的作用：当店铺商品降价时，顾客会认为，购买了物美价廉的商品，形成满足感。另一种满足感是降价部分的金额，可用于家庭支出，可购买其他商品。顾客的这种心理，会增加对商品的购买热情，从而使商店降价，商品销售量增加。

不利的影响：有时顾客会对降价商品产生不同的理解，可能会认为：这种服装品的款式过时了，要被新型货品取代了才降价的；或是认为可能商品的质量有问题才降价的；商品降价，说明这种服装不好卖出去，还会再降价的，不如再等一等，到时还能买到更便宜的。顾客的这些心理，对降价商品的销售带来不利的影响，特别是新季货品刚上市不久就多次频繁地降价，会给已经购买过货品的顾客产生非常不良的心理影响，有时甚至影响店铺或品牌的形象。

（二）降价的原因

无论怎样仔细决定成本来制订价格，零售商还都要面对降价事实。价格为何必须调整的原因有很多。一些归因于零售商的错误，还有一些不可控制的外界因素。除了要探讨降价原因，还要关注降价的幅度以及何时采取降价措施。与提价受到一些因素影响一样，降价也是由于多种因素造成的，有市场方面的、店铺内部的、经济方面的以及其他社会因素方面的。但是最主要的因素如下：

采购决策失误：过多采购特殊式样或选择错误的颜色搭配的服装都需要靠降价来吸引消费者。

商品到货的时机不对，应季货品到货期推迟耽误销售，店铺商品没能及时加强促销扩大销售，造成了商品积压，此时，就必须考虑降价。

在强大的竞争者压力之下，店铺的市场占有率下降，迫使其降低价格以维持和扩大市场份额。

店铺的成本费用比竞争者低，可以通过降价来控制市场，或者通过降价提高市场占有率，从而扩大销售，获得更高的利润。

最初销售价格可能太高而不能产生购买动机，最终结果可能降低销售价格。

重点推广品的宣传、促销手段不得力，商品推销失败后，结果需要调整价格。

考虑竞争对手的价格策略、需求曲线的弹性、经济形势的突变等都会引起降价：经济衰落对时装生意也有很大影响，如果在食物和其他必需品无法完全满足时，顾客就会对时装不那么在意了。

外界因素：不利的气候条件既不可预测也不可避免。如10月出奇的暖和可能不会使消费者购买冬装。多雨凉爽的夏季将不会刺激消费者购买泳衣。既然服装商品被不可预见的季节性因素影响，每过一天销售的机会便会减少。通常降价是必要的增加商店营业额的手段。

（三）降价的方法和技巧

降价的方法多种多样，要注意方法的选择和运用。

直接降价：直接降价是指在店铺直接降低产品的价格，一次性出清存货；自动降价销售。

间接降价：在很多情况下，可以选择适当的间接降价，通常有以下几种：增加额外费用支出，例如：馈赠物品。增大各种折扣的比例。在价格不变的情况下，提高商品质量，即用相同的价格，可买到质量更好的商品。

（四）降价的时机

提早降价的优势：可以在市场需求活跃时，就把商品销售出去；可以加速店铺资金周转，使现金流动状况得以改善；降价幅度较小，就可以销售出去；可以为新商品腾出销售空间。快速处理掉那些不令人满意的货品，商店的资金周转率就可以得到改善并且能够使购买者可以购买到更新潮的服装品。

延迟降价的优势：延迟降价可以避免频繁降价带给正常商品销售的干扰；可以减少店铺由于降价带来的毛利的减少。

选择降价时机，关键要看减价结果，如果商品还能顺利销售，店铺可以选择延迟降价；如果对顾客有足够的刺激，可以加速商品销售，可采用提早降价的政策。当零售商发现以下问题时应及时降价：

★服装系列款式产品在市场中销售时间很久，但市场中消费者需求正出现严重的萎缩，意味着一个系列产品的流行周期即将结束时。

★当产品的销售周期太长，但存货水平下降太慢，产品的市场吸引力不大时。

★期望通过处理需求不旺的存货来带动新产品销售时。新产品急需上市，受到销售空间限制，须对货架上的过季产品及时处理。

时装的季节性和不可预测性使得其模式比起其他行业更为复杂多变。为了清点存货，可知许多因素都迫使价格必须下调，定期的减价对于提供充足时间清空存货是非常重要的。

服装产品必须在一段时间之内销售出去，零售商使用了许多方法来进行定期的降价销售。大多数的服装商家每季度进行一次降价处理断色断码货品。

流行趋势的季节性和它的不可预测使得顾客接受程度的定价模式比其他行业更复杂多变。及时清理存货，实施阶段性降价可以减少存货，提高利润。

现今更多的零售商选择比较早的减价时期，减价销售的原因还包括：一是新款服装品销售过久则会发现市场上这类仿造品过多，二是如果经营者使减价持续过久则需要显著的减价幅度。

虽然很多时装经营者是依据提早降价原则，但有些人仍会依据晚降价的老规则，理由是：大多减价销售致使顾客关注并等待价格下调。有时一个草率的减价决定并不是很需要的，迟几个星期可以为商店带来更多的利润。商品过早地、频繁地降价会使太多人涌入商店，造成服务水平的下降。

（五）降价的幅度

为了让商品销售得更快，降价幅度必须明显。降价必须对潜在购买顾客有明显的吸引力，如一件原价120元的裙子，而现在是110元，很少有顾客会很快决定购买。

降价幅度的百分比通常依据其在销售季节已经卖了多久而定。比如，早期降价可用一个较小的幅度，也可以在季末时再进行更大幅度的清货降价。

早期降价通常降幅为20%，而在季末降价幅度在30%~50%，不到20%的折扣很难诱惑顾客购买。

降价比例的计算：零售商估计一件新品的降价比例，例如，一件裙子原价100元，降价30元，以70元出售。为了计算降价率，可用以下公式：降价率 $= \dfrac{降价额度}{降后价格} \times 100\%$，

即 $\dfrac{30}{70} \times 100\% = 37.5\%$。

（六）降价的频率

频繁降价会使顾客产生不良的心理反应。如果店铺频繁地搞商品降价销售，顾客会以为降价销售的商品价格，就是商品本身的价格。如果顾客对店铺形成这样频繁降价的印象，顾客就会觉得无所适从，不知何时购买合适，生怕买早了，在价格上吃亏，所以这样降价就失去了对顾客的吸引力。

三、标价的要求与技巧

（一）标价的要求

1. 对特价标价的要求　有的服装零售店，在降价时期，货品的价格标牌比较杂乱，特别是贴在服装吊牌上的新价标签，经常由于店铺员工的工作疏忽，或是忘记贴或是贴后又掉了，经常在店铺的特卖车中见到一模一样的两件衣服上的标价不同，这样会给顾客造成非常不好的影响。

2. 注意价格所占位置　通常，廉价货品的价格应占标价卡的 3/4 位置，大众商品占 1/3 位置，高档商品占 1/4，超高档商品也占 1/4 左右，但要写得小一些。

3. 价格标牌规格要讲究　一般来说，不同类型的商品，可以采取不同的标价卡，当然有时店中店要受到商场的限制，大部分商场用统一的价格标牌。廉价品可以加大价格的形码，为了强调价格便宜时，可以用红色标出，这样可以吸引顾客对价格的注意力。

4. 注意副标题　对价格高的成套商品，可以增加商品名称副标题的内容。这样可以强化顾客对商品名称的心理感受，抵消价格数字的心理感受。

5. 原价的处理方法　当商品的价格变动时，在商品标价卡上，凡现价低于原价，可以保留原价，并作取消原价符号，以示降价来吸引顾客；凡现价高于原价，应毫不犹豫地将原价除去，以免刺激顾客。应当注意，不能在商品卡上粘贴后，再更改价格，这样会降低顾客对价格的信任感。

（二）标价的技巧

店铺在实际进行标价和摆放货品时有许多技巧可以利用，以此提高商品调价后的效果，常见到的有以下几种：

1. 高低标价对比摆放技巧

不同商品标价对比：这样标价技巧更适用于中高档商品，店铺可以将价格较高的同类商品与本店铺较低标价的商品对比摆放一同标出，使顾客容易发现形成一个明显的对比，容易激发顾客的购买欲。这样做既方便了顾客，又可以树立店铺的形象。

进销价格对比：店铺可以将商品进销价格对比标出，尤其是在商品价格普遍上涨时，随笔标出进销价格，可以减少顾客的抱怨和不满，求得顾客的理解。

原价和现价对比：店铺还可以对降价商品采用现价和原价的对比，以吸引求廉心理的顾客。但要注意一定要标注清楚，如将原价用打叉符号表示已经作废，否则对于同一件货品上出现两个标价会引起顾客疑惑，造成不良后果。

2. 单一标价与组合标价　店铺将许多不同种类、款式、型号的商品以单一的价格标出，实行单一标价可以免除顾客在挑选商品时，常出现的价格心理负担。如在特价车里的货品都统一售价 50 元一件。

组合标价是将相关配套的一系列商品，采用配合成套方式统一标价，成套商品价格一般略低于单件购买的标价。可以省去顾客成套购物时一物一价，可以给顾客一个总体的价格印象，也有利于附加推销的成功。

☞ 案例分析

山丹名流时装已开业 3 年，商店坐于开发区的时装中心，主要销售一些以设计为特色的时尚服装，作为店主山丹从未想到过成功来得如此之快。

商店之所以有名不仅是因为它的商品，还因为其特色的服务和便捷，另外定做修改、个人购物、服装部咨询使其享有盛誉，经得起竞争。时装中心的美发沙龙和化妆品柜台，还有一个提供午饭的中式快餐和一些非正式的服装表演在商场内举行，都使得时装中心不仅是一个服装销售的场所，也称为开发区内白领阶层下班后的休闲场所。为了提供不寻常的购物环境和服务，山丹名流把商品的价格定得比一般的专门店中的要高，它的成功显示出顾客会愿意为购物时从商家所得到的休闲、放松和快乐心情，另付一些费用。

在时装中心附近即将开业的廉价经销店，备受山丹的关注，这个廉价经销店拥有 6 个部分，每个都以与山丹经营的服装品牌风格和特点相近。虽然大多数商品都是清仓拍卖，但它们的货品与山丹的商品很相像。廉价店拥有必要的基本服务项目，而且把商品卖得比其他商店要低得多。在这种竞争的情况下，一般商店很难与之一争高低，时装廉价店的开设真是对周围的店铺构成了极大的威胁。

☞ 问题讨论

1. 你认为山丹需要放弃它的经营理念，去与廉价店进行价格竞争吗？

2. 你能够为山丹提供何种建议，让他们能够继续保持事业的成功吗？

☞ 练习题

1. 观察一家大型购物中心，记录其经营商品的大类与布局情况，估算服装与饰品所占商场的面积比例与营业额比例。写一个关于所选商场的综合报告，要强调商场的经营分类和价格组合特性。你有何感想与建议？

2. 观察两种不同类型的时装零售店，比较货品价格、店铺形象、店铺设计及服务水平等情况，推测他们决定价格的不同考虑因素。通过自己的观察，考察商家为求进步而做的努力，任何你可观察到的事情，用以下表格的格式记录你的观察结果。

观察项目	商场中的精品店	特价店	备　注
货品价格组合			
店铺形象			
店铺服务			
商店设计			
价格标签技巧			
减价、特价情况			
顾客对价格反映情况			
整体印象			

3. 讨论如下问题：

（1）造成商品降价的有哪些管理失误因素？

（2）为什么时装零售商越来越多地选择了提早降价？

（3）为什么大部分购物商场选择分类标价的方法来制订其商品的价格？

（4）服装品定价的主要策略有哪些？

（5）常见的定价目标有哪些？如何根据服装零售商的具体经营情况来确定？

（6）降价的好处和弊端有哪些？如何掌握具体情况的选择？

（7）商店标价的技巧有哪些？各在什么场合下使用？

传播者的谋略：服装零售推广与促销

课题内容： 1. 服装零售促销策略

2. 服装零售广告

3. 服装零售 POP 广告

4. 服装零售营业推广

课题时间： 3 课时

教学目的： 了解服装零售推广与促销主要内容与方式，了解服装零售促销策略；熟悉服装零售广告种类；掌握服装零售 POP 广告、服装零售营业推广方法；通过创意促销案例的个案分析与报告形式使学生加深印象。

教学要求： 1. 了解服装零售业中促销组合及其作用。

2. 掌握服装广告促销的方法与应用。

3. 了解服装零售 POP 广告的制作方法与应用。

4. 掌握营业推广的方法与应用。

教学方式： 理论讲授、图例示范、案例讨论、调研分析。

课前准备： 阅读参考文献并重点了解以下概念：促销组合、促销策略、广告促销、促销预算、营业推广等；调研太平鸟、例外、雅莹、哥弟、达衣岩专卖店；阅读有关专业杂志和学术期刊。本章建议参考书籍为：《促销策划》《服装市场营销》《广告与营销策划》。

第十三章 ▶▶

传播者的谋略：服装零售推广与促销

酒香也怕巷子深，广告和促销企业必须花钱。

第一节 服装零售促销策略

推广促销手段是零售商关注的重要环节之一，现代服装店的经营活动的成功，不仅有赖于正确的商品策略、价格策略和服务策略，更需要利用有效的促销方法，开展有目的、有组织的促销活动。

商品的促销（PROMOTION）在商品的营销组合（产品 product，价格 price，地点 place，促销 promotion，4P）中有着不可替代的地位。适合商品形象的促销方式会提升商品在消费者心中的品牌形象，提高销售业绩，而不成功的促销活动则会起到相反的作用。

一、服装零售推广促销的基本概念

（一）促销

促销也称为销售促进，是指卖方为了向消费者传递产品和服务的有关信息、激发消费者的购买欲、增强顾客消费行为、扩大商品销售而进行的一系列沟通、引导和激励等工作。

零售业促销就是零售商将有关本企业和产品的信息通过各种方式与目标顾客进行有效沟通，促使其了解、信赖并购买本企业的商品，从而达到扩大销售的目的。

为了与消费者进行有效的信息沟通，企业可以通过广告的形式来介绍有关本企业和商品信息；也可以通过营业推广刺激顾客购买欲望；还可通过公益活动来提升企业在公众心目中的形象等。

促销主要内容包括广告和商品推广展示；当两者配合默契时，广告用以俘获顾客的注意力，并把他们带入商店，然后由商品推广展示增强促销效果。

促销方法分类如图 13-1 所示。

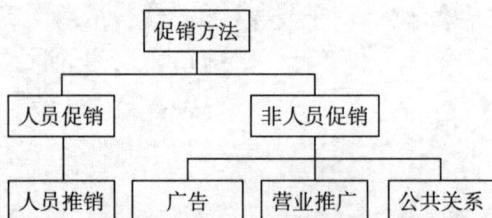

图 13-1 促销方法分类

（二）促销策略形成

如上所述，促销组合由人员推销、广告促销、营业推广、公共关系四种促销方式组成，促销组合决策指的是服装企业如何有计划、有目的地把四种促销方式统一调配起来，合理综合运用形成一个完整的促销策略。

二、促销的作用

提供信息情报：服装零售商需要及时把店铺的商品信息经营理念传递给目标市场的消费者，以引起充分关注。

刺激购买欲望：促销的主要作用之一是激发潜在顾客的购买欲望，引起其购买行为，有效的促销活动可以引导和调整需求。

突出产品特点：随着市场上的商品日益丰富，消费者通常难以辨别或察觉许多同类产品之间的细微差别，这就需要企业加强与公众之间的促销沟通，宣传本产品能够给消费者带来的特殊利益，从而树立良好的企业形象，使消费者对本企业产品产生强烈的偏好。一个成功的服装企业，必须是一个拥有良好的沟通能力和一套行之有效的促销策略的企业。

扩大市场份额：服装零售企业有时营业额会出现较大的波动，这时零售商可以通过针对性开展促销活动，使得更多的消费者熟悉和信赖本企业的商品，形成对品牌偏好成为本企业的忠实顾客，从而稳定和扩大企业的市场占有率，巩固市场的地位。

提高品牌的声誉：声誉是企业或品牌的名声和市场形象，反映消费者对一个企业或品牌的综合评价和看法。服装品牌声誉是企业的无形资产，对于服装企业至关重要。有的服装企业在进行产品促销时附带做企业形象促销，有的企业则专门进行企业的形象促销。

三、促销组合的目标

刺激需求：把设定商圈的顾客吸引到商店来，或扩大交易范围，增加购买人数。

确定形象：加强广告效果，吸引消费者注意，增进和强化对企业商品的知名度；鼓励顾客发表各种意见，增进和企业之间的联系。

说服：进一步向消费者宣传产品的特性、优点和好处（推销 FAB 技巧），游说顾客购买，并且提高销售量以及鼓励持续购买销售畅销型的商品。

告知：这是向消费者通知商品的存在，鼓励潜在的顾客参观商品的展示，鼓励顾客试用企业产品。提供情报资讯，介绍新商品、新活动、新服务给固定的顾客，告诉顾客商店的促销活动；推广关联性或额外的商品给顾客。

提示：建立商店的形象、声誉，提高对顾客的信任度，增加购买商品的频率，确立企业品牌优势，以牢固占领市场。

沟通：促销的演变已从过去单纯的活动转变为营销沟通的角色，摆脱了过去纯粹为提高业绩而办促销的局限，促销不只是为了达成某种营销目标而拟定的策略，而是在执行过程中具有营销沟通的效益，同时也具有问题解决的目的。因为促销的最大功能除了可以解决某些特定问题之外，更能作为与顾客沟通的重要方式之一。

稳定客源：店铺业绩的提高与市场的占有，需要与顾客建立长期关系，这样才能细水长流、源源不断。促销可以促进顾客对店铺形象的好感，营造卖场活跃的气氛，使顾客乐于上门，可以适时提供诱因回馈顾客。促销增进了与顾客沟通的机会，为长期客户关系铺路，稳定客源。

四、促销计划的制订

商品促销是现代商品经营常用的手段。促销策略、方案的制订，是促销活动的开始，也是决定促销活动的关键。完整的促销方案的制订，需要确定在商品信息沟通中向谁沟通信息、沟通的目的、表达的内容、采用的方式等问题。一般包括以下几个方面的内容。

（一）促销的目的确定

主要分为产品促销与形象推广两大方面。

每次促销活动，都要有明确的目的。如果目的不明确，就有可能造成促销活动实施的走样，最后不但达不到预期的目的，还可能给企业的形象或声誉带来损害。

当大多数消费者对商品尚不知晓时，那么促销工作就要针对商品的知晓和认识进行提高，以提高商品的知名度为目标。

（二）促销沟通对象确定

要想通过促销达到与消费者沟通的预期目的，必须一开始就明确谁是目标沟通对象。目标沟通对象可以是现有商品的购买者、VIP 顾客或是潜在的购买者；只有确定目标沟通对象，才可以进一步决定要表达什么内容、如何进行表达。

确定目标沟通对象，不仅要了解目标沟通对象的类型、需求特点和态度偏好更要了解本企业的商品在公众心目中的形象。

首先，确定沟通对象对本企业的熟悉程度。如果大多数人对本企业品牌尚不熟悉，那么促销的目标任务是扩大企业和店铺知名度，加强企业形象宣传。

如果对于熟悉本企业品牌的消费者，确定其对企业商品的偏爱程度，如果消费者对商品的评价不太好，那么企业面临的任务就是设法找出不喜欢的原因，并采取各种措施来提高企业在目标顾客心目中的地位和良好的声誉。

（三）促销时间确定

明确促销活动的时间，不仅有利于实施促销活动的各部门人员及早进行准备工作，保证促销期间的各项事物按时准备到位。而且还有利于核算部门促销期间的利润。

促销时机的把握，对促销是否成功达到目标有非常大的影响。

（四）促销方法组合

促销组合就是企业把广告、人员推销、营业推广和公共宣传这四种促销方式有目的、有计划地配合起来、综合运用。一般情况下企业在确定自己的促销组合时，应系统地考虑各个方面的因素。

促销活动的形式，决定了促销活动的吸引程度，司空见惯的促销形式会逐渐使顾客对品牌麻木。不好的促销形式甚至还会使顾客对品牌和产品产生厌倦和反感。

促销方法可分为人员渠道和非人员渠道两大类。其中，人员渠道是指与目标沟通对象进行直接的信息沟通的方式，由推销人员与顾客面对面地接触。人员推销的优点是可以直接得到反馈意见，从顾客中得到信息，以了解顾客的反映，找出不足并分析解决。非人员促销是指那些不通过直接接触来传递信息的方式，如印刷媒介（报纸、杂志等）、视听媒介（电台、电视等）和其他媒介（车体海报、户外海报等）构成。通过以上媒体的促销方式，以加强顾客对企业及商品的良好印象。

服装是消费品，它的购买者不仅多而且分散，但其购买的频率相对工业产品是高的。购买时顾客的心理变动是很大的。喜欢的衣服即使没打算买也会在冲动的感觉下购买。因而采用广告和营业推广为主，其他促销手段为辅的促销组合。

顾客的购买准备过程一般大致可以分为五个阶段，即知晓、了解、确信、购买和再购买。在不同阶段，企业应采用不同的促销组合策略。在知晓阶段，广告与公共宣传的作用最显著；在了解阶段，广告的作用最大，其次是人员推销；在确信阶段，人员推销作用为最大，其次为广告，再次为营业推广；在购买阶段，主要是人员推销和营业推广在发生作用；在重复购买阶段，人员推销和营业推广对消费者影响最大。

在促销活动中，企业决定采取什么样的促销组合形式，还受财力状况以及计划促销预算多少的制约，企业应根据促销目标的要求及促销费用的多少，结合其他有关因素综合考虑全面衡量，采用经济而又有效的促销组合形式，以达到最佳的促销效果。

促销是企业营销组合的一个组成部分。促销组合的效能大小不仅在于各种促销手段本身的配合，还取决于它与产品策略、价格策略等一系列营销组合因素的配合使用。这样，不仅有利于良好的促销效果，也有利于切实提高企业的总体营销效益。

促销内容是整个促销活动的中心，它包括整个活动的具体操作程序和实施步骤。每一个参与促销活动的人员，如果作店铺营业促销时，尤其是店长和店员，都要详细了解并正确理解整个内容，这样才能保证促销活动完整、有效的实施。

以上是制订促销策略的基本内容与步骤，各种促销方法各有其优缺点，服装零售企业可以根据自身的具体条件灵活运用，以取得最佳的促销效果。企业在制订了促销总预算之后，还要在广告、人员推销、营业推广和公共宣传等不同促销方式上进行合理分配与组合，正确地确定促销组合的总体策略。

五、促销费用预算与分摊

（一）促销费用预算方法

1. 百分比法

定义：即通过一定期间的营业额或利润额的一定比例来确定促销支出预算水平。

优点：这种方法的优点是简单易行，促销支出与企业财力相适应，也有利于在定价时考虑促销费用支出的比例。

缺点：此方法的最大缺点是把销售额或利润当作促销的原因，而促销活动恰恰是影响销售的主要因素。例如，当企业的销售额或利润因遇到强有力的竞争对手而下降，为了扩大销售，应加大促销预算支出，但是按照此方法计算的促销支出反而减少了，这样不合理的计算会影响推广策略的制订与公司的发展，此方法的最大弊病是没有考虑竞争因素的影响。

适用场合：百分比法比较适合在竞争对手不是很强大，对本企业影响不是太明显，企业营业额、利润水平相对稳定的场合。

2. 竞争对等法

定义：即根据主要竞争对手的促销费用来确定本企业的促销预算。采用此方法要首先了解同行业中的主要竞争对手的大致促销预算，然后根据数据确定自己的预算，使自己的预算与竞争者的水平相近。

优点：因为竞争对等法所做的促销预算费用金额是在长期实践摸索中形成的，有其合理性，而且与主要竞争者保持比例相等有助于共同发展，避免促销大战。

缺点：实际竞争对等法也存在着一定的盲目性，因为竞争者的促销预算不一定就是十分合理的，并且各企业之间彼此的经营目标、情况和期望值等均有所不同。有时盲目跟从也会影响本企业的特色发展。

适用场合：适合那些有明确竞争对手，并且与竞争对手的实力相当、势均力敌、相辅相成的竞争环境下使用。如休闲服零售企业中的佐丹奴与真维斯；饮食业中的麦当劳与肯德基。

3. 目标任务法

实行步骤：目标任务法一般分为三个步骤来进行，首先要确定企业的营销目标或预测；然后要确定为实现目标所要策划的促销活动；最后再预测完成促销活动的费用，最后加以综合计算得出预算值。

优点：从理论上讲，目标任务法是编制促销预算的最好方法，因为它把促销预算与营销目标和促销任务等紧密地联系起来。

缺点：目标任务法在很大程度上依赖于促销策略制订者的主观判断，具体实行起来有一定的不实际性。

适用场合：比较适合于大型服装零售企业，特别是服装零售的领导型企业，既有实力，又有经验。

4. 量力支出法

定义：即按照企业财务承受能力来确定促销预算。企业能负担多少，就支出多少。

优点：这种方法非常简单，容易做预算；也比较容易取得其他部门主管的理解与支持。

缺点：此方法忽略了促销活动与销售量的影响关系，因而不利于制订长期的促销计划，会妨碍企业的发展。

（二）促销费用分摊方式

1. 连锁店总部列账法 总部列账较常出现在自己有直营店的连锁服装公司，其促销预算由总部推广部或促销部门统一统筹监管，并不分担至各直营店。此方法的好处是费用可以集中计划、使用、调配，所以比较适合与强有力的竞争对手在促销广告方面对垒抗争。

2. 各直营店分别列账 如果公司有直营店，其促销预算由总部统筹，在促销费用发生时，将费用分担至各直营店。此方法经常用在加盟连锁的服装零售公司，如果单个加盟店来搞促销计划并单个进行，既花费精力又不能形成规模效益，所以一般都是由总部来统筹进行。

3. 厂家、商家联合分担 较常用于代销型的店铺，如超市、商场中店铺，由供货厂商、服装品零售商及商场共同分担促销费用。当然商家也必须给予供货厂商某些合作利益，例如赠品或购物袋上印制厂商名称、配合销售厂商的促销商品、特别陈列区、与厂商共同办促销活动等，都可以使供货厂商愿意共同分担促销费用。

第二节 服装零售广告

当服装零售商已经对店铺选址、店面设计、人力资源筛选以及供货渠道等诸多问题决定之后，那么此时必要的是让店铺的潜在顾客意识到它的存在和它将会提供一应俱全的服装配件，其主要途径就是通过广告。那些针对顾客制作的报刊广播电视广告，它的价值通过对报刊、目录、小手册的浏览以及广告的效应十分明显。

在竞争激烈的服装零售市场中，零售商有必要建立一个特殊而不同一般的商业形象，并且提醒消费者，只有进入他们的店铺，自己的需求才能满足，如果不运用广告，这些言辞又何以推广呢！

一、广告的含义

对于商家，广告是整个促销中必不可少的一部分。商业广告作为广告活动的主体，是以赢利为目的经营行为，这种营销方式借助于形象、媒体和各种表达手段来影响消费者。广告既是一门艺术也是一门科学，广告属于第三产业，有其独立的学科理论。

（一）广告的定义

广告的定义有很多种："广告是由特定广告主以付费方式对构思、产品或理念介绍及推广"；"广告是付费的大众传播，其最终目的是传递信息，改变人们对所宣传对象的态度，诱发其行动而使广告主得到利益"；"广告是一种信息传播活动，其本质是通过一定的媒体，向社会传播一种信息"；"广告主以付费的方式，通过一定的传播媒介，对传播对象传达具有说服力的信息，改变信息接收者对宣传对象的态度，从而达到刺激并扩大市场需求的目的"。

（二）广告五要素

从企业营销的角度来看，广告应具备这样五个基本要素：

传播给谁——广告对象（目标顾客以及对其有影响的社会公众）。

谁来传播——广告主（商家、服务项目的提供者等）。

传播什么——广告内容（企业目标、经营方式、产品和服务等）。

怎样传播——广告媒体（报纸、杂志、电视、广播、网络等）。

传播目的——广告要达到的目标（树立良好的企业、品牌或服务形象）。

（三）广告的功能

创造需求能力：广告创意、制作，要能达到创造需求的目的，广告介绍的商品，必须能得到销售。

促进销售能力：广告可以制造新的欲望，以促成更多的销售。据市场统计，有一部分的商品属于随意消费的范畴，即消费者对这类消费品采取观望态度，可买可不买。但广告利用得当，便可使消费者转变其"观望"的立场，使之采取购买行为，增加销售数量。

有助于经济稳定：通过广告的宣传可以保持较高水平的经济活动，广告活动及水准，已成为这一地区经济稳定与发展的重要指标之一。

调查市场反应：广告公司如果缺乏市场调查，则很难使广告工作做得成功有效。企业对整个市场的了解，一般不及广告公司全面周到。著名的广告公司能够指出，某一企业的某种商品在何时何地推出，选出最好的传播媒介，在通过广告公司和各界的多种关系，最终以达到良好的销售目的。

二、广告的分类

（一）产品广告（推广类广告）

当一个商店希望销售某些时装或是提醒购物的消费者某些款式正在降价时，商店会利用推广类的广告。这些广告常用来提供一些即时销售。比如：正在为一个热销款式做的广告。这个广告的效果应该通过广告推出后该款服装的即时销售额的增加来做预算，大部分的零售广告是推广性的。

（二）形象广告（强调类广告）

强调类的广告是用来为该零售店或企业品牌创造形象的，而不仅仅是为了销售某些款式服装。特别是服装零售更是强调这项技术，许多人都认为，这是差异化经营的一条出路。

这类广告专注于宣传零售商能提供的服务，他们与顾客间的关系以及该店铺对顾客有利的一面。由于这类广告没有供给任何的服装品，所以它的效果是无法即时量度的，而它的影响是长期的。那些偏爱这类广告形式的人相信这样的努力能够得到顾客长久的忠诚度。

（三）综合广告（联合广告）

联合广告吸收了推广广告和强调广告中有利的因素而成为最为优秀的一类广告。应用这种广告形式，零售商要使顾客意识到该店对于服装品的贡献，与此同时，特别推荐一批服装产品。这样随着某一件服装的展示，商店的形象被深深印入顾客的脑海。公益事业部分则被用以加强该店商品的内涵，零售商经营理念等，同时那些推荐的服装品也能为公司带来立竿见影的销售额与利润。

（四）合作广告

只有极少数的服装企业有无限的资金用于广告投入，通常来说是有着超出预算很多的需求，比如告知顾客新到产品，设计师的个人展示或是特殊的推广活动。尽管一些极具适应能力的商家通过适当投资的广告为店铺带来不错的收益。推广预算较少或是需要超出预算推出大量广告时，合作广告为零售商解决了这些问题。

广告是生产商与零售商之间共同努力的形式。这类广告的费用由双方分摊。这样的广告一经投入之后价值对每个参与者都是明显的，生产者及零售商的名字都将被刊登出来。因为供货商是对广告中的费用问题负责的，所以他有权力在广告正式面市前对它的内容和布置进行考察。

三、广告媒体的选择

（一）印刷媒体

1. 报纸

（1）优点：报纸是一种传播速度快、权威性高、传播面广的大众宣传工具。

及时性：报纸能以较快的速度向消费者传递商品及服务信息，并能反复连续进行反映，留下明确、深刻的印象。读者对报纸上的新闻都想及时了解，消费者在阅览新闻、评论以及其他消息的同时，一般也要浏览一下各种最新的广告，因此报纸传播具有及时性。

权威性：由于报纸有一定的群众威信，消费者对报纸上的信息具有一定的信任感、在群众中有很大的影响和权威性。

广泛性：订阅单位和家庭多、发行量大，因而报纸刊登的广告，与消费者的接触面相当大，具有广泛的传播效果。

（2）缺点：

消费者一般不会将报纸做过长时间的保留，所以信息容易被遗忘，而且报纸内容繁杂，不精心设计的广告不易引起消费者的注意。而且在报纸上刊登的广告多而散乱，使消费者注意力被分散。

由于报纸受印刷技术的局限，往往图像不清楚，色彩单一，不能清晰地显示出商品的款式、色彩等外观，缺乏对商品实体形象的生动反映，因此削弱了广告对消费者的视觉刺激，从而影响了广告的实际效果。

（3）注意事项：

应该注意报纸的权威性、发行量、发行时间及发行范围不同，所以刊登在不同报纸上的广告效果也有区别。

要求刊登报纸广告要根据所宣传商品的性能、特点、销售对象、销售范围加以选择。一般情况下，销售对象比较广泛的要选择全国发行的报纸；产品销售范围限于某一地区，要以地方报纸作为广告媒体。

制作报纸商品广告时应该特别注意怎样吸引读者的注意。事实证明，如果报纸广告的标题和设计图案不能引起消费者的注意力，广告就容易被忽略，所以，广告的标题要醒目，立意要新，版面结构尽量简单、文字清晰。

注意不同的报纸及不同的版面引起读者注意的情况也不一样，要加以区别，注意目标顾客喜欢的报纸种类及版面。比如运动服装的广告，最好刊登在体育版面。

2. 杂志

（1）优点：杂志媒体具有针对性、保存性与感染性的特点，是一种以杂志版面为媒介的平面广告。其优点如下：杂志广告选择性强，稳定性好，并且印刷精美，形象生动，色彩鲜艳，所以更能吸引消费者的注意与兴趣。一般来说，杂志的专业性强，读者多数长期订购，阅读重复率高，其中的广告也会对消费者产生长期的影响，容易引起消费者的兴趣与好感。

（2）缺点：

时效性差：杂志是定期刊物（周刊、半月刊、月刊、季刊、半年刊、年刊），出版期较长，广告时效性较差。

群众范围窄：杂志内容专业知识性较强，即使是综合性杂志，也有明显的倾向性，读者层有一定的局限性，读者的范围不如报纸广泛。

（3）注意事项：这就要求在刊登杂志广告时要注意广告的时效性，尽量刊登一些消费季节较长的商品广告，同时也要注意产品的销售对象喜欢订阅什么样的刊物。还应注意广告面积的大小，即广告刊登的版面越大，越容易受到消费者的注意。由此可见，刊登在杂志上的广告，版面设计安排也是一个重要问题。

选择杂志的针对性：读者选定的杂志一般都同自己的爱好、兴趣、专业有关，因此不同类型的商品广告，一定要注意选择在不同的目标顾客所愿意订阅的杂志上刊登。如女性服装品可以刊登在《昕薇》《瑞丽》《ELLE》《女友》《希望》《知音》这类以女性读者为主要阅读对象的杂志上。由于刊登的广告针对性强，因而也容易引起相应分类市场消费者的注意。

3. 直接邮寄印刷广告

越来越多的商家开始追加资金用于制造广告传单、小册子、目录、宣传册，并把这些印刷品定期邮寄给他们的 VIP 顾客或更多的人。

（1）优点：供货商提供的这些东西是专门为那些有着与此类商品相对应特点的人群所制作的。由于每个广告都是单独出现，所以它可以吸引读者的注意力，而另一方面，报纸上琳琅满目的广告是在竞争这些注意力。顾客可以在空闲的时候浏览这些邮寄品，并在时间允许的情况下进行订购。

（2）缺点：值得注意的是直接邮购印刷广告有一点不利，就是有时候被当作垃圾邮件，消费者不打开此邮件就直接扔掉。费用与工作量有时非常大，会增加零售商在管理上的难度。

4. 广告传单或小册子

（1）优点：广告传单是一种小型的印刷广告，一般以文字介绍为主，也有图文并茂的，传单的方式，有的印在一小片纸上，有的印在硬卡片上。传单有较广的接触面，他的印刷成本较低，可登即效性广告，即时散发，也可做提醒性广告，定期散发。传单的发放方式，有的在街头散发给过往行人，有的投递到各家各户。而广告小册子，一般印刷精致，图画逼真并加以文字说明，是小型的广告，起到流动展览商品的作用，能使顾客对商品加深认识，增强购买信心。

（2）缺点：只是适合宣传一些产品信息，不适合做形象宣传等，其适应性比较差。

宣传的力度较小，一般顾客都会随手扔掉，不会仔细阅读。因为现在外边的散发传单太多，有些令人生厌。

散发操作不好控制，特别是雇用临时工时，有的责任心不强，会将广告传单乱扔乱发，从而失去广告效益。

（二）视听广告媒体

1. 电台广播

（1）优点：电台广播传播迅速，活动空间大，针对性强，权威性高。

广泛性：收音机的普及率相当高，几乎是每人一台，并且广播的形式多样，如专题节目、小品、广播剧等。广播不仅传播速度快，普及面也非常广，是一种较好的广告媒体。特别是对出租司机这样的顾客群，几乎整天都在收听广播。

及时性：广播的速度非常快，能缩短空间距离，最新的信息在最短的时间内就能传达给消费者。

灵活性：现在的收音机制作的越来越小，听众身边可以随身带有袖珍式的收音机，随时都可以听，可以一边做事一边收听，方便灵活。

权威性：广播同报纸一样，电台在群众心目中的威信较高，所以电台广播的广告也因此而具有权威性，消费者容易产生信赖感。

（2）缺点：

信息易忘：电台广告时间短，内容瞬间即逝，广告的内容特别容易被遗忘。

不适合年轻消费者：大部分年轻人没有听广播的习惯，在室内的信息获得及休闲方式以电视、上网为主。

印象不深：电台广告缺乏视觉形象，所以对广告的商品缺少感性认识，仅依靠形象的语言和音响的描述来引发联想，广告印象不深，因而，电台广告易于引发购买情绪与欲望，但不易于增加购买信心。

注意事项：由于广告信息又不可能复听和复查。所以广告要简明扼要，反复广播，才会受到自然记忆的效果，特别是商店地址或电话号码等重要信息需要至少重复播送两次以上听众才可能记录下来。如果广告语言过于简短，又会影响消费者对广告信息理解的深度。因此，电台广告不宜用理性语言，只能用易于理解、情感丰富的通俗化语言。

由于缺乏视觉效果，很难令人满意地刺激顾客的购物欲望，所以利用广播为特别的服装设计或是时尚款式做广告是一种浪费。

2. 电视广告

（1）优点：

广泛性：如今电视广告最具有广泛性。我国电视普及率非常高，尤其是城市，几乎家家都有电视，人们收看电视的时间也越来越多，电视的广告效力也越来越显著。

吸引力：电视广告运用各种表现手法，是广告内容赋予情趣，增强了试听者观看广告的兴趣，广告的收视率也比较高，广告有很强的吸引力，接触效果很好。

艺术性：电视如同电影一样，动的画面，不易产生单调和疲劳感，让消费者更容易对广告内容感兴趣。

刺激性：由于电视广告形象逼真，使人们耳闻目睹，对广告的商品容易产生好感，引发购买兴趣和欲望。生动、形象、感人，富有魅力，色彩丰富，灯光变幻莫测，这些都让消费者真实完整地体会商品形象，并留下形象的记忆。

展示性：越来越多的商家开始发现大量的电视广告投入带来的是销售额的增加。除了电视还有什么媒体能够向市场展示服装的时候把其色彩、动态和令人兴奋的感受结合起来呢？

（2）缺点：

印象不深：电视广告制作费用高昂，黄金播放时间收费更贵，电视广告时间长度多在15 ~ 45s 之间，要在很短的时间内，连续播出各种画面，闪动很快，不能做过多的解说，影响人们对广告的深入理解。

产生抗拒：因为电视广告有显著的效果，运用电视广告的客户不断增加，有些广告在电视节目中间播放，所以电视节目经常被广告打断，引起观众的不满。同时，在同一时间里，播放多则广告，相互干扰大，如果广告乏味，观众更不愿看，对广告产生抗拒情绪。

费用较高：相对于印刷广告与电台广播的广告其费用是最高的。此外它的广告费用高，受到时间、地点等条件的限制，不如其他广告媒体灵活、便利。特别是对于小型服装店由于费用问题一般不选择电视广告。

（3）注意事项：在选择电视媒体时，一定要提前计算好能够重复播出的次数，因为好的电视广告不但让消费者得到商品信息，还得到美的享受，但电视广告如不适当地重复播放，很容易忘掉。

3. 网络广告媒体

网络广告于1994年在美国最早发起，短短的十年间发生了巨大的变化，现今网络广告已经跃居第二，仅排在电视广告之后。

（1）网络媒体的优点：

信息传播快且适时：随着网络技术的不断完善，越来越多的企业愿意上网宣传他们的商品，越来越多的广告把网络看成一种市场渠道，消费者可以在网上更多、更快、更方便地选择商品。

可以主动选取：网络广告能在消费者有欲望时，及时把商品信息传达给消费者，消费者可以主动选择。在信息交互过程中，消费者可以避免大量无关信息，真正做到了主动交流。

双向交流个人化服务：通过交互式的网络，可以根据个人差别，更直接地与顾客进行双向交流，进行个别化传递信息，可以实现真正的个人化服务。

具有较大灵活性便于修改：网络上做广告可按照需要随时变更修改广告内容，适时添加新信息，不像传统媒体，发布后很难更改，即使可改动，也许会付出很大的经济代价。网络广告修改容易，方便，快捷，拥有很大灵活性。

广告与购物一体化：网络把广告传播和订货购物付款等联系起来，实现了一体化，给消费者提供了极大的便利，网上购物为消费者节省了大量时间。

受众数量可以准确统计：广告主和代理商对广告效果心中有数，可以通过权威公正的访客流量统计系统统计每个广告被多少个用户查阅过，以及查阅的时间和地域分布，从而有助于广告主正确评估广告效果，审定广告投放策略。

便于下载整理保存：网络广告载体基本上是多媒体，超文本格式文件，只要消费者对某个广告商品感兴趣，只需轻按鼠标，就能进一步了解更多详细、生动的信息，而且可以下载整理保存，有待需要时购买。

价位低廉：与传统广告相比，价格便宜。

（2）网络媒体的缺点：

传播速度：由于网络技术还处于发展阶段，传播速度还将是这个时期的主要问题。

垃圾网站的影响：而且在网站数量越来越多，有许多垃圾网站的干扰，有时使顾客显得无所适从，影响迅速查找自己最想要的东西。

普及性不够：与电视、广播相比，网络媒体的普及性还有待发展，特别是对于一部分老年顾客，由于他们的计算机网络知识与操作技巧的限制，网络广告接触很少。

（三）户外广告媒体

1. 霓虹灯广告　多用于企业招牌、商品广告。一般都装在企业外墙和屋顶上。霓虹灯以夜幕作背景，光芒四射，色彩绚丽，有些还闪动变形，引人注目。

2. 户外灯箱广告　多用在商厦及高耸建筑物顶部的显眼处、公交车站、地铁车站、道路两旁、高速路两旁经常设有服装品牌广告。

灯箱广告图文并茂，图形可以活动变化，文字介绍内容也较多。一个明亮的广告，既能装饰商场，给人以美感，引人注目，又能持久地宣传。

户外灯箱广告一般用来宣传品牌形象及公司经营理念，一般放置时间较长，内容更换周期较长。

3. 电子显示屏　一般在车站、机场等人流比较集中的地方滚动播放。比较适合做产品广告，特别是货品打折信息等。

4. 车身广告　服装零售商有时也选择一些车身广告，用于宣传产品价格和相关信息。车身广告的好处是价格比较便宜，时间比较持久。

（四）社会化媒体

社会化媒体是利用互联网技术产生的，一种让用户有极大参与自由的新型媒体。人们可以利用这个平台分享彼此的信息和意见。它可以为使用者提供极大的参与空间，具有让使用者自由创造内容和传播信息等特点的交互式在线媒体。它的出现模糊了媒体和受众之间的界限，因为它的用户既是信息的制造者也是信息的发布者和传播者（表 13-1）。

表 13-1　社会化媒体形式及典型代表

社会化媒体类型	国内典型代表	国外典型代表
微博	新浪、腾讯	Twitter
即时通信	微信、QQ	MSM
博客	新浪、网易	Blogger
社交网络	宝宝树、莲池论坛	Facebook
电子商务	淘宝、当当、京东	Ebay、Groupon
轻博客	点点、百度空间	Tumblr
视频分享	优酷、土豆	YouTube
音乐和图片分享	百度 MP3、虾米	Flickr
移动社交平台	网易八方、街旁	Fourspuare
RSS 订阅	有道、鲜果	Google RSS
新闻分享	新浪、搜狐	Digg
消费点评	大众点评、口碑网	Yelp
百科	百度百科	Wiki
问答	知乎、百度知道	Answers
社会化书签	百度收藏、QQ 书签	Delieiouss
社交游戏	腾讯、梦幻人生	Zynga
论坛	猫扑、百度贴吧	Big Boards
虚拟社会世界	第二人生	Second Life
交友类	百合、珍爱	Match、Badoo

1. 社会化媒体的特点

（1）公开性、透明性：当前的社会化媒体都是免费给用户使用的，也就是每个人都可以通过下载社会化媒体的软件，然后注册用户，完全免费参与社会化媒体，在此期间也可以无条件退出。用户要遵循国家法律和社会化媒体平台的规则，公司和其他用户都是一样处在平等的地位，并且会受到更多公众的关注和监督。

（2）分享性：社会化媒体它内置了具有分享的链接功能，通过点击分享可以把相应的内容分享到微博、QQ 空间和人人网等，用户之间的分享可以让其信息、广告以几何立方的速度传播开。

（3）对话性：传统媒体的信息传播是一对多的单向传播，用户们对于媒体的内容只能是被动地接收。不过社会化媒体的出现让这个局面得以改变，它将单向的对话变成了双向甚至是网状的对话方式，并且可以进行追踪和多次对话。这个功能对于和客户之间进行深度交流具有非常重要的意义。

（4）融合：如今很多社会化媒体都有很好的融合性，原来困扰很多用户每注册一个网站就要设置一个账户、密码和填一系列基础资料的问题在现在就会有直接关联某个账号，这样可以保证账号的统一性，也方便了各个社会化媒体平台之间的信息转换与分享。这种便利的操作方式很大程度上提高用户的参与性。

（5）社区化：人们可以与自己兴趣爱好相近的人迅速形成一个小团体、小圈子。这个小团体和小圈子就是一个小的社区。在这些社区，人们之间真实的交流，比自己在现实中更容易找到感兴趣的团体。社区成员之间的密切关系，使人们建立更加深入的网络信任。

2. 社会化媒体营销与广告传播方式

（1）口碑营销：口碑是指公众对某个企业或者企业产品的相关信息的认识、评价和态度等并在公众群体之间进行相互的传播。消费者通过口碑传播了解企业产品、加强市场认知度从而树立企业品牌和增加企业产品的销售量。

口碑营销是指企业通过借助社会化媒体平台来发布一些有意识或者无意识制作生成的相关口碑题材广告，通过这个途径达到企业或者产品口碑的传播，以满足顾客的需求、实现商品的交易、提高企业和品牌形象和赢得顾客满意和忠诚为目的，而实施相应的计划、组织、执行和控制等一系列的企业管理过程。口碑营销这种通过"用户告诉用户"的手段和其他传统的营销手段相比，它具有成本低、风险小、产出大、效率高等特点。

（2）论坛营销：论坛营销是指企业利用社会化媒体论坛这个交流平台，通过运用各种方式如文字、图片或视频等来发布企业广告，让企业的目标客户通过论坛可以更加直接和深刻地了解相关产品。最终达到宣传企业品牌和加深市场认知度的网络营销活动。在互联网诞生之初就有了网络论坛这种形式，经过多年的洗礼，论坛作为一种互联网平台，它不仅没有消失，反而更加焕发出了它的活力。

论坛营销它可以成为整个网络推广的主要渠道，特别是在网站刚开始的时候是个很好的推广方法。企业可以利用论坛的超高人气来为产品的营销和传播提供服务。由于论坛平台的话题具有很大的开放性，因此通过论坛的传播几乎都能有效地实现企业的营销目标。

论坛营销是企业通过论坛传播这个媒介来建立自己的知名度和权威度，推广产品的一种有效网络营销手段。

（3）博客营销：博客营销是指企业通过相关博客网站或者博客论坛来接触博客作者和读者，利用博客作者的知识、兴趣、爱好和生活体验等来传播商品的信息。博客是一种个人观点、知识和思想等在网络上共享的网站，博客用户可以在里面编写自己的网络日记，日记里的内容一般是对别人公开的，可供别人阅读，作者也可以阅读别人的博客。从这些可以看出，博客它具有自主性、知识性和共享性等基本特征，也就因为正是这种特征决定了博客营销是一种包括思想、体验等表现形式的个人知识资源营销手段，而且它是通过互联网形式来传递信息的。博客营销是企业利用博客这个网络平台来传播广告的工具。企业或个人利用博客这种网络交互性平台来发布和更新企业或者个人的相关信息，密切关注和及时回复博客上客户对于企业的相关问题或咨询，并且通过深受欢迎的博客平台来帮助企业达到用低成本来获得搜索引擎较前的排位，从而达到宣传企业产品目的的营销手段。

（4）SNS营销：SNS，全称是Social Networking Services，即社会性网络服务，专指帮助人们建立社会性网络的互联网应用服务。SNS营销它是随着互联网社区化而兴起的一种营销方式。尽管SNS社区在我国快速发展的时间并不算长，但是它现在却已经成为备受广大网友欢迎的一种网络交际模式。

SNS营销是利用SNS所具有的分享、共享的功能，通过在六维理论的基础上来实现的一种营销方式。所以SNS营销是利用网站的分享和共享功能，通过像病毒传播式的手段，让更多的用户了解企业的产品。SNS营销相对其他营销来说还算是比较新颖的，不过伴随着互联网技术的不断发展，越来越多的营销方式将会诞生和应用的。总体来说，SNS这种营销是通过病毒式传播的手段，让产品和广告被更多的人知道。

（5）IM营销：IM营销又称作即时通讯营销（Instant Messaging），是指企业通过利用即时工具IM来帮助企业推广产品和品牌的一种手段。通常运用IM营销的有以下两种情况：第一种是网络在线交流，中小企业在建立网店或者企业网站时一般有IM在线，通过这个功能，潜在的客户如果对企业产品感兴趣自然会主动联系在线的商家；第二种是广告，中小企业可以通过IM这个工具来发布一些关于产品或者促销的信息，也可以通过发布一些网友们喜闻乐见的表情图片，与此同时加上企业所要宣传的信息，通过这种方法来吸引潜在顾客的关注。

（6）微博营销：微博是一种通过关注机制分享简短信息的广播式网络社交平台。微博营销是随着微博的深受用户的欢迎而催生的一种相关的营销方式，通过借助微博这个平台来进行的包括企业品牌推广、企业形象包装、促销活动策划和产品宣传广告等一系列的企业营销活动。企业通过在微博发布大家所感兴趣的话题来吸引粉丝的关注，从而达到企业营销的目的，这种营销方式就是微博营销。

（7）问答营销：问答营销是属于互动营销中一种新型的营销方式，它是介于第三方口碑而创建的一种网络营销方式，问答营销方式既能与潜在的消费者产生互动，又能在回答中植入商家的广告，是企业做品牌口碑、互动营销不错的一种营销方式。问答营销需要遵守问答站点（百度、天涯等）的发问或回答相关规则，然后通过巧妙地运用软文，把企业的产品口碑或者服务口碑植入问答里，从而达到了第三方口碑的效应。

（8）视频营销：视频营销是指企业通过将各种视频广告短片以不同形式放到各个网站上，让网友观看到而达到一定宣传目的的传播营销手段。企业网络投放的广告视频形式与电视上的视频短片类似，只不过它的平台在互联网上而已。通过把视频和互联网两者的优点相结合，让这种创新营销形式具有了电视短片里的种种特征，例如形式多样、感染力强、具有创意性等，又具有互联网营销的优势，例如互动性、主动性、传播快、成本低等优势。可以看出网络视频营销是将电视广告与互联网营销两者优点集于一身的营销方式。

四、广告预算

广告预算是对广告促销活动费用的计算，也是广告费用的使用计划，它规定了在广告促销活动中所需的经费总额、使用范围及使用方法，是广告促销活动得以顺利进行的保证。科学的编制广告促销预算是实施有效的广告促销策略并取得预定促销效果所必需的，在具体计算费用之前，事先应该了解影响广告促销预算的因素主要有哪些。

（一）影响广告促销预算的因素

1. 市场占有率　市场占有率高的商店只求维持其市场占有率，因此其广告促销预算在销售额中所占的比例通常较低。通过增加市场销售或从竞争者手中夺取占有率来提高市场占有率，则需要大量的广告促销费用。如果根据单位效应成本来计算，使用知名的品牌打开消费市场所需的广告促销费用远远低于市场没有知名度的品牌。

2. 竞争状况　在一个竞争者很多而广告开支很大的市场上，零售商对经营的某品牌必须加大宣传力度，以便保持已有的市场占有率。即使市场上一般的广告不是针对零售商自己的品牌而展开的竞争，零售商也有必要大做、特做广告。因为在这样的市场上如逆水行舟不进则退。

3. 广告频率　零售商将本商店或商品信息传达到目标顾客那里所需要将广告的重复次数，也会决定广告促销预算的大小。广告的播出频率及持续时间是广告费用预算的重要依据，也是广告能否到达预期效果的依据。

（二）广告促销费用的预算

在决定使用的广告种类以及使用哪种媒体之前，零售商必须考虑自己愿意付出的资金以及广告成本。预算可有多种计算方式，最典型的是销售额百分比法、目标任务法及联合预算法。

1. 销售额百分比法　从业多年的零售商往往会选择这种方法来决定广告投入的多少。在这项计划中对于过去的销售业绩的分析是十分必要的。这样可以帮助零售商预测下一个时期的销售量。决定了销售量以后，另外一些因素，比如说商店的扩展计划，营销理念的改变，及市场竞争情况等进行逐一研究分析之后，零售商就可以确定一个预计促销费用占销售额的百分比，从而完成预算。

2. 目标任务法 对企业目标及计划更深层次更精细的分析，可以促使这些目标的实现。比如开设分店，发展及推广新的品牌，扩展顾客服务等等的分析可以得出要达到这些目标所需的广告开支。

3. 联合预算法 运用这项广告预算的计算方式零售商可以估计出每类商品所必需的广告费用。在那些有许多部门和众多不同的商品分类的大型百货店中，每类商品都有其不同的广告投入。例如，由于不同的售价和联合销售，皮草类服装所必需的费用一定比鞋类高。因此有必要测算出每个销售部门所需的广告费用。

（三）各类广告媒体费用调查

为了适当地利用好广告预算费用，不同广告媒体成本调查是必不可少的，为了解到各媒体之间的成本，比较它们对于广告的相对价值，许多商家都应该搜集一份由广告公司提供的基本费用表。这份资料罗列的是最新的关于报纸、杂志、广播、电视、网络广告，以及包括广告牌及车身广告一类流动广告在内的所有价格信息。广告的实际成本随着所需时间空间的不同而不同，比如它在报纸刊登的位置，在一天中它被电台或电视台广播的时段，还有很多其他的因素。对以下公式以及位置因素的熟悉有助于零售商最大限度的利用广告开支。

1. 费用 在报纸上印发广告，零售商间是按照字数来收费的，也就是定出每千字的费用。广告字数与每千字的定价决定了广告的成本。虽然这给出了零售商所要支付的费用，却没有关于广告实际价值的体现。例如，假设一家报纸每千字的费用是3000元，另一家是5000元，那么第二个明显昂贵得多。但是后者的发行量很可能大大多于前者。这使得后者的报刊广告更有价值。千分比费用就是用于估计广告价值的一个公式：

每千字费用 × 1000000 ÷ 发行量

根据这个公式，如果每千字的费用是3000元，发行量为3000000时，千分比费用为1000元。如果商店计划让多家报刊印发他们的广告，那么千分比费用就可被应用于计算每个真实的成本，以便决定读者群的价值。

2. 位置因素 只得到了广告将被印刷的授权，一个具有特别位置的广告有时能带来很好的销售额。对于各种各样的排版术语的一些了解，有助于零售商做出有效的选择。登载位置有如下几种：随意决定登载位置、热门的登载位置及固定的登载位置。

五、广告促销效果评估

广告的目的是为了增加销售额和利润。为了确定广告达到了该目标和确保资金的合理运用，广告效果的评审就变得十分必要。许多主要的百货商店有固定的研究部门，它们在广告推出之前测算一次销售额。在广告推出之后随即再做一次统计。如果所做广告的商品销售额有所上升，这说明推广措施带来了销售额总收入的增加。除了销售额的增加，一些零售商还需要确定增加的销售额是否带来足够的毛利以抵消广告投入并产生利润。对广告促销评估分为两个方面，一是广告的经济效果评估；二是广告心理效果评估。

（一）广告促销的经济效果评估

比值法：这种方法是以广告活动前后销售量变化和广告支出数据来测量，用来评价每天广告费用对销售的增益程度。

比率法：是用来评价广告计划期内，广告费增加对商品销售额增加的影响。

广告费增加率越小，销售额增加率越大，广告效果比率就越大，广告效果越好。也就是说，当广告费用稍有增加时，营业额就会有较大的增加，这说明广告的效果直接又明显。

（二）广告促销心理效果评估

广告心理效果评估的目的是了解广告在知晓度和偏好方面产生的具体效果。

广告知晓度评估：广告知晓度是指消费者通过多种媒体知晓某则广告的比例。其计算公式如下：

知晓度 =（知道某则广告的人数 ÷ 被调查者总人数）×100%

实例：如某服装企业发问卷 100 份，在被调查者中有 52 人知晓该广告，那么该广告的知晓度为 52%。

广告了解度评估：广告了解度是指消费者通过多种媒体深入了解某则广告的程度。其计算公式如下：

了解度 =（深入了解广告内容的人数 ÷ 知晓广告者总人数）×100%

实例：上述实例中如在这知晓该广告的 50 位调查者中，有 10 人对广告宣传的产品有较深入的了解，那么该广告的了解度为 20%。

第三节　服装零售 POP 广告

在现今商品及其丰富的时代，广告效应很大，特别是 POP 广告对服装零售店的促销工作起着非同小可的作用。

一、POP 广告的概念

（一）POP 广告的含义

POP 广告是 Point Of Purchase 的缩写，POP 就是"购买指南"的意思。

POP广告就是指销售店铺的各种各样的广告形式的总称，如店铺中的宣传海报、吊旗、宣传画册、各种标牌等。

（二）POP广告的作用

使用POP广告的目的是引导顾客入店使顾客在商店内容易挑选商品以达到促销的目的，POP广告因此被称作"无声的销售员"。POP广告不仅能够起到宣传、推销的作用，而且也能装饰卖场，形成祥和、热闹的卖场气氛。

（三）POP广告的分类

POP广告的种类有很多，其中有的是厂商提供的，有的是商店自制的，主要有以下几类：

店铺形象宣传：商店介绍、加深顾客印象，如招牌、霓虹灯、幌子等。货品宣传、促销广告：如橱窗、模特、灯箱、折价牌、促销减价海报等。标识商品、商品说明：如各种价目标签、吊牌。渲染卖场气氛：如各种吊旗、吉祥物、气球等卖场装饰品。

二、POP广告的运用

POP广告在店铺中使用时，既要考虑到广告本身的目的作用，又要同时考虑到卖场的特点与货品的组合风格，POP广告要与店铺的整体风格相互协调，并且注意不能影响顾客的购买，详细情况如下。

（一）招牌广告

店铺招牌是店铺主要形象特征与标志，一个好的店铺招牌应该能够给顾客美好的视觉享受，能够清楚地告知顾客店铺的名称、经营范围等信息。一个好的招牌设计与安装，都应显而易见、非常抢眼才可起到招牌的广告效应。店铺招牌要定期清洗或翻新保养；霓虹灯招牌要经常检修，防止有坏管影响字迹的完整，经常看到有的店铺霓虹灯招牌已经坏掉，只剩半个字了，店铺也没人管理检修，这样的招牌广告实际上起到了反面广告的作用。

（二）橱窗广告

橱窗好比店铺的"眼睛"，橱窗能够直接传递有关商品的信息，是店铺与过往行人沟通的重要桥梁。橱窗里展示的服装品必须是店铺内正在销售的货品，而且应该是店铺主力货品或是最新到店的新季货品。

橱窗展示货品的颜色搭配要协调、色彩要亮丽，橱窗的展示要经常更换，才能给顾客以新鲜感，能够吸引顾客，从而才能起到橱窗的广告作用。店铺要特别注意橱窗的卫生与整洁，一个落满灰尘或玻璃上粘有污迹的橱窗会严重影响店铺的形象与顾客的进店欲望。

（三）灯箱广告

灯箱一般安置店铺的柱子上或收银背景处或是大型商厦的楼梯墙面上，灯箱内一般放置大型的形象海报或是产品海报。灯箱的合理运用不仅可以推广介绍商品，更可以装饰店铺、美化店铺环境与形象。店铺应该注意灯箱的清洁与灯箱内的海报更新，当灯箱内的产品海报与店铺销售货品不同时要及时更换，以免给顾客造成做样子的感觉。

（四）模特广告

店内模特是服装立体展示广告，对产品的推广促销起着重要的作用，模特上展示的服装及配件应该是店铺正在销售及主力推广的货品。模特上的服装要经过熨烫才可以展示，不能有褶皱及污迹。要注意模特整洁与整体着装后的形象。模特上的每件服装及饰品都要有标签。包括明确的产品名称、产地、价格、原料及规格系列等资料。

（五）服装品海报广告

店铺常见的海报种类：从内容上分有，形象海报、产品海报、减价海报等；从海报的形式与摆放方式上分有：座台海报、层板顶海报、灯箱海报、封窗海报、橱窗海报、单面海报、双面海报等。海报使用应该依据公司对店铺整体的形象概念与店铺实际空间及具体的推广促销目的来综合安排。应该注意主题突出，切忌喧宾夺主，杂而无序。不同海报的注意方面不同，如产品海报一定要与店铺正在销售货品一致，一旦货品已经售完，产品海报应该马上更换；产品座台海报应该摆放在推广产品的附近；橱窗海报大小尺寸要适宜等。

（六）吊旗广告

吊旗广告一般用在节假日或各式庆典活动或开季时的宣传广告，主要起到渲染店铺气氛的作用。店铺吊旗的布置时，应该注意两点：一是吊旗的数量多少要合理，要根据店铺的空间大小来设置，如果吊旗密度太大，就显得乱，反之太少，也达不到渲染气氛的效果；二是吊旗与地面的距离，如果距离太小，顾客进店后会产生压抑感，所以必须根据店铺的高度来决定，如果店铺的高度过小时，就不适合采用吊旗广告。

（七）标牌广告

各种标牌广告一般放置在收银台、工作台或展台上边，一般常见到的有：投诉热线电话标牌、VIP 贵宾卡申领标牌、服务标牌、尺寸对换标牌等。标牌广告的摆放要整齐，位置要明显，以防收银台混乱而影响收银工作。

（八）标签广告

各种商品标签或货架上的价目标签也都是无声的 POP 广告，常见的价目签都是固定的格式，店铺人员需要认真填好价目签上的货品标价。注意当不同的货品在层板上调换位置时，应该同时移动层板上的价目签，否则会影响顾客看到正确货品标价，从而顾客会有受骗的感觉。

（九）包装广告

包装广告是一种非常普遍的 POP 广告，一般商店都在包装袋上边印制品牌名称、公司地址、电话、网址及推广语等。在特殊的推广活动中，零售商有时还会印制专门的手提袋，上边印制本次推广活动的主题及形象代言人的广告画等。

（十）宣传小册子

有许多零售商在不同时期，会印制一些不同的宣传小册子，一般放置在收银台上，顾客可以自己随意拿取。小册子的内容可以是新季货品图片、服装的保养知识、服装面料的识别方法等知识的介绍，以此来加强品牌形象，给顾客留下美好的印象。

三、POP 广告的制作

一个广告的灵魂在于它的创意，下面我们将详细介绍一下如何制作店铺 POP 广告。

（一）制作 POP 广告所需要的工具

——大而厚的三角板、尺子——30 厘米左右的尺子、剪刀、羽毛掸、圆规、美工笔、铅笔、毛笔、洗笔工具、墨水等颜料、画板、纸带等。

（二）制作 POP 广告的原则

在现今商品极其丰富的时代，广告效应很大，制作有效的、有说服力的 POP 广告，必须遵循广告制作原则——AIDMA。

1. 注意 A（ATTENTION） 让人愿意注意您的广告，并且体现您的个人风格，目的明确的图解。

2. 兴趣 I（INTEREST） 吸引顾客的兴趣就要制造商品热卖的气氛，在一个确定的时间内，给顾客最优惠的价格，最后再让顾客给予评价。

3. 购买欲 D（DESIRE） 一件商品首先要有品质保证，销路才能好，好的商品要比别的商品更具有优越性，让购买的顾客感到购买不是一种损失。

4. 记忆 M（MEMORY） 要顾客记住一件商品通常有几种方法，如明星效应、标识商标、图案联想等，总之，顾客一定要记住对他最有吸引力的部分。

5. 行动 A（ACTION） 试图让顾客立即购买，如果顾客表现出犹豫，就要试着让其购买，如试穿等。

遵循广告制作原则巧妙地组织好素材制作出具有说服力的广告。各要素的要领就是利用色彩和照明引人注意，给予顾客适当的优惠，引起顾客兴趣，以商品的品质和销路引起顾客的购买欲，其中色彩和广告字体应鲜明便于记忆，许诺支付条件价格促使顾客购买。

（三）制作 POP 广告的注意事项

POP 广告用纸：大小合乎商店、商品和制作目的，原则上白色的长方形纸最佳，浅色纸张亦可。

书写方法：原则上从左向右，纵向有时也可利用一下。

内容：商品特征、使用方法、保养方法等，文字要正确规范、条理清楚、有说服力。

色彩：原则上用三色，最多不超过五色，色彩用法因季节性和开展活动不同而不同。

文字：没有错别字、漏字和不规范的文字，书写工整。避免过分讲究装饰。

以上都是制作 POP 广告基本要求。张贴 POP 广告时必须检查是否反面对着顾客，是否遮盖了商品，POP 广告是否要比商品还醒目，是否有污迹或破损，是否海报已过期等。

（四）各类 POP 广告的制作要领及工具

1. 各类 POP 广告的制作要领

商品标价卡片的制作：商品标价卡片的作用不只是说明商品的价格，最好也简要说明商品的特点，以便顾客了解商品，如商品的产地、原料、成分比例、尺码系列等。纸的尺寸、色彩、形状以及价格的写法和数字的配置要仔细考虑，有新鲜感。

介绍商品的 POP 广告制作：广告的制作只要根据产品介绍手册，揭示商品的两三个特点，稍微作些介绍就可以了，但是必须明确有什么好处，比如说某种防风外套很轻，即可写出外出旅游时携带方便等好处。

介绍使用方法和保养方法的 POP 广告的制作：这种 POP 广告要以 5W2H（WHEN、WHERE、WHO、WHY、WHAT、HOW、HOW MUCH）角度归纳总结，就容易使人明白，在展现内容的同时，也要画有图示。另外扎一些粘贴画也会增强效果。

实行"特价""优惠"等的 POP 广告：制作这种 POP 广告时，应考虑纸张的大小、颜色和字体的大小，以便突出"特价""优惠"。如果明确表明是"处理品"或"清仓大处理"，顾客容易接受，效果也就更佳。

2. POP 广告的制作工具

射针枪：在壁面或床面钉别针的用具。

连接枪：钉吊线的用具。

别针包：各类别针在别针包上分类保管使用。

吊线：在空间调挂 POP 宣传品时使用。

工具袋：工作时将工具袋放在体侧是非常有效的。

其他工具：钳子、锤子、胶带、玻璃纸带、剪刀、细铁丝、牛皮纸、宣纸、尺子、各种笔等。

第四节　服装零售营业推广

一、营业推广含义及流程

（一）营业推广的含义
营业推广是一种常规性的、立竿见影的促销活动，是指零售店为了达到短期营业额的提升而采用的一系列让利促销措施。

与其他促销方式相比，营业推广比较重视提升短期的营业额，推广实质是利用消费者在购物时的实惠心理来进行促销。

多数服装品牌都会在换季、传统节日或是品牌创业周年，开展一系列内容丰富、形式多样的营业推广活动，以便达到扩大品牌知名度、提高销售额和消化库存的目的。

（二）店铺推广活动准备
向全体店铺工作人员明确活动的时间、内容和具体操作步骤。

准备充足的货品和推广用品、宣传用品，保证数量充足。

如果商场条件允许，可以提前准备好宣传广播稿，在活动期间循环播放。

（三）店铺促销活动的工作流程
作好促销期间的账目记录，包括赠品、推广用品等。

促销期间要注意店铺货品和人员的安全。

提前安排好排班情况，合理调整店员的班次时间。

向不理解促销活动内容的顾客做好解释工作，以免顾客产生误会。

促销活动结束后，要做好收尾总结工作。

（四）店铺营业推广作用分析
店铺营业推广优点：鼓励未买者来买本品牌产品；鼓励已买者多买，增加商品的周转率；维护现有顾客和品牌；吸引竞争对手的顾客，攻击竞争对手，稳定自己的占有率。

店铺营业推广不足：有时减价促销会伤及顾客，影响他们的忠实度。推广面范围不大，只在本店铺不能替代营业员的能力不足。

二、店铺营业推广时机

（一）考虑淡旺季业绩差距
服装零售业绩的季节性差异比较明显，业绩会有不同比例的变化。因此企业在年度经营计划中应考虑此特性，当然店铺促销活动的规划必须要考虑淡旺季的影响。

淡季的促销活动除可以延缓业绩下降外，旺季的促销活动因竞争较为激烈，通常以营业额目标达成为主要目标，越是旺季越要促销。

（二）节假日的营业推广
节假日是店铺营业推广的最佳时节，国家法定假日，如春节、国庆节和五一长假等。中国传统习俗节日也是不能忽视的，如中秋节、重阳节、元宵节等。

国外的节日也是促销的好日子，如情人节、母亲节、父亲节、圣诞节、感恩节、复活节。

（三）店铺开业
店铺开业表明本品牌市场率增加，开业期间要尽量多地吸引顾客，为将来的营业额打好基础，因此店铺开业时要搞促销活动，建立当地顾客资料。

（四）店铺周年庆
店铺周年庆经常被用于商场或超市搞活动的主题。周年庆的促销活动一般可以店铺为主体，对于连锁经营的店铺也可以两三家店铺联合庆周年。如五周年精品赠送。

（五）特殊事件
对社会上将要发生或已经发生的事情要有信息反馈，配合这些社会活动，表示本品牌对社会的关怀，还可以提高业绩，如针对东南亚地震引发海啸，进行义卖，针对奥运会、亚运会时搞促销活动，支持中国队。

（六）增加业绩弥补差额
营业额是服装公司运营的基础，店铺应时刻关注自己的营业额，每月和每天都要有预算和营业目标，如果有业绩缺口，就要设法弥补。为了达到目的，平日要有"促销点子库"，以便能随时派上用场，店铺经营者应结合当时的具体情况做出行动，如时间、货品情况、气候情况等，才能满足效益需求。

三、店铺营业推广考虑要素

（一）消费者特性
消费者结构：家庭数量、消费者性别、年龄、学历、职业分布。
购买力：消费者收入水平、消费能力。
生活方式：工作时间、休闲时间的掌握。
人流特点：消费者在店铺商业街出现的高峰与低峰。
消费方式：消费者对商品的流行、颜色、款式、价格等偏好。

（二）竞争状况

竞争对手的数量、价格、优缺点、服务方式、推广方式、推广活动、业绩水平分析。

（三）业绩目标

年度业绩达成，各季度、月业绩达成。

（四）季节时机

各种节日、周年庆、民俗节、热点新闻等。

四、店铺营业推广方式

商家的货品如果不能为顾客接受，即使其质量再好，也无异于废物。促销目的就是通过有效的方式和途径为货品找到买家。下面介绍一些常用的促销手段。

（一）赠品

消费心理学表明，在消费者购物心理的满足程度上，赠品要比降价有更大的吸引力。购物者获得赠品，会有意外收获的感觉，即使用处不大，消费者心理上也会很满足。

虽然赠品不很昂贵，但是十分有广告效用，如印有店名、住址、电话、网址的手袋、雨伞、手表、指甲刀、日历、贴纸、圆珠笔、钥匙圈等赠品，这些可以建立或维持零售店铺和品牌的知名度。

随购赠礼法在服装零售中也经常采用，相对竞相降价法，随购赠礼法推销商品要高明得多，特别当顾客熟悉商店推销积压商品采用打折手法后，随购赠礼比降价更让消费者可信，受到顾客的欢迎。

随购赠礼在开拓市场、推销新产品的促销方面，效果十分明显。随购赠礼要防止千篇一律，商店采用不同的方法和手段，不断变化小礼品，使顾客常有新鲜和意外收获的感觉。

赠品通常只给达到设定条件的顾客，而不是给所有的消费者都派发。商品通常都是高单价商品，而赠品的成本也可以从几元到百元不等，商店可根据自己的条件和商品的特征而定。

（二）折扣

花最少的钱，买最好的东西是每个人都梦寐以求的事，掌握消费者这种消费心理的商家便生出许多花样，如减价、跳楼价、大拍卖、拆迁大甩卖等，不管商家如何变花样都出于一个目的——利润！

在商家诸多花样的背后，还有许多非常规的方法，其中有一个方法效果最好，即顾客购买商品，再把购物款部分返还，从而刺激消费者的购买欲。这种方法便是明折扣的变相。

打折就是把挣到腰包的钱还给顾客一部分，以挣回更多的钱，其非常规意义在于突破了商人的口袋只进不出，给钱卖货的传统经营方式。

折扣并不一定要时时都进行，商家可以选择特定的时间段来进行，如商店开门后的前 50 名购买顾客等。

价格

突出价格或价格优势

~~¥795~~

¥ 599

图 13-2 减价牌标注

（三）限额销售

限额销售是利用消费者购买缺货的心理。稀缺战略一般能使产品声誉倍增，价格上扬。越是稀缺，消费者购买的欲望高。

营业员应该特别介绍商品的特点，特别是优点和有限的库存，让消费者抓紧购买；当购买的顾客较多时，可请顾客排队轮购，造成一定的声势；推销商品时，不要过分热情，因为，这种做法常会适得其反，使顾客感到卖者急于脱手而产生反感，冲淡了购买欲。

（四）摸彩和比赛

摸彩是一种需要顾客参与的娱乐性购物活动，可以增加顾客购物的兴趣，可以将有限的促销资源集中使用，增加促销活动的吸引力。

摸彩大多数采用固定兑奖金制，奖品形式很多：有现金、礼券、商店本身的衣服配饰、服装等，但要以公平交易来限制这类的活动。

（五）展览和表演

时装展能够让零售商把最新的款式紧凑地传达给顾客。展览是把商品或系列衣服佩饰在卖场展开的系列展示，比较偏向静态形式。表演则是动态的，可以规划刺激的或温和的活动和表演。

提供表演和展览可以产生激励作用，增加销售机会，有助于改善店铺的形象创造出多元的购物环境。

（六）顾客联系法

和顾客建立联系，并保存顾客资料，体现尽力为顾客服务的心愿，是商业企业的一种有效的公关手段。

同时收集顾客资料并保存、记忆，可以使商业企业与顾客建立经常性的联系。通过沟通能增加彼此的情感，树立起企业的良好形象。

企业通过顾客档案建立联系网络，了解顾客的需求和消费心理，生产相应商品，增加服务内容和项目，开拓服务新田地，使商业企业服务更上一层楼。

顾客联系方法可以为商业企业争取许多稳定的客户，增加回头客，迎来新顾客，达到赢得顾客，赢得市场，做活生意的目的。

（七）室内放映录像

店铺室内录像开始成为一种出色的促销商品的工具。一些设计师提供很多产品系列介绍录像带，包括各种风格的特色介绍，可以使顾客发现有值得去购买的产品系列。

一些磁带是由设计师及厂商提供的用来促销新季货品，另外一些由特定的零售商制作的用来告知行人关于本商店的一些服装项目，无论是什么用途，顾客总是想停下来并进去看看。

（八）公益事业

一些商店，吸引顾客的注意力不是通过对服装的展示，而是试图促使顾客走进商店，一些顾客走进商店，就有可能促成消费，这种促销方式贯穿整个主题。

如有的服装店定期为慈善事业特意举办时装展，虽然这场展示最终的结果可能是服装的热卖，但他的本意是慈善事业是为了让顾客知道企业关注的不仅是利润。

五、店铺营业推广企划

（一）提前做好企划书

时间：每一项活动应于执行前两个月提出详细店铺推广活动企划书，以利研讨，做充分准备。

内容：推广企划主要包括活动时间、目标、内容、实施及评估方法等。

（二）确定推广活动目标

首先要确定推广的目标，如新季产品推广、库存积压货品推广、增加客流目标、通过业绩目标、换季清货目标等。

推广活动的目标一定要清楚，而且必须顾忌到对店铺、品牌形象的正反面影响作用。

店铺营业推广目标的决定要与企业的年度整体促销策略相符合，在制订营业推广计划时眼光应该放长远一些，避免太偏重眼前的营业额目标。

（三）营业推广企划书内容

活动名称：为推广活动取一个具吸引力、震撼力又朗朗上口的活动名称。

活动目的：选择明确的活动目的。如提高营业额、增加客流、过季清货等。

对象确定：包括一是顾客对象选择，主要目标顾客的特征，依年龄层区分，依行业区分；二是推广商品的确定，活动期间内推广的重点商品；三是确定活动店铺，所有的商圈内的店铺还是只在个别店铺举行。

活动日期：确定活动的迄止日期（详细写明活动的具体开始、终止时间，活动期长度），并论证选定开始日期的理由、活动期长短的理由。

收益目标：业绩目标、客流量目标、客单价目标、无形利益目标等。

活动内容：将活动的执行方式、详细内容一一讲明，并要特别注意细节表述及特殊情况下的应季措施等。包括执行的分工负责情况，如工作分派、外围支援。

进度控制：将活动从规划、联络媒体、洽谈、执行等各项工作列入明细表，分别由专人负责，并对时间、进度要求详加控制。

预算费用：具体活动所需的费用包括：一是推广物品的费用；二是人力方面的费用；三是货品方面的费用。原则上在总业绩的 2% ~ 5% 为宜。费用估算应详细列出其明细，必要时应检查所附各类估价单。

效益评估：营业额提升、库存减少、毛利额增加、客流量增多，品牌知名度提高、认知度提高、老顾客增多等。

活动期间，推广部人员应经常检查推广促销进展情况，发现问题及时解决。

（四）营业推广活动后总结

活动结束后，推广人员一定要进行全面总结，进行促销分析，总结推广目标是否达成，费用是否控制在预算范围内等，提交总结报告。

☞ 案例分析：金利来的广告策略

很多人讨厌广告，但广告在现代经济活动中的作用是无法否定的。当有人向金利来集团有限公司总裁曾宪梓先生问起"金利来"的成功要诀时，他特别提到"根本的就是广告"。广告的重要性几乎人人皆知，但把它的作用视为"根本"，实在非同凡响。谁都知道，做广告需要花钱，但怎样花钱，则大有学问，那么金利来的广告费是怎样花的呢？

曾宪梓先生第一次做广告是在 1971 年。当时金利来仅有 3 年的创业史，处于刚刚起步时期，时逢中国乒乓外交崛起，庄则栋等获得世界冠军。中国乒乓球队从日本回国途经香港，表演赛在香港引起极大轰动。曾宪梓先生先声夺人，拿出 3 万港币在"香港无线电视台"举行协办实况播出。当然播音员每次在播音时要说，"本次节目由金利来领带公司协办"，在一个星期内，在整个香港反复响彻："斜纹代表勇敢决断，圆点代表爱慕关怀……"，表演尚未结束，订单就已经如雪片般飘来。

1972 年的尼克松访华，又是一次千载难逢、震动世界的重大事件。香港无线电台又拉曾宪梓先生赞助转播，这次他只问了一句："多少钱？"便在合同上签了字。这次的广告费用是 7 万港币，金利来又作了一次香港无线电台的"协办"，使其声名大振。为了表示与中国修好的诚意，尼克松要系条中国领带，而选中的正是金利来。7 万元的广告再加上千金难买的新闻，金利来得到了美国总统的认可，使得金利来进入世界著名品牌的行列，曾宪梓也步入了富翁的行列。

随着我国的改革开放，进军大陆市场的时机已经成熟，此时的曾宪梓已经完全是正规战的做法了，用大量的广告作为打开市场的"先期投资"。自 1984 年起，金利来在国内的各个大城市铺天盖地连续做了 3 年的广告，但金利来的产品在市场上却一件也找不到。3

年后，吊足了人们的胃口，攒足了势头，金利来才"千呼万唤始出来"，一露面便身价百倍，以横扫千军如卷席之势一举占领了大陆市场。

☞ 问题讨论

1. 你对金利来的广告推广策略有何认识？对于金利来的成功，广告起到什么作用？

2. "千呼万唤始出来"，的广告策略，有何优点，适合在什么场合下使用？

☞ 练习题

1. 参观一家品牌服装店，观察其店内营业推广的内容与方法，制作一份文字报告，进行讨论，分析其优缺点及提出合理的改善意见。

2. 讨论营业推广对店铺品牌形象及电视广告的作用与影响，就如何提高品牌的形象提出自己的看法。

3. 讨论如下问题：

（1）试说明促销广告与社会公益广告的区别。

（2）试举出一个既有促销性质又有社会公益性质的广告。

（3）广告商利用千分比费用公式得到的好处是什么？

（4）概括公益广告的主要种类及在店铺中的应用。

（5）试说明常规的营业推广的形式有哪些。

（6）如何掌握营业推广的时机？

（7）零售商使用室内录像是为何目的？

（8）试讨论在服装零售中指示者的作用。

（9）什么是社会公益促销活动？

（10）试论仅有少量资本的小型服装品零售商应如何进行广告推广。

服务者的回馈：服装零售业顾客服务

课题内容： 1. 顾客服务的概述

2. 服装零售服务流程

3. 顾客投诉处理技巧

4. 服装零售服务促销

5. 新店员的培训方法

课题时间： 3 课时

教学目的： 了解服装零售服务标准及评价，掌握顾客流失原因分析方法，理解顾客价值，了解服务流程，了解服装零售服务现状，掌握顾客服务的基本要领。

教学要求： 1. 了解服装零售顾客服务的概念。

2. 明确服装销售人员在服装零售店中的作用。

3. 清晰服装零售服务流程。

4. 阐明服装零售店销售人员培训的方法。

5. 掌握顾客投诉处理技巧。

教学方式： 理论讲授、图例示范、案例讨论、调研分析

课前准备： 阅读参考文献并重点了解以下概念：顾客服务、服务方式分类、销售人员、顾客投诉、店员培训等；调研七匹狼、爱登堡、劲霸、Lancy from 25 等品牌专卖店；阅读有关专业杂志和学术期刊。本章建议阅读参考书籍为：《销售心理学》。

第十四章 ▶▶
服务者的回馈：服装零售业顾客服务

> 顾客应得到全心全意的服务，他们是企业的命脉和衣食父母。

第一节　顾客服务的概述

零售商如何使自己的店铺区别于其他店铺呢？包括优雅的环境设计，创新而富有想象力的视角推销和具有创造性的广告和促销。实际上想要区别于其他店铺，没有比特色化的服务更有效的了！

在购物很开心时不离开商店时就可以舒服地进餐，购物时有专业的服装搭配师陪同，能够在急需时很快地做出选择，并且比其他零售店多营业一段时间，所有这些都可以使商店更受欢迎、更吸引顾客。这就是为什么顾客会成为有些店铺的忠实顾客，不管是否有特定的需求，都会定期光顾。

一、特色服务方式

服装零售商通常向他们的顾客提供特色的服务，常见的有以下几种：

（一）特殊商店

特殊商店，不仅销售适合特殊群体的商品，而且提供很多使商品更易接受的服务，如提前 2 小时开始营业，并且每天晚 2 小时关门。通过这种方式，那些高薪并且很忙的顾客将可能光临这家商店，也能找到他们所需要的衣服和配件，这正是由于营业时间符合他们的时间表。除了提供额外的时间，顾客还能得到一天免费的陪同选择服务。在家里或公司查询全部服装信息，一次免费的发型设计或者一次化妆，一个服装包或在商店购物时可得到免费的茶点。

这个特殊商店适宜开在商业区或政府机关周边。

（二）私人店

由于没时间去购物，又不能更好地使用目录订购，这一小部分人需要另一种方式来满足他们的服装需求。对于零售者来说这种方式就是发展一种私人购物的服务方式。一般的，顾客能提前预约，而且是免费的，并且将会配备一个服装专家做参谋来帮助他们选择商品。

有的零售商更进一步地发展了这个观念。由于很多顾客没有购物时间，私人店主通过在顾客到来之前预选来为顾客节省时间。当个人打电话到商店并安排一次约会，顾问们将讨论其个人喜欢的款式、颜色、价格、型号、购买的目的、所需要的饰品和其他任何所需要买的物品，在顾客到来之前，店主在整个店中先做一次预选，哪些似乎符合顾客的需求，所有的条目将带入特定的办公室，顾客到来时能得到专家特殊的关照和专门的服务。

（三）翻译

一些服装店处于游客经常光顾的地区，店铺提供可讲多种语言的翻译。店铺服务人员用流利的各种语言陪伴着顾客在店中进行购物，这些都是免费的。他们将尽可能地帮助顾客做出最快的选择，帮助顾客兑换外币，提供任何形式的帮助来服务于顾客的需求。这部分游客比一般顾客花费更多，并且期望在尽可能短的时间内完成购物，因为游客的购物时间有限。

（四）试衣专家

有的商品类别需求特殊的方式来让顾客试衣，比如女性胸衣，如果选择的杯型规格符合其体型时，再加之有试衣专家指导正确的穿着方式，将会对女性的体型塑造有极大的帮助。此时，顾客选到非常适合自己的胸衣时，心情非常愉悦，会很果断地做出购买的决定。关于这一点许多女性都深有体会。当购买泳装或内衣时，越来越多的零售商会举行咨询会来教顾客怎样正确的试衣。有报道证明当举行内衣的"试衣周"活动时，销量将显著增加。

举行"试衣周"之前，在报纸上刊登整幅广告，来使顾客了解店铺的全体员工都是经过专业培训的试衣专家，顾客若需要这一服务可以提前预约，这消除了顾客在不知道什么适合自己的情况下，在大堆的胸衣中乱找的麻烦。这些专家能很快满足顾客的需求，销售资料表明这些服务极大地提高了胸衣的销售量和顾客的满意度。目前国内也有少数内衣品牌能够做到专家指导性试衣。

（五）特色服务

为高薪而忙碌的主管们提供服务的商家发现不仅是商品本身，贴心的服务也能吸引这些顾客的光顾。例如有一家单独的男装大百货商场就是一个很好的吸引顾客离开公司来到店铺的例子，特殊服务店将为男士顾客提供更全面的服务设施。在商场里提供食物，并且对那些想提高高尔夫球技术的人来说，他们可以使用一块人工种植的草坪。自从更多男士发现这家商场后，他们将那里作为一个伴随着他们购物、消遣的好去处。还有一些高级时装店，在试衣间里放置了笔记本电脑、沙发、各种供试衣搭配的皮鞋等。

（六）照顾小孩

当父母带着小孩一起逛商场时，花在购物的时间会减少，小孩打扰会严重妨碍父母的选购。为了不分散顾客的注意力，一些店主设置了游戏区和提供照看婴孩服务。

有的设置一个儿童球室或小型的儿童乐园来解决这个问题，在一大块地板上放着五颜六色的塑料球和各种玩具供孩子们玩。这块地方由受过培训的人来看管，他们负责小孩的安全。这样使得大人们可以更有兴趣地安心逛店购物。通过这种服务，延长了这些带孩子顾客的购物时间。

（七）礼物包装

除了那些打折和降价的商品，服装零售店通常也为他们的顾客提供礼物包装服务。这种服务通常是免费的，但通常也会使店铺的销售额增加。

有的商店为顾客赠送礼物包装服务，是为了包装纸上印有商店的名称。然而，大部分零售商提供漂亮包装的费用也都计算在顾客费用之内，这种方法的使用为商店提供了可观的回报。

商店希望通过这种方式增加收入，通常在设计包装上花费相当的精力，有的礼品包装纸或包装袋印上商店自己的格言或广告语。独一无二的包装纸展示在商场墙壁上来鼓励顾客使用，这些包装能迅速成为商品销售的来源，并可能更快速、更有效地扩大商店的名气。

（八）帮助选择

很多小的服装店的成功要领是尽可能地帮助顾客进行选择，很大一部分顾客需要改变所选的商品，自己再进行调整，并且商店内的专家及时为顾客做出评价并鼓励他们购买。如男士们选择了一套运动服时，也许刚好需要一条短裤，男士们喜欢为其提供这种帮助选择，提供服装搭配服务的商店。

（九）餐厅设施

提供餐厅服务是延长购物时间的方式，同时很多餐厅是有利润的。一些零售商提供各种餐厅设施来满足顾客的各种需求。酒吧、甜品、自助餐服务等，给顾客更多的选择。

除此之外，还有越来越多的服务提供给顾客，如特色化服务，包括与顾客合作制订购物计划，一些大公司在节假日赠送顾客香水，提供服装搭配、配件选购小常识等。为残疾人提供特殊的购物时间，为孩子妈妈设置婴儿手推车，完美的咨询服务和旅行购物指南。

顾客信誉卡是提供最广泛的一种服务方式，顾客信誉卡能鼓励人们更频繁地购物并且通常要比原计划消费的多得多。比现金安全是顾客携带信用卡消费的主要原因，信用卡消费应是任何一家公司都应该提供的重要服务。

（十）以旧换新

越来越多的商家开始关注环保问题和物品的可循环利用，逐步推出以旧换新获得相应优惠的服务。有的商场对老客户展开黄金饰品以旧换新免工费的活动，只要是之前从该商场购买的黄金饰品，都可以参加免加工费的以旧换新活动。还有商家推出了旧衣回收计划，顾客可以将自己的一袋旧衣服拿到门店，该品牌每天给予顾客相应的优惠券，每张券在一定期限内限买一件正价商品。不少顾客为了享受这"白来的"优惠，转而立刻"以旧换新"，企业在倡导时下流行的"环保主题"的同时，也极大地增强了品牌的宣传效果。

二、销售人员的作用

当顾客刚踏入店门的时候，营业员就要设法使其成为回头客。但销售不是营业员唯一的责任，营业员的责任还有向顾客提供舒适的购物环境、创造愉快的心情，提高店铺形象，发现顾客需求，并成为商家与消费者之间的沟通桥梁。

营业员是店铺的核心，商品特色介绍和优质的顾客服务都需要营业员来向顾客提供。店长是重点培养出的销售代表人才，店员必须有足够的专业知识准备迎接顾客。

（一）销售作用
普通销售人员与专业的销售人员有什么不同？前者是只是顾客的助手，把顾客领到试衣间，将不需要的物品放到货架，承担收银工作；后者起着不同的作用，专业的销售人员通过特殊的询问技巧确定顾客的需求，也能保证提供满足个人要求的商品，在需要的时候解决问题，而且能够及时调整陈列用具来吸引和巩固顾客，这会给店铺带来以后的生意。

（二）客户服务
为顾客提供愉快的购物经历和使他们成为忠诚顾客的方法很多。诸如给等妻子试衣的丈夫提供一把椅子，取走顾客的外套存放起来，直到他们挑选好商品等；当顾客试衣时为带孩子的顾客照看小孩是很必要的；向另一分店为顾客调取所需商品，这样就省去顾客在不同店铺间往返的辛苦；如果顾客的东西太多拿不了时，帮他运上车会让顾客感到特别欣慰，这些服务都是不难做到的，店铺可以从中可获得顾客的信赖，对营造忠诚顾客非常有益。

（三）提升店铺形象
许多零售商绞尽脑汁地想通过一个积极形象，适当的商品搭配，有创意的广告，促销活动，视觉表现，来使得店铺别具一格。虽然所有的这些都是提高店铺形象所必不可少的，但缺乏主动和耐心的销售人员会毁掉全部。店员不适宜的穿着，无法正确理解顾客需求，有失身份的叫喊会导致形象的降低，缺乏与消费者的有效沟通，这些都会毁掉零售商费尽心思制订的店铺形象推广的全部计划。

（四）建立消费者与商家的桥梁
零售店的采购人员如何研究市场，制订采购计划和购进对公司最适合的商品。虽然通过电脑上发布的信息，可向商家提供一些流行趋势，还有通过许多连锁店的进货中心等外部消息来源可进行资料收集，但没有一种途径能像店员那样熟悉顾客动向。

计算机能告诉你最畅销的款式、最流行的颜色、最有利可图的价位、减价的服装尺码、哪个廓型最好，但它无法告知存货和分析销路不好的原因。店员是顾客与商家之间的桥梁，他们了解顾客的好恶，商品的情况和顾客的意见。

明智的商人懂得营业员在销售方面的重要作用，并会定期向他们了解其他途径所不能提供的顾客信息。

三、专业销售人员的特点

精细的品质和特色是一般营业员与专业销售人员的主要区别。一些人认为优秀的销售能力是天生的，事实上有些人在这方面是有天赋的，但更多的人是通过花费时间和努力学习获得成功销售者所具备的品质的。完美的专业销售人员拥有能为公司增加利润的重要品质。

（一）销售人员的外貌

每个人的审美都不同，这使得我们与别人不同。虽然在社交和工作之余的活动中我们能自由穿着，但工作时就有一定之规。许多大的零售店统一工服，这不一定能形成一种体系化的印象，但对确定店铺的形象是很有帮助的。

营业员对顾客的第一印象不仅是热情的招待或是专业的知识，当营业员走近他们时，不得体的穿着会降低顾客的购买欲。

时装零售商特别注意员工的穿着，他们坚信得体的服装会提升产品的知名度，让顾客感到舒适。虽然在时装店对服装有明确的标准，但这并不完全相同。一个传统的店铺在穿着和发型上要求更为严格。而一些时尚服装店等可能允许更现代的穿着。蓄须和长发的流行导致人们改变他们对外表的要求，并接受较前卫的款式，但若商店的目标顾客以传统为重的，这样的穿着就不合适了。所以说营业员的服装要与所售卖的货品风格一致协调。

一些服装店通过打折优惠鼓励他们的店员穿本店的服装，有的时装店对能穿着本店服装工作的员工将发一个月的津贴。穿着本店服装适合，而且还可以让购买者看到服装的立体效果。顾客往往会问店员身上的衣服在哪里有售。有的商家将库存量大的款式选做工服从而激发顾客对此款的购买兴趣，那样把库存卖出去就更容易了。

（二）杰出的沟通能力

在卖场上销售时，那些能与顾客轻松交流、用得体的语言简洁地介绍商品的店员，将会得到顾客的信赖并提高自己的形象。

不是每个人都具有与人有效沟通的能力。有些人能说会道，但在交易中却少言寡语。因为销售是一项要与人交际的工作，所以对语言的应用自如是非常必要的。

（三）专业知识

虽然成功接近一位顾客，得体的穿着和杰出的交际水平是很重要的，但销售人员要面对商品、顾客，应当具备充足的专业知识。有了这些知识，销售者就能立即解决问题，了解顾客的异议，并成功售出商品。

消费的学问是很必要的，营业员能运用这些知识来刺激顾客购买。通过充分掌握有关消费行为的理论，就更容易卖出商品。参见第三章"消费者行为分析"探究了三种消费者行为的理论方法。

店铺文化的时尚、价格和服务方面的知识也是很重要的。店员应快而准确地回答有关特殊情况、运输、货款、退换货规定、价格和特别服务等问题。那些必须停下来思考一阵的店员将失去顾客的信任。通过大量的信息来源，这些专业知识很容易掌握，经常可从新员工培训、货品搭配手册或晨会上获取。

店铺的核心是有关产品的知识。当一位能说会道的售货员鼓励顾客购买时，信息的缺乏将导致销售的失败。欺骗有可能使顾客购买，但这样会导致退货和丧失顾客忠诚度。

产品知识可以从各种渠道获得，服装设计师有时会提供给商品销售部有关展示会的录像带，经常有完整的关于款式、面料、价格的解说，这些介绍是销售者明白商品如何使用、保养。通过不断地放录像带来了解设计师构思，销售人员可随时利用上面的信息。

有些生产商向零售店销售人员提供建议书、录像带。比如，泳衣生产商向零售店提供描述如何使用适当的技巧，来估计各类人体形和哪种款式适合特殊的要求。

一些专业机构或大学的相关研究部门能够提供关于饰品、珠宝等时尚商品的技术性鉴定，不仅是对其款式的解说，还有关于生产方法、原料构成和质量鉴定证明等。一般的情况下，店内的产品手册可以带来最新服装搭配的时尚信息。

消费者调查和商业性出版物和各种时尚杂志是获得洞察各种商品消费情况的捷径。许多杂志经常有目的定期登载一些最新的时尚信息，因为这些杂志为消费者服务，销售人员也能了解到消费者需求什么，并由此了解到款式流行的信息，为销售做准备。商业性出版物的特点是发布服装时尚资讯。因为这些信息比大众化杂志更具有技术导向性，销售人员能从中了解到有关面料、色彩流行的趋势，时尚革命和其他信息，以上这些都对专业销售有帮助。

销售人员能够说明为什么这家鞋业生产厂工序比另一家好，哪种面料能受压，什么样的服装需要特殊的保管，还有什么产品穿着更舒适，这些都将使销售变得简单易行。

第二节　服装零售服务流程

服务就像唱歌，导购就是歌唱者，要是唱得好，就让人觉得舒服，心情愉快，要是唱得不好，唱走了调，就让感到难受，不舒服，同样的歌，有的导购就唱得好，有的就唱得差，这就是服务的差别。服装零售服务流程分为向顾客打招呼、主动介绍货品、鼓励顾客试穿、收银服务、道别致谢五个步骤。

一、向顾客打招呼

（一）打招呼的方式

顾客进入店铺时，打招呼可加深顾客对店铺的印象："欢迎光临，请随便参观！"

顾客进入店铺不要给他们压力，让他们感觉到是一种享受，有充分的购物空间，并用有亲和力的问候，把放松的感觉送给顾客："您好，这里是新到的款，喜欢可以试一下！"

周末店铺很忙时，营业员可以同时招待几名顾客，如营业员正与第一位顾客交谈时，第二位顾客来到本区，营业员就可轻轻说一声："您好，请随便看看！"这样所有顾客都可照顾到。

当顾客想找营业员时，营业员应马上向前点头致意："您好，有什么可以帮忙的吗？"

因服务繁忙，让顾客等了很长时间，营业员应主动走向前，恳切而抱歉地说："对不起，先生（小姐）让您久等了。"

利用打招呼之际及时向顾客介绍开季的新货品："您好，这是店铺新到的款式，有一些很适合您的。"

利用打招呼之便及时把公司的促销活动通报给顾客："您好，这里的货品从今天 起开始打 6 折促销，非常优惠！数量有限。"

（二）打招呼时的注意事项

不要在顾客不注意或思考问题时突然上前打招呼，打断顾客的思路，惊扰了顾客。

当目光接触到进店顾客后，马上放下手中的事，面带微笑地向顾客打招呼。

看到熟客来访时，应主动上前亲切地寒暄，例如询问上次购买的饰品佩戴了没有，身边人的反应如何。

当顾客进入店铺内选购商品时，为避免给顾客购物造成压力，建议打招呼后不要尾随着顾客，要给顾客一定的自由活动空间。

公平原则，对待每位进店的顾客营业员都要给予礼貌周到的服务，恰到好处地运用微笑和身体语言向顾客打招呼。

打招呼时应声音响亮、吐字清晰、热情诚恳、表里如一，招呼声音轻柔、甜美，切忌唐突、高声或是喃喃自语。

如果自己不能马上招呼顾客，应及时让其他同事来帮忙接待顾客。

客流量少时，可以一边整理货品，一边留意顾客的到来。

打招呼时最要紧的是要与顾客有目光接触、要有笑容，切忌眼睛望着别处、面无表情、机械式的叫喊。

二、主动介绍货品

接近顾客时，要找一个话题与顾客交谈，其实共同的话题就是你品牌的服装。营业员要仔细观察，顾客会发出一些购买信号，如每次转到同一件衣服时停留很久、反复触摸一件衣服或在自己身上比试、让同伴评价，营业员应立即主动上前提供服务："这件衣服是纯棉，穿起来很舒适！"见表14-1。

表14-1 主动介绍货品实例

顾客状况	营业员主动介绍货品实例
男顾客正在手摸一件毛衣	您好，这件毛衣是纯毛的，非常保暖，而且款式也正流行！
女顾客正拿着一件衬衣	小姐，这件衬衣正好配您的裤子！
男顾客正在看一顶帽子	先生，这顶帽子很休闲，可在春游时戴！
一位中学生反复看一双运动鞋	你好，这是我们公司刚研制出来最新款的篮球鞋，防止崴脚，底部有气垫，可增加弹力，你可以试一试！
两个姐妹正在看新到的衣服	你们好，今年流行亮色，穿起来人很精神！
一位模特正在看裙子	您好小姐，您是模特吗？噢，果然是，您的腿真漂亮，这裙子一定能衬出您的好身材，试一下！
一位顾客正在看减价产品	今天是减价第一天，我们活动是买一件打九折，买两件打八折，买三件打七折！
一位先生正在看衬衣	先生，您好，这款衬衣正好配您的西服！

三、鼓励顾客试穿

（一）试衣间的准备

试衣间准备的好坏，会直接影响顾客的购买心情，试衣间必备的物品有：尺寸换算表、两三个挂钩、衣架一个、小坐凳一只、拖鞋、梳子、半身镜子。

试衣间内不得放私人物品或杂物。

（二）试衣服务

在为顾客服务时，营业员就要观察好顾客适合穿着的尺寸，如果没有把握，可通过询问顾客或用皮尺量，并拿准相应的产品，减少顾客试衣次数，在夏天，顾客一般试到第三件衣服时，就已经不耐烦了。

拿准顾客所需试穿的衣服，带顾客到试衣间，并将衣服的纽扣解开或拉链拉开；敲试衣间门，查看是否有人，请顾客进入试衣间，并将衣服的穿法告诉客人，提醒顾客插门。如果试衣间内有人试衣，应有礼貌地请顾客稍等，或再在卖场上逛一逛。

顾客试衣时，营业员需在试衣间旁边，留意观察顾客是否出来，当顾客从试衣间出来后，打量顾客，营业员要主动上前自然地帮顾客整理服装、卷裤脚、整理领子等，让顾客在试衣镜观看效果，观察顾客表情，有礼貌地询问顾客感受，并用专业的角度做出评价、赞美、搭配建议，如果搭配的衣服不合适，可提供店铺内的服装，并不提让顾客购买，让顾客穿着后自己决定是否购买，这就是附加推销的机会。这样不但为让顾客满意，而且还会增加店铺的营业额。

如果衣服不合适，营业员要及时为顾客调换合适的衣服。营业员要在三件以内服务完毕才能算合格的营业员。

注意点：

（1）在顾客交谈时，要把货品的特性、优点告诉顾客，让他自己想象自己在穿着后的感觉，对比是否与海报上模特是否相同。

（2）忌讳词："腿短""腰粗""肤色黑""个子不高""这么低的价还犹豫什么""买不买随您的便""不是我说你""你看看这是什么质量，人家是什么质量"。

（3）不要总是喋喋不休，要观察顾客的反应，说得多不一定说得对。

（4）附加推销率是评核营业员推销水平的重要指标，当顾客决定购买某服装时，营业员要及时进行附加推销，如买一件衬衣，给顾客配搭一条领带或西服；不断提升顾客忠诚度，不断提升店铺营业额。

四、收银服务

收银服务要做到高效快速、准确无误。

当顾客走到收银台时，收银员要热情打招呼："您好"或"谢谢您的光临"，与顾客共同确认衣服件数、各款金额、总额，顾客交钱时，收银员要用双手接受票款，并说谢谢，收款时要进行唱收唱付，交易双方都很清楚；如果交款顾客较多时，收银员应对等候的顾客表示歉意"不好意思，让您久等了"。

如果收银员操作失误或收银机出现故障，应马上向顾客致歉，讲明情况，保持镇静，及时解决问题，如不能马上恢复工作，应采取应急手段，改用手开发票等其他方式收银。

收银员在将服装交付顾客时，要用双手，并将该服装的洗涤方法（尤其是特殊面料的服装）告诉顾客，以免顾客洗涤时，发生不必要的麻烦。

注意点：

确认点：件数、单价、总价、折扣、总收顾客现金额、总付顾客零数、信用卡付款额。

顾客服务：让顾客拿好包装好的服装，信用卡收好，不要落丢物品，双手接受顾客的钱款，双手递交零钱和服装等。

五、道别致谢

告别是店铺服务一个不能缺少的环节，不管顾客是否购买商品，收银员或营业员都要说："欢迎再次光临"。

将商品交与顾客后，要发自心地说"谢谢，欢迎下次再来""如有别的需求，随时来找我"，门口的营业员向顾客行礼，鞠躬说"谢谢光临"，目送顾客离去。

PCA 原则：PCA 即 Please Come Again，欢迎再次光临，在销售中，有数据显示，有 80% 的营业额是由 20% 的老顾客创造的，因此，导购和店铺所做的工作就是要用优质的服务用心维护这 20% 的老顾客，吸引新顾客并希望不断扩大这 20% 的人数，让更多的顾客再次光临本店铺。

第三节　顾客投诉处理技巧

在店铺服务中，由于种种原因，不可避免地会遇到顾客投诉，如果处理得好，就可以维系一个老顾客，如果处理不好，会直接得罪此顾客，并会影响他背后的朋友、亲戚等将近 125 人。因此，处理好顾客投诉是挽留顾客的最后机会。店铺的每个员工都应明白公司、店铺和自己的成长是建立在顾客满意的基础上的。

处理顾客投诉的步骤有以下几点：

一、了解顾客不满意的原因

顾客不满通常有两个方面的原因：

（一）质量原因

服装加工不能与机械零件加工相比，缝纫工水平参差不齐，面料加工由于生产量太大，也不能完全保证所有面料都不会有问题，因此服装生产和加工难免会有次品出现，但正确对待是最重要的，常见的次品或疵点有服装面料染花、缩水、褪色、开线、针织衫产生破洞、裤线歪斜、薄面料撕裂、拉链坏、毛衣起毛起球等。

（二）服务原因

由于营业员专业度不够，常会让顾客误解，导致顾客对服务的失望。如将混纺的衣衫说成是纯棉的、价格说得不对、包装质量不好导致所购衣服丢失、促销活动兑奖问题、调换尺码问题、礼貌不好、用词欠妥，语气咄咄逼人、态度傲慢、轻视顾客、敷衍顾客等。

二、耐心倾听

有些比较棘手的顾客投诉可以由店长来处理。有的顾客会很激动，营业员应首先安抚顾客，让他先消气，要表现出关心、真诚的态度，将所发生的事情记录好，用耐心、仔细的态度倾听，并不时地点头表示明白，中途不要插嘴。

顾客是因为想帮助店铺或这个品牌才进行投诉。

有时会遇到顾客不合理投诉或错误的投诉，即使这样也不能与顾客争吵。即使营业员争赢了，也只是一时的，这会失去顾客及周围的顾客群。重要的是："去解决问题，而不是争胜负。"你胜了也没有任何意义。

三、达成共识

当顾客表达完顾客所讲的事情后，营业员应把它当成自己的问题去解决，对发生在顾客身上的问题表示体谅和同情，认真分析顾客问题，并就顾客所提的问题，与顾客讨论、沟通，提出解决方案。如果双方不能达成共识，营业员应与店长或上一级主管沟通，如有必要可交主管处理。交主管处理时，交接人要将顾客所发生的事情向主管描述一遍，不可让顾客再向主管讲一遍。不管交谁处理，都要把它当成自己的事情处理。

四、高效执行顾客

当与顾客达成共识后，营业员要马上去为顾客办理服装的退换工作，有时营业员不必说太多，该换就换，该退就退，顾客会觉得这家公司很有诚信。

如果是服务问题，营业员要勇于承认错误，并对顾客表示谢意。

五、跟踪服务

对于顾客投诉，经过一段时间要进行总结，如有批量质量问题的服装，要进行退厂处理，如有服务质量问题，要进行培训，总结经验教训，防止类似事件再次发生。

在为顾客解决完投诉后，营业员应致电给顾客，对给顾客造成的麻烦表示致歉，并询问顾客穿着服装是否合适，并欢迎顾客的再次光临。

第四节　服装零售服务促销

服装零售店的促销方式主要包括四个方向：一是服务促销、二是广告促销、三是营业促销、四是公益促销。随着服装零售业的不断发展，消费者对购物环境及服务的要求越来越高，购物作为一种放松、休闲、享受的方式已经成为一种时尚的消费观念。服装零售店在货品组合、店铺装修等硬件方面的竞争差异越来越小，取而代之的是服务的竞争，店员的服务促销成为服装零售业竞争的核心。

一、服务促销的观念

（一）服务的含义

服务促销的观念由人员推销发展而来，即是指服装店销售人员直接向顾客介绍商品，并运用一定的推销技巧和服务理念来帮助顾客顺利完成购物过程。

服务包括促使顾客购买商品的全部经营行为，是货品生产过程在零售领域的延伸，服务是对产品价值的提升。

（二）服务流程

1. 售前服务　售前服务一般是物质性、静态的，服装零售商在顾客购物过程中应提供的售前服务项目概括如下：

（1）购物环境方面：如电梯、空调、休闲座椅、娱乐活动等。

（2）便利购物措施：停车场、路标指示牌、小包寄存处、购物车、试衣间、商品目录、电话订购等。

2. 售中服务　售中服务一般是知识性、动态的，服装零售商在顾客购物过程中应提供的售中服务项目概括如下：

（1）货品介绍：货品的特性、优点、好处、保养介绍。

（2）试衣间服务：顾客的穿用顾问、咨询、建议等服务。

（3）特别服务：如帮助照看小孩、翻译等。

3. 售后服务　售后服务是零售商在顾客购买产品时提供的服务承诺，服装零售商应提供的售后服务项目一般包括如下方面：

（1）质量保证：如服装的健康卫生性能指标，要求面料的成分与染料的成分要符合国家的标准要求。

（2）退换货保证：如在顾客购买之后，在一定的时间内可以无条件退换货品的承诺。

（3）免费修改保养：如有的零售店承诺售后免费为顾客修改裤长或免费为顾客进行皮衣的定期保养等。

（三）顾客的服务需要

进店的顾客目的不同所需要的服务也有所差别，根据顾客浏览时购物目的明确程度度划分为以下三种类型。

1. 购买目的确定型　进店顾客具有明确的购物目的，这样的顾客希望店员及时提供所需的货品及服务。

2. 购买目的不定型　进店顾客还没有形成明确的购买对象、购买时间及将要购买的品牌，顾客只是想在店铺的浏览过程中找到中意的货品。

3. 没有购买目的型　顾客进店只是想享受一下零售店舒适的购物环境，只是想休闲一下或是了解一下目前的服装流行情况等。店员对这种休闲型的顾客服务时，一定要特别注意，不要因为顾客现在还没有购买欲望就慢待顾客，因为这些休闲顾客正是店铺的潜在顾客群和宣传者。

服务促销原则：对于不同类型的顾客，虽然进店的动机不同，但店铺的服务原则是让每个进店的顾客带着期望而来，带着满意而归。

二、服务推销心理

在店员服务促销过程中，店员与顾客在接触过程中，彼此都会形成一个看法，形成一定的心理态度，这种心理态度对服务促销的效果起着重要的影响，如下的"促销方格理论"可以帮助零售商很好地分析店员与顾客在促销活动中的心理态度。

（一）店员方格表

店员在促销活动中有两个目标，一方面是尽力说服顾客购买从而完成促销任务；另一方面是设法迎合顾客心理而与顾客建立良好的人际关系。

每个店员对这两个目标的侧重程度不同，其侧重程度表现在表 14-2 中，方格表中数值越大就表示关系的程度越大。根据店员方格表可将店员的心理态度分为 5 种类型，现分述如下。

表 14-2　店员方格表

1. 漠不关心型（1/1 型） 这类店员既不关心顾客，也不关心自己的促销工作，没有任何责任心，缺乏上进心与成就感，无视顾客的存在与服务需要。

2. 顾客导向型（1/9 型） 这类店员只知道关心顾客，而不太关心促销工作，在服务过程中，处处迁就顾客，以建立与顾客的良好关系作为自己的工作目标。

3. 强硬推销型（9/1 型） 这类店员只关心推销效果，但不关心顾客的需求与购买心理，千方百计地说服顾客购买，有时甚至不惜向顾客施加压力，虽然一时可能取得促销成功，但很难持久，而且会损坏店铺形象。

4. 技术推销型（5/5 型） 这类店员既关心推销效果，又关心与顾客的人际关系，但是技术推销型店员往往只注意顾客的购买心理，并加以引导，而不考虑顾客的实际需求，一般情况只能领到顾客当时满意。

5. 解决问题型（9/9 型） 这类店员既能关心顾客，又能关心推销效果，不但关心顾客的购买心理，而且关心顾客的实际需求，所以能够最大限度地满足顾客的各种需求，同时又能够取得最佳的推销效果，做到顾客持久满意，从而成为店铺的忠实顾客。

（二）顾客方格表

顾客在购物活动中有两个目标，主要是顺利完成购买任务；其次是与店员建立良好的人际关系。

每个顾客对这两个目标的侧重程度不同，其侧重程度表现在表 14-3 中，方格表中数值越大就表示关心的程度越大。根据顾客方格表可将顾客的心理态度分为 5 种类型，现分述如下。

1. 事不关己型（1/1 型） 这类顾客既不关心店员，也不关心购买行为，尽量避免做出购买决定，并且设法逃避店铺的推销人员。

2. 软心肠型（1/9 型） 这类顾客对店员较为关心，而不太关心购买行动，在服务过程中，容易被店员的促销说服，一般不会拒绝推销品。

3. 防卫型（9/1 型） 这种类顾客只关心自己的购买行为，而对店员怀有戒心或敌对心理，对店员的介绍、推销不予信任。

4. 干练型（5/5 型） 这类顾客既关心自己的购买行动，又关心与店员的人际关系，在整个购买过程中既冷静又充满自信。

5. 寻求答案型（9/9 型） 这类顾客既非常关心自己的购买行动，又高度关心与店员的人际关系，并且对市场行情也非常了解，同时也十分清楚自己的购物需求。

表 14-3　顾客方格表

（纵轴：顾客对店员的关心程度 1~9；横轴：顾客对购买的关心程度 1~9；标注点：1/9、9/9、5/5、1/1、9/1）

（三）促销方格关系表

综合上述分析，如果只是从店员的推销角度来看，店员的心理态度趋于 9/9 解决问题型，其促销的效果越好，但是在实际促销工作中，是各种心态的店员来面对不同心态的顾客，其实际的促销效果就要看店员与顾客的心理态度的搭配关系如何了。

以下是促销方格关系表，其中"√"代表成功完成促销任务；"×"代表不能完成促销任务；"—"代表处于两种情况之间，见表 14-4。

表 14-4　促销方格关系表

店员方格 ＼ 顾客方格	1/1	1/9	5/5	9/1	9/9
9/9	√	√	√	√	√
9/1	—	√	√	—	—
5/5	—	√	√	×	—
1/9	×	√	—	×	—
1/1	×	√	×	×	×

第五节　新店员的培训方法

零售销售失败的原因之一是没有经过培训的人员就从事销售。通常培训的时间从几个小时到两周。在这短期里，把重点都放在对店铺的重要章程和流程的了解上，很少有时间用于售前培训，如果这名店员只负责收银和自主服务，这样简单的培训就足够了。当主要是依靠刺激消费来赢利时，就必须更加关注销售技巧的培训。常用的销售培训方式包括角色扮演、看录像带、教带培训等。

一、角色扮演

在模仿正常销售的培训就是角色扮演，在一位人力资源专家或经验丰富的销售员和一位参加培训的学员，分别扮演顾客或店员，推荐产品，并要通过销售的各个阶段完成销售。当表演结束时，受训者的表演，如外表、语言、陈列商品、解决异议及接近顾客都要被培训员和学员评价讨论。被召集来的观众在专家的指导下提出建设性意见，这不仅让受训者在表演过程中积极学习，而且让那些用自己的方式销售的人，获得了能应用于自身的知识。

许多公司对这样的培训给予的评价很高，这种方式由新学员和培训员一同完成，并把评估赠予那些被评价的学员，以期望学员有更大的进步。

一些商家利用录像，这样可以详细精确地分析表演者的每一阶段，将录像带回放进行定格分析加以讨论讲评，也可以留给参与者备用。此方法也称为微格分析法。

二、录像带

专业录像带很容易获取。服装零售商会挑选符合自己店铺形象和销售理念的合适录像带，这种方法具有费用相对较低、可随时重放、反复观看学习、降低培训员工费用等优点。

三、教带培训

虽然上述方法可为初学者参加工作提供帮助，但都不能替代实际工作，一些商店为新人找一位师傅，与他们工作在一起，评价他们的表现，协助他们解决问题，并在需要时提供帮助。对新人来说，从有经验的老店员那里可以学到有价值的经验。然而师傅的选择必须慎重。一个敬业的职业销售人员将成为一个好榜样，而一个不重视工作，在服务顾客时耍小聪明的人将会教给新人一些"歪门邪道"。

被选出作师傅的人必须完成他们的责任，就是教带培训。不能让他一味地只出售商品，这是很重要的。这样就会降低对新人的要求，并引起消费者的不满。有许多商家都使用这种教带培训的方式，而且证明效果很好。

四、前台培训

零售不仅是出售商品，还包括完成商品收据、用电脑记录销售额、设定专门次序保存商品，而且每天都要对服装进行适当的整理。小商店除了在销售区，其他地方都不用这些例行事务。前台有柜台、电脑记录和其他商店使用设备，通过利用这些设备，新雇员在不干扰销售的情况下进行培训。

不管用什么培训方法，适当的讲授是很重要的，它将会慢慢灌输自信，消除某些由于派遣没有培训好的雇员进入卖场所带来的危害。

五、推销技巧培训

零售商所希望的是顾客走进，手中拿着商品，在没有任何推销的情况下就把商品买下来。然而，这种情况除了会在商场打折、减价促销时发生，其他时候是不常见的。在店里没有人协助销售的情况下，却能卖出商品，这纯属例外而不是常规。

依靠销售人员出售商品，成功的销售人员所用的令消费者满意的方法包括以下几个步骤。在掌握这些步骤之前，新营业员应懂得与顾客亲善的重要性。

（一）接迎顾客

销售的步骤包括接迎顾客、明确需求、介绍商品、克服疑义和完成销售，应该知道不是每种销售都必经所有的步骤。比如，如果没有人提出异议，那就无须"克服疑义"那一点。

陈旧的"您需要点什么？"可能会带来消极的反映，留给销售人员一点空间来做另外的交流。有时顾客表示需要协助，但销售人员提供的帮助应该是适度的。对消费者来说，已经在展台上看过，想要另一只鞋子，坐着等待售货员取来正确的尺寸，这样的方法就是适度的。

更多成功的方法是以"早上好，先生"或"天气多好啊"开始的，这些不过是为了获得注意，开始有关顾客对商品需求的对话。

（二）确定需求

确定顾客需要非常重要。比如，如果一件服装是以设计者的标志为特色的，那销售人员应理解这位设计师的作品，这能引起购买者的兴趣。另一些人也许会询问顾客购物计划。"您需要特殊场合穿的还是仅仅想为衣柜里添件新衣？"这种问题是顾客较乐意回答的。

（三）推荐商品

当向潜在顾客展示新款时，介绍它们的特点或卖点是很重要的。这包括新的时尚趋势和这种款式是如何成为设计理念的中心。注意力也许会集中在服装的色彩和它是如何在时尚杂志中成为期刊的特写。如果购买者是想买一些用于旅游的服装，那它应该保暖舒适和抗压。如果价格下降了，注意力会转移到服装的价值上。

如果推荐的适度，通过试穿使顾客下决心购买。一旦顾客进了试衣间，其他的款式就可能刺激他购买。在这种情况下，专业的销售员常推荐其他衣服，促使顾客购买更多。随时吸引顾客是很重要的，"感受一下这件衬衣的质感，不觉得像真丝的吗?"这是另一种销售方法。

☞ 案例：针对典型顾客的推荐话术

典型顾客的分类见表 14-5、典型顾客的推荐话术见表 14-6。

表 14-5　典型顾客的分类

类型	经济能力	判断力	戒备心	购物心理
购物达人	√	√	√	要求品质，对时尚或产品科技敏感，购物经验极多，虽经济能力强，但拒绝随便购物
意见领袖	√	√	×	很有主见，喜欢表达自己的感受，并向其他人传播，对产品本身要求高，愿意与导购交流，相信一分钱一分货
暴发土豪	√	×	×	喜欢被人尊重，对产品本身关注并不高，看中档次和独特性
潮流粉丝	×	√	×	喜欢时尚、高档的商品，虽消费能力有限，仍可以一掷千金，看中商品的新潮及独特之处
冲动狂人	×	×	×	消费能力有限，对时尚或科技关注度也不高，但好面子，不想被人看不起，购物不计后果
好奇菜鸟	×	√	√	充满好奇心，喜欢尝试新事物，但无奈囊中羞涩，每分钱都要算计着花，对性价比要求极高
守财专家	√	×	√	虽然经济能力强，但对每一分钱都斤斤计较，对性价比的关注超过产品的品质
拒绝先生	×	×	√	对产品要求不高，甚至排斥高价商品，自己消费能力一般，直接拒绝推销

表 14-6　典型顾客的推荐话术

购物达人	顾客特征	年龄 25 ~ 40 岁之间，成熟稳重
	推荐要点	夸奖他们的品位及见识，但不要过分夸大穿着效果； 服务意识必须到位，要把顾客的利益放在第一位； 重点推荐商品的好处，尽量把产品的不同之处展示给他们
	话术建议	"您好，您真是有眼光，一下就发现我们 ×× 系列与众不同之处，我们的面料都是具备高科技防水透湿功能，价格和质量永远都是成正比的，穿着起来很有品位，特符合您的气质，喜欢蓝色还是黄色，我给您拿一件试穿一下吧!"

续表

意见领袖	顾客特征	年龄 22 ~ 35 岁，白领居多
	推荐要点	一定要给他们发言的空间，而且不能轻易打断，可以夸奖他们是你见过最好沟通的客人； 提供轻松的服务，重点说明产品的科技及时尚之处； 多讲专业术语，加以简单解释
	话术建议	"您好，刚才您说得真好，和您聊天很长见识，看来您是很有时尚品位的人。我们××系列的服装不仅具有很强的科技功能，最主要的是无论配色和款式设计都很时尚，像这件外套全身 3D 立体剪裁，穿着十分贴合人体生理曲线。您不想试穿体验一下吗？"
暴发土豪	顾客特征	年龄 25 ~ 40 岁，要面子，喜好受吹捧
	推荐要点	多找些给他们显示财富的话题，并借机表示你对他们的仰慕和吃惊； 服务中要显露出你对他们的敬仰，着重说明产品的定位及品质，要强调商品数量有限
	话术建议	"您好，您的耳环真漂亮，我在杂志上看到过价格不菲。像您的肤色和气质很适合我们××的定位和风格，穿上一定很有品位，凸显您的身份。这款红色可是限量版，您皮肤这么白穿红色最漂亮了，相信我试穿一下效果就会出来了。"
潮流粉丝	顾客特征	年龄 18 ~ 28 岁，青少年、大学生居多，注重个人形象以及品牌
	推荐要点	夸奖他们的穿着效果，并提供时尚的搭配建议，找些时下流行的话题交流； 可采取轻松的服务方式，多介绍产品的时尚、科技及背景故事
	话术建议	"嗯，您穿这款就是不一样，时尚的味道一下子跑出来了，我们××最重要的就是运动和时尚结合，这款撞色鞋款，时下在欧美非常流行。平时穿着也可以配搭牛仔裤，很有明星范儿的。"
冲动狂人	顾客特征	年龄 18 ~ 28 岁，青少年、大学生居多
	推荐要点	夸奖他们的穿着效果，适当夸大试穿前后对比，举例说明购买同类商品的都是出众的顾客； 服务时要表现出你对他们的尊重，要从全方位讲解产品，并说明产品的价值所在
	话术建议	"哇，太漂亮了。刚刚我还在想您从试衣间里出来是什么样子呢，果不其然，和我想象的一样，无论大小颜色都很衬您，穿上这件回去，相信您一定能吸引眼球，如果配上我们的裤装就更完美了，别犹豫了赶紧试一下我们的裤装吧。"
好奇菜鸟	顾客特征	年龄 22 ~ 30 岁，青年人居多，对价位敏感
	推荐要点	多讲赞同的话，说明这个产品不会轻易打折，而且卖得很好，如果有小赠品可以赠送给他们； 服务时要耐心，要表示出对他们的理解，重点强调商品的性价比，可以用高端品牌的商品、技术作对比
	话术建议	"您好，我觉得您刚刚说××品牌的产品确实不错的，不过从性价比来比较的话我们××就更胜一筹了，价格和质量是成正比的，既然彰显品位的产品自然不会轻易折扣的，如果您真的喜欢，满××金额还有小赠品，同样很精致的哦。"
守财专家	顾客特征	年龄 30 ~ 40 岁，中年人居多
	推荐要点	拿低价商品对比，并让他们自己触摸、感觉，要多表示产品的耐用性、牢固度、舒适度； 说话要注意方式，介绍商品多讲通俗易懂的语言，说明产品物超所值
	话术建议	"您好，××产品在价位上的确比一些国内的牌子要贵一些。但是您想想看，如果买一件档次低一点的服装也就省下一两百块，买回的衣服自己也不当东西穿。然后再买。其实还不如买一件相对来说好一点的，穿着也舒服。它的面料和裁剪都是国际一流，相信也可以带给您不一样的感受。"

	顾客特征	年龄 30 ~ 40 岁，中年人居多，对价位极敏感
拒绝先生	推荐要点	寻找陪伴者； 原则上此类人购买高价商品的可能性极小，但还是要注重耐心的服务
	话术建议	"您是给家人买还是自己穿呢？如果方便的话我给您取一件合适您的号码试穿一下吧，买不买不要紧的，最主要让您感受一下我们 ×× 的特点，也让您家人参谋参谋，您说好吗？"

（四）克服异议

在花费了大量时间观看商品，提出问题之后，许多人还是没有说服自己购买。形成这种消极态度是有可能的，借口不买，或真的不想买，比如提出价格太贵了。无论什么情况，售货员都必须尝试来解决异议，使顾客更满意。

有几种方法可以在出现异议时用来解决问题。包括对顾客的异议表示同意，并提供其他卖点。如果价格看起来高于顾客的要求，售货员可能说，是的，这是比您想的贵了一些，但这件衣服的质量和多功能性是无与伦比的，它能在办公室里穿，当配上适当的装饰就能出现在礼仪场合了。与此类似的评论包括：

你说得没错，这个款式很素雅，但可以用胸花和围巾来装饰一下。

这外套的价格和质量是成正比的，虽然价格高但很耐穿。

一些售货员更喜欢用提问来解决异议，比如，为什么这种颜色不适合聚会？你喜欢我介绍给你哪种面料？你认为这双鞋最低能多少钱？解决异议应用积极的行为而不是对顾客的冒犯。

（五）完成销售

在整个销售过程中，售货员都要密切注意这些暗示愿意购买的信息，它们可能是：能先交点押金，下次结清余款吗？有我适合的尺寸吗？能换一种款式吗？我如果改变主意能退货吗？

有时结束的信息并不总是由顾客给出的，专业的销售人员每个选择性的问题，如下面的例子，能够确定购买是否能完成。

（1）请问您是付现金还是用卡结账？

（2）我能给您一张卡片来装饰一下您购买的礼物吗？

（3）你喜欢海军蓝还是黑色的衬衫？

（4）这套衣服的颜色与您的气质完全相配。

有时销售人员会告诉你，无论你用了多少销售技巧，总有卖不出商品的时候，在这种情况下还是要有礼貌的对待顾客以期下一次的购买。

（六）成功销售的要素

为了吸引更多人才加入销售行业并激发对公司的忠诚度，零售商需要依靠如下的成功推销的要素。

★动机常是成功的关键。它包括激励个人更努力地获取佣金报酬，因优质服务受褒奖的提升机会，商品打折，让最有成就的售货员得到公司的认可，在公告栏上由公司上层表示对员工努力工作的感激与欣赏。

★适当的培训，就像以前所说的，也是很重要的，培训不断为员工充电，可以加强员工的自信心，让销售人员相信自己能应付自如。

★阶段性的评价对销售人员看清自己的优缺点是很有帮助的，一个好的评价有助于树立职业观念和培养雇员的优质资历。

☞ 案例分析

派立是一家经营高档男装的服装公司，成立于十年前。公司出售的服装可以说是时尚前卫的，以设计师的系列设计为特色，专营质优价高的男装和饰品，在传统的男装店是找不到的。公司的两位决策者都是在服装零售领域中非常有实际销售经验的人士，其中一位以前是一家企业的销售部门经理，另一位也有八年的服装零售经验，他们都雄心勃勃，经验丰富并且跟销售人员一样能干，都有在服装零售业大干一番的创业激情。

公司刚刚起步的几年里，因为刚开始经营的范围还很小，两人亲自经营生意的方方面面，他们把时间花在店铺的销售上，在经营转好的时候，他们雇了另一个售货员和两个兼职销售人员。他们天天忙碌，使他们能够在工作中培训销售人员，在这两个成功老师的指导下，雇员们不久就成了销售专家。三年后，公司开了第二家分店，他们一人管理一家，用在第一家店里一样的方法培训店员，他们再次取得了成功。顾客对两家店都极其满意，而且回头客总是他们成功的因素。当他们把店面扩大到现在这样的六个分店时，随着业务的扩大，事情越来越繁忙，他们对顾客的关注水准下降了，不再把时间花在所有的店铺上，使得店铺有一些售货员很优秀，但有一些效率很低，因而他们在顾客心目中的"销售专家的地位"渐渐动摇了。

两位决策者最近意识到他们没有能力亲自培训销售人员了，因为现在的状况已经对公司造成了消极的影响，他们更愿意回到他们刚开始创业时的水平。生意的扩大使得他们不能再像以前那样为一个专门的培训计划花费太多的精力和时间，但有一些是必须做的。现在这两位公司的决策者正在进行研究决定做出改善的措施。

☞ 问题讨论

1. 这对搭档使用什么方法来改进销售现状？
2. 对于这样的连锁经营，用什么样的培训方式以保证教授内容的一致性？

☞ 练习题

1. 假如你今后要在城市商业中心开一家时尚男装店。潜在顾客是很少离开办公室的管理人员。虽然他们专注于事业，但也需要穿着得体讲究。列出一些你认为你的商店使得购物愉快的措施，以使得他们乐于走出办公室来你的店铺购物。

2. 收集5个用信用卡结账的案例，每个都要写出平均花费和消费明细的表格。准备一份你认为对顾客有利的信用卡消费的报告和你总结的理由。

3. 扮演在商店的购物者或营业员。每个参与者都要参与进来，并把其当作真正的情况。销售人员也应准备适当的穿着，准备商店的购物设施和服务以及在销售中必须的销售技能。

4. 讨论下列问题：

（1）销售人员在商人与顾客之间起到什么重要作用？

（2）描述一下外表、交际能力对专业销售的重要性。

（3）列出几种服装零售商为顾客提供的服务方式，这些方式有什么好处？

（4）为什么许多零售商除了传统服务还开发了特别服务？

（5）通过什么途径可改善个人购物服务？

（6）店内通过照看小孩是怎样增加销量的？

（7）礼物包装仅是店里的一般开支吗？

（8）为什么商家为顾客提供餐饮便利？

（9）大部分商店开设的"传统"服务项目是什么？

（10）讨论商家提供信用卡购物的原因？

（11）为了成功结束销售，销售人员能通过什么方法来搜集必要的信息？

（12）讨论一下"角色扮演"这种方法是如何用于销售培训的？

（13）为什么影像资料在销售培训中有很大的优势？

信息者的技术：服装 ERP 系统

课题内容： 1. 系统运行环境和系统工作平台

2. 档案管理

3. 采购管理

4. 调拨管理

5. 零售管理

6. 代理管理

7. 库存管理

8. 结算管理

9. VIP 会员管理

课题时间： 3 课时

教学目的： 了解服装 ERP 系统运行环境和系统工作平台，掌握从出入库到仓储、从商品调拨到批发零售、从分公司到代理商、从直营店到加盟店管理等一系列作业流程，熟悉系统中有关档案管理、调拨管理、批发管理、配货管理、调配管理、零售管理、代理管理、库存管理、结算管理、决策分析、VIP 会员管理、局域网 POS 等诸多模块内容。

教学要求： 1. 了解服装 ERP 系统运行环境和系统工作平台。

2. 明确进销存各模块在服装零售中的作用。

3. 清晰服装 ERP 系统中各模块的内容。

4. 掌握从直营店到加盟店管理等一系列作业流程。

教学方式： 理论讲授、图例示范、案例讨论与分析。

课前准备： 阅读参考文献并重点了解以下概念：ERP 系统、采购管理、库存管理、档案管理、操作流程等；阅读有关专业杂志和学术期刊。本章建议阅读参考书籍：《ERP 与企业管理》《服装 ERP 系统》。

第十五章 ▶▶
信息者的技术：服装 ERP 系统

服装 ERP 系统是服装零售的强有力助手！

企业资源计划或称企业资源规划（Enterprise Resource Planning，ERP），由美国著名管理咨询公司 Gartner Group Inc. 于 1990 年提出，最初被定义为应用软件，但迅速为全世界商业企业所接受，现已经发展成为现代企业管理理论之一。企业资源计划系统，是指建立在资讯技术基础上，以系统化的管理思想，为企业决策层及员工提供决策运行手段的管理平台。传统 ERP 系统是源于工业时代工业企业的商业模式，是在管理模式和业务模型共同驱动下，由多个模块构成的信息管理系统，ERP 系统也就围绕着人、财、物的管理，解决了如何优化配置企业各种资源，以最低成本和最快速度生产产品的问题。

以下将以百胜服装 ERP 系统（BS3000+）为例，介绍服装 ERP 系统的分销零售管理模式与流程。"百胜 BS3000+ERP 管理软件"是百胜在长期研究服装行业信息化应用的基础上，专为国内中小型服装企业所设计的信息管理系统。它以广大服装用户需求为先导、分销资源管理为主线、业务驱动和控制为重点、财务支持监督为依托、各项指标和评价为根据，适用于国内大多数服装服装和鞋类企业现行的运营模式，尤其适合品牌企业的连锁经营。从出入库到仓储，从商品调拨到批发零售，从分公司到代理商，从直营店到加盟店管理等一系列作业流程，以提高企业的核心竞争力和可持续发展能力为管理目标。该系统包含档案管理、调拨管理、批发管理、配货管理、调配管理、零售管理、代理管理、库存管理、结算管理、决策分析、VIP 会员管理、局域网 POS 等诸多模块，企业可以根据自身特点和需要配置适合的模块。本书着重介绍与零售相关的各模块，并将这些模块的集成称为百胜服装零售系统。

第一节 系统运行环境和系统工作平台

一、系统运行环境

百胜 ERP 服装零售系统支持 windows 系统（中文 windows XP，2000/2003），需要有 MS SQL Server 2000/2005 数据库系统支持。因此，用户在使用前应创造出可以保证

windows 正常工作的硬件环境，及时安装、更新或检查。此外，在管理制度上，人员协调上，基础档案数据及初期数据的准备上，都要做到一个完美的过渡，以便在日后的使用过程中遇到问题时及时有效地应对并反馈信息。

二、系统工作平台界面

在系统登录界面（图 15-1）登陆后会出现操作界面。

BS3000+ 操作界面由标题栏、界面功能按钮区、菜单栏、当前工作界面、历史窗体、工作界面切换区等构成（图 15-2）。

界面功能按钮区：提供重载、帮助、锁屏、退出的操作功能。系统登录后不用重启系统，只需点击"重载"即可进行档案的更新。点击"帮助"后可查阅系统在线说明。锁屏是指锁定当前操作的界面。点击"退出"后退出系统。

图 15-1　登录系统

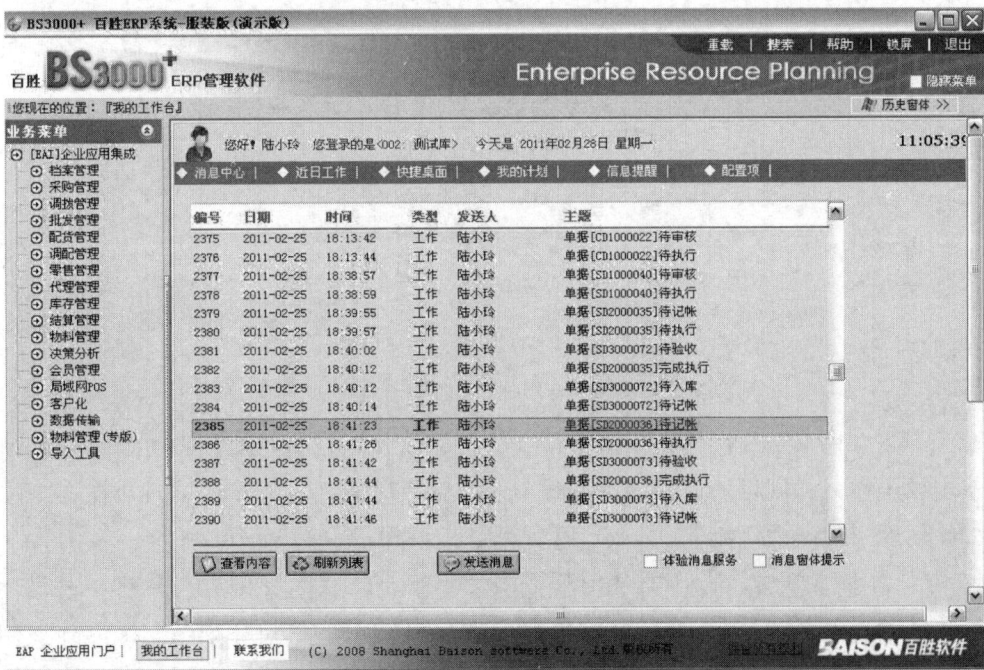

图 15-2　BS3000+ 操作界面

菜单栏：采用树形结构列出系统所有使用权限的功能模块，通过菜单栏打开所需的业务模块和业务单据。

当前工作界面：系统提供集合全部业务的企业应用门户图，在企业应用门户中点击某业务模块可以进入该业务管理模块的导航图，点击导航图中的单据名称或某操作功能可以进入该单据操作窗体或执行相应的操作。

历史窗体：点击 　[🧑 历史窗体 >>] 　可以选择进入之前进入过的操作窗体。

工作界面切换区：在这里可以点击"我的工作台"和"EAP 企业应用门户"进入相应的工作界面。"我的工作台"由系统信息提示区、页面切换区、当前页面区、功能按钮区等构成，包括消息中心、近日工作、快捷桌面、我的计划、配置项等功能。系统信息提示区显示登录用户、登录账套和日期时间；页面切换区包括消息中心、近日工作、快捷桌面、我的计划、配置项等功能页面（图 15-3）。

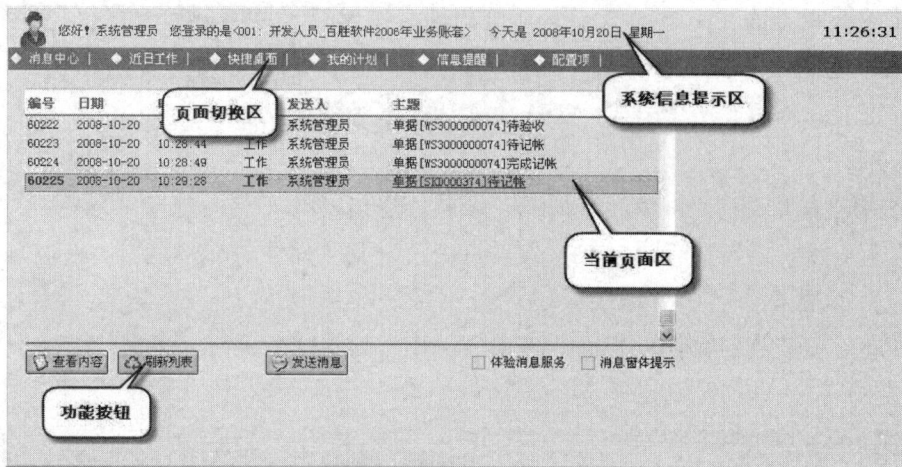

图 15-3 "我的工作台"界面

第二节 档案管理

一、系统设置

百胜服装零售系统为用户提供了个性化的参数设置，也就是使用者可以根据本企业的自身状况设定参数和规格。这种做法的优点是，在百胜服装零售系统的日常操作中，用户能更加贴切地实现个性化需求。

在服装零售管理中，条形码的出现无疑使整个管理过程更科学、高效。因此，国内越来越多的中小型服装企业选取条形码编制方案，将商品的颜色、规格、尺码等参数翻译成条形码。用户能够按照各种条形码采取对应的条码方案，也能够在同一时间采用各个类别的条形码（图 15-4）。在之后的操作中，条码阅读器可以替代键盘识别商品条码的含义（商品规格、商品尺码、商品颜色等参数）。有必要明确的一点是：条形码的定义、设计、方案是不能脱离人工的规定。因此，对商品进行条码定义的规则需要让用户知晓，以便其理解与运用。此外，编制条码时应避免代码的重复，即某些商品的代码出现在另一些商品的代码里。最后，百胜服装零售系统提供一种条形码对应表，其工作原理是建立各条码与特定产品之间的对应关系，目的是方便用户正确高效地辨识条形码。

图 15-4　条形码设置

（一）商品属性名称定义

　　商品规格和商品属性这两部分组成了商品属性名称（图 15-5）。对于商品规格来说，不同的企业可以根据实际情况定义个性化的颜色或者尺码名称。另一方面，百胜服装零售系统默认了四种属性名称，分别是品牌、大类、季度、年度。然而，每个企业的实际情况和实际需求不同，基于这个事实，百胜服装零售系统在默认的四大属性外又添加了六个附加属性。用户可以根据自身情况与需求个性化地修改附加属性，使百胜服装零售系统更符合企业自身特色。

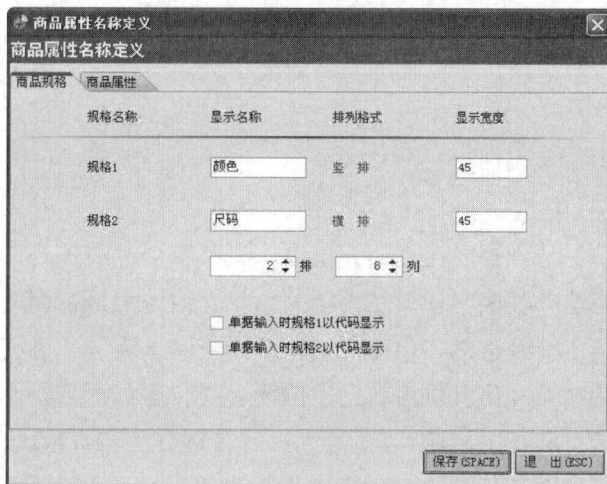

图 15-5　商品属性名称定义

（二）商品价格名称定义

　　在某个商品从批发到零售的流程中会出现各个种类的价格，分别属于各个环节的不同性质，包括进价、批发价、发售价、优惠价、代理价、特价等。再者，有些价格名称是在销售范畴内（如零售价、优惠价），基于此，百胜服装零售系统共有三种性质的进价和五种性质的售价，方便用户自行选择适合的价格名称（图 15-6）。在折扣档的设置上，为了方便用户在之后的核对流程中获得某折扣档的市场反馈信息，百胜服装零售系统支持企业按照自身状况设置若干个折扣档。

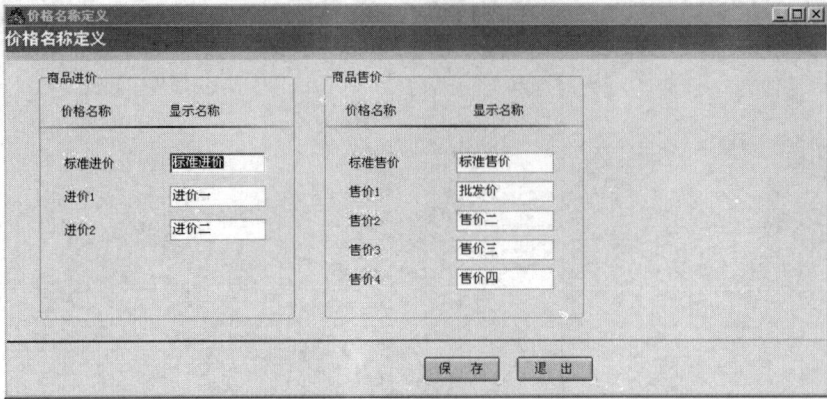

图 15-6　商品价格名称定义

（三）操作员业务权限

根据操作员本身的职能属性，可以将操作员的权限划分为三个主要部分，其中一个最主要的部分是操作员的业务权限（包括销售订单转采购、允许使用财务接口、只允许操作本人的单据、严格控制统计时间范围、隐蔽／显示进货对象、隐蔽／显示发货对象、允许开始和结束营业、允许修改价格权限、区域、渠道、经营品牌、仓库、客户、供应商方面的权限）。另外，在操作员的审批过程中，有一个很重要的定义就是审批级次。在审批过程中，操作员审批的产品数量、金额的范围、审批的级别等都通过审批级次进行设定。

二、基础档案

基础档案由五部分组成，储存着企业的核心信息。第一部分是快速建档，档案的类型是业务类档案和商品类档案。业务类档案是按照服装零售过程中各业务的属性而生成的档案，涉及渠道、供应商、客户、仓库、店员、远程商店等。另一方面，有关服装产品本身的属性和信息可由商品类档案建立。第二部分是企业组织，主要用来设置部门信息、岗位信息和员工信息。其中，员工信息包含的项目众多，如员工的姓名、性别、工作编码、从属的业务部门、从事的工作岗位等。第三部分是分销机构，主要用于设置企业的供应商、分销渠道、客户、店员等信息。第四部分是商品信息，主要用于对商品的颜色、尺码、颜色组（如：深色组、浅色组）、尺码组、商品类别、商品定价、商品调价、成本调整等方面进行设置。第五部分是业务档案。企业的仓库库存在长时间进出业务中，难免导致库存不准确，在这个时候要对库存商品数量进行调整。为了记录每次调整的原因，用户可以在"库存调整类型"中设置各种调整类型，以便在制作"库存调整单"时调用。以下内容分属于第三、第四、第五部分。

（一）渠道信息

在初始使用时，百胜服装零售系统会在安装后形成一个代表总部的渠道，这是一个直营性质的渠道，其对应的编码为"000"。与此同时，用户可以根据自己的实际情况手动设置渠道的类别（有代理性质与直营性质可选），使百胜服装零售系统更符合企业的自身需要（图 15-7）。

图 15-7 渠道信息设置

（二）客户信息

"客户信息"的作用是统计并设定各种分销机构，其工作划分的依据是在服装零售过程中各分销单位的职能属性。百胜服装零售系统自带的四类客户属性名称为"代理商""商店""分公司"和"配送客户"。"代理商"的意思是从企业自身经营的大中型代理商店，也可是从属于加盟商或分公司的批发零售商店；"商店"的意思是由企业拥有的加盟店或是直营店；"分公司"的意思是由企业直接调节和控制的直营性质的分公司。

（三）仓库信息

为了方便高效地查找与分析数据库，百胜服装零售系统提供"仓库分类"来设定实际操作过程中的仓库种类。其划分的依据是仓库存放货品的特征和生成仓库的分销单位。百胜服装零售系统提供两种类别的仓库分类——"普通仓库"和"商店仓库"。设置仓库类别的方法有自动与手动两种，当用户手动设置时，除了商店性质的客户外，其他三种性质的仓库的属性必须创建为普通性质；商店性质的客户可选择相应的商店性质。

（四）商品信息

颜色和尺码是服装商品的两个重要且必要的属性，百胜服装零售系统提供"尺码组合"和"颜色组合"来设置服装商品的这两大属性。例如，对于以领围为标准的服装（如衬衫）可使用"40、41、42"的尺码组；对于鞋类产品，可使用"35、36、37、37.5、38"为尺码组；对于围巾、帽子等配饰品，可使用"F 均码"为尺码组。在颜色组方面，则可根据服装产品的特点进行排列组合。这些组合的意义在于，可以大大减少工作量并降低出错率，尤其是在输入给商品目录大量的数据时。

同一款式的服装商品在出库时会有多种规格，并且有些服装商品在尺码或颜色配比上有一定的倾向性。因此，百胜服装零售系统中"配码档案"可以设置不同尺码、不同颜色的同款商品的数量配比关系。意义就是：在服装产品装箱发货时，可以高效率地输入配码关系比值，同时大大降低出错率。

（五）商品定价单和商品调价单

商品定价单不可以随意更改或提交，必须经过总部严格的审查与核对之后才能投入使用。此外，若某款服装商品经过了数次定价，百胜服装零售系统会把最近一次通过审核的价格作为最终的标准定价单。

（六）成本调整单

在百胜服装零售系统第一次使用时，需要输入服装商品的成本价，或者当其他一些特殊情况发生需要重置或更改服装产品的成本价时，使用"成本调整单"这项功能来完成以上操作（图15-8）。然而成本的种类和属性很多，有一些企业使用加权平均成本来计算与调控利润，另一些企业使用固定成本来完成此任务；企业每月都应该重新定义并统计新的成本价格。最后，百胜服装零售系统会在"月度结账"这项操作后自动生成最新的成本价格。

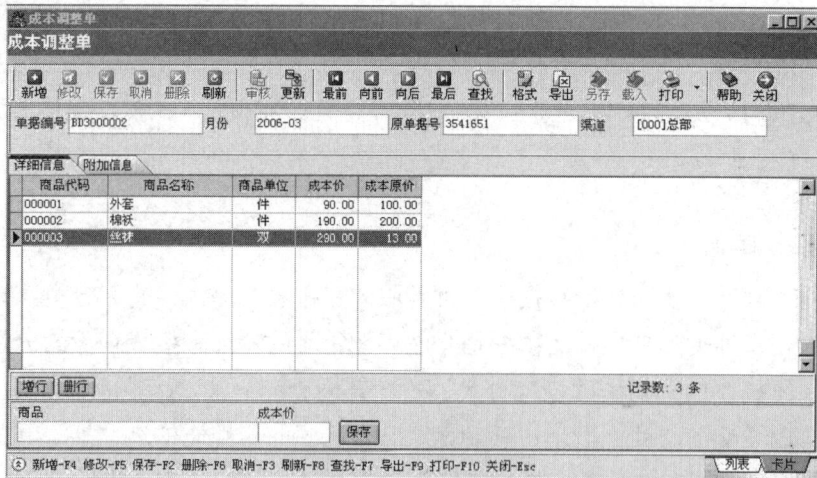

图15-8 成本调整单

三、销售策略

（一）满 X 元赠 Y 件商品

此促销方案的具体做法是：顾客消费了 X 件商品，满足条件后获赠 Y 件指定商品。对于指定产品的赠送有两种方式：赠品允许重复（即每满 X 件产品则会赠送相应次数的 Y 件产品），赠品不允许重复（即满足 X 件指定商品后，只赠送一次 Y 件指定商品，不能多次赠送）。

（二）满 X 件享受某商品特价

这种促销手段的含义是：顾客购买指定商品 X 件，便可享受某一指定产品的优惠价。同时，企业可以选择不同的组合方式和捆绑方式来设置有特色的让利优惠方案。

（三）满 X 元打 Y 折

这是一种整单促销方式，当消费者一次性累积购物满足 X 元时，便可以享受整单 Y 折的优惠。值得一提的是，对于原本就已打折的商品来说，需明细是否选取"折上折"：当选择操作"折上折"时，商品的最终折扣 = 原有折扣 × Y 折；当不勾选此操作，商品的最终折扣是 Y 折与原有折扣中最小的一个。

（四）满 X 元赠送 Y 元优惠券

这也是一种整单促销方式：消费者一次性累积购物满足 X 元时，便能够得到 Y 元的优惠券。百胜服装零售系统有两种优惠券可选：赠送型优惠券和抵现型优惠券。前者的实际作用是在本次收银之后派发给消费者的优惠券，后者则是可以直接在本次收银操作中当作现金抵用的优惠券。除此之外，在关于是否享受 N 倍满返的让利，百胜服装零售系统提供"累加翻倍"的选项，当选择此项操作时，意味着当消费者购买"X × N"元商品时，可获得"Y 元 × N"的优惠让利；若不勾选此操作，则表示优惠券不重复发放。

四、收银结算方式

在服装零售的过程中，不同属性的商店（大多是代理商店）的前台收银有多种结算方案可选。需要注意的一点是，在收银结算之前，收银员一定要明确结算性质（包括现金、银行卡 / 信用卡、支票、优惠券、礼品券、充值卡、其他），并且要设定是否在这种结算方式下支持找零。

第三节　采购管理

采购管理的管理业务流程主要是商品的退货和进货情况。在采购管理的过程中，一个很重要的步骤是对各项业务进行单据编辑（主要包括单据的输入、整理、核对信息，并制作单据）。通常情况下，采购流程中会生成五种单据：商品进货订单、商品进货通知单、商品进货入库单、商品退货申请单、商品退货出库单。

一、商品进货订单和商品进货通知单

商品进货订单是发生在服装企业和物料供应商之间的订单，用来记录企业从物料供应商采购货品的明细情况。在这之后，企业可以在百胜服装零售系统中执行该订单，目的是跟进并查询订货业务的进程（图 15-9）。值得一提的是，大多数情况下物料供应商的货品会分批到达，因此同一张"商品进货订单"支持用户多次操作。当所有货品到达企业后，用户可以将"商品进货订单"转换成一张或若干张"商品进货通知单"（图 15-10）。

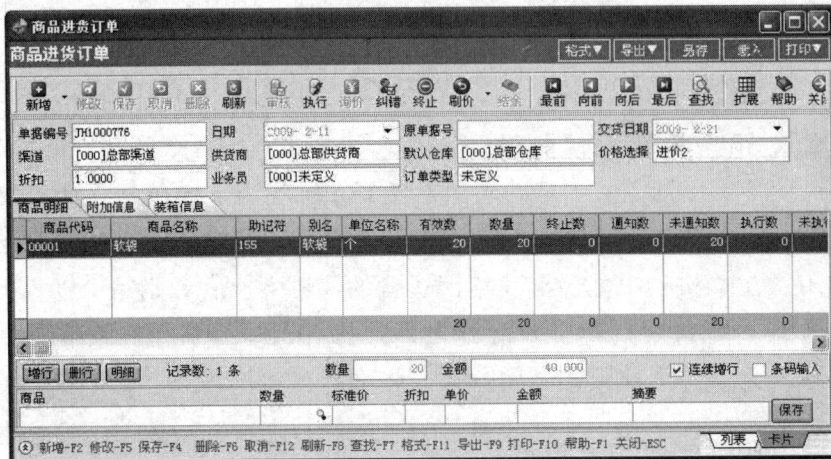

图 15-9　商品进货订单

图 15-10　商品进货通知单

二、商品进货入库单

当物料供应商的货品到达企业后，需在业务员的检查与核对后输入仓库，这时便生成一张"商品进货入库单"。其作用是在货品入库后及时更新库存数目，并且根据订单的性质设置"是否结算货款"。此外，物料的其他到货方式又可以不同的方式生成"商品进货入库单"：输入或扫描条形码抑或是由装箱单直接带出（图 15-11）。

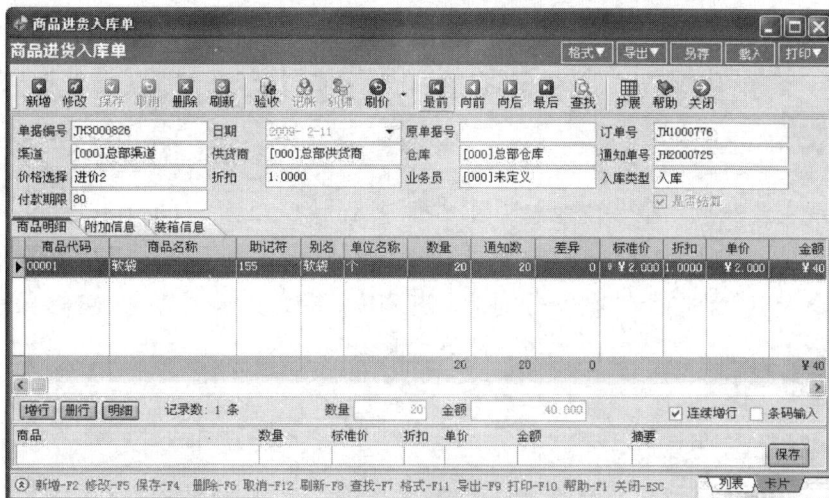

图 15-11 商品进货入库单

三、供应商管理

（一）询价单

在企业的物料采购流程中，对于一些还未经过审查与核实的采购单来说，百胜服装零售系统提供"询价单"的功能来进行物料询价（图 15-12）。用户能够直接输入信息生成询价单，或是对"采购订单"进行"询价"操作，生成一张新的询价单。值得注意的一点是：询价单中物品的数目不能够被修改，但是进价、折扣等项目可以人工更改。

图 15-12 询价单

（二）供应商存货对照表

企业可通过此功能查看某供货商所能售卖的物料品种，也能够查询某类货品可由哪些供应商供给。基于这个工作原理，百胜服装零售系统支持两种查询途径：供货商的货品和货品的供货商，即查询的参照不同，主要还是以企业自身的需求为标准和条件。

第四节　调拨管理

调拨管理主要发生在服装企业总部和其各种属性的分公司之间，其主要内容是服装企业将总部的商品、货物调拨到自营分公司、子公司或办事处。通常情况下，在调拨管理的操作流程中会生成六种单据，它们分别是渠道调拨订单、渠道调拨通知单、渠道调拨发货单、渠道退货申请单、渠道退货通知单及渠道退货入库单。

一、渠道调拨订单

渠道调拨订单是发生在服装企业总公司和分公司之间的订单，用来记录分公司在总部订货的详细订单信息。与此同时，服装企业总部便能够按照此订单的记录，传达给仓库向分公司进行发货操作。需要注意的是，大多情况下总部仓库的货品不会一次性到达分公司，因此，以"渠道调拨订单"支持用户的多次操作（图 15-13）。

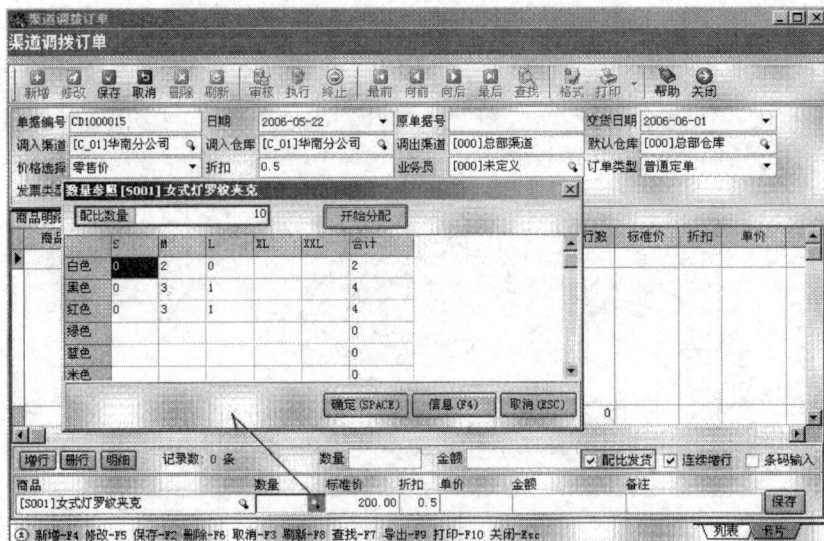

图 15-13　渠道调拨订单

二、仓库调拨汇总统计

本期货品相对于前期货品在仓库上的变化有两种：数量减少（发货操作）或数量增加（收货操作），基于这个事实，在仓库调拨汇总统计时，用户可选择两种途径：调出仓库和调入仓库（图 15-14）。用户选中"调出仓库"，则获取发货金额和数量；用户选中"调入仓库"，则获取调入仓库的收获金额和数量。

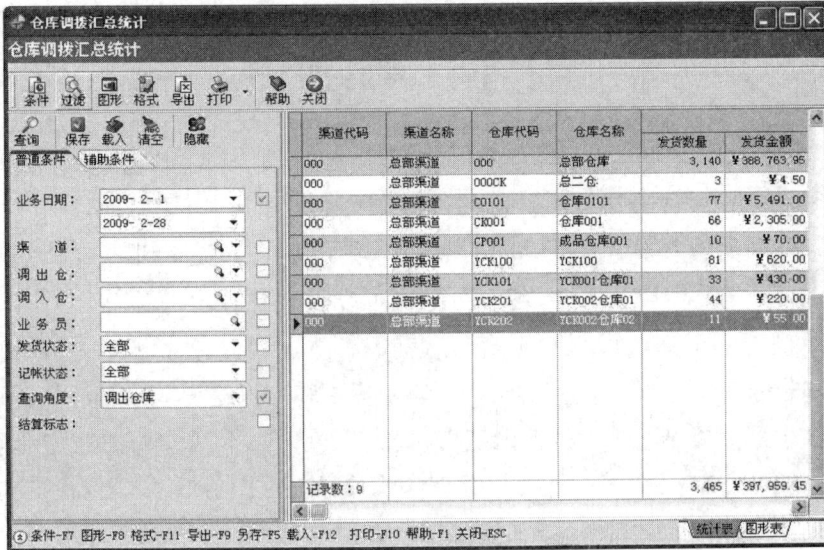

图 15–14　仓库调拨汇总统计

三、调拨综合汇总统计

调拨综合汇总统计的主要作用是选定某个时间段（包含期初、本期、期末），对某一个或多个调拨操作进行数量、金额、发货、收货的统计与分析。接下来，用户可以将"调拨综合汇总统计"导出"分公司调拨合同进度图"（图 15–15）。分公司调拨合同进度图的作用是在规定的时间范围内，记录总公司向分公司派送货品的详细进程。

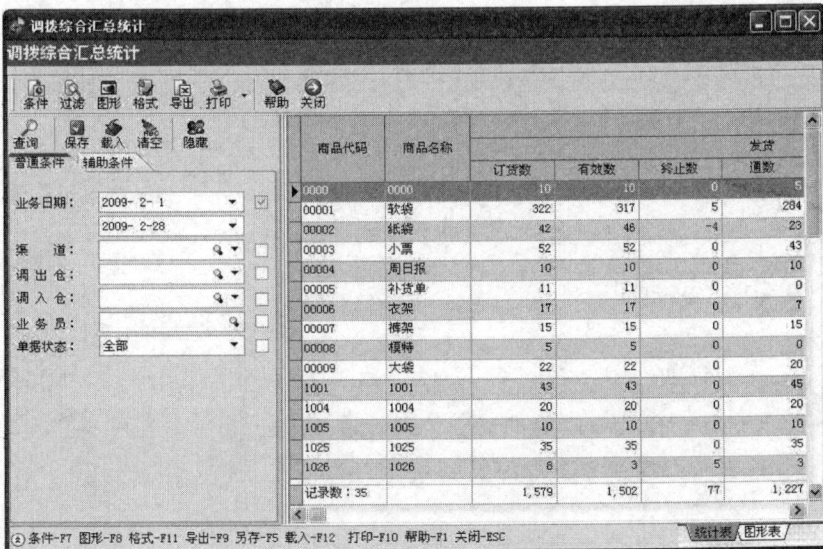

图 15–15　调拨综合汇总统计

第五节　零售管理

在服装零售业中，分公司渠道性质的代理店（如专柜店、总部直营店、代理专卖店）会遇到非远程性质的销货退货业务，即消费者直接在以上店铺进行退货销货。在这种情况下，百胜服装零售系统中的"零售管理"模块可以管理总公司以及总公司下属分公司渠道的专柜店、总部直营店、代理专卖店等店铺的销货退货业务。上述情况中的销货退货业务，服装零售管理会生成两种单据——零售销货单和零售退货单。当消费者在商店结算时，收银台会生成商店结算单，等待消费者付款（收银员可以在结算过程中修改实际结算金额）。当顾客付款成功后，便获取到一张零售销售单（图15-16）。之后，仓库中该商品的库存数会按照结算单的数目发生相应改变。

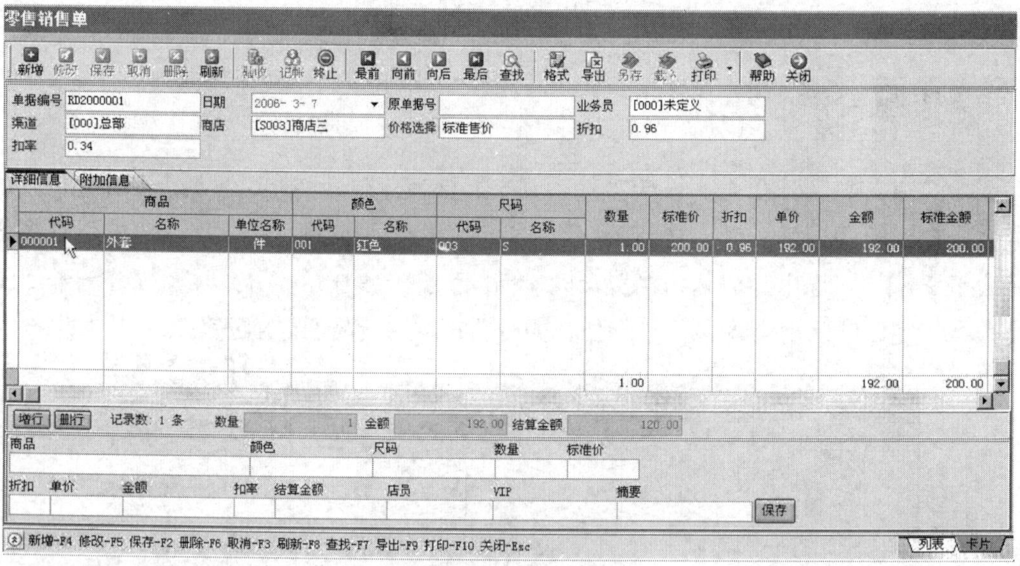

图15-16　零售销售单

一、零售分布汇总统计

零售分布汇总统计的作用是查询某一个分公司渠道下的商店在一个特定时间范围内销售商品的情况（图15-17）。与之类似的是零售销存数据分析，它的查询条件与零售分布汇总统计相同，但其查询对象是某商品的销量与库存情况。

二、零售排行统计分析

在服装零售业中，若用户想要统计并对比某一商品在各个属性下的销售情况，可以选择"零售排行统计分析"（图15-18）。此界面下，某一商品的销货对比信息，可按照品

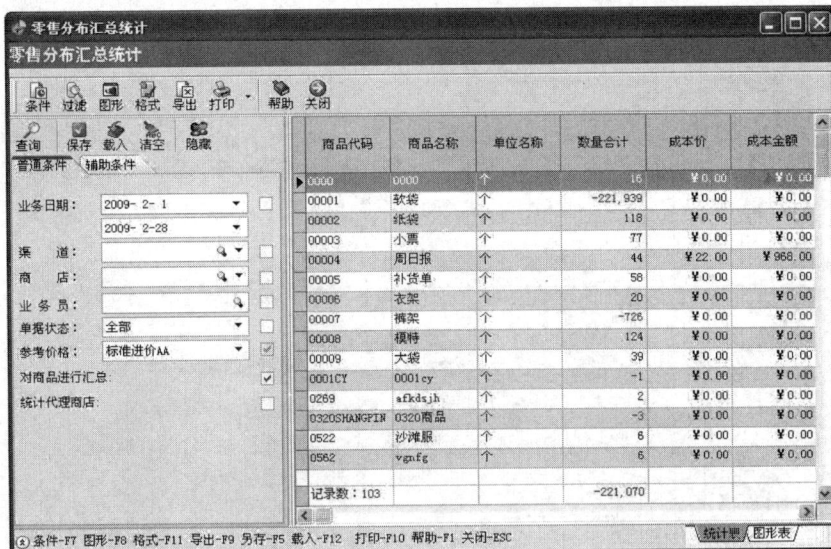

图 15-17　零售分布汇总统计

图 15-18　零售排行统计分析

牌、季度、大类等条件查询。其统计规则是销售数量或销售金额，可以按照上述任意一种
规则查看排名，便于对比和分析。

三、零售时段数据分析

在服装零售业中，不同时间段的商品销量会有明显的变化，因此，透彻掌握这种差别
可以更准确地控制服装零售流程，促进商品的销售，从而实现利润最大化。百胜服装零售
系统在零售管理模块中提供"零售时段数据分析"这项功能，其作用是统计并分析在一定
时间范围内每个时间分段的商品销售情况（图 15-19）。

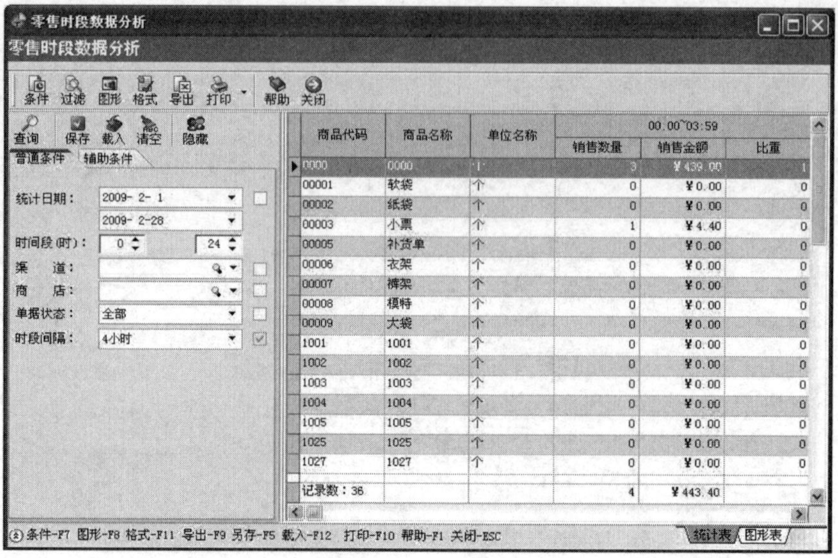

图 15-19　零售时段数据分析

四、店员销售业绩统计表

　　零售商店的店员对服装零售业的意义是重大的，他们在一定程度上代表了品牌形象，品牌文化等一些关键符号。因此，在店员的培养和管理方面，一个重要的部分就是以业绩来衡量和激励店员。为此，百胜服装零售系统提供"店员销售业绩统计表"这项功能来查询并记录每个店员的销售业绩（图 15-20）。统计结果中的"销售数量"也许是小数，这是由于某一款商品由若干个店员共同销售，最后的销量为"商品数量／店员数"计算而得。

图 15-20　店员销售业绩统计表

五、商店新品的监控

每季的新品对于一个商店的活跃度至关重要，新品上市后短时间的销量便可反映出诸多宝贵信息。例如，若新品上市后市场反应良好，总部则不必担心存货问题，继而可能保持原价销售一段时间，并通知工厂及时补货；若新品上市后销量平平，总部则需及时出台相应的优惠促销政策（打折、满减等）来防范库存压货的发生。基于新品的特殊性，百胜服装零售系统提供"商店新品监控一览表"和"商店新品考核汇总统计"两项功能，专门针对新品进行检测与跟踪。前者始于新品上市，在规定的时间段内统计某新品在每家在售商店里的销量、库存的动态（图 15-21）。后者则是更具体更全方位地统计新品的销量、首次配货日期、库存数、退换货率等参数。与新品相对应的是滞销商品，这也是商店货品中一个特殊的部分，研究并掌握滞销商品对于清理库存、预防积压货品有着重要的意义。因此，百胜服装零售系统针对滞销商品开发了"商店滞销货品分析"，可从"上市日期""验收标志"等角度统计分析滞销品的动态信息。

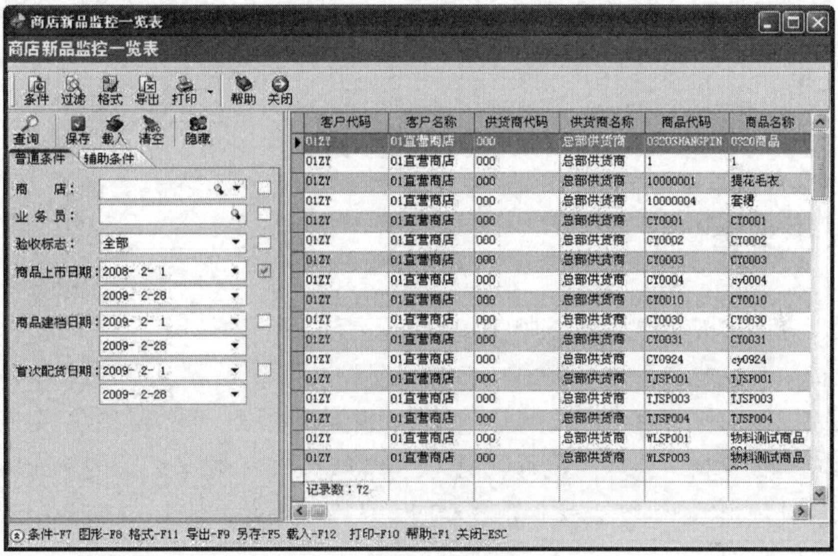

图 15-21　商店新品监控一览表

第六节　代理管理

在服装零售业中，当代理商成功代理某品牌的服装货品后，那些代理渠道性质的业务便独立于总部的零售系统。因此，代理管理这一模块则是顺应这种相互独立的关系，专门去管理这些代理属性的销售业务，另一方面，这些信息也可以在总部系统中显示出来。

一、日常代理入库业务

代理管理系统独立于总部系统之外，因此在企业总部完成批发销售出库单之后，代理系统能够直接编制出一张代理收货入库单（图15-22）。与收货入库单相对应的是退货出库单，当企业总部零售系统完成退换货品入仓之后，待验收无误，生成代理退货出库单。

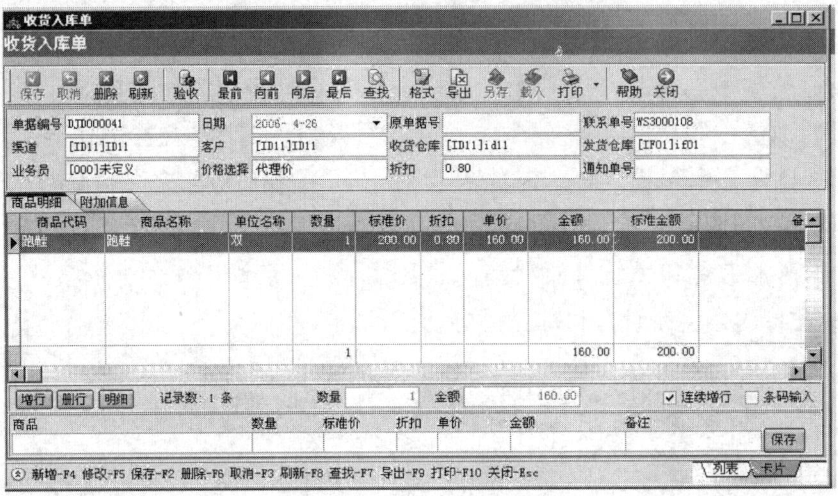

图 15-22　代理入库单

二、日常代理销售业务

一般情况下，国内多数服装企业的代理商店遍布全国，有些甚至远销海外，在地理位置上，代理商店与企业之间相距甚远。又由于代理商使用代理系统后会与总部系统形成一定的独立关系，因而代理商零售过程中生成的单据要由远程代理传送给总部。若双方都没有远程代理功能的支持，代理商也可以把销售单据以传真、电子图片的形式输送给总部，以方便总部统计规划销售信息、掌握市场动向，从而正确的决策生产销售方案。

第七节　库存管理

最令服装企业和代理商头痛的词汇非"库存"莫属，"如何消灭库存"成为服装零售业中一个永恒的话题。许多商家为了追求零库存，消灭积压货品，不惜清仓甩卖，低价抛售。从长远的角度看，这种处理库存的方法是百害无一利，代理商损失惨重，品牌形象也会遭到毁坏。但是，几乎所有的仓库和商店都会存在一定程度的库存，服装零售从业人员能做的就是尽可能地减少库存。百胜服装零售系统提供"库存管理"这一模块，对仓库和代理商店的库存进行科学有效的管理。

一、库存预警

库存预警的主要作用是为某类别或某一特定款号的服装商品设置库存数目的上下限（图 15-23）。例如，可选择"上衣"或"短裙"这一大类，也可选择"黄色衬衫（女式）"这一指定商品进行预警。预设上限为 100 件，下限为 10 件。当库存量始终大于 100 件时，系统警告此货品库存量大，需采取相应的促销手段减少库存；当库存量小于 10 件时，系统会发出警告，通知代理商及时向总部申请补货，以免阻碍赢利。

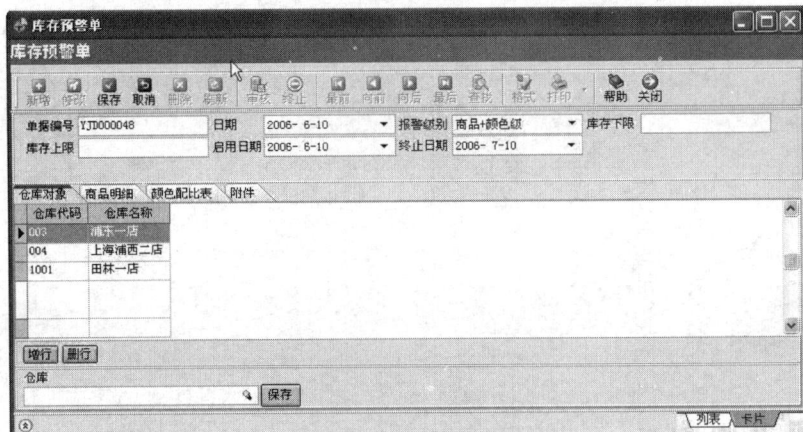

图 15-23 库存预警单

二、库存维护和库存月结

在人工操作百胜服装零售系统时，一些不可避免的突发状况对库存档案信息的影响是巨大的。当突然发生网络中断、系统 BUG、各标志位错误时，库存账的准确性会受到影响。为了降低以上问题造成的库存账出错率，百胜服装零售系统提倡定期进行库存维护：通过"库存月结"这项功能将一定时间段内的库存进销存数据分析、记录、汇总，目的是在月底的库存统计和进销存统计中提高统计结果的精确率、提高统计业务的工作效率。执行库存月结之后，新增单据的各类执行日期不允许被修改。因此，若想重置月结前的各类单据，用户需要操作"库存反月结"，即"库存月结"的逆过程。

三、移仓业务

移仓和移店是两种极其相似的调货业务，前者是执行同性质下的仓库与仓库之间的商品转移，后者是执行同性质下的商店与商店之间的商品转移，但前提是所转移商品的价格必须相同。商品被移仓或移店之后会生成一张"商品移仓单"，对于移出仓，生成商品移仓单之后库存数减少；对于移入仓，生成商品移仓单后库存数增加（图 15-24）。需要注意的是，移入仓和移出仓、移入店和移出店的名字不可以相同，否则没有任何意义，系统也会提示操作错误。

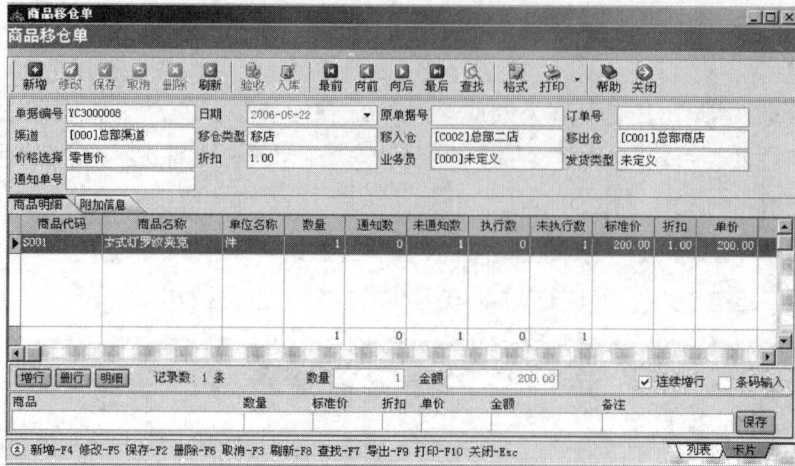

图 15-24　商品移仓单

四、库存调整业务

（一）库存盘点

库存量的大小一定程度上是服装企业的命脉，实时掌握库存动态变化有助于企业能够及时、高效、准确地进行库存调整（图 15-25）。仓库的盘点业务可以从不同方面帮助用户统计分析库存信息。首先，库存盘点单是记录信息的模块，用户将实际数据输入其中，企业可以根据自身情况选择性地对某类货品或某特定的仓库进行数据盘点，之后系统就会根据单据上的账面信息进行库存调整。

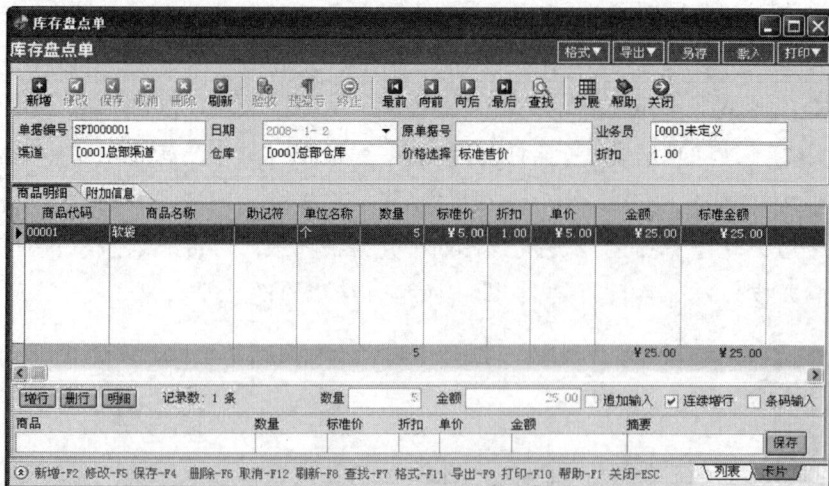

图 15-25　库存盘点单

（二）库存盈亏

库存盈亏单则是对上文中库存盘点单账面数据进行对比分析，计算出盈亏结果。此外，库存预盈亏则是对盈亏数的预估操作，目的是计算出预计的盈亏数量与金额（图 15-26）。

图 15-26 库存盈亏单

（三）库存调整

在仓库验收盈亏单之后，百胜服装零售系统会生成一张"库存调整单"，这是整个库存调整业务中最关键的一步，它的作用是在期初录入库存数据时调整商店或仓库的库存（图 15-27）。

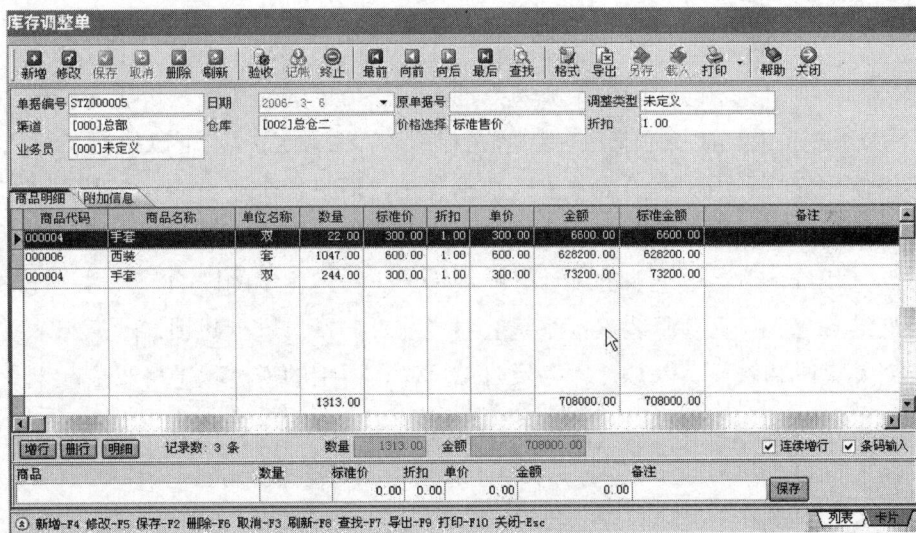

图 15-27 库存调整单

五、商品库存账统计分析

在这一统计过程中，要了解两个概念——占用数和在途数。占用数是相对于库存数而言，是货品在仓库中的数量；当仓库发货后，占用数减少。货品在物流途中的数目被称作在途数，这是相对于企业的物流能力而言（图 15-28）。因此，在发货业务执行后，发货仓库占用数减少，在途数增加，入库之后，收货方占用数增加。

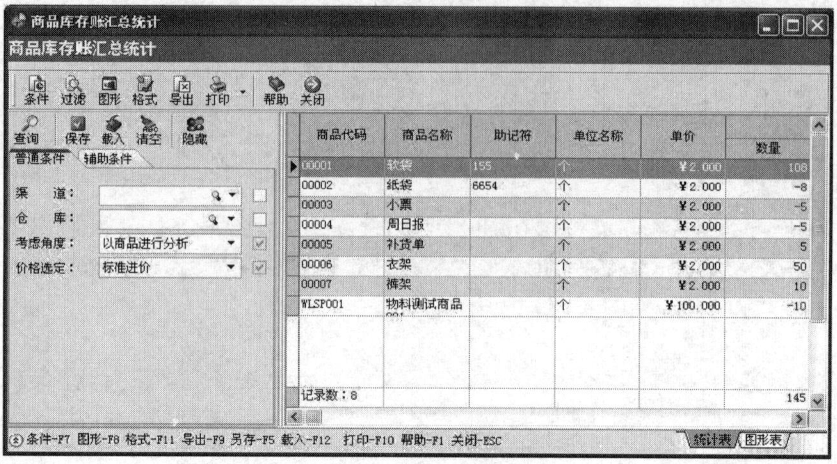

图 15-28　商品库存账汇总统计

第八节　结算管理

一、月结和反月结

在服装零售业中，及时准确地结算每月的账目，可以透彻了解月份盈亏情况并查找问题所在。用户需要将当前月的进销存数据完全输入账目，之后才可以执行结算入账的操作，不可以使用加权平均对商品成本进行数据分析。但是，企业不能完全保证当前月的所有业务单据纳入系统账库，因此那些由于其他情况不能被记账的单据允许累加到下个月份进行记账，其代价是对当前记账的统计分析结果产生一定程度的影响。值得一提的是，用户执行月底结账之后，百胜服装零售系统会对当前月的账目进行封锁，这意味着系统不再支持用户对其更改和修正。但是，库存反月结（库存月结的逆过程）可以更改上一月的账目信息。

二、应付款业务

结算管理中的应付款业务主要发生在企业与各类供应商之间，应付款业务大多是企业需付还给各类供应商，少数情况下是供应商付还给企业。

（一）应付款调整单

应付款调整单据是应付款业务的一个重要组成部分，其主要作用是记录供应商在期初需付的款项或是普通情况下做微小调整时应付的款项（图 15-29）。若企业亏欠供应商货款，录入的金额为正数；若供应商亏欠企业货款，录入的金额为负数。

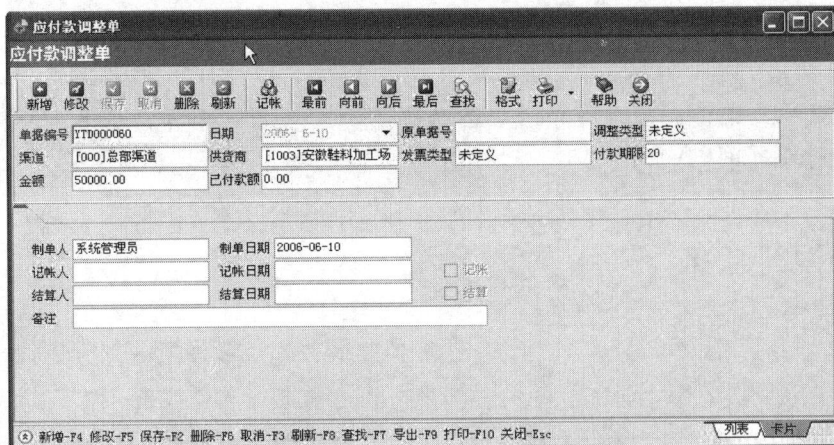

图 15-29　应付款调整单

（二）采购费用单

采购费用单则是用来记录货品本身价值之外的其他费用，包括运输费、包装费、保险费等。采购费用单的性质有三种，根据付款方的类别可分为"对方代付""我方代付""我方自付"。付款单的功能是对各类付款业务进行统计汇总，包括应付调整单、采购费用单（图 15-30）、商品进货入库单、商品退货出库单等。

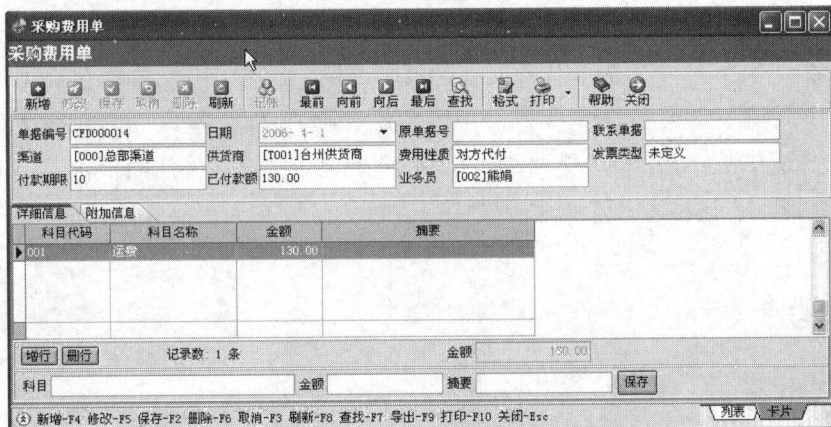

图 15-30　采购费用单

三、应收款业务

与应付款业务相对应的是应收款业务，它主要发生在企业总部与代理渠道下的商店之间。

应收款调整单：应收款调整单的主要作用记录商店在期初阶段应收的款项或是普通情况下做微小调整时应付的款项。

销售费用单：销售费用单则是用来记录货品本身价值之外的其他费用，包含物流费、保险费等，其功能与采购费用十分相似。零售店在结算商品时，还会制作一张商店结算单，其作用是核对、审查零售店的实际结算金额。

收款单：收款单则是对各类收款业务的一种整合汇总，包括应收款调整单、销货费用单、商店结算单、渠道调拨出库单、渠道调拨退货单、商店配货出库单、商店配货退货单、批发出库单和批发入库单等。

四、现金银行业务

服装企业的运营离不开资产的流动，这是企业最关注、最谨慎的部分。现金和银行存款的动态与安全是最值得企业掌握的关键信息。百胜服装零售系统提供"现金银行"这一业务强化企业对现金和银行存款的调控与运营，及时了解现金和银行存款的动态、掌握其最新信息、明确资金流动的方向，以确保现金和存款的安全。

第九节　VIP会员管理

会员对服装企业，尤其是品牌性质的企业而言，是一个宝贵而重要的资源。一个服装企业大部分赢利贡献是来自忠诚消费者，因此，对会员的了解与管理，是一个服装企业从始至终的使命。本节主要讲解的模块是"会员管理"，它的作用是有针对性地对不同渠道属性下的客户提供VIP会员管理模式，主要包含记录VIP顾客的基本资料、对VIP派发各个类型的会员卡、记录分析各个属性VIP消费者的购物情况，从而更准确高效地管理礼品派送、优惠活动、增减VIP会员卡积分等。

一、基础档案

若想对VIP会员卡和会员进行有效的管理，用户需要先建立一套完整的档案，包括顾客档案、VIP卡档案、礼品档案。顾客档案主要是记录顾客的基本信息，如性别、生日、年龄等。VIP档案则是包含了VIP卡的信息和VIP卡分类（图15-31）。VIP卡的分类依据是"是否支持多折扣"，百胜服装零售对于"多折扣"只支持"大类"和"品牌"两个可选条件，同时，用户还可以设置VIP卡的启用和停用日期。"VIP卡信息"这项功能则是激活或注销VIP卡，人工输入卡号时便涵盖了卡的基本信息（名称、类别、使用区域、商店等），这些数字所对应的信息需提前存档。"礼品档案"则是专门用于添加VIP礼品的模块。各档案间的相互配合可以方便用户查询并及时更新VIP积分、掌握会员消费动态。

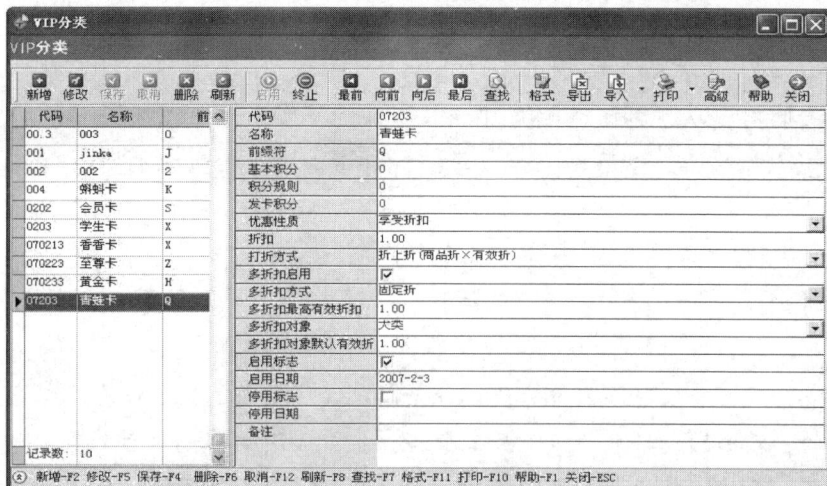

图 15-31　VIP 分类

二、VIP 业务

（一）VIP 消费转结

在服装零售的日常业务中，既有非会员性质的消费，也有会员性质的消费，这些消费结果将会被统一录入零售销货单和零售退货单中。"VIP 消费转结"的作用是将会员性质的零售销货单和零售退货单转结到会员信息档案中。在这之后，百胜服装零售系统会通过 VIP 规则对会员进行相应的积分操作和奖分操作，最后把积分信息更新到 VIP 会员卡和顾客档案中。

（二）VIP 换卡

由于会员卡遗失、失效、到期等客观原因，百胜服装零售系统提供"VIP 换卡"功能来进行会员卡换卡业务（图 15-32）。此时，有三种处理积分的方式：积分清零、消费清零；积分继承、消费清零；积分继承，消费继承。在换卡业务中，系统提供五种方式：原卡失效，回收终止；原卡失效，回收换卡；积分累计，升级换卡；原卡挂失，更新换卡；原卡保留，更换类别。

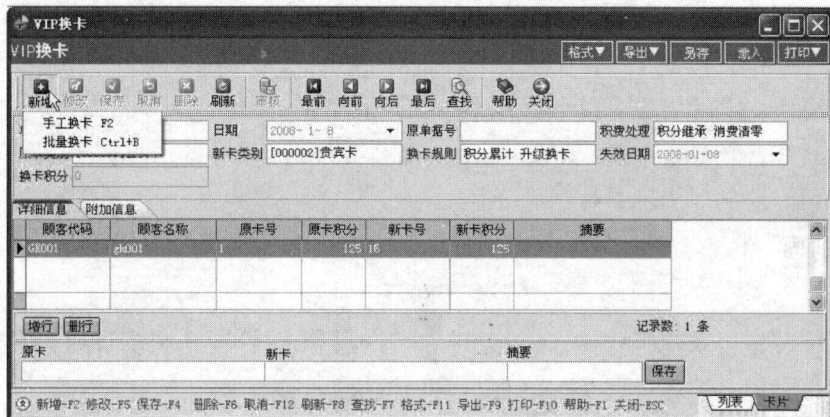

图 15-32　VIP 换卡

三、VIP 购物偏好分析

企业或商店可以从顾客属性档案和商品属性档案出发，对 VIP 顾客的消费偏好进行统计分析。可以从品牌、季节、颜色、月份、价格入手，分析出消费者在购买服装时的倾向性。

☞ 案例分析

一家高端品牌，一段时间内部分终端业绩欠佳，终端店员抱怨没有足够客流。企业期望通过深入的、精细的、精准的 VIP 顾客管理，提升 VIP 顾客忠诚度以及终端零售业绩。

当下服装企业的零售运营管理中，越来越重视 VIP 顾客的管理。服装行业零售，其本质是将商品交付到消费者手中，交付到合适的消费者手中，持续性的交付到他们手中以及交付给更多的消费者手中。为了达成这样的目的，让我们企业更多地、更深入地去关注、记录、分析、探究企业与客户沟通交流的流程及具体的各个环节，持续改进与优化。在线上的环境下，客户的访问、访问的商品页、添加购物车、购买、分享，这一系列顾客的活动，都可以被很好地掌握，被系统所记录，进而基于其数据进行颜色的各种分析，做出决策并用于改善行动。而对于线下来说，顾客的到店购买过程，在企业的数据资产中，存在较多的缺失。顾客尤其是 VIP 顾客的邀约、来店、选择、试穿、成交等环节，在绝大多数企业，由于管理上的重视度不够，或是系统的缺失，基本上没有数据保留，而仅依靠店长和店员的个人努力，而终端层的人员流动度恰恰又是最高的，从长期角度来看，对于企业利益必然有损失。与企业的沟通过程中，发现随着管理精细化程度的提高，已经有不少做零售的企业在收集客流数据与试穿数据，形式基本上是人工或机器统计，人工或系统记录，通过对进店顾客数、试穿顾客数及成交数的分析，发现短处进而提升业绩，这一部分工作的对象是全体顾客群体。同时，另外一部分企业开始围绕着 VIP 顾客的消费流程及终端相应的工作，制订方案，采集数据，实现更优的服务，最终得到业绩上的回报。

☞ 问题讨论

1. 在传统模式下，店员可以从哪几个方面开展工作？
2. 尝试结合百胜 ERP 系统、客户关系管理系统（CRM）进行分析。

☞ 练习题

1. 上机练习零售系统工作操作，熟悉档案管理、采购管理、调拨管理、零售管理、代理管理、库存管理、结算管理及 VIP 会员管理模块。
2. 到服装零售店观察收银系统及操作过程。

求知者的渐进：服装在线零售

课题内容： 1. 在线零售概述

2. 服装在线零售模式

3. 服装在线零售成功要素

4. 服装在线零售案例

课题时间： 3 课时

教学目的： 了解服装在线零售的概念，熟悉服装在线零售模式，掌握服装在线零售成功要素。

教学要求： 1. 了解服装在线零售的特点、发展及基本原理。

2. 熟悉服装在线零售模式及在线零售的客户关系管理。

3. 掌握服装在线零售成功要素及其应用方法。

教学方式： 理论讲授、图例示范、案例讨论，调研分析

课前准备： 阅读参考文献并重点了解以下概念：在线零售、模式类别、零售要素、零售特点等；调研特步、匡威、李宁、美特斯·邦威等品牌的在线零售，分析对比；阅读有关专业杂志和学术期刊。本章建议阅读参考书籍：《新在线零售：创新与转型》。

第十六章 ▶▶
求知者的渐进：服装在线零售

服装零售业的新时代，将零售要素再度融合，让零售商一切在线。

第一节　在线零售概述

在线零售对应着电子商务中的 B2C、C2C 模式，即消费者通过网络向零售商商小批量、频繁地购买商品或服务。伴随着网络购物环境的逐步改善，在线零售模式的多样化、网上购物和网下购物充分结合等优势，我国网络零售市场的营业额呈现高速增长的态势。但是由于诚信无保障、服务不够完善、物流系统不够优化等因素的存在影响了在线零售业的迅速发展。

一、在线零售的发展

如今，在线零售在电子商务的变革中占有越来越高的位置。因为更多的消费者自愿的、积极的在网络上进行消费反馈、与朋友分享购物体验、公开评价产品。人们开始在网络上培养社区和互动意识，激发深层次需求和对互联网的依赖性。

截至 2011 年 12 月底，我国互联网用户已达到 5.13 亿人。与此同时，互联网使用渗透率从 2011 年的 38% 升至 2015 年的 51%。其中上海、浙江、广东、北京等一线省市的网络渗透率都在 55% 以上。根据官方调查数据显示，我国网民的网络活动以购物和社交娱乐为主，其消费产品主要为电子产品、服装、食品、化妆品和婴儿用品。然而，即使在社交网络中，无论主动还是被动的购物体验都会在网上被快速传播，用户们甚至会相互探讨那些还没有在线销售的产品。因此，互联网成为影响消费行为重要因素，而网络零售业正与之蓬勃发展。

虽然我国的电子商务起步较晚，但随着我国电子商务逐步取代传统零售渠道，网络成为消费者的另一个重要的消费渠道。国家商务部公布的《中国电子商务报告》显示，中国电子商务网络零售市场的营业额呈现高速增长的态势。易观国际发布的《中国 B2C 网上零售市场年度综合报告 2009》数据显示，2008 中国 B2C 网上零售市场销售规模预计全年超过 80 亿元，同比 2007 年增长 72.4%。尽管近几年零售市场整体增长放缓，但是根据中国电子商务研究中心发布的《2014 年度中国网络零售市场数据监测报告》，2014 年全年，中国网络零售市场交易规模达 28211 亿元，较 2013 年增长 49.7%，如图 16-1 所示。

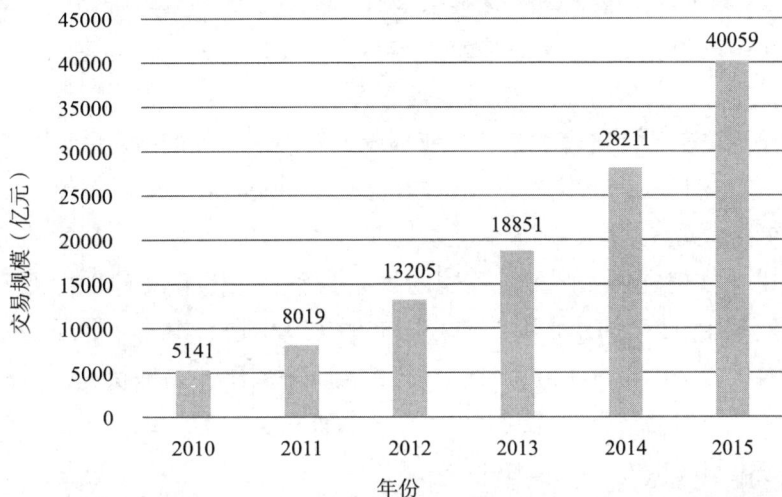

图 16-1　2010 ~ 2015 年中国网络零售市场交易规模（资料来源：www.100EC.cn）

中国网络零售市场交易规模占到社会消费品零售总额的 10.6%，成为全球最大的在线市场。其中，天猫总成交额为 7630 亿元，京东全年交易总额为 2602 亿元，苏宁线上平台实体商品交易总规模为 257.91 亿元。根据贝恩公司的分析，中国在线 B2C 零售的增速将高出整体零售达 3 倍之多。预计到 2018 年，所有在线零售的一半收入将来自三线及以下城市。并且在线购物中，核心品类的渗透率将继续上升。例如，消费书籍达到 33% 的渗透率，电子产品已达到 20% 的渗透率，服装的渗透率也已上升至 18%。作为增长最快的品类，母婴用品和食用杂品类的渗透率目前分别为 6% 和 5%。

自 1995 年亚马逊（amazon.com）开启了网络零售的大门，在线零售成为传统零售市场的主要竞争对象，其中包括实体店铺、邮购、电话订购和上门销售等。与此同时，互联网慢慢转化成为具有更大潜力的销售市场。这种发展首先是由网络用户的迅速增加带动的，但即使网民数量增幅趋势达到平衡状态，网购者也会连续不断地在互联网媒体网络中建立新的联系。互联网的方便性成为交流的桥梁，有效地避免了传统零售业的弊端。零售商和顾客间相互沟通，能够完善已有产品和服务，并挖掘出更多的消费需求，从而为消费者提供满意的购物体验。另外，互联网的舒适性和时间性也是促进零售业发展的重要因素。可以说，消费行为在网络上突破了传统形式的时间和空间限制，这就大大激发了消费的可能性。人们的消费习惯正在潜移默化中改变。

互联网站上提供的产品相关信息影响消费者的购买决定。人们开始认为通过网络搜索引擎上查找、对比、评价等方式得到的相关产品的信息，比通过商业广告所获得的信息更加可靠，例如购买什么品牌的照相机，在哪能购买性价比高的电子产品，如何预订到满意的酒店，何时买机票最便宜等。因此，人们购买行为的决策越来越依赖网络。

　　零售商逐渐发现，全面了解客户行为和数据是赢得市场的基本条件之一。网上交易实际上是将客户进行数字化。用户购买行为始于在线搜索商品，继而决定购买并进行交易；交易完成后，大批购物者又返回网络上分享他们的购物体验。购物满意的消费者将为品牌和零售商进行宣传，而不满意的消费者则会建议其他消费者不要重蹈覆辙。随着中国电商市场的发展，在用户购物的各个环节中努力与客户建立良好关系是零售商和品牌商获得成功的必要因素。

　　网络零售除了转变了消费模式，其产业环境也发生了深刻的改变。由于支付便捷等因素，我国的第三方支付系统迅速崛起并走向成熟。2013 年第三方平台仅支付宝一家的支付金额达到 3.5 万亿元。这个数字大约是国际贝宝（PayPal）交易总金额的三倍，而贝宝的全球业务远不止零售支付。此外，我国的物流体系也经历了快速的发展。2013 年全国的快递包裹量达到了 92 亿件。几大快递公司如顺丰、申通、中通、圆通、韵达等，每日的接收和投递的包裹量均超过 100 万件。在规模经济效益下，这些快递公司的快递成本下降达一半左右。受益于物流企业的巨大投入，零售商向大部分一线至三线城市寄送产品仅需两天，其余城市一般也可在四天内到达。

　　与此同时，中小型零售企业成功应用互联网突破了发展中所面临的困境，并带动大型零售商，如百货集团、超市等投入互联网、电子商务和在线零售的新契机中。网商中的创业群体也得到更加便利、完善的创业条件，可以低成本地依靠电商手段进行创业。

　　在互联网零售市场逐渐被广大消费者积极接受的同时，人们再次以饱满的热情向移动零售端大幅跃进，这可以说是零售市场发展的新趋势。中国已成为了全球最大的在线市场；中国有可能将很快成为移动电子商务的全球领军者。市场分析发现，2013 年80% 以上的中国网上消费者全年至少有一次通过智能手机进行网购，其中有 20% 的用户每周都通过移动端购物。苏宁、沃尔玛等大型零售商家纷纷投资移动设备应用端，使客户能够通过手机、平板电脑等更便捷地浏览与购物。此外，2014 年，国内多数电商企业都提供了移动端的服务，如购物支付、看电影、订票、订餐等。传统网购用户习惯使用服务的交互方式，正在被智能移动设备的快速增长所改变，移动电商正在迅速发展。报告显示，截至 2014 年 12 月，中国移动网购交易规模达 9285 亿元，而 2013 年达2731 亿元，同比增长 240%，如图 16-2 所示。在 2014 年移动购物市场规模份额中，手机淘宝占据第一位，高达 85.9%；手机排名第二，占 4.3%；手机唯品会占据第三，份额 2.1%；4 ~ 10 名分别是：手机苏宁易购（0.9%）、手机聚美优品（0.6%）、手机 1 号店（0.5%）、手机国美在线（0.4%）、手机亚马逊（0.3%）、手机当当（0.25%）、买卖宝（0.2%）。

　　"双十一"网购当天，虽然网络零售商进行大幅商品促销，却刷新了销售市场记录。2014 年，电商领导者阿里巴巴集团"双十一"的销售额达到了 571 亿元，创造了新的销售纪录。作为中国零售行业一年中最重要的节日，"双十一"还反映了在线零售行业的变化趋势。2014 年在线交易总体交易额较 2013 年上升 60%，移动端交易额上升约 300%。同年，中国电商平台还进行了大幅的海外扩张，吸引了来自约 200 个国家的买家和卖家。

另外，还有优酷和微博等社交媒体的参与，利用其在线资源向顾客宣传线下消费的信息，展现出 O2O 业务模式的潜质。

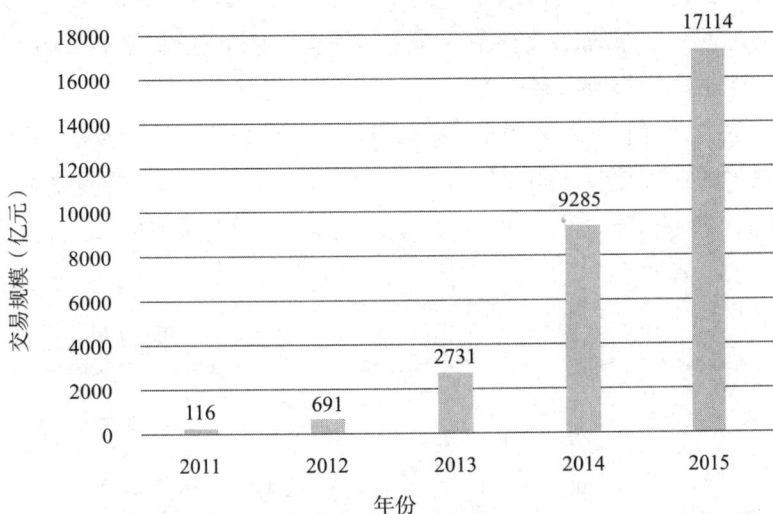

图 16-2　2011 ～ 2015 年中国移动网购交易规模（资料来源：www.100EC.cn）

二、在线零售的基本原理

（一）在线零售的内涵

中国电子商务研究中心发布的《2009 年中国网络零售调查报告》对网络零售定义是指交易双方以互联网为媒介进行的商品交易活动及通过互联网进行的信息的组织和传递，实现了有形商品和无形商品所有权的转移或服务的消费。买卖双方通过电子商务（线上）应用实现交易信息的查询（信息流）、交易（资金流）以及交付（物流）等行为。因此，在线零售即在互联网上进行交易，包括 B2C 和 C2C 两种形式。

B2C 是指企业与个人用户之间通过互联网技术，把企业产品和服务直接销售给消费者。在 B2C 的交易模式中，商家既出售有形商品，如服装、电子产品、生活用品、食品，也出售无形商品，如软件、音乐、游戏等。B2C 形式的网络零售节省了企业和客户双方的时间，打破地域局限，提高交易效率，受到网民的喜爱。

C2C 是指消费者之间的交易形式。消费者通过互联网与消费者之间直接进行个人交易，如网上拍卖等。C2C 是利用互联网交易跨时空、低成本、局限性弱、灵活性强、互动性好的特点，使买卖双方更容易通过网络平台找到合适对象交易。

我国国内网络零售行业（B2C 和 C2C）中，主要以网上虚拟商场或商店为形式。根据中华人民共和国国家标准《零售业态分类》对网络商店定义如下：网上商店是 17 种零售业态之一，其目标顾客是有上网能力，追求快捷性的消费者；与市场上同类商品相比，其商品（经营）结构，同质性强；商品售卖方式是通过互联网络进行买卖活动；其服务功能是送货到指定地点。

（二）在线零售的基础

纵观电子商务的发展的每个阶段，从早期的简单在线交易功能，到中期加入商品排名、过滤、搜索、比价等功能，再到店铺页面优化、专业管理服务等功能。经过这些发展阶段，网络零售的网页、系统以及管理变得更加完善，而互联网技术的应用在其中起到至关重要的作用。网络购物的所有环节都以其技术为基础。

计算机性能的急速增长伴随着其硬件的低价化和微型化，从而激发互联网技术的飞速发展，电子信息的传送和接收不再受时间和空间的限制。存储芯片容量增大，处理器速度加快和性能提高，进一步推动信息数字化的进程，实现更大规模的数据传输。图16-3说明了互联网发展的技术要素。

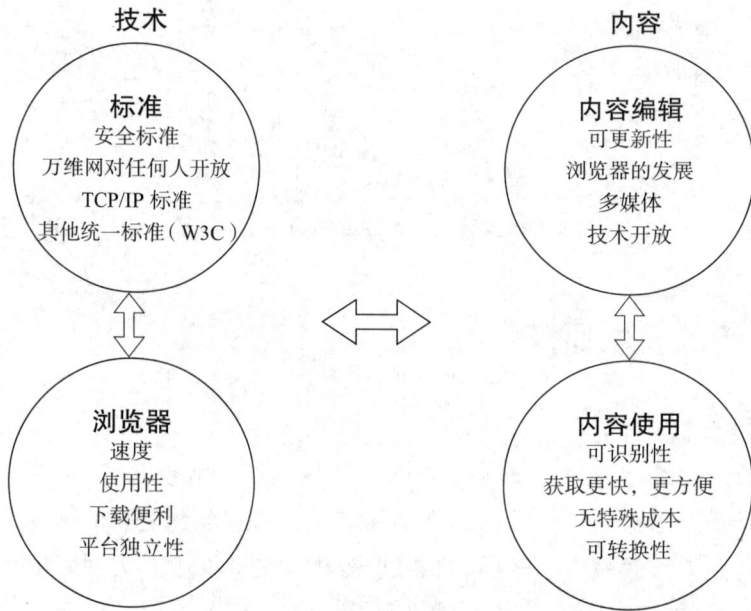

技术　　　　　　　　　　　　　　内容

标准
安全标准
万维网对任何人开放
TCP/IP 标准
其他统一标准（W3C）

内容编辑
可更新性
浏览器的发展
多媒体
技术开放

浏览器
速度
使用性
下载便利
平台独立性

内容使用
可识别性
获取更快，更方便
无特殊成本
可转换性

图 16-3　互联网发展技术要素

网络标准建立在超文本传输协议（HTTP）以及超文本标记语言（HTML）之上。尽管刚开始时互联网界面（浏览器）存在带宽限制，但 HTTP 和 HTML 使人们可以用鼠标做简单的控制操作，在网页上观看多媒体内容。网页标准与浏览器是互联网发展的关键技术。此外，万维网（www）的发展无疑造就了互联网如今的地位。如果没有 TCP/IP 协议标准，也不可能实现万维网的全球化使用。相反，互联网又是以全球统一标准（万维网联盟 W3C）为前提的。浏览器技术的突破使得下载速度更快、更便捷，独立的平台也相应构建。在统一技术标准基础上，人们使用鼠标就可轻松获取信息并编辑内容。在内容方面，浏览器的研发、信息多媒体化及技术的开放对互联网的发展起了至关重要的作用。由此可见，互联网相关内容使用的前提是容易获取、成本低以及可转换。

以上技术的发展过程是建立在网络基础设施的建设之上的。人们越来越多地使用高速DSL 网络。不过也仍有个人用户、企业、政府机构使用模拟调制调解器或综合业务数字网（ISDN）。可以使用无线电天线发射信号或用电话线路传输信号等。随着这些技术问题得到解决，网络的渗透率将会进一步提高，图 16-4 所示是我国与美国等国的网络渗透率情况，中国网民数量将会是美国与日本总和的两倍。

单位：百万人

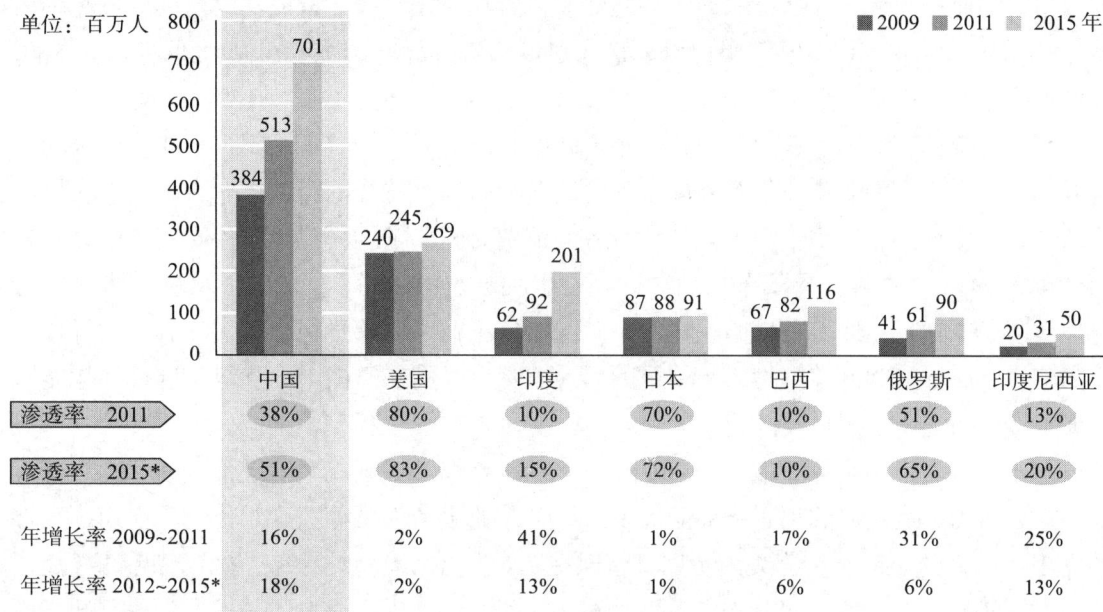

	中国	美国	印度	日本	巴西	俄罗斯	印度尼西亚
渗透率 2011	38%	80%	10%	70%	10%	51%	13%
渗透率 2015*	51%	83%	15%	72%	10%	65%	20%
年增长率 2009~2011	16%	2%	41%	1%	17%	31%	25%
年增长率 2012~2015*	18%	2%	13%	1%	6%	6%	13%

资料来源：McKinsey Insights China – Macroeconomic model update。

图 16-4　全球国家互联网络渗透率对比图

互联网多媒体技术实现电子信息交流的虚拟化、多样化以及互动化，使网络中信息的接收与发送具有双向性、同时性。虚拟的数字信息由数据流及信息渠道组成。无论数字化的服务，如订阅、下载等，还是实体商品，在电子的虚拟商业网络中，进行信息的交换。交易的虚拟化跨越时间和空间的阻隔，将购买行为变得更加容易发生。例如，淘宝网用户可以随时随地通过互联网访问其主页并获取任何商品的相关信息。由于信息交流通过数据库进行，买方与卖方不必同时在线。与此同时，这种虚拟信息的交流可以通过不同媒体形式展现，例如文本、图片、声音、视频等。多种多样的媒体形式组合使数字信息变得更易于理解、更加丰富、更具有吸引力。例如音乐网站利用音乐专辑封面图片搭配文字说明、视听音频、MV 视频等多媒体展示歌曲。用户通过 IP 地址与互联网连接，信息交换是在线交易的重要环节。此时信息的获取具有相互性和主动性，这与传统交易方式大有不同。线上交易中顾客可以主动获取、筛选、比较相关信息，与零售商成为互动式沟通方式，更加利于个性化服务和营销。

三、在线零售的特点

由于互联网上买卖双方并没有物理上的联系，因此在线交易也是远程贸易的方式之一。在线零售并非传统意义的新型销售渠道，而是完全区别于传统销售经验的新的业务，它对经营者提出新的要求。企业需要利用网络将传统商务中的信息流、资金流、和物流整合在一个平台上，因此传统的商店销售模式不再适用，企业必须制订新的经营策略。在电子商务中以顾客为导向的业务流程将取代传统封闭式的存货管理系统，体现出快速、高效、精益的业务流程。一切以顾客为导向的业务流程也是在线零售成功的前提。虽然网络零售市场环境千变万化，时刻坚持以客户满意度为流程导向的核心，企业可以提高效率，并增加收益。

影响传统销售的因素有地理位置、销售时间等，这对在线零售都不再重要。传统的零售业是以固定不变的商店或柜台和固定不变的营业时间为特征的店铺式销售。随着人们需求的变化，传统的店铺很难满足各类消费者的消费时间要求。而线上零售商店没有时间限制，全天 24 小时提供交易服务。用户可以自己决定购物时间。同时，互联网销售可以跨越地域障碍，把商品或服务推向全球用户。网络销售商可以公平地参与国际竞争，打造国际品牌。因此，互联网零售相对于传统的零售业具有时间和空间上的优势，这种优势能够更大限度地满足网上用户及消费者的需求。

由于互联网络中是一个虚拟的商业环境，在线零售实现了成本的极大节约。网络零售商不需要店面、装潢、陈列实体商品以及货架、营业服务人员等，这与传统零售商的经常性支出如昂贵的店铺租金、装潢费用、水电费、人员费用以及各种税收相比要低廉得多。并且，互联网上有直接向网上零售商提够服务的网络服务供应商，使其成本降得更低。另外，互联网的双向信息沟通功能，使商品的广告宣传、促销和销售都统一在网上进行，又节省了大量的营销推广费用。

在线零售成为典型"买空卖空"销售模式。对于传统销售企业来说，存货控制是分配分销渠道成功的关键。是否能够以最小的库存达到充分的展示效果，并满足销售量成为一对矛盾。网络零售商一方面与生产厂家进行网络链接，同时通过网络直接面对用户，与买卖双方都保持着快捷方便的信息传递。在交易过程中，它可以在接到用户的订单后，再向生产厂家订货，而且不需要把商品一一陈列出来，只要在站点上列出出售商品的目录和一些商品图样以方便顾客选择。因此网上零售商就不需要提前进货，也不会出现库存积压的情况，从而可以最大限度地控制库存，实现了无库存经营。

互联网数据化信息管理可以帮助在线零售商密切关注用户动态，细分用户市场，深入了解用户喜好，与其保持良好的长期客户关系。由于互联网的即时互动式沟通，以及没有任何表述自己感想的外界干扰，使得产品或服务的消费者更易表达出自己对产品或服务的评价，这种评价一方面使网上的零售商们可以更深入地了解用户的内在需求，另一方面与零售商的即时互动式沟通，促进了两者之间的密切关系。虽然说传统零售商业中优秀的售货员会十分关注顾客的"一举一动"，从而反馈给制造商，但心理学可以证明，大多数消费者在表明他们意见时往往是留有一定余地的，这就是所谓的心理隔阂。事实上，数据采掘技术是电脑在商业领域中最成功的应用之一。例如在互联网上，无论是研究谁在访问自己的站点，还是研究谁会对自己的产品或服务感兴趣并做出购买决定，都可以利用在网页上编辑的特定程序自动收集信息。特定程序会在用户访问时要求输入个人的情况特征，并自动录入数据库中，以便零售商日后进行统计分析。

第二节 服装在线零售模式

一、在线零售的客户关系管理

客户关系管理（Customer Relationship Management，CRM）是现代信息技术、经营思想的结合体。CRM 以信息技术为手段，通过对以"客户为中心"的业务流程的重要组合和设计，形成一个自动化的解决方案，以提高客户的忠诚度，最终实现业务操作效益的提高和利润的增长。由于网络媒体的互动性，在线销售和客户关系管理密不可分。网络零售商以客户需求为业务流程导向，重点是满足顾客需求。另外，用户能够通过网络获得丰富的产品信息，影响购买决策的因素相对较多。因此，建立良好客户关系，培养客户忠诚度成为零售商的关键任务。企业利润的增加和企业价值的提高，可以通过提升个体用户对企业的价值来实现，即为客户关系管理的目的。如何优化客户过程，从而建立持久、赢利的客户关系；网络零售商应该提供哪些产品及服务才能最大程度的满足顾客需求；企业或第三方公司应如何提供更高效的服务；如何筛选优质顾客，挖掘新客户等问题正是客户关系管理需要解决的。

实际上，客户关系管理为在线销售的营销策略制订了新的标准。传统的营销注重销售量，目的是提高产品的市场占有率。不同于传统交易的批量销售方式，客户关系管理强调建立长期、忠诚的客户关系。在互动式的网络销售渠道中，获取新客户的成本是保持老客户成本的三倍，因此，长期、良好的客户关系可以弥补获得新客户时所花费成本。客户的忠诚度与企业利润成正比，根据调查显示，客户联系率每提高 5%，企业价值可提高 35% ~ 95%。通常情况下新客户在与企业建立关系后更容易流失，而 20 年的老客户与企业终止关系的概率仅为 5%。

（一）客户关系管理的策略

企业为提高核心竞争力，利用相应的信息技术以及互联网技术来协调企业与顾客间在销售、营销和服务上的交互，从而提升其管理方式，向客户提供创新式的个性化的客户服务。其最终目标是吸引新客户、保留老客户以及将已有客户转为忠实客户，增加市场份额。

互联网为客户关系管理和客户忠诚度管理提供了广泛的机会。企业开展 CRM 管理的目的是和客户建立和维系良好的关系。企业把这种与客户关系作为战略性竞争优势。而并非所有的客户关系都值得维护，那些具有潜力的客户更为重要。企业要按照客户价值对客户进行细分，从而构建客户分析、营销策略和企业绩效的结构化管理。细分方法可以遵循相应的步骤：第一，客户赢取：获得能为企业带来利润或利益的客户。第二，客户关系：与为企业带来利润的客户建立关系并长期维持关系。第三，客户转化：使客户能为企业带来利润，提升客户价值。第四，客户剥离：对不能给企业带来利润的客户停止提供产品或服务。

（二）客户关系管理的实施

企业进行客户关系管理的首要任务是深入了解每一位客户。忠诚的客户和长期的买卖关系能够带来多方面的好处。一方面他们可以促进企业成本降低，如降低交易成本、营销损耗、形成规模经济；另一方面可以促进销量和收入的增加，如重复购买、交叉购买、增加购买频率和强度、向其他客户推荐。明确客户喜好、需求、消费心理和消费行为，对其进行市场细分，具有针对性地制订产品和服务计划以及推广宣传，可以提高有效客户获利率，减少客户流失。

客户关系的生命周期可以参考客户的购买周期模型（Customer Buying Cycle，CBC），帮助企业把握维护客户关系、拓展客户关系的时机。企业在这个模型下，评估与客户合作的每个阶段，分析如何维系合作关系。在开始建立客户关系的阶段需要激励顾客对商品或服务产生兴趣，唤起他们的潜在需求。企业成功吸引消费者注意后，需要向他们传达详细的商品或服务信息，提供样品或邀请试用，促使消费者做出购买决定。之后，进入交易阶段，消费者下订单并完成支付，商品或服务进行配送。购买后，还有一个重要阶段——售后阶段，这也是促使消费者重复购买的关键。在重复购买时，无须企业激励，消费者不需要重新评估产品或服务。

客户俱乐部和会员制度是网络零售中维系客户忠诚度的主要手段，其方法包括：客户出示会员卡可享受折扣，如优惠券、特价活动；根据客户购买情况返利，如发放现金、奖品；为忠诚客户提供附加服务，如社区论坛、服务。

（三）获取新客户

企业采用网络渠道招揽新顾客成本与使用传统广告方式成本相比较低。主要方式有搜索引擎、电子邮件、横幅广告、病毒营销、网络联盟等。

1. 搜索引擎　搜索引擎市场一直智能化大力发展，目前有谷歌、雅虎、必应等搜索引擎，我国国内以百度为最大市场份额。企业可以通过搜索引擎优化（Search Engine Optimization，SEO）对自己的网站和外部结构进行优化，使其网站排在搜索引擎的搜索结果中尽量靠前的位置，让客户更容易获取到。企业还可以通过搜索引擎营销（Search Engine Marketing，SEM）发布关键词广告，根据用户点击量支付广告费用（Cost Per Click，CPC），广告通常位于搜索结果的右边栏中。SEO 和 SEM 是企业获得客户的重要渠道。因为，购买决定很多时候是从用户使用搜索引擎搜索关键词开始的，这是吸引客户的第一步。搜索排名越靠前的商家拥有更大的机会，可以把用户引流入自己的页面，从而将其转化成购买客户。企业还可以购买关键词广告框中的付费结果。此外，使用网页分析软件追踪特定关键词和广告，可以提高设置关键词广告的推广效果。

2. 电子邮件　企业向用户发送电子邮件，直接与客户进行沟通。企业可以向客户传送最新的商品或服务信息、特价或优惠等促销活动信息、售后满意度调查等，通过电子邮件中的地址链接把客户吸引到销售页面。邮件推广信息内容需要编辑，但发送成本为零，而客户更愿意接受这种可选择性接收的信息，因此这种赢取客户的方式成本低、回应率高。

3. 横幅广告　横幅广告是网络广告最早采用的形式，也是目前最常见的形式。横幅广告又称旗帜广告，它是横跨于网页上的矩形公告牌，当用户点击这些横幅时，通常可以链接到广告主的网页。企业通常会在其他网站做横幅广告宣传相关产品或服务，把客户吸引到自己网页来。通常这类广告可以是静态的也可以是动态的，根据功能不同划分。横幅广告支出占据网络营销预算份额最大。

4. 病毒营销　病毒营销是指通过类似病理方面和计算机方面的病毒传播方式，即自我复制的病毒式的传播过程，利用已有的社交网络去提升品牌知名度或者达到其他的网络营销目的。病毒式营销是由信息源开始，再依靠用户自发的口碑宣传，达到一种快速滚雪球式的传播效果。使用病毒营销的目的是让互联网用户为企业免费宣传，利用互联网的网络效应，企业可以快速、高效、免费传播信息。

5. 联盟营销　联盟营销是基于不同企业间的合作广告方式。商家在网上销售或宣传自己产品和服务，利用专业联盟营销机构（百通联盟平台）提供的网站联盟服务拓展其线上及线下业务，扩大销售空间和销售渠道，并按照营销实际效果支付费用的一种宣传模式。

二、在线零售的模式

在线零售有多种经营模式，包括完全型、合作型及混合型。

（一）完全型在线零售

纯粹经营网络业务的商家是在线零售市场的主体，有44%的电子商务企业都属于这种类型。Amazon.com是美国最大的网络电子商务公司，初期只经营网络的书籍销售业务，现在则扩大范围，经营商品种类繁多，已成为全球商品种最多的网上零售商和全球第二大互联网企业。然而，专家认为，高度专业化的小型电子商务企业在创新型商业模式中更占优势，并在零售市场份额会逐渐增长。例如：

（1）通过团购网站，地方商户可以用优惠价格的销售方式获取新客户，如企业通过"大众点评"网站，将实体店消费与网络销售结合起来。

（2）一些社交商务网站如微信、微博，或者购物俱乐部，带动在线用户和会员一起购买商品。

（3）美国BIRCHBOX以每月10美元的预订费用向客户提供订购香水和化妆品小样的业务。

（二）合作型在线零售

线上销售平台或在线购物商城为更多的商家提供合作机会，通常这种模式是以门户网站的形式存在，如大型经销商、联合集团、制造商以及网络技术公司。商家可以在如天猫（综合性购物网站）、淘宝（网络零售商店）等开设独立网店或和京东（综合网上购物商城）合作经营。合作型在线零售相对于其他模式运营成本较低并透明。企业利用外部工具如在天猫网开店可以方便、快捷地建立完整的电子商务体系。天猫网提供的常用服务如支付宝、提现和实名账户会为网上业务的运营提供技术和安全支持。此外，企业还可以从信誉度、评价机制以及在线交易平台的广告中获益。例如，淘宝网与大量外部页面有动态链接。在淘宝网上开店成本免费，但为保障消费者利益，开店成功后所发布部分类目商品（如手机、童装等）需要缴纳消费者保证金。还可以在淘宝网上发布"二手"或"闲置"商品，交易过程无须缴纳其他费用。又如，客户使用 zShop 可以在亚马逊网上发布拍卖商品，其根据商品的分类收取相应的佣金，从商品售价的 5% ～ 15% 不等。

（三）混合型在线零售

网络零售市场中有三分之一的网络商店是从实体店贸易开始经营的。随着互联网技术的快速发展，越来越多的传统企业开始使用网络，建立多渠道经营策略。一些大型贸易集团收购电子商务公司，将其整合如多渠道战略中。更多的商家意识到，线上和线下的结合可以有效拓展销售渠道，提高企业的销售业绩。多渠道销售的特点：一是从事实体零售业的经销商，为了支持主要的实体店业务，设立了网络销售渠道，如日本服装品牌优衣库（UNIQLO）。优衣库将线上门户网站、天猫网络商店、移动终端商店与线下实体店互相推动销售。二是实体商家与网店经销商合作，利用其专业平台和技术实现多渠道体系，如唯品会。三是原本就拥有多渠道销售体系的企业向电子渠道扩展，如 IKEA。IKEA 本身具有全球实体店铺和邮购等多种销售方式。四是通过网络销售渠道建立的完全网络商家，为了获得新客户收购或自立实体店铺，如网络服装品牌裂帛。2006 年裂帛在淘宝网上创建第一家网店，于 2012 年在北京开设多家实体店铺。

在多渠道经营模式中，最常见实体经销模式像电子零售模式转型。实体零售商拥有巨大潜力，因为技术创新实现了全新形式——以客户为导向，满足客户需求的多项选择性。智能手机、平板电脑等移动电子设备也为消费者带来了前所未有的消费体验。商家可以利用智能手机等对消费者发布广告或提供更便捷的服务，吸引客户进入实体店铺消费。智能手机和导航功能结合，可以直接引导客户到达实体店铺或者分店。因此，线上和线下的多渠道结合，是未来经营模式的新趋势。

限于多数顾客还是到实体店购买商品，对单一的在线销售的商家而言，面临着诸多挑战。因此，完全网络零售商需要走到线下，进一步促进多渠道资源的整合。这样，在线商家已经在客户关系以及客户忠诚度中获取的优势，将在实体店中展现出来。当然，网络商家开设实体商店，还需要开发全新的功能，来区别与网络上的功能，例如品类方案、新产品线等。线上网络交易和线下实体交易的结合，建立多渠道体系才可以满足多功能的交易模式。

三、新型在线零售和移动电子商务

随着越来越多的人开始使用智能手机和平板电脑上网，移动电子商务走进了大众生活。这种新型在线零售模式不仅带给人们全新的购物体验，也给零售市场带来巨大的机会。

（一）什么是移动电子商务

移动电子商务就是利用手机、个人数字助理（Personal Digital Assistant，PDA）及掌上电脑等移动终端进行的各种商业经营活动。它将因特网、移动通信技术、短距离通信技术及其他信息处理技术完美结合，使人们可以在任何时间、任何地点进行各种商务活动，例如银行业务、订票、购物、娱乐等。它是通过移动网络向用户提供内容和服务，并从中获得利润的商务活动。而商务活动中不同的参与者、服务内容和利润来源的组合就形成了不同的商务模式。在移动电子商务中，主要参与者包括：内容和应用服务提供商、门户和接入服务提供商、无线网络运营商、支持性服务提供商以及终端平台和应用程序提供商；提供的主要服务包括新闻信息、定位服务、移动购物、娱乐等；可能的利润来源包括通信费、佣金、交易费等，当然还有各种广告费、提名费，这些参与者、服务内容和利润来源通过各种形式组合在一起就形成了移动电子商务的商务模式。

这种商务模式首先具有移动接入的特点。移动接入是指移动用户使用无线终端设备通过移动网络访问互联网网站接收信息或服务。移动网络的覆盖范围广，根据 GSMA Intelligence 发布的分析报告指出，2013 年中国移动互联网覆盖人口达 13.6 亿，普及率为 98%，其中可用移动互联网的人数为 11.1 亿，普及率为 80%；单个移动用户人数达 6.3 亿，普及率为 46%；平均每个用户拥有 1.79 个 SIM 卡接入移动互联网；在 1 个到 13 个月内，通过其运营商网络进行信息、数据传输的 SIM 卡数量为 11.3 亿；移动网络注册 SIM 卡数量为 12.3 亿。

移动电商可以使用 SIM 进行身份认证。手机 SIM 卡的特点是全球唯一号码，每个 SIM 号码对应一个用户，因此可以作为移动用户身份识别的工具。利用可编程的 SIM 卡，可以存储用户的重要信息用于标识用户身份，还可以用来实现数字签名、公钥认证等电子商务领域的安全手段。移动电商将开展比互联网更广阔的电子商务应用。另外，移动电商的重要目标是移动支付，用户可以随时随地完成在线支付业务。

（二）移动电子商务的应用——移动购物

移动电子商务作为新型电子商务模式，利用移动无线网络优势，对一般电子商务活动进行有益补充。在移动商城中为移动用户提供以下应用。

1. 移动购物网站　移动网页可以在所有的移动终端操作系统上运行，不是针对特定系统开发。客户任意选择网页顺利完成购物或交易，不受操作系统限制。用户可以不安装应用软件，而使用浏览器在网上搜索移动页面。这就要求企业进行移动网站或网页管理（图16-5）。

2.移动购物软件 应用软件必须始终是专门针对某个移动购物产品的特定操作系统而开发的。用户额可以通过系统独有的编码指定应用软件。因此，由于操作系统不同，用户需要选择不同的应用软件进行安装。与移动网页不同，应用软件可以为智能手机带来特定功能，并允许用户个性化使用。应用软件一般集中于某一特定任务或功能，它和移动网页相比运行速度更快。移动网页调查显示，2010年有60%的移动用户使用应用软件进行在线交易。如果企业可以被移动购物应用加入已有的在线商店，使两种方式互相支持，这种结合将增加企业产品销售量，为企业带来巨大的销售潜力（图16-6）。

图16-5 移动终端购物网页面
（资料来源：http://www.nipic.com）

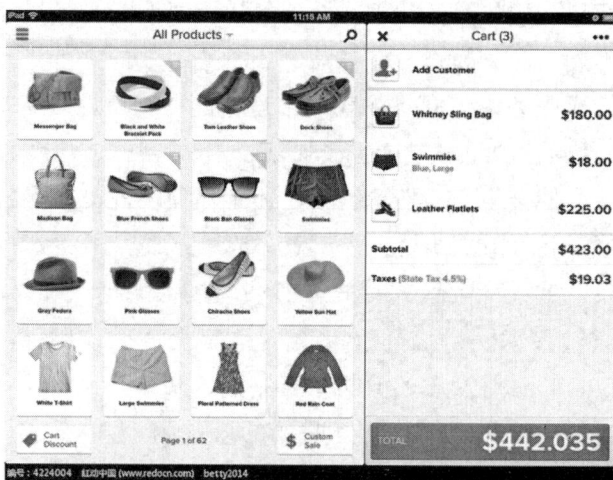

图16-6 移动购物应用软件页面
（资料来源：http://www.apponsite.com）

（三）移动购物与传统零售

移动零售的发展并不会阻碍传统零售市场，而移动应用实际可以为实体店的销售创造机会。为了培养客户对店铺的忠诚度，企业可以在移动商城为客户提供不同的服务功能或应用软件。例如店铺的定位功能，这是把客户锁定在店面的最简便方式。使用GPS导航，客户可以通过手机的定位准确判断自身位置，并可以立即查询其周边环境的信息。零售商可以根据查询结果向客户附近的分店发出指示信息。H&M和ZARA两家品牌都用应用软件为客户提供店铺定位服务（图16-7）。这样，无论客户位于任何

图16-7 H&M和ZARA手机APP店铺定位服务页面

地方，都可以自动获悉最近的分店地址。这种服务功能可以说是针对那些打算访问商家店铺的客户才会收到定位信息。因此，只要顾客经过店铺附近，就会收到服务功能自动发出的信息。基于定位信息的服务额可以为店铺附近、定制该服务的客户有针对性地通过短信或者电子邮件发送最新商品信息。移动团购服务功能可以用于获取新客户（图16-8）。客户可以用不同的方式使用移动团购。团购可以为有选择性地安装移动应用软件的客户提供个性化服务。并且，企业可以通过在线交易数据调查过去一段时间内卖出了哪些商品，卖了多少，客户更喜欢哪些团购活动。另外，客户在线购买的团购券可以打印后使用，也可以存储在手机上使用。企业还可以通过移动站点或应用软件向老客户发放优惠券、折扣活动信息，促使顾客被吸引到实体店铺消费。

图 16-8　移动团购页面
（资料来源：www.zcool.com.cn）

第三节　服装在线零售成功要素

在线零售的商业模式促使企业调整以客户为导向的经营战略，在线零售市场的发展，体现出消费者当下购物需求的变化。根据调研发现，消费者对网店的综合要求很高（图16-9）。影响消费者在线购买的主要因素，包括：产品特性、产品价格、购物便捷性、安全性和可靠性。线上销售的商品一般要考虑产品的新颖性，即新产品或者时尚类产品更能吸引客户注意。互联网零售市场中，省去了传统营销中的一些中间环节及相关费用，因此大大减少产品的生产和销售成本，使产品的价格成为企业的优势。虽然，越来越多的消费

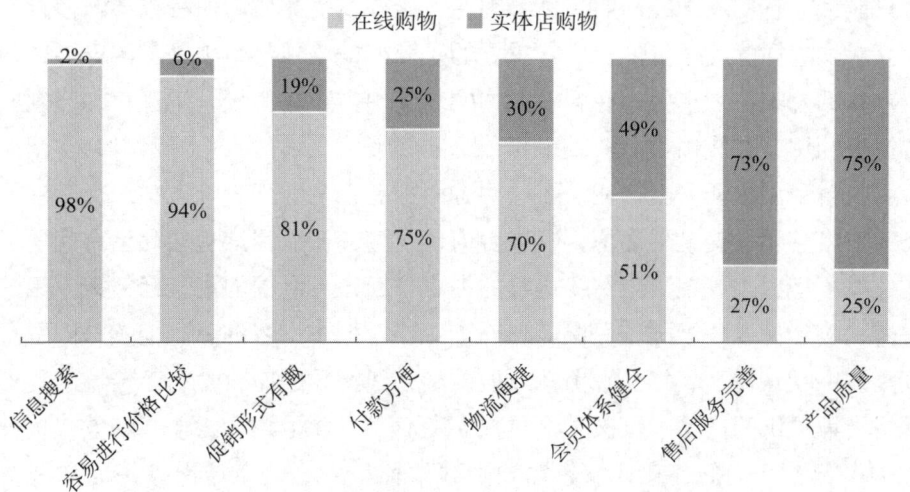

图 16-9　网络与实体店消费者购物体验比较

者选择方便快捷的网络购物方式，但消费者购物过程的信息传输、支付安全以及个人隐私保护等问题，仍然影响着消费者的在线消费行为。

网络上客户面临繁多的选择，需求变化快且要求高，因此传统的营销手段以及经典市场的目标营销已经被边缘化。全新的在线零售理念是及时认识并预测市场趋势，成功的超越仅适合目标群体的需求覆盖机能，得到品牌、销售渠道、产品线、服务以及产品定价的总体组合。只有这样，才能在互动的客户关系中产生良好的消费体验，并且对所有目标群体都有强大的吸引力。

一、店铺营销策略

（一）吸引营销

大多成功的在线零售企业，需要明确自己与竞争对手的差别，在市场中找到自己独特的吸引力。在线零售市场，消费者的行为越来越复杂，且对某一特定品牌或企业的忠诚度逐渐降低，一个客户很难被归类为某个特定的目标群体。因此，营销的关键问题是如何吸引不同层次的消费者，促使各个目标群体的客户主动与网络媒体互动。

实际上，强烈的吸引力不可能仅凭单独一个措施来实现，而必须是着眼于整体客户群体，使客户满意，但前提是确保客户流量。人们选择在线购物一个很重要的原因是对于购物流程的控制以及它的便捷性。然而比价的可能性、价格的透明、方便退换货都不能确保可以激起一个客户的永久兴趣，或者与之维持长久的客户关系。更重要的吸引力，还是要建立在产品或者服务之上。因此，企业销售的商品应该体现相应的品牌定位，建立客户与产品的联系。正是由于在线零售不受时空限制，网店出售的商品选择范围广，这也很容易使销售策略没有清晰的主线。对于网络商家来说，要明确销售商品的品类、商品的比例，树立鲜明的品牌形象。

人们往往会忽视网店业务性质的重要性，多数情况下客户很难区别出售相似产品的店铺，或者只能依靠它们不同的网店名称。因此，抛开商品品质和商品描述等条件，吸引客户的是为其提供怎样的附加价值。非常重要的是商家应该如何呈现销售的产品，使得消费者在网上购物的总收益大于他们在网上购物的总支出。根据市场营销规律，当企业将网络优势充分挖掘利用，在线购物能够获得比传统购物形式更大的收益。可以说在线购物的净收益，应由收益和支出两方面构成，而这两方面都有正反因素影响。在线交易的收益来自提高市场透明度、相关信息附加值、娱乐价值，伴随的反面因素包括评估有问题、信息说明有问题、电子潜力小等。对于在线购物的支出方面，有利的因素包括便捷、无营业时间限制、快速购物、可以横纵比较，但信息安全、议价困难、咨询障碍仍然是问题。只有所有因素在整体中相互抵消、相互平衡，才能明确在线购物的净收益高于传统购物形式的净收益。网络店铺提供的商品不仅被看作是独立的商品，网上购物的形式和方式也被认为是网店商品的一部分。因此，在线商家需要通过页面设置、信息传递等保证与消费者的沟通，提高客户感知净收益。例如，亚马逊（Amazon.com）网站通过提供商品的附加信息，确保为每位客户能够提供个性化服务。亚马逊在每本图书介绍描述中，除了书名信息外，还提供关于书籍内容的信息：目录、书评、个人推荐、新书提示、在线预览等。附加信息创造了远期的信息交换，并且产生巨大的客户价值，从而提高网店的吸引力，使得客户的忠诚度增加。

（二）网络品牌策略

网络品牌是网店吸引客户的驱动力，品牌的拉动作用对于网络用户的影响是巨大的，它决定了网络用户是否会关注这家网络店铺并进行交易或互动。当一种网络品牌令消费者产生认同感，这一品牌就拥有了拉动力。当网络品牌能够在消费者面前展现出自身优势时，就会对客户产生拉动作用。网络品牌要想获得这种拉动力，必须要树立独特的品牌特征、创造不同的附加值并保持品牌路线的一致性。当然，网络品牌化的策略要取决于商家的在线交易模式：第一，有些商家在新网络渠道中创立不同的品牌，但这些品牌与传统实体渠道中的品牌没有任何联系，纯粹为网络用户打造的品牌。第二，有些商家在一个母品牌下设置几个子品牌，添加某些特定的网络成分。这几个品牌为从属关系，相互融合，但他们的品牌外观可以分辨出子品牌与母品牌。第三，有些商家在所有渠道中，都使用同一个品牌，使线上线下品牌完全步调一致。部分商家的品牌重心几乎全转移到在线渠道中，以至于品牌的形象也发生改变。

如何将网络品牌建立起独特的形象，区别于传统渠道的品牌？当网络品牌采取品牌策略的决定，需要遵循在线零售市场的推广法则。这个市场环境的变化速度极快，因此网络品应该具备以下特点：差异性、相关性和可靠性。

（1）差异性：是指一个网络品牌与其他品牌的区别。这种区别说明网店的创新程度。网店创新完全以价格为导向、以服务为导向、以为消费者提供便利为导向、以产品质量为导向。另外，21世纪已进入感动消费时代，情感上的差异化越来越重要，针对客户情感的网店设计所带来的积极的购物体验，如爱国情怀、思忆青春等情感。

（2）相关性：是要求商家具有敏锐的洞察力，对消费者的心理、购买动机以及影响因素的体察。消费市场的多样性同时也导致了消费者行为的多样性，但更多的消费者需求还是集中在高效率和低价格上。

（3）可靠性：网络品牌也需要重视传承，这就要求商家在原有品牌历史的基础上进行创新和发展。在这方面，实际上网络品牌是具有相当优势的，它们能够利用互联网媒体进行宣传，更容易将品牌国际化。

成功的在线零售商总是不断致力于提高网店品牌的知名度，并使潜在客户能够随时在网上找到自己的商品。虽然优化搜索引擎中的关键词或有目的地投入更多网页边框广告可以有效提高知名度，但商家也应该在增加互联网以外的领域宣传网店品牌。例如在产品、送货、包装、运输车辆、出版物上宣传网店的 URL 地址，让更多的消费者发现和解了其品牌，而不仅是通过网络渠道。

二、目标市场定位

（一）在线零售市场细分和定位

在线零售市场中，企业对同类客户的销售市场细分，将用户划分为一定的目标群体进行有针对性和目的性的精准营销。划分不同市场的依据有地理因素、人口统计因素、社会文化因素、情感和认知因素以及行为因素，但是并非每种要素都适用于某一细分的网络市场。因此，企业必须按照目标群体的行为特征把客户划分出不同的类别，这样就可以更加明确地考虑到使用度、忠诚度等情况。另外，企业可以充分利用网络优势即海量的数据库信息把客户归入同质群体中。这些信息是客户在页面上购物和互动时留下的踪迹。

由于不同类型的在线客户在购物时所表现的不同特征，目标营销的关键是要在某个特定的群体中，有意识的与目标客户互动和沟通，准确评估出相应客户的潜力，从而针对客户展开营销策略。例如，企业如果越关注那些年龄较大的用户群体，他们在网络用户中所占的份额越大。

（二）社区化营销

随着互联网和网页技术的发展，人们渐渐开始热衷于在虚拟世界需找志趣相投的朋友建立社交网络平台，如微博、微信、Facebook、Twitter 等。在这个社区里，用户可以自由分享消费体验或者交流某些商品、品牌。实际上，网络商家可以与那些由特定群体客户或企业成立的社区合作，或者商家自己成立社区，从而在该社区里实行社会化目标营销。例如，在宠物论坛里，商家可以销售宠物用品；或在时尚社区里向年轻人宣传服装品牌。由于商家可以有针对性地对拥有相同兴趣的客户群体提供服务，这就为在线零售带来更多的商机。

社区营销的核心任务即客户获取、客户锁定、绩效创新和绩效保障。客户获取包括，所有吸引客户初次在网店消费的激励措施。客户锁定可以促使客户重复购买，防止他们成为竞争对手的客户。绩效创新包括从创意发掘一直到引进新产品和服务的所有活动。最后，绩效保障的目标是保持长期的企业市场占有率。

三、专业化服务

每个在线零售商的目的都是尽可能地为客户提供优质的服务，从而满足客户的需求。网络为企业提供了良好的机会，并实现成本优势。从客户的角度，网络购物的主要原因是能够节省时间或节约金钱。这一点，在线店铺也可以通过专业化功能，使企业获得效益。精准的搜索功能是企业的关键绩效指标。在搜索阶段，企业的产品是否在搜索结果中排名靠前对于在线商家非常重要。企业需要在搜索阶段把潜在客户吸引到主页，并保证客户能够快速地通过目录搜索到目标购买商品。企业能否按照一些重要属性标准如品牌、颜色、尺码、价格等要素清晰划分目录，已经成为网站评价的标准。企业还可以使用"眼球追踪"技术收集网络用户目光的移动信息，并用于研究页面实用性，获知网页的用户友好性。总之，商家可以通过创新理念为客户提供真正的增值服务。

（一）售前售后服务

对于客户而言，在线购物流程中从买家开始搜索商品到卖家发货的过程已经被标准化，但在客户服务和客户关系维护方面，在线企业之间仍存在差异。而实际上，无论售前阶段还是售后阶段，在线商家都可以为客户提供巨大的增值。如商家应该尽量详细地描述产品并使用多媒体形式展示产品，还可以补充有趣的信息供客户下载，或为客户提供试用样品。此外，商家还可在售前阶段为顾客提供在线工具，如财经顾问、省钱计算器或电子学习工具等，用于促进购买决策。

售后阶段在线商家应该及时向客户发送他们需要的信息材料，如安装手册、保养说明等。带有数据页、服务和安装指南等技术信息可以提高客户的服务质量感知度，而这些技术信息内容以数据页或数据库形式保存，客户可以随时调用。在线商家应该更加重视退换货、投诉、保障和维修服务，为客户提供便利。另外，良好的自助服务，也可以提高客户满意度，并同时降低企业的成本。用于诊断并消除问题的在线帮助系统也能够在网络用户中得到很高的认可度。提供订购历史，能够让客户浏览过去的购买订单，以方便客户再次购买。

（二）客户反馈

与客户的联系可以协助在线商家把握并满足客户需求，互联网为探知并识别客户需求显示出较大的优势。企业可以在线调研调查客户满意度并分心企业的潜能，而在线调研手段可以获得更高的反馈率。

四、个性化定制

企业要在网络零售市场中持续保持市场份额，需要有针对性地满足客户对产品的个性化需求。这就要求企业通过创新的市场手段来实现消费者的个性化。在线企业拥有大量的客户信息，了解客户的行为、喜好、需求，可以使其与客户建立一对一的关系。

（一）一对一营销

一对一营销是一种客户关系管理（CRM）战略，它为企业和客户间的互动沟通提供具有针对性的个性化方案。一对一营销的目标是提高短期商业推广活动及终身客户关系的投资回报率（ROI），从而提升整体的客户忠诚度，并使客户的终生价值达到最大化。

互联网上客户信息自动生成，使得企业与客户互动更加紧密。企业的客户管理系统中，每位客户的信息被处理为数字化档案，并且持续的互动，使得这些档案的个性化的程度不断扩充并深化。在一对一营销的框架下，注册用户进入企业网站，会获得针对其个人的欢迎页面。网站会基于对客户浏览或购买的记录，分析客户购买习惯，自动向客户推荐可能感兴趣的商品。其他商品的导购建议和商品展示都是遵循个人化的方针。甚至在客户支付环节，也不需要每次都输入银行卡账号。大多数情况下，在线商家除了客户的电子邮件信息外，还有其他可以同客户建立私人沟通的信息，如站内消息或简报等。

（二）个性化产品和服务

首先，为客户打造个性化的店铺陈列，可以实现产品的个性化。企业还可以组合搭配产品，创意性的强调特色来吸引客户注意。要做到个性化的产品展示，商家可以邀请客户参与到定制的流程中，对产品和客户进行一体化整合。此时，客户因得到个性化的产品而获得更高的利益，在线商家也获得了相应的产品价值增长。另外，在线零售企业为客户提供的个性化产品还可以促进相互的交流，而他们之间沟通越好，企业对客户及其消费习惯了解的越深入，编制的服务及产品就更有针对性。

虽然在线购物缺少实体交流中的人员要素，但是商家仍需提供基于网络的导购服务。对此，有很多协助在线客户个人的方法，这些方法可以把客户转到产品上，尤其是那些与客户需求相符的产品。在线时尚商品交易中，零售商或品牌商应为客户提供专门针对客户的帮助，如对尺码及搭配的建议。还可以提供其他客户的推荐或评价，或使用虚拟试衣等技术来模拟买家穿着效果。

五、优化供应链

高效的供应链是在线销售获得成功的重要前提。在线零售商需要有效的复杂性管理，并保证在互联网渠道中实现快速业务执行。

亚马逊（Amazon.com）通过对比分析市场数据，在内部建立标杆化管理，来优化网络流程时间即循环时间。例如一键下单、24 小时运送或者 24 小时内邮件、1 分钟内电话等客户服务。正是这些服务，确保在线零售商们能够与进军网络的传统企业之间保持公平竞争。循环时间减少是核心的原则，再加上客户服务供应链，就形成了亚马逊经营战略的基础，图 16-10 为亚马逊客户供应链。

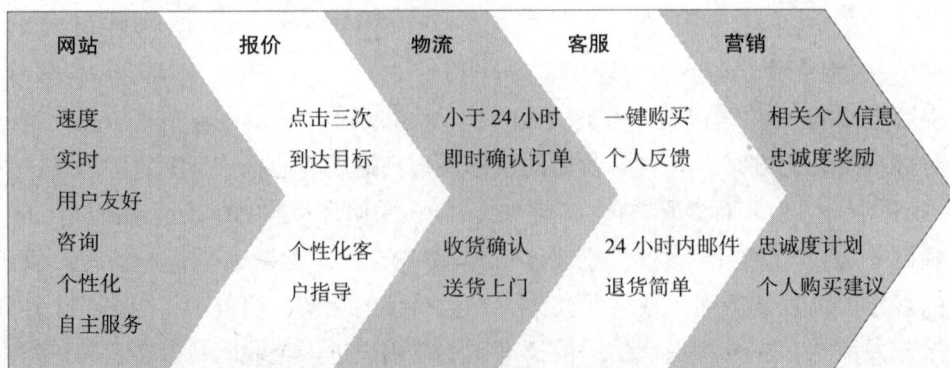

网站	报价	物流	客服	营销
速度	点击三次	小于 24 小时	一键购买	相关个人信息
实时	到达目标	即时确认订单	个人反馈	忠诚度奖励
用户友好				
咨询	个性化客	收货确认	24 小时内邮件	忠诚度计划
个性化	户指导	送货上门	退货简单	个人购买建议
自主服务				

图 16-10　Amazon 客户供应链（资料来源：amazon.com）

循环时间减少的前提是优化流程，消除滞后环节或者影响最佳流程的环节。那么定期在核心独立流程（如发货时间）中测试障碍因素可以使之更加高效。在定期检测中，由于指标的不断改变，新的问题也会不断出现，有针对性的流程优化就变得尤其重要。

六、安全保障

根据调查，有 30% 的人不在网上购物的原因是安全问题。因此，安全形象对于在线零售商来说越来越重要。它受到客户现有的风险感知的影响，并由支付安全性和灵活性、数据保护和有关安全的法律法规和条件决定。

事实上，人们对网络购物的风险认知不尽相同。对风险的感知时刻影响着客户的购物频率、满意度和信任。由于在购物前无法判断产品的质量和功能，就产生了功能型风险。当所购物产品不满意时，客户不得不退货，这时就会产生财务风险。另外，在客户输入个人信息以完成交易时，担心信息泄露的个人风险以及客户对送货时间过长的担忧。而在线零售商需要采取一系列措施避免风险，例如退货条款、提供不同的支付途径（银行转账）、匿名购买、72 小时内发货等。

通常在线零售商提供各种不同的支付方式。标准的方式包括银行转账、信用卡支付、汇款、货到付款等。有时小型的零售商或个人卖家要求发货前付款，买家会预知付款后商品不发货的风险。如果交易是采用预先付款的方式，在线零售商必须在相关条款协议中提供必要的规定，保证双方利益不受损害。

客户信息的非法传播不仅触犯法律，更对消费者信任造成了严重的负面影响。在正常的交易流程中，注册信息包括客户的地址、银行信息和个人信息以及用户浏览的页面、商品都将被永久储存下来。

在线零售商应遵守基本的法律要求，避免在线购物风险。然而，在线营销的方式需要特别注意责任风险，包括著作版权、竞争法规、品牌信息保护法规以及个人权力。

第四节 服装在线零售案例

一、完全型在线零售案例

（一）凡客诚品（VANCL）

凡客诚品，由原卓越网创始人陈年创立，国际顶尖风险投资巨资打造而成。VANCL运营所属凡客诚品（北京）科技有限公司，以服装电子商务为主营业务，目前为国内最大的自有品牌服装电子商务企业。公司成立以来，业务迅速发展，在中国服装电子商务领域品牌影响力与日俱增，据艾瑞咨询机构 2009 年数据，VANCL 占据整个 B2C 市场的份额为 3.82%，位列京东商城、卓越亚马逊、当当之后，居于第四位。目前，其男装日出货量已跻身中国品牌男装前列，在男装直销品牌的细分市场名列前茅，已确立行业领导地位。VANCL 目前已拓展涵盖男装、女装、童装、鞋、配饰、家居六大类，随着在各品类间的不断深化，将成为网民服装购买的首选。凡客诚品坚持国际一线品质，中等合理价位。

作为一个成功的销售网站，VANCL 的基本商业模式是：B2C 项目，采用网络直销模式。VANCL 竞争战略主要的特点是实行差异化战略，公司在产品和技术的创新能力方面以及在生产制造、销售环节拥有自己的核心竞争力，并以此强化自己的差别化。

在 VANCL 网站上，客户可以清晰美观地看到 VANCL 各种各样的产品。在凡客购物，客户能体会到的最大好处就是简单易选。一个商品子目录下是几个系列，系列下面就是直接可选的有限款式，只需要通过系列进入商品货架，就可以直接选定款式、颜色与尺寸。通过 VANCL 网站，客户能拥有方便快捷的消费体验。凡客的购物系统提供了快速定位产品及预览产品的通道，聘请气质不凡的模特试穿展示，令人赏心悦目。

VANCL 专注互联网这个新兴的销售渠道。利用这个新兴渠道，免掉了传统专卖店的店面转让费用、店租费、水电费、员工工资、区域宣传费、物流库存费和税收等费用，实现真正的低成本运作。由于省去了大量的费用，就可以让商品定价变低，吸引大量消费者。

消费者的认知力和需求是不断提高的。以往，对于买衣服的认识是只要能穿就可以，更好的质量只是附加的需求。而现在，随着人们的生活水平越来越高，更加注重生活品质，对购买服装的要求就越来越高。VANCL 坚守真诚待客之道，以提供高性价比产品为己任。VANCL 坚持客户体验第一位，始终把客户体验放在战略的高度，认为提升客户体验不是成本，而是品牌投入。

（二）中国台湾 Lativ

台湾的服装电商品牌 Lativ 一路披荆斩棘，高歌猛进，备受电商人士关注，被尊称为台版优衣库。创始人张伟强将 Lativ 的成功总结为"简单、专注"，产品几乎为全年长销款，只在颜色、版型与少许印花图案上做些调整，从不为追逐流行添加流苏、蕾丝等，因此便能将时间精力专注在服装品质及运营上。以下为 Lativ 成功的几大因素，涉及产品质量、物流体系、销售方式等方面。

产品策略——产品质量控制：作为服装这一贴身商品而言，质量和舒适的重要性自然不言而喻。张伟强亲自走遍北部大小代工厂，只为寻找适合的生产商。另外，Lativ 有个特殊规定是，确保交到顾客手中的衣物必须经过"水洗"，保证用户穿后不会有较大的缩水，真正从细节把控服装品质。因此造就了 80% 的老顾客回购率。

价格策略——价格亲民：Lativ 与 Uniqlo 同样走低价、平实和高质感路线，平均售价却比 Uniqlo 低了一半以上，且 80% 都在台湾当地制造。例如售价为 168 新台币的 polo 衫，经常一上架便被抢购一空。

供应链策略——不自建物流：由于台湾面积不大，Lativ 没必要自己投入重金去建设物流体系，从而可节省一大笔开支。与此相比，凡客在物流上投入开支较大。资料显示，

2011 年凡客自建仓库总面积超过 40 万平方米，其 IPO 文件所披露出的数据显示，凡客的平均客单价 108 元，而其中物流成本高达 14.5 元。经历了"野蛮"增长之后，凡客如今已对旗下如风达进行了大幅裁员，从而节省物流支出。

营销策略——销售方式灵活：Lativ 不仅在线上和台湾 Yahoo！奇摩合作，在线下同样开展了各种露天拍卖活动。此外，它还借助台湾极度发达的包括 7-11 在内的超市、便利商店等销售系统，使得顾客可以选择在线上购物，并在零售商店付款，这些举措不仅极大地拓宽了 Lativ 的销售渠道，同时也在极大程度上减少了其在物流方面的相关费用。

二、合作型在线零售案例

（一）裂帛

裂帛，中国知名独立设计品牌，成立于 2006 年，成为第一家开始搜罗云南、贵州少数民族服装的网络店铺，展示现代文明中的手工记忆。由一群有非凡创造力的设计师和有趣的年轻人组成，不问身份，差异共存，坚持裂帛"有所为有所不为"等独立、鲜明的立场。旗下拥有女装品牌：裂帛、所在、莲灿、ANGELCITIZ、LADY ANGEL，男装品牌：非池中。裂帛用服装延伸着人类文化，人们对色彩、自然、情感共通的热爱与表达，分享内心生活的感动和喜悦。如今裂帛已成为中国最具规模的独立设计品牌服装集团之一，远销海外多个国家或城市，为世界潮流和国际时装界输出着来自东方的多元文化价值与美好体验。独特自主的品牌、差异化、营销能力、平面设计能力，是裂帛成功的秘诀。

1. 独特自主的品牌与差异化　裂帛的一个理念是：并不仅是做服装，更是传递一种文化，一种精神，一种态度，一种信念，一种勇气。这是很多店铺所不能理解的，但裂帛一直坚持在做。裂帛旗下的产品，都有其故事、文化等特征，强化了产品的内涵深度。作为设计师品牌，在受众定位与对顾客的凝聚方面，裂帛有其独到之处。在线下，设计师品牌的受众一直被看作是小众群体，除了如马可的例外、梁子的天意等少数品牌之外，很多设计师将品牌定位为高级定制。但与此同时，更多的线下设计师品牌面对资金实力不足，无法大力度推广，让更多消费者有机会去了解自己的服装品牌文化，并追随这种文化。而绝大多数淘宝店铺，则还多数靠价格取胜，没有树立品牌文化与风格的意识，难以形成黏性消费群。就裂帛而言，它生长于网络，既具有网络品牌网罗大众的能力，又具有设计师品牌独特的语言与文化。网络的传播特性，将裂帛所宣导的情调氛围、品牌个性，用文学语言、视觉形象讲述出来，其独特的品牌文化，可以被大量而快速的阅读，并形成黏性消费。在淘宝的"裂帛牧场"里，开通 3 日突破 6000 人，现在每天活跃着上万名粉丝，发帖子，交流思想，互相探讨民族与时尚、个性与潮流。

2. 快速设计能力减少流程时间　裂帛非常强调设计能力。每周 20 款以上的新品，频繁上市，保证了消费者感受上的新鲜度。公司对设计师的考核，是以产品本身为依据，销量作为辅助考虑因素。对销量好的产品，会给予设计师特殊的奖励。2009 年，裂帛最受欢迎的单品销量达到 6000 多件。为了加快设计速度和沟通效率，裂帛将制板、样衣的技术部同设计部门就近安置，这样，从设计、打板到样衣，实现了无缝合作，从而加快了新品上市的速度。

3. 整合多种营销手段　这个新生品牌很具有营销意识，善于钻研新思路。比如，服装行业的传统销售思路是"新品不打折，过季之后打折，最后亏本清仓"，裂帛则推出了针对新品的 8 折限时抢购活动——"抢果果"，让新品在刚刚上市时就受到追捧。在淘宝网营销部门的指点下，裂帛也开始挖掘论坛的能量，先后推出征文等活动，通过帖子与消费者互动，引起了很大的关注度，从而使得裂帛在淘宝论坛上仅用了 2 个月就升级为帮，创造了一个小小的奇迹。自 2009 年年底起，裂帛开始大力推动"罐头人"招聘计划，通过活泼的招聘广告，巧妙地达到了招聘人才、推广自身品牌形象的双重目的。由于裂帛创始人是服装设计出身，精通摄影、PS 等技能，因此在网店经营初期，裂帛的图片精美程度在当时淘宝网上可以说是一枝独秀。其由姐姐大风当模特，妹妹小风负责摄影。在当时几乎没有真人模特的淘宝，裂帛的真人实拍及 PS 美感，博得每个进入店铺者的惊艳目光，订单如雪片般飞来。实际上开创了淘宝网服装营销的创新。网络购物是一种典型的眼球经济，这也是裂帛能够在早期脱颖而出的因素之一。

4. 追求完美的客户购物体验　成长于网络的品牌更懂得尊重顾客，更懂得交流能带来的成效，更懂得口碑的作用。裂帛在客户购物体验上追求完美，其对细节的关注，更让顾客收到货品如同收到一份礼物。裂帛寄出的服装，用设计草图用的牛皮纸包装，并在包装纸上标明货号、尺码颜色之外，还写有两段格外打动人心的话。一段是"亲爱的主人，感谢你的信任与认可，在茫茫淘宝中，从裂帛家选择了我。请参照洗涤标好好爱护我，让我能够最大限度地将我亲亲主人的魅力，展现出来……我说，要相信沟通的力量，那力量如同我对主人你的仰慕，柔和而强大。我说让我成为你的战衣，助你在迷离红尘中，以一颗清明的心，纵横驰骋……来自裂帛，只属于你的我敬上"。另一段是："亲爱的买家，如果发生小概率的事，亲收到的衣身带残疾（存在质量问题），这说明工厂质检的漏网之鱼逃到了亲这里，请不要惊骇，不要愤怒，裂帛对自家的出品都是负责到底的，看管好它，然后尽快联系，可以协助裂帛家把他'缉拿归案'……由裂帛全员敬上。"

如果说每周更新的款式与陈列，是线下无法实现的事情，但这样的沟通方式，

却是大多数线下品牌力所能及却屡遭忽略的环节。温暖而亲切的"请你帮忙缉拿漏网之鱼"与冷冰的"售后没有质量问题概不退换"试问，谁更有效？不论裂帛在哪些方面还有优势，但成长于网络的品牌更懂得尊重顾客，更懂得交流能带来的成效，更懂得口碑的作用，是很多线下品牌，尤其是将网络渠道当成新增长点的传统品牌，必须去解读的。

（二）韩都衣舍

韩都衣舍电商集团创立于 2006 年，是中国最大的互联网时尚品牌运营集团，凭借"款式多，更新快，性价比高"的产品理念，深得全国消费者的喜爱和信赖。2010 年获得"十大网货品牌"以及"最佳全球化实践网商"的荣誉称号；2012 ~ 2014 年，在国内各大电子商务平台，连续三年女装排名均列第一位。2014 年，韩都衣舍女装取得了天猫历

史上第一个全年度、双十一、双十二"三冠王"，男装取得了天猫原创年度第一名、童装取得了天猫原创年度第三名。

作为淘内最早成长起来的淘品牌之一，韩都已经成为电商行业的标杆和旗帜。其独创的"小组制"运营体系，灵活高效的供应链和紧跟市场的实操技巧，值得网络商家借鉴。

1. 运营策略：单品全流程运营体系（三人组） 单品全流程运营体系指的是，将产品研发人员和整个页面制作的设计导购人员以及货品和库存的管理人员打包，编成一个小组。一个小组在结构上是 3 个人，再以单款来考虑，用售罄率迫使各个链条做好单款生命周期的管理。

具体做法：每个季度企划中心会规划流行元素与需要的款式数量，每个小组拿到数据后，根据小组路线特性设计不同元素的衣服，并全权负责配套的页面制作、定价，预估每款的生产数量、所需时间等。资金方面，每个小组可以自由支配资金额度，额度与小组的销量直接挂钩，卖得越多，额度越大。本月的资金额度是上个月销售额的 70%。配套的"爆旺平滞"评价机制，即韩都衣舍每隔 14 天会将所有款式一起比拼销量，销量高的爆款或旺款，马上返单。相对低的平款或滞销款，马上打折促销。

2. 供应链策略：多款少量、快速返单、灵活性 传统品牌每款铺货上万件，这就像拳击手打出的一记重拳，力量虽大，可一旦落空，风险极大；而电商少批量、多批次的销售更像咏春的贴身短打，一旦击中则数拳跟进，一击不中立刻改换套路。韩都衣舍要做的是将在传统服装企业一件衣服生成所需的包括打板、裁剪、缝制、后整等工序，进行模块化切分，一个工厂只负责一个工序，一件服装的生产将由多个工厂共同完成。通过切分供应链，将订单进一步微分，在确保效率更高、速度更快、品质更好的基础上，获得更短的资金周转周期、更少的库存和更小的风险。

3. 大促策略：紧盯市场变化（以双十一为例） 以 2014 年双十一为例，3 月韩都开双十一备货会，6 月第一批款式投产，8 月完成所有款式的第一波生产和拍摄。到这一步他们与普通服装企业的最大差别是：他们的下单量是总预估量的 40%。6 月第一批款式开始试销，并进行数据收集，看浏览量、收藏量、评价等，同时在各种社交媒体上推广测试。

8 月所有款式基本上架完毕，能够对一百多个款式有个大致的排名，由此确定双十一的主打款。9 月开始第二批次下单，单量约为 30%。同时，按照排序调整确定订单量。市场反应较好的热门款式，与工厂确定生产能力，预售数量根据工厂报来的最大产设置。这时候下单的产品大约两周到一个月左右到货，因为双十一价格确实便宜，一部分消费者还是可以等的，由此就集合了双十一前的蓄势和双十一后的销量。移动购物方面，9 月韩都衣舍着手移动端的双十一运营，300 多款特供款会通过各种 SNS 渠道发布预热。同时，做手机端电子杂志，对每 40 款货品进行推荐。在双十一前的包裹里，韩都衣舍会放一个DM 册子，册子不是推介产品和款式，而是向用户介绍各种预热活动，告诉他们什么时间段有什么活动，引导客户主动关注。另外，韩都衣舍还开发了微信摇一摇的一些游戏做推广，用于维护老客户关系。

三、混合型在线零售案例

（一）太平鸟

宁波太平鸟网络科技有限公司隶属于宁波太平鸟时尚服装股份有限公司，是太平鸟时尚服装股份有限公司旗下的以网络销售为主要业务的新兴 B2C 电子商务公司，是国内品牌时尚女装网络零售的领先者，企业的目标是打造国内最大的时尚服装网络购物平台，让消费者方便快捷足不出户就能享受到时尚的、高品质却十分平价的服装。

2010 年首次参与电商"双十一"庆典，太平鸟魔法风尚单日销售就突破 800 万元，成为线上品牌一匹不折不扣的黑马。在 2011 年的"双十一"，已整装待发的魔法风尚创造了 5168 万元的销售神话。而整体经济环境不被看好的 2012 年，魔法风尚在"双十一"的品牌混战中突出重围，以 7600 万元的销售业绩刷新了历史纪录。

"电商不仅是一个与实体互补的新兴销售渠道，更重要的是通过电商数据的分析，能让企业在售后服务、后续产品研发等方面有更多积累，也是一种发展模式上的创新与兼容。"魔法风尚让太平鸟更是意外收获到，线上有着对用户兴趣度调查和客户反馈信息搜集的独有优势，而快时尚的发展模式要求服装企业实时跟踪市场行情，预见客户需求变化，迅速对客户要求做出反应，电子商务恰恰以低成本为企业实现这一目标。

大家普遍认为，一旦网络购物产品的售价低于实体门店，实体门店的销量将受到冲击。所以，进退两难是服装企业涉足在线零售时面临的真实处境。

似乎在 2007 年魔法风尚品牌初创之期，太平鸟就预见了这样的问题，并从开始就埋好了解决的伏笔。太平鸟与当时只将线上作为库存处理渠道的企业不同，魔法风尚从一出生，就独立运作，错开价格战的泥沼，以品牌取胜。致力于成为国内品牌时尚网络零售的领先者，魔法风尚将自己定位为太平鸟品牌服装群的线上整合平台，通过更好的搭配展示、更多的优惠让消费者方便、快捷、足不出户就能购买到时尚的高品质服装。

因此，太平鸟的思路与做法，则是趋向于形成一个立体式的渠道模式，通过合理的商品配比，区分线上线下渠道的功能，对其价格、商品进行差异化。"网络营销更应注重品牌效应。现在淘宝网里产品众多，竞争非常激烈。如果品牌没有知名度，很快会被淹没。"以线下的品牌效应拉动线上交易，太平鸟坚信，线上与线下作为两种重要途径有着相辅相成的作用，线上能创新企业发展模式。

（二）歌莉娅

2008 年，广州市格风服装公司（歌莉娅，GOELIA）正式进军电子商务，首先歌莉娅对现有的资源、渠道进行分析，发现以往歌莉娅电商销售，主要以跟随淘宝活动和购买流量搞促销活动为主，但随着电商女装行业竞争日趋激烈，高营销成本换来高收入的做法，未必能长久持续。并且，歌莉娅线下传统门店渠道的定价能力，日益面临电商促销价的各种冲击，而最坏结果将是，歌莉娅女装的整体毛利率以及用户对歌莉娅的品牌印象，双双走低。

经过调研发现，歌莉娅线上与线下客户群体并不趋同。例如，歌莉娅电商 50% 用户是 18 ～ 25 岁的女性（比门店渠道女性客户年轻近 5 岁），其中，50% 的女性用户家庭月均收入过万元，在女装品牌选择方面青睐"自由"与"独特的美"。

此时，歌莉娅公司决定建立一个线上歌莉娅品牌，专为线上目标消费者服务。而线上品牌既要继承过去 18 年"环球发现"的品牌内涵，又添加了"80 后"追求自我的时代朝气。此前，歌莉娅电商或许是一个拓展营销渠道、销售库存为主的平台，但在 2012 年，它以一个相对独立的线上品牌面世。

为了了解网络客户的需求，仔细记录歌莉娅每个用户的消费习惯、购物行为偏好及购买动机，并制作成一份"用户全网行为报告"，作为完善歌莉娅线上品牌内涵与传播策略的重要参考。当其他女装电商仍在花很多钱买短期促销流量时，歌莉娅已通过全网营销，精准找到目标用户群，为品牌发展进行长期积累。

（三）报喜鸟

报喜鸟，成立于 1994 年，总部位于北京。集团以服装为支撑，以创意产业为发展方向，集设计、生产、销售于一体，经营范围涉及服装、生活美学、礼品、文化创意等多个领域。旗下拥有依文男装（EVE de UOMO）、诺丁山（NOTTING HILL）、凯文凯利（Kevin Kelly）、杰奎普瑞（JAQUES PRITT）、依文中国（EVE de CINA）5 个高级男装品牌，并代理 Versace、Dior、D&G、KENZO、FENDI 等国际名品。

报喜鸟的经营理念如《福布斯》专栏作家蒋美兰女士的一篇文章《传统零售业：顺应改变，还是成为别人的体验店?》中所说的："传统零售业应该努力的方向是：如何能让消费者愿意待在你的店内体验，甚至于愿意直接在店内下单，或是回去到你的网店内下单。然后享受你提供的各式便捷甚至一体化的服务。而你还积极鼓励让消费者愿意主动分享。勿忘，这是个自媒体的年代，分享才是王道。"报喜鸟的颠覆创新在于，他们将传统店面转化为"定制服务"的竞争优势，同时又将传统高端销售服务与"微信服务"巧妙地对接，创造"服装顾问"这一角色，形成了销售的闭环。拥有服装顾问的一个好处是，他们会提供多个城市的"云中衣橱"的功能。也就是说，在出差途中，他们可以随时给你送来一套熨烫完好的衣服，以满足不时之需。这背后是依文数百个门店和服务体系作为支撑。

四、移动在线零售模案例

（一）立即购

上海艾摩信息技术有限公司创建于 2005 年，是专业的移动电子商务服务商。公司汇聚国内一流的电子商务、物流、移动技术等多个领域精英，借力 3G 移动通信业务发展，以立即购商城为平台，全力推动手机购物发展，让电子商务随时、随地发生。2009 年 9 月，公司获得深交所上市公司北纬通信科技股份有限公司旗下创投公司的风险投资。

立即购商城是国内第一家双栖 B2B2C 购物网站，消费者通过互联网和手机都可以完成购物。它充分整合并发挥互联网和手机上网的各自优势。一方面，立即购向商家提供了强大的互联网后台，帮助他们持续发展自己的业务；另一方面，消费者无论何时、何地想购物，只要打开手机就可以轻松搞定。

立即购期望每个人都能尽情享受移动购物的喜悦、交易的自由和分享的快乐。为推进移动电子商务的快速发展，立即购已经并将不断强化两个方面的能力。第一，不断推进信息流、商流、物流和现金流的重新整合，通过手机就可以实现商品的进、存、销。第二，建立和完善移动精准营销体系，不断提高推广和交易效率。立即购将不断推进这两个方面的有机融合，建立即时、高效的移动电子商务服务能力。

（二）美国 Gilt

由于美国闪购网站 Gilt 超过 50% 的收入源于个人设备，所以营销人员在营销中采用的是一个更加综合和复杂的策略：利用自动化、个性化、推送通知和更多方式来保持它的 APP 用户访问频率。这种方法与国内众多知名电商企业在移动化趋势下，使用 Webpower 的智能化营销系统，通过短信、APP、邮件、微信等线上组合渠道无缝营销日趋庞大及多样化的广泛会员，促进营销内容和用户匹配的精准化，实现了一致的效果。

Gilt 确保它每天一次给每个用户发送个性化的促销信息。虽然许多品牌通过手机跟踪用户行为，但 Gilt 的这种策略更加深入，因为随着一天天时间的推移，Gilt 可以越来越精确地了解每个用户的面貌和个性化需求，然后更好地为每一个用户匹配最好的促销产品。公司还使用一个自定义软声音信号向消费者发出出售开始的提醒信号，而无须用户看手机或查看信息。Gilt 还开放给每个用户更多的选择权，每一个用户都可以完全控制他或她更乐意接收哪些信息，让用户获取真正想要的内容，排除不必要内容的干扰。

☞ 案例分析

2014 年"双十一"过后，微博账号"我是骑行家"发出了一封辞职信，声情并茂地表达了下定决心转换人生跑道，辞去天猫商城运营总监一职，信中情真意切地阐述了从事服装类天猫操盘手两年来承受的压力及苦楚，并深刻讲述了电商运营时因库存、供应链、店铺排名等环节造成的一系列问题，引发电商人共鸣，网友并为其命名"仌族"（上下看：人头顶还有人，指这类人无时不刻处在压力之中；前后看：排队之意，指电商操盘手为店铺排名、厂商订单排期绞尽脑汁）。

其实，这是辛巴达服装小快生产营造的一系列事件营销。"仌族"蹿红后，其借势在微博发起了辛巴达"7 天 7 夜爆款挑战赛"，并承诺被随机选中的 7 位幸运卖家免费体验 3 天打板，7 天生产 50 件服装的极致生产新模式。颠覆传统服装供应链的决心可见一斑。该活动吸引了近 1000 位服装电商卖家参与报名，值得称赞的是此次辛巴达采用全程官方网站、官方微博和微信公众账号同步直播形式，公开、透明化服装生产过程，得到大量媒体和网友的一致好评。从仌族铺垫到辛巴达出现，线上打造新族群，博同情、引共鸣，线下情侣乆站街举牌求拯救，线上线下相呼应，舆论到达巅峰之时话锋一转托举出辛巴达服装小快生产，最终将乆族围观流量悉数导入辛巴达爆款挑战赛。

☞ 信息延伸

辛巴达服装小快生产目前设立于北京，并在广州、杭州、青岛分别设立分支机构，现有员工伙伴150余人。作为一家在"服装供应链"领域的"管理革新及持续优化公司"，辛巴达通过"模块化工厂群组""款式生产数据包"和"O2O现货面料"等管理创新和产品创新，为广大服装品牌、卖家、创业者提供稳定、可靠的"服装小快生产"，提高商户的运作速度，最大限度发挥电子商务和信息化时代的优势，将人力、物力的损耗降到最低。

☞ 问题讨论

1.根据所学知识，结合案例分析当今服装网络零售的特点及所面临的问题？
2.请阐述辛巴达"拯救乆族"案例中运用了哪些网络营销手段？
3.如果你是"乆族"，会如何解决网络销售竞争压力大的困境？

☞ 练习题

1.阐述在线零售的优缺点。
2.在线零售商业模式可以从哪两个方面进行阐述？并有针对性地从这两个方面进行简要介绍。
3.在线零售网络消费者的购买过程可以划分为哪几个阶段？
4.一个完整的在线零售系统应该具备哪些功能模块？
5.我国在线零售存在的问题有哪些？应该采取怎样的措施解决？

参考文献

［1］ 格里特·海涅曼，迪尔克·塞弗特，刘杰. 新在线零售：创新与转型［M］. 黄钟文，张凌萱，译. 北京：清华大学出版社，2013.

［2］ 陈德人. 网络零售［M］. 北京：清华大学出版社，2011.

［3］ 贾宜正. 电子商务代运营：网络零售渠道外包的促销策略选择［M］. 北京：中国财政经济出版社，2015.

［4］ 陈海权. 零售学［M］. 广州：暨南大学出版社，2012.

［5］ 李宽. 店铺运作［M］. 北京：中国纺织出版社，2003.

［6］ 庄贵军. 市场调查与预测［M］. 北京：北京大学出版社，2014.

［7］ 托尼·摩根，视觉营销：零售店橱窗与店内陈列［M］. 陈望，译. 北京：中国纺织出版社，2014.

［8］ 菲茨西蒙斯. 服务管理［M］. 北京：机械工业出版社，2013.

［9］ 王化成. 财务管理［M］. 4版. 北京：中国人民大学出版社，2013.

［10］ 李政，姜宏锋. 采购过程控制［M］. 北京：化学工业出版社，2010.

［11］ 黄权藩. 品类管理［M］. 北京：机械工业出版社，2013.

［12］ 汤姆·纳格. 定价战略与战术［M］. 龚强，陈兆丰，译. 北京：华夏出版社，2012.

［13］ 姜玉洁，李倩. 促销策划［M］. 北京：北京大学出版社，2011.

［14］ 周玉清，刘伯莹. ERP与企业管理［M］. 北京：清华大学出版社，2012.

［15］ 格里特·海涅曼. 新在线零售——创新与转型［M］. 北京：清华大学出版社，2013.